清水江研究丛书 张应强 / 主编

中山大学历史人类学研究中心 / 编

山水"峒氓"

黄瑜 —— 著

明清以来
都柳江下游地区的
家族、婚姻与仪式传统

社会科学文献出版社
SOCIAL SCIENCES ACADEMIC PRESS (CHINA)

本书的研究和出版承蒙

中山大学历史人类学研究中心承担的国家社科基金重大项目"清水江文书整理与研究"(批准号：11&ZD096)

教育部人文社科重点研究基地重大项目"山地、流域与族群社会：西南民族地区的生态、文化多样性与社会变迁研究"(批准号：17JJD850004)

国家社科基金青年项目"都柳江流域侗族民间历史文献的收集、整理与研究"(项目编号：18CMZ016)

中国博士后科学基金第64批面上资助（一等）项目"清代以来都柳江流域侗人'房族'组织研究"（资助编号：2018M640846）

资助

总　序

　　以一条江来命名一套研究丛书，确实需要做些说明。

　　贵州东南部的清水江，是洞庭湖水系沅水上游支流之一，亦名清江。清雍正年间设置的"新疆六厅"，其中就有因江而名的清江厅。历史上因江清而名的江河或相应治所不在少数，至今湖北西部仍有清江；民国初年改清江厅置县，也因与江西清江县重名而改名剑河县。清水江之名则渐至固定，用以指称这条源出贵州中部苗岭山脉、迤逦东流贯穿黔东南苗族侗族自治州多个市县的河流。

　　清水江是明清时期被称为"黔省下游"广阔地域里的一条重要河流，汇集区域内众多河流，构成了从贵州高原向湘西丘陵逐渐过渡的一个独特地理单位。特别是在清水江中下游地区，气候温暖、雨量充沛且雨热同期的自然条件，非常适于杉、松、楠、樟等木植的生长。是以随着明代以来特别是清雍正年间开辟"新疆"之后的大规模区域经济开发，清水江流域尤其是中下游地区，经历了以木材种植和采运贸易为核心的经济发展与社会历史过程。以杉树为主的各种林木的种植与采伐，成为清水江两岸村落社会最为重要的生计活动，随之而来的山场田土买卖、租佃所产生的复杂土地权属关系，杉木种植采运的收益分成以及特殊历史时期发生于地方社会的重大事件等，留下了大量契约文书及其他种类繁多、内容庞杂的民间文献。基于对清水江流域整体性及内在逻辑联系考虑，我们把这些珍贵的主要散存于清水江中下游地区的汉文民间历史文献统称为"清水江文书"，这一命名得到了学界的普遍认可和采用。不过需要进一步说明的是，与其说这种整体性及内在逻辑联系是一个客观事实或既有认识，毋宁说是一种理论预设，正需要通过精细个案研究去加以探索与论证。这可以说是组织这套丛书的一个最单纯直接的因由，也是本研究丛书出版希望可以达致的一个目标。

具有现代学术意义的对于清水江流域的深度关注和系统研究，吴泽霖先生或为开先河者，1950 年代完成调查并成书的《贵州省清水江流域部份地区苗族的婚姻》是重要代表作。而后1960 年代由民族学者和民族事务工作者所进行的少数民族社会历史调查，也直接在清水江下游的苗侗村寨收集整理了一定数量的民间文书，并于 1988 年整理编辑出版了《侗族社会历史调查》。正是在这些已有的学术探索和积累的基础之上，笔者开始关注这个区域的材料和问题，并在 2000 年真正进入清水江流域开展调查研究工作。如果说两三年成稿、后经修订出版的《木材之流动：清代清水江下游地区的市场、权力与社会》，是对区域社会文化发展历史进程的综观式考察，那么其后继续推进的相关学术工作，包括清水江文书的收集、整理与研究，以及指导研究生在清水江两岸及更大地域范围的苗乡侗寨开展人类学田野调查等，则可视为既带有某种共同关怀，又因田野点不同或研究意趣迥异而进行的学术尝试。

或许，"清水江研究"可视为一个学术概念，一种其来有自的学术理念传承发展的研究实践，是围绕共同主题而研究取向路径各异的系列工作成果，也是在特定地域范围内密集布点开展深入田野调查，同时充分兼顾历史文献收集解读的研究范式探索。事实上，要想对这些论题多样、风格各异的研究进行总括性的介绍与评述，不仅徒劳而且多余，其间确有误解误读乃至抹杀不同研究独到见解及学术贡献的可能风险。因此，围绕以"清水江研究"名之的这套丛书，余下的就是这个研究群体在实践、交流、互动过程中遵循的原则或认可的价值，以及一些不同研究渐至形成的共识，可在此言说一二。

当我们把"清水江研究"看作一个整体，自然首先是清水江流域可视为一个整体。流域绝非一个纯粹的自然地理概念，流域的历史亦非单纯的自然史，而是与人类的活动交织和纠缠在一起。是以当我们在清水江流域不同地点开展田野工作，这些工作本身即包含了某种内在的共同性。这是显而易见的，构成了我们以为必然存在的整体性的最基础部分。这是流域内干支流水道网络形成的自然条件影响（支持或约束）人们实践活动的基本方面。其次，从政治、经济、社会、文化等层面，我们也不难看到，特定地域在其历史发展进程中形成了或者说呈现出某些共同的特性。如果说"新疆六厅"的设置，标志着地域社会进入王朝国家的政治体系，那么以杉木贸易为核心的区域经济社会生活，更是充分地表现出一种共同性和一致性。当原有的社会组织、社会制度在共同面对王朝国家的制度性介入，以及经济生活中出现一些适应市场机制的制度规范的时候，我们也看到了社会文化层面的某些同步改变与整合。这是一幅生动而丰富的历史画卷，如果说国家治理和市场经济共同构成了画卷材料的经纬或质地，那么杉木的种植与采运则是清水江故事的基本底色。

这样的一种整体性也具体体现在每个基于精细田野调查与深度文献解读的个案研究中。诚然，每项具体研究都自成一体，都有其自身的整体性，且这种整体性是由各自的问题意识以及相关材料的收集和运用所决定的。无论是聚焦山居村寨与人群以杉木种植为核心的经济社会生活，还是着重考察临江村落木材采运贸易的制度运转或人群竞争；也无论是对一个特定苗寨侗村日常生活深入细致的观察与剖析，还是多个相邻相关村寨复杂人群构成及相互关系的历时性比较；亦无论是从婚姻缔结及婚俗改革等传统主题入手探讨社会文化变迁，还是洞悉传统社会组织延续与转

山水"峒氓":明清以来都柳江下游地区的家族、婚姻与仪式传统

型对当下社会生活的意义赋予等,都无不明显呈现出各自的整体性。实际上,这也都是由整个流域整个区域的某种内在整体性所决定的。特别是当我们把"清水江研究"这样一个概念,扩展到超越了清水江流域,而包括了相邻的都柳江流域、舞阳河流域乃至下游的沅水干流等其他一些相关地区的时候,背后所考虑的其实也正是由清水江研究所引出的一些基本问题及某些内在的关联性或者说一致性。

编入"清水江研究丛书"、主要基于不同乡村聚落长期深入的田野调查的这些研究,在某种程度上可视为中国传统人类学关于乡村社区研究的一种延续。这一传统可以追溯到被誉为社会人类学中国时代的20世纪三四十年代。吴文藻先生曾强调,社区研究应结合空间的内外关系和历史的前后相续。正如有学者在回顾和反思后来的一些研究时所指出的,在实际的研究过程中往往存在不无偏颇的情况,即将中国乡村社区看成是不太受外界影响的一个整体,以致缺乏对乡村社会的历史性以及内外关系体系等的整合性考虑。在这个意义上,"清水江研究丛书"所涉及的不同村寨,虽说它们都是清水江流域整体的某些局部,但这样的一些局部,又是镶嵌在整个区域社会乃至中国社会文明的一个更大的系统之中的。故此,这些研究实践所带出的关于清水江流域的总体认识,同时提供了看待整个清水江流域如何进入中华文明系统的独特视角。这绝非简单的局部与整体关系、局部如何说明和构成整体、整体又如何在局部里面得以体现的问题,实际上涉及我们所践行的历史人类学研究如何兼顾内外关系和过去现在的方法论视角。

田野工作的重要性已无须再予强调,富有挑战性的是不同的田野点都或多或少地保留了清代以来的各类民间文献。当结合这些文献资料和田野调查以了解某一历史过程中的具体事件及特定人物时,不仅作为史料的各种文献的建构过程值得进行深入的发覆,而且作为历史主体的人的活动,以及历史事件在他们身上留下的痕迹

等,都成为田野调查时需要高度的敏感性才能有所觉察和了解的。也因此之故,将过去与现在联结起来的历史民族志就成为"清水江研究"的基础性工作。它不仅是书写村落社会历史甚或"创造"其历史的独特方法,而且是探索和丰富历史人类学取向的有学术积累意义的研究实践。相信这些立足于精细个案及丰富材料,又富含区域和全局关怀的非常有层次感的民族志,都从不同的侧面充分展现了人、社会、自然关系的复杂性与多样性。

"清水江研究丛书"作为一个研究团队在中国历史人类学研究十分难得的试验场的系列工作成果,不能不说也得益于非常系统而完整的清水江文书的遗存。这一由民间收藏、归户性高、内在脉络清晰的民间文书,显然不只具有新史料带出新问题这种陈旧观念所能涵纳的一般意义,其更重要的价值在于提供了完整看待一个地方社会发展历程的全新眼光和别样视野,带给研究者一个回到历史现场的难得机会,帮助我们把探索的触角延伸到非常生动具体的过去,回到文书所关涉的那样一些特定历史时刻的社会生活之中。尤其是在清水江文书呈现出来的文字世界里,既可看到地方人群对主流文化的认同,也可见到在与文化他者的复杂关系中对自身主体性的确立。因此之故,结合深入细致的历史田野工作,我们可以真切感受到清水江文书中包含的极具地方性的思想意识和历史观念,同时也获得了探索特定地域社会动态发展极富价值的历史感和文化体验。

不难发现,在不同专题研究的民族志材料中,均以具体而鲜活的人的历史实践活动为中心,并且饱含研究者真实而丰富的同情之理解。我们的研究都建基于一个个既有共性又个性鲜明的村寨的田野工作,尤其是其中具体的人的实践活动,是探寻国家制度影响、了解不同人群互动交融、理解社会文化历史建构的根本着手点。在某种意义上来说,田野工作的深度不仅关乎对作为一个整体的区域社会的了解认识,更直接影响到立足历史文化过程生动细致描述的历史民族志的独特价值和魅力展现。可喜的是，在"清水江研究丛书"中，在研究者为我们呈现的栩栩如生、极富画面感的历史情境的描述中，不仅可以见到研究者与对象社会人群真情实感的互动与共鸣，还饱含了研究者对对象社会人群思想观念和表述习惯的充分尊敬和理解。或许，正是这样细致有力量感的民族志决定了这些研究的基本学术价值。至于是否在此基础上建立和发展起有关西南地区甚或中国社会历史文化的新视角和新范畴，以及在这样带有方向性的学术努力中贡献几何，则作者自知，方家另鉴。

张应强

2018 年初秋于广州康乐园马丁堂

目 录
CONTENTS

导　言 / 001

第一章　王朝国家的进入与"地方史"的书写 / 044
　　第一节　北宋王朝"开边拓土"与王江"古州蛮"纳土 / 045
　　第二节　明代"怀远猺乱"与官方"土流分治"政策 / 051
　　第三节　"地方史"书写："古夜郎地"说
　　　　　　与"中心－边缘"观的形塑 / 064

第二章　"峒地"村寨演变历程与信仰空间建构 / 072
　　第一节　"峒地"村寨的形成与发展 / 075
　　第二节　祭祀场所与信仰空间的营造与变迁 / 084
　　第三节　比较与讨论 / 122

第三章　祖先源流追溯与宗族谱系建构 / 127
　　第一节　人群移居与清代"六甲"地域社会的形成 / 128
　　第二节　曹氏祖先源流追溯与族谱编纂 / 133
　　第三节　跨宗族的族群认同建构："十二大姓开浔江"传说 / 152
　　第四节　从地域认同到族群认同："六甲人"的出现与划分 / 160
　　第五节　和里、南寨家族人群的祖先源流追溯 / 165
　　第六节　区域人群的"结群"过程与"心态史"探究 / 179

第四章　家族组织与婚姻网络 / 191
  第一节　"兜"与"房族" / 192
  第二节　通婚禁忌与姻亲网络 / 208
  第三节　婚嫁习俗与仪式传统 / 226
  第四节　节庆习俗与姻亲关系的巩固 / 248

第五章　"三王"信仰、村寨组织与国家观念 / 266
  第一节　宋代:"蛮户纳土"与神明赐封 / 267
  第二节　由明入清:"三王"与"竹王"信仰传统的延续 / 271
  第三节　"三献礼"祭祀仪式的形成与传承 / 287
  第四节　"三王"诞游神:跨村寨的游神仪式与祭祀空间 / 296

第六章　"侗戏"春秋:文化传承与民族文化建构 / 307
  第一节　本土歌唱传统的传承与创新 / 308
  第二节　地方戏曲的融合与变迁 / 314
  第三节　作为民族文化载体和展演的戏曲表演 / 327

结　语 / 333

附　录 / 350

参考文献 / 357

后　记 / 373

图表目录

都柳江下游水系示意 / I

图 1-1　北宋融州 / 047
图 1-2　明代万历年间《怀远县图》/ 058
图 2-1　和里-南寨村落景观示意 / 076
图 2-2　和里三王宫与人和桥 / 085
图 2-3　和里杨氏家族太祖杨金亮墓碑 / 094
图 2-4　竹王宫 / 103
图 2-5　人和桥上供奉的关公神位 / 105
图 2-6　2015年六月初六"祭萨"仪式现场 / 109
图 2-7　寨贡"萨"坛 / 113
图 2-8　村民在寨头的土地公祠祭拜 / 115
图 3-1　民国35年（1946）《三江政治区划图》/ 132
图 3-2　古宜大寨曹氏宗支谱系 / 142
图 3-3　程村曹氏宗支谱系 / 147
图 3-4　西遊曹氏宗支谱系 / 151
图 3-5　始祖杨光祖墓碑世系 / 167
图 3-6　太祖杨金亮墓碑世系 / 168
图 4-1　南寨杨氏宗族谱系 / 200
图 4-2　南寨杨氏善继堂谱系 / 203
图 4-3　新郎家"办大酒"仪式中新娘与新郎家的姐妹和姑母们 / 233
图 4-4　新郎家"办大酒"仪式中新郎家给舅家敬酒 / 233

图 4-5 新郎家"办大酒"仪式结束后送新娘回娘家 / 234
图 4-6 妇女在家织布 / 239
图 4-7 妇女在家屋外制作蓝靛染料 / 240
图 4-8 妇女在溪水中漂洗蓝染布 / 241
图 4-9 妇女在田间晾晒蓝染布 / 242
图 4-10 妇女在家中将染好的蓝布反复捶打至发亮 / 242
图 4-11 前去"吃冬"的一家人 / 250
图 4-12 "吃冬"宴席 / 251
图 5-1 清代《怀远县图》/ 273
图 5-2 "三王"神像被抬出三王宫巡游 / 301
图 5-3 在和里金萨殿前举行祭拜"三王"仪式 / 302
图 5-4 村民抬着关公和"三王"神像在村寨间巡游 / 302
图 5-5 在寨贡"中和堂"前举行祭拜"三王"仪式 / 303
图 6-1 "三王"神诞中的"嘎琵琶"演奏 / 312
图 6-2 和里、南寨村民在三王宫看"关公戏" / 319
图 6-3 戏班成员在后台装扮 / 321
图 6-4 和里戏班"庆祥班"表演侗戏 / 324
图 6-5 六月初六村民在和里杨氏鼓楼（戏台式）前晾晒戏服 / 326

表 3-1 六甲下辖村寨对照 / 130
表 4-1 南寨杨氏宗族妻姓一览 / 214
表 4-2 欧阳寨杨氏妻姓出身村落一览 / 217
表 4-3 寨贡梁氏妻姓出身村落一览 / 219
表 4-4 寨贡覃（谭）氏妻姓出身村落一览 / 222
表 5-1 祭"三王"仪式与《洪武礼制》祭社稷、城隍仪式比较 / 294
表 5-2 "三王"神诞轮祭排年 / 297

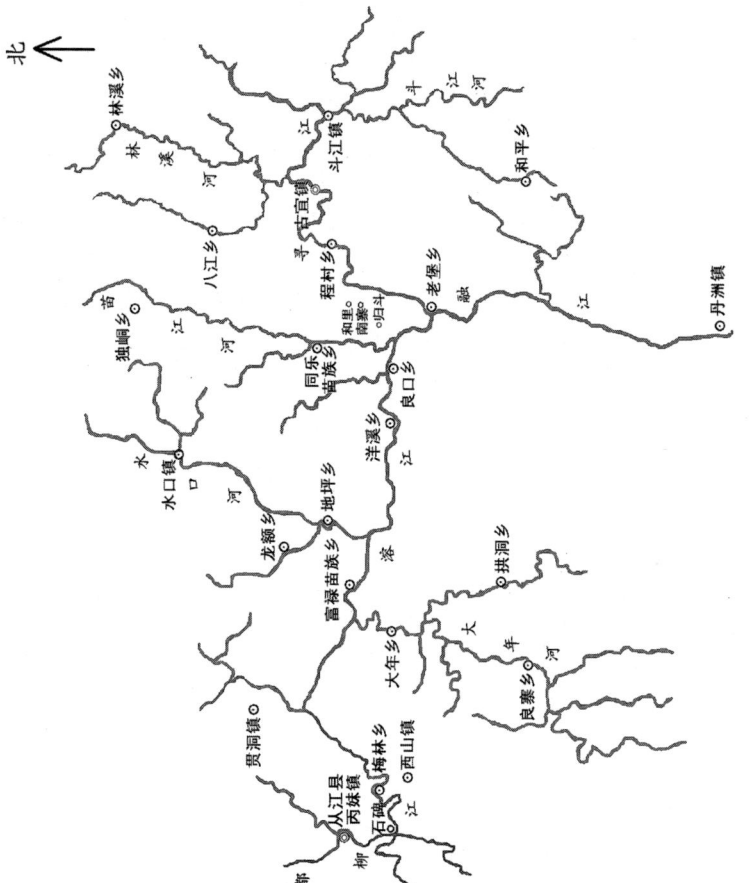

都柳江下游水系示意

导　言

郡城南下接通津,异服殊音不可亲。青箬裹盐归峒客,绿荷包饭趁虚人。

鹅毛御腊缝山罽,鸡骨占年拜水神。愁向公庭问重译,欲投章甫作文身。

——柳宗元《柳州峒氓》①

这是唐代著名文士柳宗元被贬谪于岭南郡城柳州任刺史时写下的一首诗,描述了居于郡城周围本地居民"峒氓"的社会生活与习俗。诗中"峒氓"的聚居之地位于今天黔桂交界的都柳江沿岸,属于亚洲大陆云贵高原东部延伸的河谷丘陵地带,其境内群山连绵、河流平缓、峡谷交错分布,雨热同期的亚热带季风气候使得水系发达,大小河流自西向东、由北而南纵横分布,山地植被丰富,森林覆盖广阔。由于山间溪流丰沛,经河流剥蚀形成许多峡谷,河谷两旁分布着大小不一的山间平地,当地人称之为"峒",汉文献中谓之"溪峒"。这些"峒地"土壤肥沃,利于开垦,常常形成岭南山区人群较早定居和发展农业的聚落。

虽然贵州、广西境内山地绵延,在历代王朝的"国家化"进程中通常被视为西南"边疆",然而散布于高山流水之间的"峒

---

① 尹占华、韩文奇校注《柳宗元集校注》卷42,中华书局,2013,第2839页。

山水"峒氓":明清以来都柳江下游地区的家族、婚姻与仪式传统

地"村寨,由于水陆交通相对便捷、农耕居民不易流动而常常成为地方官府易于控制的"内地"。唐宋时期,国家军队强势驻扎、汉人官员和移民陆续迁入,开展军事戍守、稻作耕种、山林开垦和经商贸易等活动,久居于此的"峒氓"就成为如柳宗元这样的中国北方官员实施管理与教化的对象。而且自明清以来,传统中国的"大一统"制度与文化在此落地生根,更演绎出丰富多样的社会形态。

跨越遥远的时空,当笔者今日走入柳宗元笔下"峒氓"居住的"峒地"村寨时,虽然已无柳子当年置身其间的强烈"异域"之感,然而徜徉于山水之间,眼前的景象仍然既熟悉又陌生。熟悉的是那些在传统汉人村落中常常能看到的庙宇和祠堂,以及一座座不同历史时期留下的汉文碑刻,还有关公、土地这些民间常见的信仰祭祀;陌生的是当地村寨不同寻常的命名方式、家庭关系和婚姻习俗。但是真正"进入"其间,那庙宇中供奉的神灵来源故事、神诞祭祀活动中多样的表演形式、祠堂中掩映的本土家族关系、节庆走访所展现的多重姻亲关系,以及族群标签背后人与人之间、人群与人群之间多层次的联合与区分,都呈现出这一地域人群来源的多元性,以及族群多元背景下的文化重叠与复合状态,而这些都呈现出该区域与中国其他地区有所差异又有所关联的区域社会历史进程,本书就是要展现该区域多元复合的历史文化过程,以及书写那些长期被忽视的历史主体。

一 研究区域与历史主体

都柳江流域历史进程的展开与中国历代王朝国家力量在该地区的渗透不无相关,然而活动于其间的"人之能动性"才是推动区域历史走向的真正力量。[①] 重大历史"事件"爆发前后,具有不同

---

① 关于人与历史辩证关系的精彩论述,见刘志伟、孙歌《在历史中寻找中国——关于区域史研究认识论的对话》,东方出版中心,2016。

来源、背负着不同文化传统的人群在这一地域的出入、迁移和彼此互动融合，以及他们对地方社会秩序的恢复、重建与再造，才是形成区域社会变迁的重要动力和根源所在。对笔者而言，本书真正希望探讨的是：中国历代正史记载中所谓的"征蛮""猺乱"这些重大历史事件之后，外来的"迁移人群"和相对而言的"本土人群"之间如何互动交往甚至重新"结群"，并且运用各种文化手段对其所身处的村寨社会进行"重组"的历史过程。

这正是希望因应布罗代尔（Fernand Braudel）提出的三种不同类型的"历史"概念划分。首先是"地理时间"，即他所说的"长时段"，是指"人"与"环境"之间"几乎不受时间影响的"历史，这不是在倡导地理决定论，而是要理解生活在这个环境中的人如何去组织他们日常的经济生活、社会生活，例如选择的农牧模式、耕种的谷物种类。然后是"局势史"，即"中长时段"，是缓慢变化的经济、社会与政治结构史，对应的是人口、经济波动的周期，是战争与和平交替的周期，它深刻地影响着作为集体的人的生活，但身处其中之人往往直到一个周期结束才能察觉这种波动。最后才是"事件史"，而这个时间维度在布罗代尔看来是瞬息万变的，是身在历史中的人最直观感受到的时间。[①]

有鉴于此，笔者对都柳江下游地区历史变迁的探讨，不局限于传统历史"事件"的论述和书写，而是希望透过"事件"爆发的前后来分析地域社会在一个较长历史时期发生的"结构"变迁，即一个王朝国家控制之外的山区地域社会如何逐渐进入王朝的"版图"；面对国家的军事力量以及各种政治、经济政策，都柳江流域山区"峒地"村寨居民如何应对且与之互动，最终发生了整体的"局势"演变。本书跨越一个较长的历史时期——从唐宋时

---

① 〔法〕费尔南·布罗代尔：《菲利普二世时代的地中海和地中海世界》，唐家龙、曾培耿等译，商务印书馆，1996。

山水"峒氓":明清以来都柳江下游地区的家族、婚姻与仪式传统

期开始追溯,重点考察明清时期都柳江下游流域山区村寨社会在家族组织、婚姻关系和仪式传统等方面的整体性结构变迁。

第一,山区"峒地"村寨人群的家族组织、婚姻关系和仪式传统等文化实践行为的展开与变迁等问题是本书的核心关注点。由于都柳江下游的山区村寨在宋代之前几乎不在王朝国家的统辖之下,因此在国家力量进入之前,当地社会有着自身的家庭婚姻传统、村寨组织结构和宗教信仰等文化实践形式,这些本土传统长久地影响着当地人群的行为方式和地方社会的组织形式。然而宋代之后,随着王朝国家力量的进入、西江水运贸易经济网络的逐步形成,外来的文化风气也逐步被官员、商贩和移民群体带入都柳江下游地区,地方头老和村寨人群面临外来文化的冲击,在村寨管理、信仰仪式、家族组织、婚姻关系等方面都做出了相应的变化与调整,因此也影响到这些山乡村寨自身社会组织、族群文化的发展脉络。此外,关注国家官员对地方推行的管理政策,尤其是重大历史事件(如宋代的"开边"和明代的"猺乱")之后推行的治理策略对"峒地"村寨社会发展与文化建构的不同意义,有利于理解山区社会自身内在发展机制,以及其与外来力量之间的互动关系。虽然我们能够从历史文献中了解到这些治理措施的具体内容,但是这些政策如何影响地方社会内部村寨的人群结构、组织方式、文化实践等并非显而易见,它们可能不露痕迹地体现在新生儿的命名方式、婚配对象的选择、祭祀祖先的形式、神灵信仰的祭祀礼仪,甚至节庆娱乐活动的内容上,因此对山区村寨人群日常生活变迁的关注与描写成为理解这种互动关系的最佳切入点。

第二,由于山区生态环境多样、物产资源丰富,都柳江流域其实很早就被卷入南岭山脉的南北通道以及西江水运贸易的区域经济网络中。山林、盆地、溪峒间盛产的珍禽异兽、象牙犀角、宝石珠玉等成为早期山区人群与外界进行物物交换的重要资本。后来则有对木材、稻米、靛蓝、桐油、茶油的规模化生产以及矿产资源的大

量开采，这些不但成为外来移民进入山区后的重要谋生手段，也成为当地人群转变生计方式的重要途径。因此，笔者对以上问题的理解与探究，必须置于区域经济网络联结与扩展的视野之下，南岭山脉之间陆路交通的开放与封闭，西江上游、中游河段的疏浚与开通，都会直接影响山区村寨人群在区域经济网络中的地位和作用。唐宋以来，不少山区居民除了从事传统的粮食耕种、山林采伐和渔猎活动之外，也积极参与到山区经济作物的种植以及矿产资源的开发、运输和交换等商贸活动之中，如清代都柳江流域山区的木材贸易。虽然控制山区木材对外贸易的通常是外来的汉人商贩，但是从木材的栽种、砍伐，到放木、拉排等各环节都是由当地山民参与，然而山民仅获得"戈戈工价"，外来商人则主要凭借自己的商业知识、语言优势和经济实力组织外运和销售，最终获取木材运销外地的"大利"。① 在山区居民与外来商贩共同参与商贸活动的过程中，区域市场网络对山区日常生活逐步渗透，由此形成的山区商品生产和贸易的分工模式对区域族群的联结与区分产生了重要影响。②

第三，本书还希望重新思考族群边界和族群关系问题。重大历史事件如何改变地方族群的居住与分布格局，而地方民众又如何在新的历史时期和现实情境中实现人与人之间的"结群"与"区分"是本书的又一核心议题。我们要将对族群"边界"的定义放在一个历时性的社会历史变迁进程中进行考察，探讨作为过程的族群"边界"是如何产生、维持与变迁的。③ 因此，要揭示族群现象的

---

① 关于都柳江流域杉木种植和贸易的概述，详见刘锡蕃《岭表纪蛮》（据1934年上海商务印书馆初版重刊），台北：南天书局，1987，第124~125页。
② 关于清代木材采运活动使中国西南山区社会卷入区域市场网络的论述，详见张应强《木材之流动——清代清水江下游地区的市场、权力与社会》，生活·读书·新知三联书店，2006。
③ 研究族群边界的重要意义，参见 Fredrik Barth, ed., *Ethnic Groups and Boundaries: The Social Organization of Culture Difference* (London: George Allen & Unwin, 1969)。

山水"峒氓":明清以来都柳江下游地区的家族、婚姻与仪式传统

"动态"过程,笔者认为需要从内、外两方面进行观察和探究。从内部视角着眼,需要了解作为具有生物属性的个体如何通过以(拟)血缘关系为基础的家庭组织和通婚网络实现"根基"性的"结群"过程;从外部视角来观察,则需要理解区域内各族群之间的互动关系,因为各族群内的"结群"过程与各族群间的"区分"过程紧密相连,显示出地域"群体"之间的联结和对抗关系。此外,也需要关注地方官员是基于何种政策和标准对这些群体进行划分与标识的(即所谓的标签化的过程,地方官员如何将不同聚落的人群划分为"民""瑶""獞""狪",并对不同人群采取不同的统治措施),而这些被划归为不同类别的人群又如何应对地方官府分类政策下的不同统治策略,从而在官方"分而治之"的政策之下实现本族群的认同和定位。由此可见,族群的"结群"过程,不但是一种区域社会组织不断形构的历史过程,也是文化共性与国家认同不断衍生和延续的载体。为此,笔者需要对山区村寨人群如何"结群"的历史过程进行揭示与展现,这不但会涉及基本聚落人群的家族组织形式、婚姻模式、宗教信仰和节庆娱乐活动等方面历史状况的追溯与梳理,也会注意到国家扩张政策、区域经贸发展、山区资源开发、外来移民进出等外部因素的影响,以及这些外部因素影响之下的个人与群体在生计方式、生活模式和社会结构等方面的"变"与"不变"。

历史上在都柳江下游流域、南岭山脉以南的山地溪峒中居住和迁移的人群,长期惯用口头实践,从而在很多方面呈现出某种"无文字"传统。因此,仅仅通过汉文献材料的记载是很难追溯他们的源流关系以及历史变迁的,但这并不影响我们对其形成的区域社会历史和文化脉络进行探究,因为不同人群通过代际传习、文化传承以及社会"惯习"作用,会使其形成的社会结构和文化表征在历史长河中留下印记。但是,笔者并不仅仅是要成为过去的代言人或者是历史的复原者,而且要对来源各异的多元人群在这一地区

共同生息繁衍、互动融合而形成的地域社会和文化共性的历史过程与空间层次进行某种程度的剖析,以呈现出此类山区社会复杂而多层次的人群实践和文化传统的互动与交融过程,丰富与反思我们对于这类过去长期被视为国家"边陲"、区域"边缘"地带的社会状态和民众生活形态的基本认识,也进一步拓展我们对于地域社会的形成机制和族群关系模式的理解。

汉文献中记载了不同历史时期中国传统文人和官员对地域人群的族类划分,其实是地域人群与王朝国家之间互动关系的表现,这种互动关系使得族群标识具有更为明显的"他者"视角和建构色彩。不少研究已经揭示,在中国文人的观念和文字表述中,惯用族类概念来区分在文化和身份上不属于王朝编户(即"民")的人群,因此在汉字书写的文献中,大量南方人群被统称为"蛮""獠""夷""猺",随着唐宋以来王朝国家对南方地区统治的深入,尤其是明清之后对山区人群控制的加强,汉文献中对地方人群指称的族群名称也出现差异。如李默先生在讨论广东瑶族源流时,通过梳理和列举大量文献,指出对"岭南原民"(李默先生用语),宋代之前的汉文献多以"狸""獠"指称,而到了明清之后则以"猺""獞"名之,他把这一变化过程称为"瑶化"。① 刘志伟教授则认为这个"瑶化"过程,与其说是一个族群融合衍变更替的过程,不如说是一个在文献书写上呈现的"瑶化"过程,这个过程所表达的是王朝国家对南方本地人群的观感和认知变化,这种变化反映出国家政治控制和文化扩张、本地人群身份和角色的演变以及相关的社会变迁的历史。② 此外,陈春声教授也通过明代知县祝允明编撰的《正德兴宁志》中有关"猺人"、"蜑

---

① 李默:《广东瑶族与百越族(俚僚)的关系》,《中南民族学院学报》(社会科学版)1986年第S1期,第115~125页。
② 刘志伟:《天地所以隔内外》,吴滔、于薇、谢湜主编《南岭历史地理研究》第1辑,广东人民出版社,2016,第XXIV~XXV页。

山水"峒氓":明清以来都柳江下游地区的家族、婚姻与仪式传统

人"、"山贼"与"土人"的记载,发现在明代中后期至清代初期的百余年间,大量在明代还被地方官府视为"随山散处"的"猺人"和"舟居网捕"的"蜑人"逐步转变为以农为生的"土人";而大量原来活跃于南岭山脉崇山峻岭间的"山贼"和"流贼"及其后代,也逐步服从官府管治,随着与官方关系的缓和,从凶狠残暴、不服管束的"叛乱者"转变为交粮纳赋的"编户齐民",这种表面上看似是族群身份认同的转变,其实是地域社会的经济形态与文化面貌发生的根本性转变。① 而这一根本性转变背后,蕴藏着地方人群在整个区域社会"国家化"进程中的应对策略和调适过程,其实质是一种"文化"手段与实践策略。

因此,本书依然需要探讨一个传统却并不过时的议题——"国家"与"地方"之间的关系。地方人群如何接受并理解"国家"观念;如何在国家扩张的过程中寻找到"恰当"的身份和认同;通过怎样的方式在不同的历史时期建构并且展现自己的文化特征,从而在国家"一体化"的进程中保存并发展地方文化的多元性和复合性。简而言之,本书希望探讨都柳江下游山区"峒地"村寨人群如何在进入"国家"的同时建构自己的"地方",并且在形成二者观念的同时处理彼此的关系。在王朝国家对其实行区域开发、政策推行和吸引外来移民涌入的过程中,不同族类人群有着多样性的迁移与互动关系。这其中涉及官方与民众在经济、地位、文化等方面的相互渗透和影响,以及被贴上不同族类标签的人群,如"六甲""猺""苗""狪"等群体在日常生活中持续互动且"界定"彼此的历史进程。

---

① 陈春声:《猺人、蜑人、山贼与土人——〈正德兴宁志〉所见之明代韩江中上游族群关系》,《中山大学学报》(社会科学版)2013年第4期,第31~45页。

二　区域社会史的族群视野

在探讨中华帝国的缔造过程时,以往的历史学家常常采用"汉化"模式进行阐释,即朝廷通过有目的的军事征服或积极的教化政策向周边地区扩张,而边疆地区的开发就是来自政治中心的移民逐步推行"王化"的过程,这使得王朝国家的历史呈现出一种"一体化"的表象。然而,近年来不少学者已对这种"汉化"模式提出疑问,他们认为,中国作为"既统一又差异"的政治实体,虽然国家常常通过形成和传播历史叙述,在文化、商业、户籍登记与结构、教育制度等方面建立和强化主流文化行为,但这并不是一个单向的过程,地方在进入国家的过程中有着自身的能动性,地方人群挪用来自政治中心的正统文化象征,在国家权力延伸至地方的过程中建构了属于自己的"地方社会"。① 这种希望摆脱帝国"汉化"模式的研究取向,其实是在过去以国家扩张为主导的历史叙事模式之外,去寻找所谓帝国的"边疆"地区内部自身的社会发展规律和历史叙事模式。这与近年来区域社会史的研究取向不谋而合,区域社会史强调历史视角与书写的多元向度,摆脱传统史学的宏大叙事框架模式,从"地方的视角去重新理解中国和世界",而不是"用区域的研究去验证或者填塞宏大叙事的框架结构"。② 由此可见,区域社会史研究,是将区域社会置于一个新的视野体系之下,去理解其发展脉络和模式,以整体性的视野去重新理解置于其

---

① 参见柯娇燕(Pamela Kyle Crossley)、萧凤霞(Helen F. Siu)和苏堂栋(Donald S. Sutton)在《帝国之于边缘:近代中国文化、族群性与边界》(*Empire at the Margins: Culture, Ethnicity, and Frontier in Early Modern China*, Berkeley: University of California Press, 2006)一书前言部分,关于"汉化"(Sinicization)问题的探讨与反思。

② 赵世瑜:《叙说:作为方法论的区域社会史研究》,氏著《小历史与大历史——区域社会史的理念、方法与实践》,生活·读书·新知三联书店,2006,第3页。

山水"峒氓":明清以来都柳江下游地区的家族、婚姻与仪式传统

上的国家和世界。

区域社会史研究中一个重要的研究视角,就是针对区域族群分类及其关系问题的探讨,不少研究者通过展示族群身份认同的历史嬗变,透视国家与地方之间在政治、经济、文化权力上的互动过程。如萧凤霞、刘志伟对珠江三角洲沙田地区"汉""蛋"族群身份流动性问题的探讨,让我们不仅看到在国家户籍制度操纵或合作下"汉""蛋"形成与区分的过程,更揭示出地方人群自下而上利用国家秩序的语言,在地方社会中提升地位、建立身份认同的能动性。① 黄向春则通过对明清以来闽江下游地区的族群关系与仪式传统的形成过程进行探究,挖掘出所谓的"蜑民"群体如何成为与这一过程相应的历史记忆和文化表述的主角,从而反思"蜑民"不但是一种族群的存在方式,也是地方社会中跨越时空的文化实践、符号操演和话语表达的对象和产物。② 科大卫(David Faure)对明代中期大藤峡"瑶乱"对瑶族族群性影响的关注,则让我们看到明代中期对"猺"和"民"的划分,一方面是基于政府户籍登记制度的影响,另一方面则是广西的地方土官在卷入朝廷政治斗争中互相争夺土地的结果。③ 唐晓涛则通过进一步探讨大藤峡地区人群的身份变化问题,由大藤峡崇姜里人从明至清在"猺""民""汉"之间身份认同转变的个案,揭示了"猺""獞""狼"等族群标签及族谱编撰背后地方人群对文化资源和权力的操控,与地方社会不同历史时期的社会动荡、宗族语言的运用等社会经济文化变动相

---

① 萧凤霞、刘志伟:《宗族、市场、盗寇与蛋民——明以后珠江三角洲的族群与社会》,《中国社会经济史研究》2004 年第 3 期,第 1~13 页。
② 黄向春:《历史记忆与文化表述——明清以来闽江下游地区的族群关系与仪式传统》,博士学位论文,厦门大学历史系,2005。
③ David Faure, "The Yao Wars in the Mid-Ming and Their Impact on Yao Ethnicity," in Pamela Kyle Crossley, Helen F. Siu and Donald S. Sutton, eds., *Empire at the Margins: Culture, Ethnicity, and Frontier in Early Modern China*, pp. 171-189.

联系，呈现出地方社会变迁与国家秩序建立的复杂历史过程。①温春来通过黔西北彝族族类界限观念的演变，探讨地方社会中文化认同与身份认同之间的关系，剖析边疆地区存在的许多族类互变说法或现象背后的实质，如大方县普底黄氏家族在很多场合声称或者伪装出汉人身份，却在内心深处认为自己是"娄素"，并且在诸多方面保留彝人的历史记忆与礼俗，其背后是希望通过文化身份的改变以扩大自己在地方上的势力，这种改变是对王朝及其所认可的礼俗与正统儒家思想的认同，而非认同汉人的身份。②

以上区域社会史研究中的族群（族类）问题让我们看到，在国家与地方的互动过程中地方民众所体现出来的创造力与能动性，国家与地方对人群分类有着各自的话语，而在国家领土与文化向地方（边疆）扩张的过程中，二者是互相影响与调适的关系，这其实反映了"国家化"与"地方化"两种相辅相成的机制。地方人群在进入王朝统治的"国家化"过程中也有着"地方化"的历史进程。因此，本书一方面延续前辈学者探究承载着"中国"正统性观念的国家制度、文化与礼仪，是如何在具体的时空领域中推行开来的；另一方面则通过对区域村寨社会人群历史活动的微观考察，了解都柳江下游"峒地"村寨社会人群如何借助于"信仰""宗族""民族"等不同时期兴起的文化表征与符号，在与历代王朝国家接触和互动的过程之中，巧妙地将不同时期的国家制度、文化和礼仪与这些人群原有的文化模式和社会运行机制相融合、相调适，并且将其纳入自己的社会组织与文化

---

① 唐晓涛：《试论"猺"、民、汉的演变——地方和家族历史中的族群标签》，《民族研究》2010年第2期，第57~109页。
② 温春来：《从"异域"到"旧疆"——宋至清贵州西北部地区的制度、开发与认同》，生活·读书·新知三联书店，2008，第八章"文化认同与身份认同的转变"，第275~309页。

建构的过程当中，从而形塑出处于不断变化中的地方社会状态和区域族群文化。

对区域族群文化模式的历史考察涉及民众日常文化生活的诸多方面，本书则重点考察信仰、家庭（族）组织与婚姻网络等社会文化基本架构，而这些领域也常常成为王朝国家制度与文化理念渗入地方社会根本而隐秘的场域。

在神明信仰方面，许多学者的研究已经表明，乡村社会中的信仰传统与朝廷的制度和礼仪有着非常密切的关系。华琛（James Watson）通过研究妈祖信仰如何由福建沿海地区的一个小神，在国家帝王的提倡下逐步成为中国南方重要的女神的历史过程，揭示在使神明标准化（Standardizing the Gods）的过程中——由国家鼓励对被"允许"神灵的信仰，"精英"文化与"民众"文化的互动关系；通过这种互动，国家得以整合不同的地方文化，实现了国家文化在某种较高程度上的一致性。[①] 然而，在国家文化与地方文化的互动关系这一问题上，与华琛直接而明确对话的是宋怡明（Michael Szonyi）对流行于福州地区的五帝崇拜的研究，说明在朝廷官员对地方信仰进行标准化改造的过程中，地方的五帝崇拜并没有被官方认可的五通神（五显）崇拜所取代，而是在地方民众和地方精英的"同谋"之下，被伪装成五通神崇拜，甚至在后来还被伪装成关帝崇拜，在受国家认可的神灵的庇护之下，一次次地躲过了官方推行的信仰标准化政策，造成了一种地方神灵被国家标准化的幻象，而这正是地方文化在面对国家文化整合过程中一种强有力的弹性表现。可见，地方文化并非被动地接受国家文化的整合，而是在与国家文化的互动过程中保持着顽强的适应

---

① 〔美〕华琛：《神的标准化：在中国南方沿海地区对崇拜天后的鼓励（960~1960）》，刘永华主编《中国社会文化史读本》，北京大学出版社，2011，第122~170页。

性和持久的独特性。①

近年来，国内外学者对神明信仰"标准化"和"正统化"问题的探讨则进一步深化。2007 年，在苏堂栋的组织下，《近代中国》杂志刊出专辑，所收论文的作者围绕异端行为（heteropraxy）的标准化、伪正确行为（pseudo-orthopraxy）、仪式与信仰（礼和诚）的关系以及中国性和文化整合程度等问题，对华琛多年前发表的几篇文章中提出的从信仰和仪式的标准化来理解中国文化整合的问题展开了新的讨论。②《历史人类学学刊》第 6 卷第 1、2 期合刊则出版"国家建构与地方社会"专号，刊登了四位国内学者在神明信仰方面的最新研究成果，并由科大卫和刘志伟撰写《"标准化"还是"正统化"？——从民间信仰与礼仪看中国文化的大一统》一文，讨论地方信仰与仪式所体现的地方传统多元性和中国文化大一统之间的关系，在肯定民间习俗的多样性和地方传统的延续性的层面上，引发学者们进一步思考在不同的时空、通过不同的方式与力量推行制造出来的具有差异性的正统化样式，是如何被不同地方的人群所接受并且形成了中国文化的"大一统"结构。因此学者们不应只停留在研究"大一统"结构本身，而是要将研究引向对形成这一结构的复杂历史进程的揭示，并且要对不同地域的

---

① Michael Szonyi, "The Illusion of Standardizing the Gods: The Cult of the Five Emperors in Late Imperial China," *The Journal of Asian Studies*, Vol. 56, No. 1 (Feb., 1997): 113 – 135.

② Donald S. Sutton, ed., "Special Issue: Ritual, Cultural Standardization, and Orthopraxy in China: Reconsidering James L. Watson's Ideas," *Modern China*, Vol. 33, No. 1 (Jan., 2007)。此前，罗友枝和宋怡明已对华琛的看法提出了批评，参见 Evelyn S. Rawski, "A Historian's Approach to Chinese Death Ritual," in Watson and Rawski, eds., *Death Ritual in Late Imperial and Modern China* (Berkeley: University of California Press, 1988), pp. 20 – 34; Michael Szonyi, "The Illusion of Standardizing the Gods: The Cult of the Five Emperors in Late Imperial China," *Journal of Asian Studies*, Vol. 56, No. 1 (Feb., 1997): 113 – 135。罗友枝批评华琛割裂了仪式的实践/行动层面与意识形态层面，忽视了士大夫对仪式背后的意义的重视。

这一历史演变进行比较研究。①

这些研究启发笔者,都柳江下游流域不同族群信仰文化所呈现出的多样性和衍变过程,正是国家象征施加于地方民众信仰层面,在"标准化"与"正统化"等多重意义与力量博弈中达到的"大一统"与"平衡点"。地方信仰传统的多元性表达需要置于这一理论视野中进行探讨与比较,才能显示其基本的研究意义所在。

而对于民间社会家族组织变化与发展的研究,则从另一个角度向我们展示出国家与地域社会在制度与礼仪方面的沟通与互动。郑振满探讨了明清里甲户籍的世袭化及其对家族组织发展的影响。明中叶以降,里甲户籍的世袭化和里甲差役的定额化,使得里甲户籍成为福建地方社会家族组织的兴衰标志之一。在家族内部,为了共同管理里甲户籍及分摊有关义务,就采取各种不同的组织形式,把全体族人纳入同一赋役共同体。一方面,对里甲户籍的共同继承使家族组织得到强化;另一方面,有些家族分设若干不同的里甲户籍,在族人之间形成若干不同的赋役共同体,往往也会导致家族组织的分化或解体。② 宋怡明对福建沿岸卫所军户家庭的研究也体现出国家户籍制度对军户家庭(族)发展的深刻影响,军户家庭为了应对国家差役而运作成为具有多重合作与契约关系的家族群体。③ 而科大卫与刘志伟则通过讨论宗族意识形态通过何种渠道向地方社会扩张和渗透,宗族礼仪如何在地方社会推广,把地方认同与国家象征结合起来的过程,

---

① 参见中山大学历史人类学研究中心、香港科技大学华南研究中心主办《历史人类学学刊》第6卷第1、2期合刊,2008年10月。
② 郑振满:《明清福建的里甲户籍与家族组织》,《中国社会经济史研究》1989年第2期,第38~44页。
③ Michael Szonyi, *The Art of Being Governed: Everyday Politics in Late Imperial China*, Princeton: Princeton University Press, 2017.

揭示出华南地区宗族发展是明代以后国家政治变化和经济发展的一种表现,宗族的发展实践,是宋明理学家利用文字表达,改变国家礼仪,在地方上推行教化,建立起正统性的国家秩序的过程和结果。①

然而,都柳江下游"峒地"村寨中至今存在的"房族"组织,是以当地结合了血缘与地缘关系的传统"卜拉"(bux lagx,侗语意为"父子")关系为基础演变而成的,它一方面受到明清时期汉人移民群体和土官家族在地方社会的实践影响;另一方面也体现出地方民众利用汉文字与儒家"宗族"理念,对当地家庭(族)观念的形塑与社会基层组织的动态调整。这提醒我们在探讨国家-地方社会基本结构整合的过程中,理解国家制度的影响固然重要,对地方社会与人群的基本观念、形态与结构也应该有清楚的认知与探讨。

不同家族群体之间的通婚关系与家族组织的发展密切相关,很多学者都注意到了婚姻与姻亲关系的重要性。如弗里德曼(Maurice Freedman)较早关注到中国人祖先祭祀礼仪和结婚仪式的模式,在对婚姻仪式的论述中,他认为祖先祭祀仪式与婚姻仪式是需要平衡的一对,二者分别表现出对固定父系亲属关系的联结与契约性婚姻关系的缔结。②虽然他对婚姻关系和仪式的研究旨趣仍是基于对亲属制度研究的关注,但他对婚姻问题的看法和论述,引发我们去思考姻亲关系对人群亲属关系的制约与影响,以及背后蕴含的官方与民众基于婚姻策略与人群关系的考量。而华若璧(Rubie S. Watson)希望将中国东南部地区的人类学研究从以继嗣典范为中心的模式,转移到对婚姻和姻亲关系方面的关注上,以此

---

① 科大卫、刘志伟:《宗族与地方社会的国家认同——明清华南地区宗族发展的意识形态基础》,《历史研究》2000年第3期,第3~14页。
② Maurice Freedman, "Ritual Aspects of Chinese Kinship and Marriage," in Maurice Freedman, ed., *Family and Kinship in Chinese Society* (Stanford: Stanford University Press, 1970), pp. 163 – 187.

山水"峒氓":明清以来都柳江下游地区的家族、婚姻与仪式传统

进一步探讨婚姻对维系阶级或种族/民族界限的作用。① 巴斯(Fredrik Barth)等学者在对族群边界问题的探讨中已经指出,不同人群之间的通婚关系常常是人们得以维持或跨越族群边界的重要因素。②

尤其对西南山区的迁移人群而言,在进入新定居地时,与哪些家族或者人群进行通婚并且维持多代的联姻关系,很大程度上决定了族群之间的交通往来、文化认同以及族群认同的倾向。比如王朝国家对于"苗""汉"之间通婚政策的制定,地方官员对"同姓不婚"礼俗的推行和"不落夫家"习俗的禁止,以及若干村寨联合起来调整婚姻聘礼的数目,都是利用对地方人群婚姻关系与习俗的介入,来调整区域人群在族际边界、婚姻礼俗、家庭财产等方面的关系,而地方民众也会采取"破姓开亲""同宗不婚"等手段与王朝国家倡导的文化礼仪相因应,从而引发地方人群在组织方式和通婚习俗上的改变,以此与王朝国家力量形成互动。

三 历史民族志的书写模式

都柳江下游地区是溪流水源丰沛之地,这里交汇的溪流河道成为高山地区对外交通的便捷之途,并且能够与多条陆路网络相连接,将南岭山区中的居民和丰富的物产与外部世界联系在一起,甚至成为不同知识和文化冲击、交汇的地带。因此,该地区非但不是一个交通闭塞、文化单一、社会停滞的地域,反而是一个既包容了南岭地区刀耕火种、迁徙不断的山居人群在此繁衍生息之处,又接

---

① 华若璧:《南中国的阶级分野与姻亲关系》,华琛、华若璧:《乡土香港——新界政治、性别及礼仪》,张婉丽、盛思维译,香港中文大学出版社,2011,第57~81页。

② Fredrik Barth, ed., *Ethnic Groups and Boundaries: The Social Organization of Culture Difference* (London: George Allen & Unwin, 1969).

纳了沿着西江中、下游干流和支流溯江而上的各类因饥荒、疫病、赋役压迫而流离失所的移民群体之所。然而，这一地区也由不受任何国家控制的"蛮荒"之地，逐渐在唐宋之后开始了所谓的"国家化"进程。

在都柳江下游地区的"国家化"进程中，对国家统治者而言，山区人群由于身处国家力量难以到达的高山河谷地区，在地理位置上是处于"边疆的"，在人群身份上则被视为"边缘的"。我们看到各类汉文古籍文献中，历朝历代的文士官员通常将他们归类为"蛮""獠""夷""瑶"，并且在中原王朝向南方山区扩张的过程中，这些山地人群屡屡成为王朝攻讦征伐的对象。此外，大量涌入该地的外来流民由于身处国家控制的户籍体系之外，而常常被视为"盗""匪""贼""寇"。因此，对这一地区人群生活状况的描述，早期历史文献除了传统正史中的蛮夷列传、地理志书之外，就是前往这些地区为官的文人官员们写下的关于这些"蛮夷之地"山川游记、风俗纪闻和物产资源等记录。明清以来，由于王朝国家在这一地区军事活动的增多，涉及官方开拓和经营边疆，以及地方人群"动乱"事件的官、私记载文献才相对增多。

然而，由于该地区人群没有自己的文字系统，长期以来也没有使用汉文字的传统，常常处于某种"失语"状态，成为王朝国家主流历史模式之下的"没有历史之人"①。笔者也只能从处于"他者"视角的汉文献记载中透视这一区域在唐宋至元明时期的族群地理分布状况，以及他们在"动乱"话语下的生存状态。清代雍正之后，当地不少接受了儒学教育的本地士绅开始积极运用汉文字来书写和记载地方信仰、民间规约、家族源流、宗族谱系、契约文

---

① 意指传统历史书写和学术研究中相对于主流人群的"他者"——边缘族群，即历史上被定义为"野蛮人"的群体。相关论述详见〔美〕埃里克·R.沃尔夫（Eric R. Wolf）《欧洲与没有历史的人》，贾士蘅译，民主与建设出版社，2018。

书以及歌词戏本等内容。这不仅使本地人群"主位"视角下的地方社会历史场景越来越清晰，也使我们能够看到当地人如何运用文字、歌唱和仪式等手段传承和表达不同的文化、礼仪和信仰传统。而进入都柳江下游沿岸的"峒地"村寨进行田野调查，结合当地家族文献记载和口述访谈，也让笔者逐步了解随着王朝国家势力和儒学观念的步步渗入，当地村寨在家族组织形式、通婚关系和信仰仪式等方面都发生了一定程度的历史变迁。这些方面的历史变迁恰恰与王朝国家疆域在都柳江下游地区的"拓展"进程互为表里。

那么，应当如何来书写和展现都柳江下游地区村寨人群所经历的历史过程？近年来，过去以追溯族源为主旨对原始民族进行历史拟构，而不是寻求民族形成规律的传统民族史研究已经受到极大的质疑和反思。①

19世纪后半期，由于民族主义思潮在中国兴起，以及面临日益严重的边疆危机，学术界通常将中国西南地区及其域内人群的研究，置于"边政学"与"边疆民族"调查研究的视野和范畴之内，对这些"边疆"地区的研究注重国家治理和控制策略，也将这些"边疆"地区的历史描述为如何被逐步开发成为王朝国家的一部分，讨论如何将其域内人群"化夷蕃为吾民"②，如何让其逐步接受国家正统文化理念的"向化"之法。③

民国时期兴起一股"中国民族史"的书写和编纂潮流。吕思勉的《中国民族史》将西南地区过去被称为"蛮""夷""瑶"

---

① 如王明珂《华夏边缘——历史记忆与族群认同》，社会科学文献出版社，2006；《羌在汉藏之间——川西羌族的历史人类学研究》，中华书局，2008；《英雄祖先与弟兄民族——根基历史的文本与情境》，中华书局，2009；黄向春《历史记忆与文化表述——明清以来闽江下游地区的族群关系与仪式传统》，博士学位论文，厦门大学，2015。

② 顾颉刚、史念海：《中国疆域沿革史》，商务印书馆，1999，第14页。

③ 凌纯声：《中国边政之土司制度》，分刊《边政公论》第2卷第11、12期合刊，1943年；第3卷第1、2期合刊，1944年。

"苗"的人群,归类为与"汉族"相对的"苗族""粤族""濮族"等范畴,并且从各朝代的历史文献中为每一族类寻找历史源流和流变证据,以此形成一种"从古至今"绵延不绝的历史发展脉络。①王桐龄的《中国民族史》则将边疆地区与中原王朝国家接触的过程看作边疆地区人群不断被"汉化"的过程。②而林惠祥在写作《中国民族史》时虽然看到历史上的族类划分和当时民族划分的差异,但其研究方法仍然是在历史上不同朝代出现的人群类别与当时划分的民族类别之间寻找关联,来书写各民族的历史沿革,而且在对中国民族史的分期中,仍然无法超越牢固的"汉化"标准。③

到了20世纪50年代,随着新一轮民族识别工作的展开,以及新的民族政策的推行,为各民族追根溯源,重新编写简史、简志的工作也迅速开展起来。民国时期学者从汉文献记载中为各民族寻找根源、建构线性民族史的传统被延续下来,并且迅速成为各民族历史和文化建构与书写的模板。西南民族史的学术范式也未能逃脱这一模式,中国西南地方历史研究多沿用"民族史"、"族源史"或边疆开发史的学术路径来讨论地方与国家的关系和地方历史变迁的问题,将地方社会历史变迁纳入"少数民族历史"成为1949年之后中国边疆少数民族研究的主流。大量的民族地区调查都以单一民族为单位展开,之后形成和出版的《中国少数民族社会历史调查资料丛刊》也以族别来整理和编辑调查资料,命名为"某某族社会历史调查"。例如三江县于1955年被定名为三江侗族自治县,因此对三江地区的社会历史调查报告就被编入《广西侗族社会历史

---

① 吕思勉:《中国民族史》,世界书局,1934。
② 王桐龄:《中国民族史》,北平文化学社,1928。
③ 林惠祥:《中国民族史》(影印本),商务印书馆,1993,第8页。

调查》①,与融水苗族自治县、龙胜各族自治县的侗族村寨调查报告放在一起,而对与三江侗族毗邻而居的壮、苗、瑶等民族状况则不多涉及,也因此无法为后来的研究者提供这些区域的民族分布状况、族群关系和历史变迁。此外,调查人员从民间搜集而来的大量口传故事、歌谣和文字资料都被列归到不同民族分类下面,让人无法看清处于同一地域中各类族群之间在这些口传惯习和文字传统上的区别与关联。

因此,笔者认为需要打破这种按照民族分类来处理民间口传历史记忆和文字资料以及追溯地方历史的界限,而应该从区域社会自身的历史进程脉络出发,去重新思考和书写栖居于这一区域内各族类人群的历史变迁。对"边疆"民族的历史书写不应该是对跨区域的"某族"人群在来源、迁移和流动过程中"建构"式的书写,而应该是对区域内各族类人群如何被分类或聚合的过程与规律的书写。这一过程与规律不仅受到该区域自身历史发展进程的影响,更受到与之有着密切关系的外部世界(国家)力量的影响。因此,应当将都柳江下游"峒地"村寨人群的历史变迁进程,放入区域历史发展的脉络中进行考察,并且揭示这种内、外力量对人和人群自身文化实践和身份认同的影响,使他们成为"中华民族"的一分子,使其栖居的地域成为"中国"不可或缺的一部分。这才是民族地区历史研究与书写之意义所在。

有鉴于此,笔者在此希望实践一种置于区域社会史视野下的历史民族志的书写方式,这与近年来历史人类学研究的不断发展有着密切关系。20世纪60年代以来,以法国年鉴学派马克·布洛赫(Marc Bloch)、布罗代尔等学者为代表,史学研究内部发生了一种"人类学转向",推动史学走向人类学式的历史学;与此同时,欧

---

① 广西壮族自治区编辑组、《中国少数民族社会历史调查资料丛刊》修订编辑委员会编著《广西侗族社会历史调查》,民族出版社,2009。

美人类学研究也发生"史学化"趋势,关注和探究历史变迁的"能动性"实践和深层动因,思考研究对象的"历史观"问题。① 而中国学术界也于此股潮流中表达了自身对于历史人类学研究的思考与实践,目前对社会史领域的探索与实践较为丰富,尤其对中国华南区域社会的研究,展现出历史人类学与区域社会史研究彼此借鉴与相互促进的发展趋势。②

而同一时期,民族志也出现了历史化的趋势。③ 民族志是人类学研究中最重要的研究成果,也是一种文体和表述方式,但同时指称人类学最为核心和独特的研究方法。而所谓的"历史民族志",正是在历史学与人类学之间相互影响、相互借鉴之下的一种研究与写作方式。对于"历史民族志",一些学者已经尝试做出定义和解释,如人类学家西佛曼(Marilyn Silverman)就将其定义为:"使用档案资料以及相关的当地口述历史资料,描写和分析某个特定且可识别地点的民族一段过往的岁月。民族志可以是一般性的、涵盖那个时代社会生活的许多方面,或者,它也可以集中注意力于特定的题目,如社会生态、政治活动或宗教。这种民族志最后带领人类学家远离民族志的现在、自给自足的'群落'和稳定的'传统'这类根基久固但粗糙的设计

---

① 参见张小军《历史的人类学化和人类学的历史化——兼论被史学"抢注"的历史人类学》,《历史人类学学刊》第 1 卷第 1 期,2003 年 4 月,第 1~28 页;〔瑞士〕雅各布·坦纳(Jakob Tanner)《历史人类学导论》,白锡堃译,北京大学出版社,2008,第 53~63 页。

② 参见庄英章《历史人类学与华南区域研究——若干理论范式的建构与思考》,《历史人类学学刊》第 3 卷第 1 期,2005 年 4 月,第 155~169 页;黄国信、温春来、吴滔《历史人类学与近代区域社会史研究》,《近代史研究》2006 年第 5 期,第 46~60 页。

③ 参见 G. E. Marcus and Michael Fischer, *Anthropology as Cultural Critique: An Experimental Moment in the Human Sciences* (Chicago: University of Chicago Press, 1986)。

和假设。"① 这一定义是偏向于传统人类学者不注重档案等文献资料,将研究对象看作静止不变的群体来进行书写的弊病而提出的。除此之外,虽然已有中国学者尝试对其做出一定的探讨和定义,区分所谓的"历史民族志"(ethnography of history)和"历史的民族志"(historical ethnography),并且强调历史文献与当下田野调查的双重参照,但是他们都认为,民族志概念的复杂性与开放性,使得他们对"过去"与"现在"关系的探讨和书写实践方式并没有定论,"历史民族志"也应该具有包容性与丰富性的内涵,这样研究者才能够对其进行更为多样化的探讨与书写实践。②

因此,在整个研究和写作过程中,笔者尝试结合历史学与人类学的跨学科研究方法和视野,以形成具有开拓性的"历史民族志"研究方式与书写风格。笔者将研究视野聚焦于一个具体的地域空间——都柳江下游区域社会,综合使用民间历史文献(碑刻、族谱、契约、唱本等)、官方文献(官修史书、官员文集和地方志等)、口传资料(传说、故事、古歌、款词、戏曲等)与实地田野调查资料,探究和描写一定时间维度下该地区人群生活的某个或者多个方面,从而更深入地了解和追溯当地人群(对他们而言)所经历的重要历史进程,以及当地人如何言说和理解"过去",以反思当地人群所形成的历史记忆和历史观念在主、客方面所受到的影响。由于研究的主要对象限定于具体的村寨社会,这有利于研究者在一定的区域范围内,对生活其中的人群关系和文化结构的形成过程进行较为细致的层层剖析和展示,但是

---

① 〔英〕西佛曼、〔英〕格里福(P. H. Gulliver)编《走进历史田野——历史人类学的爱尔兰史个案研究》,贾士蘅译,台北:麦田出版股份有限公司,1999,第 25~26 页。

② 国内学者相关讨论,参见张佩国《历史活在当下——"历史的民族志"实践及其方法论》,《东方论坛》2011 年第 5 期,第 1~7 页;张海超、刘永青《论历史民族志的书写》,《云南社会科学》2007 年第 6 期,第 41~45 页。

导　言

又不能忽视超越该地域范围的人物、事件和力量的影响。因此，研究者需要对该村寨社区所处区域的整体社会结构和历史进程有所知晓和把握，以更好地理解置身于这一社会结构和历史进程中的村寨人群是如何感知与应对的，这样才能对我们所分析的过去生成的文字材料和当下观察的田野现象进行更为合理的勾连和诠释。

虽然都柳江下游地区迟至宋代才开始逐渐进入王朝国家的统治视野，但是宋代的"开边"政策和明代爆发的"猺乱"，使得这个地区在官修史志及朝廷官员或文人的文集和笔记中留下记录，还有清代至民国时期不断编撰的地方志书，都成为本书不可多得的宝贵历史文献。尽管这些官方文献资料充满了王朝官员和文人基于统治者立场的叙述口吻和书写视角，但是仍然在帮助我们了解区域社会演变的重要历史"事件"的背景及外部状况方面发挥了重要作用。并且这些"他者"视角下的书写文献本身，也成为本书剖析时代背景和文士心态的有趣文本，使得研究者和读者都能够借此看到那个遥远时空背景之下，"地方历史"书写和建构的深刻意图与时代意义。

此外，延续广西北部从宋代以来就十分兴盛的石刻传统，这一区域的石刻文献也相对丰富。"埋岩"议事、刻字立碑成为延续地方规约传统与国家律令体系的双重载体，使得石刻尤其是碑刻文字成为地方官府和民间社会沟通与互动的有力手段。到了清代雍正年间开辟黔东南"苗疆"之后，都柳江下游流域的本土士绅已经逐步兴起，他们的祖先从明代中期"猺乱"之后就进入地方土官体系，培养后代接受儒学教育，求取科举功名。他们也学会使用汉文字来表达地方信仰、规约习俗，书写家族源流、地方掌故，甚至通过刻字立碑来彰显祖先功绩、联结地域网络。然而可惜的是，这些碑刻大多仍然散落在交通不便的乡野村落之中，没有被有心人收集和整理出来。但幸运的是，在前辈学者"走向历史现场"的田野

山水"峒氓":明清以来都柳江下游地区的家族、婚姻与仪式传统

召唤之下,[①] 笔者能够在过去十年之间数十次往返于都柳江下游地区,在祠堂庙宇中、溪流石桥下、山野古道旁、荒街古巷里,寻觅到这些随着岁月浮沉而或显赫或湮灭的"历史"遗迹。希望这些得之不易的碑刻文献今后能够有机会得到专门整理和出版,以帮助更多的学术研究者和地方文史爱好者了解和挖掘它们的意义与价值。

家族谱牒也是都柳江流域地区很有价值的文献材料。除了迁移进入该地区的汉人家族带来了修撰谱牒的传统之外,侗人家族也因为承袭地方土官或接受儒学教育而具有记载家族谱系、编撰族谱的文字能力和建构家族历史的意识。该地区目前发现的家族谱牒或祖先谱系文献,多是晚清至民国时期编撰的,20世纪80年代至今重修或者新编的族谱也有相当数量。这些谱牒的重要意义不仅是它提供了该地区家族(家庭)组织结构的文字信息,更重要的是从这些不同时期、不同族群修撰的族谱中呈现出的清代侗人"房族"组织的衍变过程。清代都柳江下游地区侗人士绅家族主动吸收汉人带入的"宗族"理念,梳理家族世系,编纂家族谱牒,捐赠一定数量的宗族公产,建立共同祭拜始祖的宗族祠堂;并在谱牒编撰过程中大大扩展了侗人群体的宗亲代际关系,强调父系继嗣群体,将(拟)血缘关系与地缘关系有机结合起来,村寨社区中传统的"卜拉"关系逐步衍变成为后来的"房族"组织。此外,谱牒文献中对婚姻状况的记载,也让我们对村寨中不同姓氏之间的通婚情况有了相对清晰的了解,并且能够把握不同类型村寨聚落中婚姻圈的阶段性特征。

除了以上以文字形式呈现的民间文献材料之外,当地的歌唱和戏曲传统也使大量的口传记忆和信息得以代代相传,这也是本书十分关注的本土文化传统的重要载体。流传于湘、黔、桂交界的侗人

[①] 陈春声:《走向历史现场》,《读书》2006年第9期,第19~28页。

村寨中，侗人歌师（sangh al）长期口头传唱的关于万物起源、祖宗迁移定居、村寨规约和地方风俗的祭词、经文等，一部分已经由地方学者以侗族"款词"①之名进行记录、整理和翻译出版。《侗族款词》这部用侗语记录并且翻译成汉文的款词文集中，收录了20世纪70~80年代就已经传唱于湘、黔、桂三地侗人村寨中的"古老"款词，不少歌师如今已经去世，而那些遥远的传说故事和规约习俗也成为一种"过去"。这类将口传叙事文字化的著作，固然将"过去"的记忆和传统凝结起来，然而田野中遭遇的大量口传文本却远存在于文字之外。这也是笔者在面对村寨中鲜活的歌唱或戏曲演出，与收藏在村民手中凝固的汉字记音文本或者戏曲剧本时，难以割裂观照的矛盾之处。这也让笔者困惑于在对所谓的"主流历史"叙述方式与"史实"根基进行辨别时，民间"口述"文本所具有的"时间"上的难以度量性与"真实性"上的不可拷问性。因此，笔者在处理这些关于"过去"的口传记忆文本时，更多地采取"主位"陈述而非"客位"判断的方式。

仪式文献及其实践行为活动也是本书不可或缺的重要分析材料。笔者在此更倾向于将田野当中涉及的仪式文献及其操演过程作为一种比较性"文本"进行考察和解读。仪式与许多重要的信仰和礼仪活动相联系，使其呈现于科仪书和实践行为当中。这使得科仪文本与实践行为之间呈现出某种跨越时间与空间的关联，却又能呈现于具体村寨社区的仪式传承和操演过程中。因此，笔者一方面将田野中获得的科仪文献在历代流传的科仪文献系统中寻找到其源流，另一方面具体观察科仪书如何被用于实际的祭祀活动，以此能够看到其影响村寨民众日常生活的鲜活场景。这种比较性的文本研究充分体现出仪式所承载观念的跨时空流转，以及其在实际生活运作中的多重诠释。

---

① 吴浩、梁杏云主编《侗族款词》，广西民族出版社，2009。

山水"峒氓":明清以来都柳江下游地区的家族、婚姻与仪式传统

综合以上各类型或者形态的"文本"资料,对都柳江区域村寨人群的历史考察,虽然仍需要考虑王朝国家对该区域进行开发和控制的"主流历史"脉络,但是笔者还是希望通过对多种类型文献和实践活动的考察,以及对传统文献的重新分析与解读,体现出区域社会民众所经历与感受的历史过程的多元声音和复杂状态。一方面,笔者希望在动态的历史进程中透视与把握该区域的"人"之活动、情感与观念,反映在不同历史情境之下个人与群体、社会、国家之间能动而复杂的互动关系。在王朝国家对地方社会进行征服、控制与教化的过程中,个人与群体如何寻找到自己在家庭、村寨、地方、国家当中的身份与定位,以及与外界(他者)的区别和联系。本书会将个人与其所处的群体、区域密切相连,在叙述特定的个人观念、情感与经历的同时,希望通过其反映该地域人群在某一历史时期所能呈现的某种状态,而并非仅仅将其作为一种群体性的概述。另一方面,笔者在对区域社会变迁进行书写的同时,希望反映的是个人所身处的大历史进程的发展脉络与趋势。本书立足于对当代村寨社会的考察与记录,又延伸至对过去历史的追溯与书写,希望通过对区域社会历史进程脉络的梳理,更好地理解当下生活在这一区域的民众的生活状态,他们对历史记忆的追述、日常行为实践的意义与规则,以及文化观念的形成与展演。

笔者对汉文历史文献资料的处理,除了将其当作某种实证性的材料加以辨别和使用之外,更将其当作一种个人与社会历史记忆的载体,对其进行文本性的分析,力图对产生该文本背后的社会文化情境进行思考与讨论。而对于口传材料,笔者将其作为一种集体记忆传承的结晶,反映的是地方民众选择性呈现的某些集体观念与心态。[1]

---

[1] 关于"集体记忆"概念的论述,参考〔法〕莫里斯·哈布瓦赫(Maurice Halbwachs)《论集体记忆》,毕然、郭金华译,上海人民出版社,2002;〔美〕保罗·康纳顿(Paul Connerton)《社会如何记忆》,纳日碧力戈译,上海人民出版社,2000。

然而，这些历史记忆、集体观念或心态有可能是跨越时空，经过多次复述、整合与再现才得以传承下来的。因此，笔者除了通过对村寨进行实地的田野调查，将这些文本文献和口传材料置于村寨人群的具体社会空间中理解与考察之外，也必须跨出这个具体的时空本身，穿越到更广阔的时空文献脉络中去寻找文字或口传文本当中的内在关联。

当然，这些材料大部分也是从所研究的村寨人群当中产生的，是笔者通过田野调查收集而来的。因此，对它们在现实生活中的理解和运用也必定不能脱离具体的村寨与个人。笔者与村寨当中的田野报道人、朋友常常一起寻访并阅读碑刻、族谱等材料，并且对其中涉及的地名、人名或事件进行讨论，还常常引起报道人对其家族祖先的回忆与叙述，这都为笔者解读这些文献材料提供了十分宝贵的信息。此外，对于侗族歌曲、款词、戏剧的表演形式和作用，除了从报道人处获取大量的影音资料之外，笔者也在与其一起观看的过程中，通过报道人的讲解和讨论，得以深刻理解歌唱在当地人群生活当中的重要意义与作用。

最后，我们应当明白，所有以文字、口传、歌唱、表演等形式呈现于当代生活中的关于"过去"的叙述，都是"当下"赋予"过去"得以鲜活存在的意义。克罗齐说："一切历史都是当代史。"[①] 如果我们不理解"当下"，又如何能够把握"过去"。因此，无论在问题意识的形成与思考还是研究资料的收集方面，当下田野调查工作的开展都是无比重要的。笔者以此获得对研究区域和村寨人群生活环境真实可感的认知与理解，并且在民间文献产生的现场领悟其存在和使用的意义，最终力图将文献展现的视角、口述者的言说以及研究者的观感交错呈现于具体的文字中。

[①] 〔意〕贝内德托·克罗齐（Benedetto Croce）：《历史学的理论和历史》，田时纲译，中国人民大学出版社，2012。

四　生态环境与经济概况

都柳江下游地区位于广西北部南岭山脉以南、云贵高原的东部边缘。这一地区虽然是海拔较高的山区地带，但由于西江上游水系发达、大小河流纵横分布，这些在崇山峻岭之间流淌的天然水道成为传统社会中人群和物品能够跨越南岭山脉，在湘、黔、桂三地之间迁移、流动的捷径。该地区自然资源充裕，大量被王朝国家视为"蛮""獠"的人群很早就栖居在这里的山间峒地和河流谷地之间。由于林木、矿产、山货等物产丰富多样，从16世纪中叶开始，闽、粤、赣交界地区移民和商贩的进入，也为这一地区带来了源源不断的劳动力和广阔的商业网络。随着宋代以来王朝国家势力的渗透和山区经济的卷入，地方官府对本土民众的控制逐步增强，平原与山区市场的一体化成为可能，更多外来的价值观念、宗教信仰、组织形式、交易规则、婚恋模式、休闲娱乐活动等，也逐步渗入山区民众日常生活的思想观念和行为方式中；甚至国家对山区民众的管理方式和政策，都随之发生一定的转变，从而使得西江上游长期形成的山区社会结构和文化模式逐步发生变化。

（一）环境、资源与外来移民的进入

都柳江流域的山区整体海拔相对较高（300～1000 米），地形地貌以河谷丘陵和山地为主，虽然不至于交通闭塞，却长期处于王朝国家的控制之外，属于所谓的边疆"蛮地"。被官员描述为"荒蛮之地"，却不是单纯指自然环境的恶劣或资源的稀缺，而是国家力量无法渗入，大量的物质资源被不承受国家赋役的"蛮猺"人群所控制，因此这里对国家官员而言是饱受疾病困扰和当地人攻击的"地狱"，而对那些不受国家管束的本地人群，以及那些由于承受不了官员需索的沉重赋役、征兵、战乱、灾荒或疫病而逃离国家、逃离中心地区的人群来说，这里连绵的群山、肥沃的河谷和隐

蔽的山间峒地，就成了他们迁徙避难、自给自足、追求自由的"天堂"。

都柳江是流经黔、桂交界的重要河流，其下游流域主要位于广西北部三江侗族自治县境内。该县境内大小河流纵横分布，属于西江水系的上游，由于地势北部较高，向南逐渐倾斜，因此大部分溪流由北向南汇合流入融江，经水路可直达下游的柳江。柳江沿岸坐落着广西重要的工商业中心——柳州，而三江位于湘、黔、桂交界之地，这些在崇山峻岭之间流淌的水道，就成为过去传统社会中人群和物品能够跨越山岭，在三地之间迁移、流动的捷径。其中最主要的主干河流有三条：第一条是发源于贵州三都县的溶（榕）江，自西向东流，经过贵州从江县于梅林乡石碑村进入三江县，流经梅林、富禄、洋溪、良口、老堡、丹洲等乡镇，沿途汇集从黔、桂交界处两岸高山地区发源而出的多条支流，如苗江河、晒江河、大年河、南江河、八洛江等，这些河流两岸多为层峦叠嶂的群山，两侧山势海拔一般在500米左右，相对高度在200米左右；第二条是发源于资源县五排东北金山麓的寻江①，于贝子河口流入龙胜县后称为桑江，汇集龙胜境内诸溪河，流经瓢里，从沙宜石门流入三江县，自北向南，沿途汇集了斗江林溪河、武洛江、泗里河等重要支流，至老堡口与溶江汇合；第三条就是溶江和寻江在老堡口汇流而成的融江，古称怀水、潭江，流经丹洲之后进入融安县境内，是西江上游柳江河段的重要干流水域。②

---

① 寻江，又称"古宜河"，珠江水系西江支流柳江干流融江段左岸支流，发源于湘、桂交界的金紫山南麓，在大量的地方志书中又被称为"浔江"，为了与西江干流中游河段的"浔江"相区别，除了引用地方志原文之外，本书统一采用此写法。

② 广西三江侗族自治县志编纂委员会编纂《三江侗族自治县志》，中央民族学院出版社，1992，第97~98页。

山水"峒氓":明清以来都柳江下游地区的家族、婚姻与仪式传统

这一区域由于地处云贵高原东部边缘,与广西北部山区和广西中部丘陵地带接壤,因此地形地势及山体形态较为复杂。境内山岭连绵、丘坡起伏,地貌以丘陵和山地为主,地势北部较高,逐渐向南倾斜,加之境内水系发育,大小河流由北向南纵向分布,河流剥蚀山地,形成许多峡谷,但河谷两旁的平原面积并不大,"自每一河谷望之……目穷不过数里,凭高远眺,数十百里,山岭连绵,虽溪谷界划其间,时呈一线平润,仍浑然似一连续之块状高台地也"。[①] 与云贵高原东缘相邻的县境西北部地区,在地貌上呈现出构造剥蚀中低山陡坡地形,海拔为500~1000米,相对高度差一般为200~500米,局部地区高达400~800米,这类地貌植被发育,森林覆盖面广,是当地主要的林木生长区。而位于境内的三条大江(溶江、寻江、融江)及各大支流沿岸地带,虽然依然是山岭连绵、丘坡起伏,但海拔均在1000米以下,相对高度只有200~300米,山坡平缓、水系发育、河道弯曲,是利于耕植的良好地带,也是当地人群聚居、耕作、赖以生养之地。

该地林木资源丰富,水运交通也相对便利,大量被国家视为"蛮""獠"的人群就栖居在这里的山间峒地和河流谷地之间。早在唐代,随着唐王朝势力控制都柳江下游的中心郡治柳州之后,曾任柳州刺史的柳宗元就曾描写过当地居民"峒氓"的习俗,如本书开头所引诗。

当时的本地人群,常常被称为"峒氓(民)"或"峒(洞)蛮"。"峒客"的穿着打扮、言语口音与中原不同,由于居住的峒地村落缺乏食盐,他们只好用荷叶包饭作食物,前往郡城中赶"虚"(通"墟",一种定期集市)以购买食盐,而且因为距离郡城遥远,"峒客"用竹叶包裹好食盐之后就要立即返回。冬天他们穿鹅毛衣御寒,又以"山罽"(一种上光的粗丝,可能是棉

---

① 见民国《三江县志》,台北:成文出版社,1975年影印本,第77页。

花,也可能是木棉①)缝制衣服,以用鸡骨占卜、崇拜水神、文身为俗。

这里的"峒"其实是指一种南方人群的"居住地"。地理形态上是指在高原山地中散布的、因河水侵蚀山体而逐渐形成的面积不大的山间谷地。这些"峒地"地势较平坦、水源较为充足,因此可以容纳较多的人群在此定居,从事水稻耕种,而且逐步发展出稳定的人群组织和社会结构。② 这些"峒民"也成为地方官府最早接触的山区人群之一,并且由于定居稻作,他们相比那些从事刀耕火种、迁徙不定的山地人群来说,更容易被地方官纳入管理,成为拥有"峒民"身份的人群。唐代对边疆地区实行羁縻统治,在新平定的区域设立"羁縻州",由得到国家敕封的当地人群首领管辖。然而这些首领也常常发起各种叛乱,尤其是在国家衰弱的时候自立为王。唐代的柳州以及周边的属地归岭南道下属的桂管管辖,虽然与西部的容管和邕管地区相比相对平静,但其内部的当地人群叛乱也是时有发生,如柳州"蛮酋"吴君解和"山贼"陈彦谦都曾反叛且攻陷城池。③

柳州以北地区,由军事实力较强的融州管辖。而融江上游的地区寻、溶两江流域,直到北宋仁宗皇帝"拓土开边"之时,才在汉文献中留下记载。北宋初期,寻、溶两江流域被视为"古州蛮地"的一部分,居住在这里的人群被称为"王江古州

---

① 见〔美〕薛爱华(Edward Hetzel Schafer)《朱雀——唐代的南方意象》,程章灿、叶蕾蕾译,生活·读书·新知三联书店,2014,第111页。
② 端纳(G. B. Downer)在田野研究中发现,在多种华南语言(粤语、瑶语、云南话、普通话)中,"洞"都是指种水稻的高原山地。转引自〔美〕薛爱华《朱雀——唐代的南方意象》,第102页。王承文分析汉文献论证指出,山间的谷地往往被称为"溪洞"或"洞",并且与南方少数民族定居的农耕生活及其特定的社会结构密切相关。见氏著《唐代环南海开发与地域社会变迁研究》,中华书局,2018,第34~41页。
③ 见〔美〕薛爱华《朱雀——唐代的南方意象》,第126、137页。

山水"峒氓":明清以来都柳江下游地区的家族、婚姻与仪式传统

蛮"。由于北宋崇宁四年(1105)三月,王江古州蛮人纳土,这一地区才得以设置怀远军,于是得名怀远县。① 自宋代以来,随着王朝国家对这一地区的逐步进入与开发,外来的军队和移民开始逐步涌入,并且设置被称为"三甲"的地方行政区划,因此在寻江中下游地区有了被后世文献称为"三甲民"的居住聚落。然而由于本土人群不纳赋役,国家在此耗费巨大,而且戍守士兵大量病死,该地区也曾在南宋时期被弃之化外。直到明代初年才再次被纳入国家版图,但是当地"蛮猺"依然叛服无常。隆庆六年(1572)爆发"怀远猺乱",朝廷派大军平定"叛乱",新任知县苏朝阳重建县治,并且实施联束"民猺"、设立社师、量定编则、开江通商等一系列善后措施,才揭开了这一地区商民涌入、地区开发、文教推行、社会重组的新篇章。

都柳江下游沿岸属于丘陵地带,耕地有限,陆路崎岖,交通不便,仅依靠有限的水路运输,但自然资源充裕,林木、矿产、山货等物产丰富多样。而闽粤赣边区的汀州府、嘉应州等地,无论是地理环境、气候条件,还是自然物产、耕作方式等方面,都与这一地区有着极大的相似性。元明之际(13~15世纪),闽粤赣边区就经历了外来移民的不断进入,在整个明代中后期(16~17世纪中叶)则充斥着外来移民与当地畲民之间的冲突、斗争与融合。② 在冲突与融合的过程中,外来移民战胜了更早的定居者,从他们手中夺得大量土地,并且从畲民和早期汉人定居者那里学会了山地农作

---

① (宋)王象之《舆地纪胜》卷114(中华书局,2003年影印本,第3383页):"怀远县,去州治□□□里,本王口寨,皇朝至和初置,崇宁四年三月,因工(王)江古州蛮人纳土,赐名怀远军,八月改为平州,仍置倚郭怀远县。"

② Sow-theng Leong, *Migration and Ethnicity in Chinese History: Hakkas, Pengmin, and Their Neighbors* (Stanford, Calif.: Stanford University Press, 1997), pp. 29, 33–34.

导 言

（包括刀耕火种的耕作方式）、林业、采矿等技术，以此能够更好地适应山区生活。

16世纪中叶，经济增长促进了长江三角洲和华南地区的繁荣，闽西、粤东北和赣东南山区人口希望从中获利，不断增殖的人口为经济条件所迫，逐渐形成四处移居、旅居贸易及发展手工业的主要经济发展策略。① 梁肇庭（Sow-theng Leong）指出客家向外移民的两次高潮，第一次是16世纪中叶到17世纪早期，第二次发生在17世纪80年代到18世纪30年代。一些移民的迁徙地仍属于闽粤赣边区，但更多农民迁至远方：东北到达浙江温州港，西北进入湖南（经江西西部），南与西南方向进入广东中部与沿海地区，甚至远达广西。他们在这些地方寻求新的工作机会，如采矿、种植经济作物、受雇干农活、做建筑工人、充当流动商贩。② 包筠雅（Cynthia J. Brokaw）对闽西四堡地区书籍交易的研究显示，早在18世纪初，四堡邹氏、马氏宗族族人就通过流动贩书的方式，将销售网络扩展到广西境内的梧州、平南、贵县、横州、南宁，以及右江流域的平马（今田东）、百色等地，甚至某些族人还移居到广西中南部地区开设分店。③

17世纪晚期和18世纪，尤其是乾隆年间，闽西经历了一段相对繁荣期，墟市数量增多，商人网络在整个闽粤赣边区发展起来，甚至大大扩展到两粤地区。他们大量开展各类商品的运输业务，连城商人经营油业、永定商人经营烟草、上杭商人专做靛蓝生意，他们将当地的土产商品销往外地，又将当地不生产的日用

---

① Skinner, "Introduction," in Sow-theng Leong, *Migration and Ethnicity in Chinese History*, pp. 10 – 11.
② Sow-theng Leong, *Migration and Ethnicity in Chinese History: Hakkas, Pengmin, and Their Neighbors*, pp. 101 – 108.
③ 〔美〕包筠雅：《文化贸易——清代至民国时期四堡的书籍交易》，刘永华、饶佳荣等译，北京大学出版社，2015，第142~143、148~152页。

百货引入山区腹地,并且在赣、浙、鄂、粤等地建立会馆。① 活动于外省的闽籍商人和移民以会馆为中介形成地缘联盟,加强合作关系,成为迁移人群惯常的组织形式,而祖先籍贯常常成为移民群体在新移居地再造族群认同的重要标识。位于都柳江下游的怀远县城、富禄镇、柳州府城内都建有福建会馆或者闽粤会馆。清代怀远县城丹阳镇(今丹洲)天后宫内设有福建会馆(又名"闽粤会馆"),捐款修建者中有大量的福建上杭、永定、南靖等地商人。② 正是因为闽、粤商人移民的扎根落户,富禄、葛亮兴起成为清代至民国时期都柳江畔商品交易与物资转运的重要市镇。③ 此外,笔者通过田野调查发现,都柳江下游沿岸明代"三甲民"聚落中所容纳的移民群体,以及清代称为"六甲"区域中的大量外来迁移人群,都与闽粤赣边区迁徙出去的山区移民有着密不可分的联系。

(二)区域开发与经济网络的形成

由于都柳江下游地区林木、土产等资源丰富,宋代元丰七年(1084),广西经略安抚司得到宋朝廷的同意,于当时隶属于融州的王口寨(即后来设置的怀远县)设置博买务,以"通汉蕃互市"。④ 宋代王口寨博买务的设置,促进了山区人群以当地土产换取外来商品,使得杉木(也称"沙木")早在宋代就成为山区人群

---

① 徐晓望:《明清闽浙赣边山区经济发展的新趋势》,傅衣凌、杨国桢主编《明清福建社会与乡村经济》,厦门大学出版社,1987,第198~199页。
② 见道光二十一年(1841)《福建会馆碑记》,立于今三江县丹洲镇天后宫(又名"闽粤会馆")。
③ 王彦芸:《节日内涵流变与地方文化创造——都柳江下游富禄花炮节探析》,《贵州社会科学》2013年第3期,第164~168页;《村落历史想象与族群意识建构——以都柳江下游葛亮寨孔明信仰为例》,《西南民族大学学报》(人文社科版)2015年第7期,第7~11页。
④ (清)徐松辑《宋会要辑稿·食货三八》(中华书局,1957年影印本,第5483页):"(元丰七年)七月二十九日,广西经略安抚司乞于融州王口寨置博买务,通汉蕃互市,乞度僧牒三十道为本,从之。"

与外地商贩交易的重要产品,《岭外代答校注》就有载:"沙木与杉同类,尤高大,叶尖成丛,穗小,与杉异。瑶峒中尤多,劈作大板,背负以出,与省民博易。舟下广东,得息倍称。"① 然而,其他的山区资源却长期限于本地人群的衣、食、住、行所需,并没有得到更大规模的开发和贸易。当地物产资源与外界市场的流通和交换,也长期限于乡民将日常消费所余带到最近的墟市,进行初级农产品的买卖,如明代隆庆年间怀远旧县治老堡附近的村民就经常到县城贩卖禾苗;② 或是零星的外来行商通过走私食盐以换取山区的木材、土产等物品,如当时怀远知县马希武责罚坡头、板江一带的瑶人,以致引起当地民众的不满,就是因为有两个外来商贩走私食盐到当地村寨贩卖。③

明代万历年间"怀远猺乱"平定之后,广西地方官员针对"怀远旧有浔、容两江,木植盐货等税,往时猺人占据,阻失道,今已退出"的状况,提出"酌定江税,以通商贾"的政策,"奉详请允,该县起抽一年余矣,江滩险阻,舟楫至容江而止,非从轻取,难乎商贾之来集也"。④ 然而,这一地区水运贸易的快速发展和兴盛,还是要等到清代雍正初年,中央王朝欲将都柳江上游当时被"生苗"人群聚居、处于化外之地的"古州八万"纳入版图,由鄂尔泰调集黔桂两省官兵疏通萦绕"生苗区"的都柳江河道,

---

① (宋)周去非:《岭外代答校注》,杨武泉校注,中华书局,1999,第290~291页。
② 郭应聘《查参怀远失事人员并议剿处疏》(《郭襄靖公遗集》卷1,第33页,收入《续修四库全书》编纂委员会编《续修四库全书·集部·别集类》,上海古籍出版社,2013年影印本):"缘各猺近县居住,时常往来卖禾等项。"
③ 郭应聘《查参怀远失事人员并议剿处疏》(《郭襄靖公遗集》卷1,第33页):"有二人贩盐经过,被马知县搜出,痛责三十,重拟罪罚,坡头、板江一带猺人亦概绳以刑罚,各怀异心。"
④ 龚一清:《善后六议》,民国《三江县志》,第577页。

山水"峒氓":明清以来都柳江下游地区的家族、婚姻与仪式传统

使其与溶江上游汇合南流,直达广西怀远县界。① 鄂尔泰开辟古州"新疆"之后,黔桂之间的都柳江至溶江河道通畅便捷,两省之间的河运贸易也渐趋繁荣。到了乾隆年间,不但有大量的闽、粤、湘、赣等外省商人聚集于西江中上游的桂平、柳州、长安(今属融安县)等贸易集散地,更有不少流动性较强的行商小贩溯融江而上,进入怀远境内的溶江和寻江流域经商往来。②

此外,从明代中期开始的两广米粮贸易的不断增长,也进一步刺激了山区木材和土产的大量生产、交换和流通。明代中叶以后,已经有不少广东商人前往广西采买米谷,当时"广东民间资广西之米谷东下"。③ 万历年间,广东"游食辐辏,岁仰粤西粟数十万斛"。④ 到了清代,两广之间的米粮贸易更是发展迅速,康熙年间广东已"全赖西米接济",⑤ 而乾隆年间编纂的《广州府志》则称:"广东一省,非山即海,田地本少,烟户繁庶,每年食米全仗广西运贩接济。"⑥ 到了18世纪中后期,广西每年向广东供应稻谷达300万石,广东商人前往广西采买米谷的同时,也会将广东的日用百货和手工业品运到广西出售,逐步形成一种两广市场一体化的趋势,⑦ 由此也刺激广东商人在返程时能够购买更多当地盛产的米

---

① 关于清初都柳江河道的疏通情况,详见陈贤波《土司政治与族群历史——明代以后都柳江上游地区研究》,生活·读书·新知三联书店,2011,第89~102页。
② 参见钟文典主编《广西近代圩镇研究》,广西师范大学出版社,1998,第371~373页。
③ 王士性:《五岳游草 广志绎》,周振鹤点校,中华书局,2006,第309页。
④ 梁允代:《花石洞志》,民国《怀集县志》卷9《艺文志》,台北:成文出版社,1975年影印本,第632页。
⑤ 《广西巡抚陈元龙奏报地方农业米价库储等情并进土物折》(康熙五十五年五月十五日),中国第一历史档案馆编《康熙朝汉文朱批奏折汇编》第7册,档案出版社,1985,第94~96页。
⑥ 乾隆《广州府志》卷55《艺文五》。
⑦ 黄启臣:《明清时期两广的商业贸易》,《中国社会经济史研究》1989年第4期,第31~38页;陈春声:《市场机制与社会变迁——18世纪广东米价分析》,中山大学出版社,1992,第18~46页。

谷和山货土产。这些林木和土产于是成为山区最重要的出口商品，如怀远县出产的杉木、茶油、桐油、江南竹都在清代至民国时期成为该县最为大宗的出口产品。① 如果说两广米粮贸易是奠定18世纪中后期以来两广之间贸易网络体系形成的基础，那么具有高附加值的山区林木以及土产的生产、交换与流通，则是将大量外来商贩和移民吸引进入山区，将整个都柳江下游的山区人群卷入两广区域贸易甚至国际贸易网络的重要环节。

虽然西江上游的融县、怀远等地不是广西重要的产粮地区，却盛产附加值更高、平原地区稀缺的木材、茶油、茶叶、香料、名贵药材等物，而且山区更是极度缺乏日用百货和生产工具，这就进一步刺激了山区民众扩大土产的种植和采集，以此来换取外来的日用百货和生产工具。清代中后期，两广之间水运贸易网络体系逐步形成，不但西江中下游的米粮产品大量供应广东，而且大量外来商贩和移民涌入都柳江下游山区谋生，也将人工林业种植技术以及香菇、木耳等林下土产的种植技术带入这一地区。当地居民因此更为熟练地掌握和推广人工种植杉木、茶油树、桐油树、楠竹等经济作物的技术，使得杉木、茶油、桐油、香菇、木耳等山货土产跟随贸易商贩的脚步，顺着西江水运航道流向下游的柳州、桂平、梧州等地的墟集，再流入广州、佛山等地的大市场，进一步被卷入两广区域贸易甚至国际贸易的广阔市场。

"墟"是南方地区对农村集市贸易点的称呼，这些墟市大部分散布于西江沿岸交通便利之地，利于山区民众聚集在此对商品进行买卖和运输。西江流域最重要的墟市之一是位于苍梧县中部的戎墟，它濒临西江干流寻江下游南岸，位于寻江和桂江交汇之处，控扼两广水陆交通之咽喉，地理位置优越，交通十分便利。戎墟在宋代时即已得名，成为当地农村集市贸易的中心之一。到了明代万历

---

① 民国《三江县志》，第429~458页。

山水"峒氓":明清以来都柳江下游地区的家族、婚姻与仪式传统

年间,官府已经在戎墟征收埠税。清初"三藩之乱"后,顺治八年(1651),官府招徕富户重建城镇商铺,同时恢复戎墟贸易。① 清代康熙年间,广东高州、罗定、信宜、佛山、南海、广州等地商人纷纷来此经商,把之前设立的关夫子祠改为粤东会馆,到了乾隆五十三年(1788)粤东会馆重建时,更是得到大批戎墟本地行会和坐商以及外地行商的捐助。② 而另一重要的墟市是桂平的大湟江墟(又名江口墟、永和墟),其所在地浔州府地处西江、郁江、黔江三江交汇处,下游即是梧州府戎墟,上游则是黔、郁两江联结的桂北、桂西各市镇,如黔江沿岸的柳州、象州等,郁江沿线的南宁、白色等。相比梧州府联络两广贸易中心的地位,浔州府墟镇的市场辐射作用,则体现在对广西西部、北部市镇的经济联络上。③

梧州府、浔江府等地以谷米生产为大宗远销广东,中上游地区的柳州、融县、怀远等地则盛产杉木、桐油、茶油、香菇、木耳、药材等山货土产,也通过设在这些地区墟市的店铺收购和运送至西江中、下游的大湟江墟、戎墟等贸易集散地,由外省客商大量转运流入广州、佛山等地贩卖,而矿产、桐油等甚至再次被转运至港、澳进而出口到国外。一些县乡以下的普通墟市也常有商人流动收购土产,推销日用百货,一些较小的墟市甚至没有固定商铺,商人逢墟期时设摊摆卖。这种由行商小贩串联起来的山区贸易一直持续到民国年间,如融水镇的行商就常向镇内的大商家批发洋纱、布匹、食盐等运到苗、壮人群

---

① 宾长初:《清代西江流域农村圩镇商业的量化研究——以广西戎圩为个案的考察》,《古今农业》2013年第2期,第85~96页。
② 据麦思杰《从两通〈重建粤东会馆题名碑记〉看清代戎墟的商业》一文附录的《重建粤东会馆题名碑记》中的捐款题名统计,《华南研究资料中心通讯》2005年第38期,第1~19页;原碑现存于苍梧县龙墟镇粤东会馆旧址。
③ 唐晓涛:《18世纪西江中游的客商与乡村社会——以浔州府碑刻为中心》,郑振满主编《碑铭研究》第2辑,社会科学文献出版社,2014,第299~316页。

聚居山地附近的三防设立的墟场转卖，同时又收购土产回融水镇卖给杂货商、山货商。①

融县的第一大镇长安（今融安县长安镇），位于都柳江下游融江水运之要冲，上游从陆路、水路分别可达湘黔交界各县，下游与广西中部的贸易中心柳州由水路可直达，是桂北、黔东南及湖南省边界出入口贸易之总汇。清末光绪至民国年间，上游各支流流域杉木贸易旺盛，黔桂之间鸦片交易频繁，长安成为广西屈指可数的商埠之一，苏杭洋杂店也由原来的四五家增至二十多家。这里将山区盛产的茶油、桐油、木材、黄糖、香菇、五倍子、东纸等输出，将外来的食盐、棉纱、布匹、农具、煤油、火柴等转销入县属各圩镇和邻近各县乡村。② 民国时期，融县长安牛岭墟的大商户有罗英昌、钟广吉、覃道宣、覃会宣、曹佩珠、黄道宣等，主要经营布匹批零，兼营百货，同时收购大米。各商号墟日收购大米，翌日雇人肩挑下腊蛇码头，运往柳州。在这些山区贸易中，粤商的地位十分突出，除了长安之外，其下属的板榄、龙妙、瓦窑等墟也建有不少粤商会馆。③ 清代至民国时期，除了福建、广东、江西、湖南等外省商人的深刻影响，长安镇也出现了经营本地榨油坊、片糖购销、开药铺兼行医的本地商人，连地方官员都积极参与到当地的商业贸易活动中。④

长期以来，山货土产等农副产品主要出产于苗、瑶、侗、壮等人群居住的山区地带。但是由于交通不便，广西西北部山区商品经济长期以来发展缓慢，有些交通闭塞之地甚至连定期的墟集

---

① 广西壮族自治区编辑组编《广西苗族社会历史调查》，广西民族出版社，1987，第11页。
② 钟文典主编《广西近代圩镇研究》，第29~30页。
③ 莫宗秉：《融安县农村圩场调查》，《橘乡今昔》1988年第1期。
④ 何良俊：《清季民国时期长安市镇商人类型及其关系网络》，《北方民族大学学报》（哲学社会科学版）2012年第2期，第22~28页。

山水"峒氓":明清以来都柳江下游地区的家族、婚姻与仪式传统

都难以发展起来,苗、瑶、侗、壮等人群更是长期不事商业,融县过去就曾流传"苗不经商,狗不耙田"的谚语,① 因此有相当一部分山区贸易是由流动性很强的"赶山客"开展的。他们直接前往山区农户家中进行收购,或者用山区缺乏的日用品如盐、米、针线、铁农具等进行物物交换,再到附近较小的商品集镇如怀远老堡中街、融县水东街或桥头街等处,将收购来的货物转卖给街上的店铺,或者在此换取日用杂货,一部分供自己维持生计,一部分则作为贩卖或交换的货物,再次带往山区中的村寨进行交易。

因此,这些"赶山客"最适宜居住在如融县、怀远这些位于山区腹地县城的街市周围,他们既可以直接坐船或步行进入山区村寨收购山货土产,又可以相对便利地将土产卖出并且购入外来商品。如融县县城融水镇,很早就在县城外南面兴起南街墟和东面形成水东街,到了清代道光年间,南街墟荒废,其南面又兴起桥头街和济安墟等贸易街市。② 并且当时在水东街和济安墟等街市周围已经逐步形成多个定居村落,而且这些村落中居住的人群大部分都是从外地迁移而来的移民。这些从事山区贸易的小商贩也逐步在当地定居下来,甚至买田置地,落籍当地,逐步转变成为半商半农的当地"民户"。他们居住在墟镇附近的村落,主要以务农为生,到了农闲时期,就从墟镇上批发少量日用百货,游村串寨,以此换取村民的农副产品或山区人群的山货土产。因此,他们被当地人称为"赶山客"。每年九月到次年六月之间,他们通常成群结队地挑着盐、纱、犁头、日用品等,赶山串寨地推销,换取山民家中的各种山货土产,足迹几乎遍及山区腹地。例如,民国时期融县的古鼎乡、三防区的胜和乡、联合乡,均有60%~80%的农民世世代代

---

① 《广西苗族社会历史调查》,第11页。
② 道光《融县志》(抄本)卷1《九团图》,北京图书馆藏,1915。

每年都要进山做生意。①

笔者曾前往融县古鼎村调查该村的路氏宗族,该宗族兴起于嘉庆至道光年间,家族中的路顺德(字应侯,号松坡)生于清乾隆四十二年(1777),幼年时便很聪慧,二十岁时就已经考取秀才,嘉庆二十四年(1819)更高中举人。路顺德中举之后,不但积极投身于地方公益建设,而且开始修纂族谱追溯自己祖先之来源和宗派支系,在述及家族祖先时,虽然说自己"祖宗稼穑是务,罕事诗书"②,但他在捐助地方架桥修路时却体现出过人的财力,不同于普通农户家庭出身之子,"笃行好义,赈灾恤荒,修桥筑路,及有关于公益者,罔不首先提倡,倾囊捐助"。③ 道光八年(1828),古鼎村附近门岩江上重要的交通要道门岩桥"大势已将倾颓",路顺德"惧斯桥之圮在旦夕也,迄今不修,则往来行人不免病涉之患矣",于是自己出钱雇石工将低矮的平桥改建成拱桥,深得家乡民众称颂。④ 道光二十八年(1848),路顺德更因组织地方民众修筑城墙而立功,"经督抚题准,以拣选知县加一级记录一次"。⑤

笔者在参加其家族一年一度的清明会时也发现,其族人后裔目前都不再以务农为生,而是在各地经营各种工商事业,颇有一定的经商传统与网络,其家族祠堂建筑和清明会规模,在当地可谓首屈一指。路氏宗族目前分为四大支系,其后裔除了居住于融县古鼎村及其附近村寨之外,还有大量族人迁移居住于融江上游支流武阳江沿岸的罗城小长安镇、黄金镇、龙岸镇等商业较为繁荣的圩镇附近

---

① 见《大苗山商业概况及民族贸易公司四年来工作总结》(1995年),融水苗族自治县档案馆资料,1卷2号。
② 见路顺德撰《路氏宗祠碑记》,立于融水镇古鼎村路氏祠内。
③ 民国《融县志》,台北:成文出版社,1975年影印本,第320页。
④ 见道光《融县志》卷2《关隘》,又见卷10《鼎建门岩拱桥记》。
⑤ 见民国《融县志》,第320页。

山水"峒氓":明清以来都柳江下游地区的家族、婚姻与仪式传统

乡村,以及融江上游贝江源于苗山腹地的三防怀宝镇等汉人聚居地。①路氏族人迁移定居地大都位于融江上游各支流沿岸的圩镇村寨,应当与商贩活动或外来垦殖移民的进入有着密切关系。

这些通过经商致富、买田入籍的外来移民家族,由于善于经商种田,人口增殖也相当迅速,其子孙后代也通常延续祖先外出经商务工的传统,因此再次在西江沿岸的各个贸易地之间迁移往返。由于上游山区商贩更为稀少,外来商品稀缺,当地人群对商品价值缺乏了解,常常根据自己的需求以贵易贱,外来商贩常常能够获取暴利。如民国融县县长刘锡蕃就曾多次目睹这类山区交易不平等的事情:

> 予在黔桂交界之敢峒地方(罗城属),曾见一商人在苗山采办香菇,以盐一斤,易香菇一斤四两;而盐一斤在该地值银三角,香菇一斤则值银四角至五角,苗人坐视损失,予晓之,卒莫能悟;其后予至黔属之永从县境,亦见一商人以花针十只,易得兽皮一张。两者价值相较,以百倍计。予乃诧异之极!因就该商人详问苗山经商情况,该商云:"此常有事。予前至大垸,以糖一斤,易兽皮三张,此皮每张可值八九元;即予以一角购来之商品,并合挑力伙食计算,不过三角,而获此可值二三十元之兽皮也。大抵生蛮地方,经商最为有利……②

这种暴利吸引了更多外来商贩向上游山区挺进,使得上游河流沿岸的怀远等地的商业贸易也逐步发展起来,外来移民也日渐增多。到了清代中后期,古宜的墟镇贸易已经占据怀远县之重要地

---

① 据2014年3月27日立"修缮路氏总成户宗祠芳名碑",以及笔者2014年4月4日参加路氏宗族清明会的田野调查。
② 刘锡蕃:《岭表纪蛮》,商务印书馆,1934,第130~131页。

位，从乾隆年间戎墟《重建粤东会馆题名碑记》可以看出，西江上游地区的融县和怀远县分别有 5 家和 6 家捐款商号（人）已经参与到戎墟粤东会馆的贸易网络之中。① 到了清末至民国时期，古宜镇已经发展成为怀远县商业贸易的中心，"商业繁盛，为全县之冠"。②

---

① 据麦思杰《从两通〈重建粤东会馆题名碑记〉看清代戎墟的商业》一文附录的乾隆五十三年（1788）《重建粤东会馆题名碑记》中记录的融县捐款商号（人）为欧阳元盛、东来号、三隆号，大良的合兴号、祐成号；怀远商号（人）为怀远的邝万全、河滂号、宝盛号，古宜的三兴号、曾广泰、曾广昌等。
② 民国《三江县志》卷 4，第 480 页。

第一章　王朝国家的进入与"地方史"的书写

北宋中后期的王江"古州蛮"纳土和明代中期的"怀远猺乱"两大重要历史事件，推动着都柳江下游地区地方政治状况的转变、地方秩序的重建、当地人群的分类以及"峒地"与"山地"人群聚落的分布，由此反映出王朝国家对都柳江下游山区的进入和对山地人群的划分管控，逐步以地方人群的头人作为王朝国家控制地方村寨的中介，形成一种"分而治之"的统治策略，这对地方人群的族类划分和居住聚落的分布状况都产生了深远影响。

此外，明代地方官员凭借编纂地方志之机，开始对地方历史进行书写与建构，将都柳江下游（即宋代"王江"）于宋代置县之前的历史追溯为"古夜郎地"。由明入清，"古夜郎地"说这样的"地方史"叙述框架，不但为历任地方官员所接受，而且成为他们在续修县志时不断传抄和建构地方"历史"的渊源，这其中所承载的"中心－边缘"观也通过地方志书的书写与流传，在清代地方文士的"头脑"当中被建立和形塑出来，并进而影响后世地方民众对地方历史的认知和诠释。尤其是清代以后，逐步掌握汉文字书写能力的明代土官后裔，他们与当地其他家族人群的关系，既深受过去历史事件的影响，也开始借用官方的历史书写对自己奉行的本土信仰进行刻画与诠释。

本章希望为我们理解后文具体的村寨人群如何在国家力量进入所引起的区域变迁进程中，形成今日能够观察到的聚落分布、家族组织、姻亲关系和信仰实践提供一定的文献"历史"背景，并且

第一章 王朝国家的进入与"地方史"的书写

有助于我们理解当下的地方民众理解和讲述的地方"历史"是如何被层层书写与创造出来的。

第一节 北宋王朝"开边拓土"与王江"古州蛮"纳土

北宋仁宗至和（1054～1056）初年，朝廷就在寻江与王江（今溶江）交汇之处设立王口寨①，隶属于广南西路的融州。北宋元丰七年（1084），朝廷又在当时融州融水县境内设置了融江寨②，以及文村、临溪、浔江三个堡③，融江寨和三个堡均位于融州东北部寻江④流域的中上游地区（浔江堡和临溪堡位置见图1-1）。⑤ 当时北宋朝廷正积极向西南地区"开边拓土"，每进入"生界"地区，一般会先修建城镇寨堡作为守备。"一寨三堡"的设置使得寻江流域被中央王朝的军事力量所控制，并且伴随着军事堡寨的设置，相应的军事移民和地方文教活动也随之而来。

北宋王朝以军事力量建立的寨、堡等区域，基本上是以代表国家力量的官军、巡防使臣、都监，或者由当地土民充任的"寨官"

---

① （宋）王象之《舆地纪胜》卷114（第3383页）："怀远县，去州治□□□里，本王口寨，皇朝至和初置，崇宁四年三月，因工（王）江古州蛮人纳土，赐名怀远军，八月改为平州，仍置倚郭怀远县。"

② （清）徐松辑《宋会要辑稿·方域一八》（中华书局，2006年影印本，第7620页）："融江寨，在融州融水县，元丰七年置。"

③ （清）徐松辑《宋会要辑稿·方域二〇》（第7654页）："浔江堡，广南路西路，融州融水县，临溪、文村、浔江堡，并元丰七年置。"

④ （宋）王象之《舆地纪胜》卷114（第3385页）："浔江。《九域志》。又《寰宇记》：'在融水县。源出叙州西界，合邵州、靖州水注本州岛，入柳州，东南至广州。'"今天的寻江指珠江水系西江支流柳江干流融江上游支流，由东北向西南流至今三江侗族自治县老堡镇三江口处，与溶江汇流之后始称融江。

⑤ （宋）王存《元丰九域志》卷9（中华书局，1984年点校本，第424页）："寨一。元丰七年置。融江。州东北三百里。堡三。元丰七年置。临溪。州东北四百九十五里。文村。州北三百二十五里。浔江。州东北三百六十里。"

山水"峒氓":明清以来都柳江下游地区的家族、婚姻与仪式传统

"寨丁""峒丁"负责戍守,这些区域内承担军役的人群通常被朝廷视为"民"。① 元丰十年(1087),当时被任命为宋朝融江地方武官的杨晟煖就向北宋朝廷请求,在文村铺兴办学堂,派唐遂良担任学官,以"教养"融江上游地区浔江流域的"新民"。② 此外,当时王口寨已经设置了被称为"三甲"的地方行政区划。如元丰五年(1082)秋到任的广南西路管勾机宜文字程节,于次年夏奉派协开修筑诚州至融江口道路,曾亲历诚州西北部的西道湖耳、潭溪等峒到融江口一带勘视山川地理,对要隘险地了如指掌,他曾上疏宋神宗提及:"王江一带团峒,东由王口三甲,西连三都、乐土,南接宜州安化,北与诚州新招檀溪地密相邻。"③ "王口"即指当时融州王口寨,"三甲"应该就是指在王口寨统辖下聚居的军民人等;"三都、乐土"为当时少数民族聚落地名,地望在今贵州三都水族自治县;"安化"指羁縻安化州,地望在今广西环江毛南族自治县一带;"檀溪"又作"潭溪",在诚州西一百八十里。

由于当时王江流域的大部分地区还处于王江"古州蛮"的控制之下,并未被真正纳入宋王朝的国家版图之中,直到宋徽宗崇宁四年(1105)三月,因"王江古州蛮户纳土",朝廷才得以"于王口砦建军,以怀远为名,割融州融江、文村、浔江、临溪四堡砦并

---

① (宋)周去非《岭外代答校注》(第137~138页):"环羁縻溪峒,置寨以临之,皆吾民也,谓之寨丁。静江府有桑江寨,融州有融州寨、武阳寨与浔江、文村、茶溪、临溪四堡……凡诸寨之戍,或用官军,或峒丁,或寨丁。寨官或巡防使臣,或都监,或知寨。或一寨有长贰官属。是皆系乎寨之大小也。诸寨行事,动关化外,法制不得不少宽,威权不得不稍重。夫诸寨迥居于诸峒之中,寨丁更戍,不下百人。……"
② (宋)王象之《舆地纪胜》卷114(第3384页):"新民教授:元丰十年,古融江三班借职杨晟煖,乞于文村铺起学,请唐遂良充教授,经略司申与补摄官,教养融浔江等新民,从之。"
③ (宋)李焘:《续资治通鉴长编拾补》,上海古籍出版社,1985年影印本,第123页。

第一章 王朝国家的进入与"地方史"的书写

隶军,寻改怀远军为平州,仍置倚郭怀远县"。① 可见,王朝国家在寻江流域的控制力量要远远强于王江流域,而且外来军民进入与开发寻江流域的时间也相对较早,所以当时王口寨的"三甲"军民人等应该聚居于寻江与王江交汇且靠近浔江流域之处。因此,寻江流域在北宋中期中央王朝拓土开边之时,就应该得到相应的开发和教化,这也为之后外来移民的进入与定居奠定了基础。

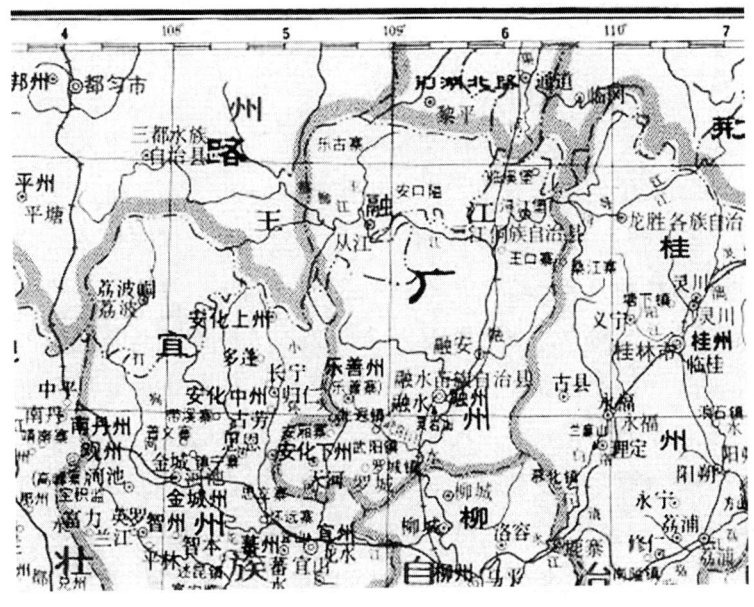

图 1-1　北宋融州

资料来源:谭其骧主编《中国历史地图集》第 6 册,中国地图出版社,1996,"广南东路-广南西路",第 34~35 页。

此外,我们需要注意的是,王江"古州蛮"在向宋王朝纳土之后,其区域内的人群也随着王朝军事势力的进入,以及国家统治措施的施行,在政治结构和族群身份上逐步产生分化。这种政治结构的分化和族群身份的区别,其实是与当时王朝国家在该地区统治

---

① (元)脱脱等撰《宋史》卷 90,中华书局,1985 年点校本,第 2246 页。

力量的不均衡有关。宋王朝以军事力量建立的寨、堡等区域，基本上是以代表国家力量的官军、巡防使臣，或者由当地土民充任的"寨官""寨丁""峒丁"负责戍守。而在国家军事力量直接控制的寨堡之外，则采取羁縻政策，设置所谓的"羁縻州峒"，"推其雄长者为首领"，依其控制区域的大小，委以知州、权州、监州、知县、知峒等职，① 并允许世袭其位，当时的王江酋首杨晟免就充当了此种角色。此类"羁縻州峒"属于间接控驭，当时的"羁縻州峒"多松散荒忽，但已经纳入王朝版图，登于国家册籍，有的也供纳赋役，故为王朝国家的行政领土。

因此，在宋代之前被官方总称为"蛮"的南方本土人群，由于宋王朝实施的羁縻政策，而进一步被划分为"猺"和"化外真蛮"。王江流域内，愿意以"纳土"身份进入王朝国家体系，但并未承担赋役的人群，被官方称为"猺"，而王江上游参落于羁縻古州之间的"化外"之地，聚居的大量当地人群，既不纳土更无须承担赋役，因此仍被官方视为"化外真蛮"。② 羁縻政策不但使得这些区域的政治结构与当时寻江流域文村等地已经供税役的"新民"区域相区别，更使得这一地区原本关系密切的本土人群之间有了"民""猺""蛮"（或谓之"化外真蛮"）的身份区别。

那么，这些在宋代王朝国家羁縻政策影响之下而于族群身份上

---

① （宋）范成大《桂海虞衡志辑佚校注》（胡启望、覃光广校注，四川民族出版社，1986，第179页）："羁縻州峒……分析其种落，大者为州，小者为县，又小者为洞。国朝开拓寖广，州、县、峒五十余所。推其雄长者为首领，藉其民为壮丁。其人物犷悍，风俗荒怪，不可尽以中国教法绳治，姑羁縻之而已。有知州、权州、监州、知县、知峒。"

② （宋）范成大《桂海虞衡志辑佚校注》（第206、183页）："蛮：南方曰蛮，今郡县之外，羁縻州洞虽故皆蛮，地犹近省，民供税役，故不以蛮命之。过羁縻，则谓之化外真蛮矣"；"瑶：本五溪槃瓠之后。其壤接广右者，静江之兴安、义宁、古县、融江之融水、怀远县界，皆有之。生深山重溪中。椎髻跣足，不供征役。各以其远近为伍。"又见周去非《岭外代答校注》（第51页）："融州城下江即牂牁江也。江之上流，与王江合。王江之间，群瑶居之。又其上流，群蛮居之。"

第一章 王朝国家的进入与"地方史"的书写

有所区分的本地人群,在其所居住聚落的地理环境上,又会呈现出怎样的分布格局?处于不同自然生态和地理位置的居住环境,又会对身处不同地域的聚落人群的族群身份认同产生怎样的影响?

在都柳江下游流域,有一种在汉文献中常常被称为"峒"(通常也写作"峝"或"洞")的居住地,大量的本地人群居住在"峒地",常常被外来的王朝官员或者文人称为"峒蛮"或"峒民"。这些"峒地"(也常称为"溪峒")是指那种在高原山地中散布的、因河水侵蚀山体而逐渐形成的面积不大的山间谷地,由于地势较为平坦、水源相对充足,可以容纳较多的人群在此定居,并且从事水稻种植。端纳(G. B. Downer)在田野研究中就发现,在多种华南语言(粤语、瑶语、云南话、普通话)中,"洞"(峒)都是指种植水稻的高原山地。① 而居住于"峒地"的居民也成为国家官员进入南部高原山区最早接触的本地人群之一,并且由于他们通常定居,以种植稻作为业,相比那些从事刀耕火种、迁徙不定的山居人群来说,更容易被地方官府纳入管理,成为拥有"峒民"身份的人群。

如唐代曾担任柳州刺史的柳宗元就将柳州城附近的本地居民称作"峒氓"。而宋代曾任广西经略安抚使的范成大也在《桂海虞衡志》的"志蛮"一章中比较详细地描述了当时广西境内存在的"羁縻州峒":

> 隶邕州左右江者为多。旧有四道侬氏,谓安平、武勒、思浪、七源,四州皆侬姓。又有四道黄氏,谓安德、归乐、归城、田州,皆黄姓。又有武候、延众、石门、感德四镇之民,自唐以来内附。分析其种落,大者为州,小者为县,又小者为洞。国朝开拓寖广,州、县、峒五十余所。推其雄长者为首

---

① 转引自〔美〕薛爱华《朱雀——唐代的南方意象》,第102页。

山水"峒氓":明清以来都柳江下游地区的家族、婚姻与仪式传统

> 领。藉其民为壮丁。其人物犷悍,风俗荒怪,不可尽以中国教法绳治,姑羁縻之而已。有知州、权州、监州、知县、知峒。其次有同发遣、权发遣之属,谓之主户。余民皆称提陀,犹言百姓也。其田计口给民,不得典卖。唯开荒者由己,谓之祖业口分田。知州别得养印田,犹圭田也。权州以下无印记者,得荫免田。既各服属其民,又以攻剽山獠及博买嫁娶所得生口,男女相配,给田使耕,教以武技,世世隶属,谓之家奴,亦曰家丁。民户强壮可教劝者,谓之田子田丁,亦曰马前牌,总谓之峒丁。①

宋代的羁縻州峒主要隶属于邕州都督府、左江道和右江道所管辖的地区,居住着大量的侬姓和黄姓人群,他们从唐朝以来就已经内附于王朝国家。这些"种落"依据规模大小,被分为州、县、峒等单位,王朝国家对其采取羁縻政策进行统辖,对一些推举出来的当地人群首领,敕封"知州、权州、监州、知县、知峒、同发遣、权发遣"等官衔,使其内部有了首领和壮丁、主户和提陀的阶层分化,而且在田地分配方面也已经有了官与民的区分。在官、民之外,还有通过战争掠夺而来的"山僚",以及通过购买而来的人口及其婚配生下的子女,则成为一种对土官具有人身依附关系、奴仆性质的"家丁"。而这些家丁和民户中被羁縻土官召集起来的强壮者,成为平时耕种、战时为兵的"峒丁"②。可见,"峒"在当时已经成为指称进入王朝国家羁縻控制体系下的本土人群居住的一种基本聚落单位。

汉文献中还常常提到与峒地人群之间有攻击和剽掠关系的

---

① (宋)范成大:《桂海虞衡志辑佚校注》,第179页。
② (宋)周去非《岭外代答校注》(第133~134页):"羁縻州之民,谓之峒丁,强武可用。溪峒之酋,以为兵卫,谓之田子甲。"

"山僚"人群，如《桂海虞衡志》对其也有如下描述：

> 在右江溪洞之外，俗谓之山僚。依山林而居，无酋长版籍。蛮之荒忽无常者也。以射生食动而活，虫豸能蠕动者皆取食。无年甲姓名。一村中推有事力者曰郎火，余但称火。旧传其类有飞头、凿齿、鼻饮、白衫、花面、赤裈之属二十一种。今右江西南一带甚多，殆有百余种也。①

被称为"山僚"人群的居住区域是在右江的"溪峒"之外，他们靠近山林居住，并且没有作为首领的"酋长"，也不被纳入王朝国家的"版籍"，只有一些强力之人会被称为"郎火"，人群内部也并没有阶层的分化，由于没有头领，彼此互不统属，种类繁多。

由以上两则文献可知，在宋代，右江流域的"峒地"人群与"山地"人群之间，就已经在居住区域、社会组织方式以及与王朝国家的关系方面呈现出一定程度的差异，而王朝派驻广西的地方官员也依据这些差异，对这一地域内居住的人群做出"官"（主户）、"民"（提陀）、"山僚"的族群划分。此外我们也可以发现，"峒地"人群与"山僚"之间并非没有流动，例如"以攻剽山僚及博买嫁娶所得生口"一句，就可知"山僚"人群与"峒地"人群之间会发生矛盾，互相攻击与剽掠，并且成为彼此奴役的来源。

第二节 明代"怀远猺乱"与官方"土流分治"政策

明代，怀远县在洪武初年由于"征蛮将军吴良征五溪蛮，降古州峒二百余所，县裁革，改三江镇巡检司，（洪武）十四

---

① （宋）范成大：《桂海虞衡志辑佚校注》，第197页。

年，复置县治于大溶江浔江之汇，列四镇，编户八里"，然而"地界与湖贵靖黎诸州接壤，附县仅三厢民二百余家，外数里俱猺侗环巢，三甲民远处猺侗外各数十里，成化、弘治以来，节被绥黎诸蛮窜入，纠众杀散三甲居民，占据近县一带诸村，并侵蚀入融界"。①

嘉靖二十五年（1546），柳州知府江满乘两广总督张岳动用朝廷大军平定"马平猺乱"之机，亲自带兵征怀远，结果伤亡惨重，失败而归，第二年诸"猺"攻破县治，厢民搬迁逃散，知县布恒携官印出逃，之后"县官惟侨居府城，以冠带生员杨宦名色、镇抚朱万世、百户任邦祚，分地抚处，遥示羁縻而已"。②

隆庆五年（1571），新上任的怀远知县马希武乘两广总督殷正茂平定"古田猺乱"之威，"入抚其地，只艇历三甲及诸营峒，无不听抚，三厢民始稍复业，仍议城旧县，兴版筑"。③当时马希武等地方官员由熟识的瑶人带领进入"三甲及诸营峒"村寨，着手恢复明初编制的里甲编户制度：

> 带同典史刘朝宗、镇抚朱万世、冠带生员杨宦亲诣怀远县，唤得猺民加仲才、加蓝银、梁广满、加尚银、黄金付等，各集众丁见职，宣谕利害，推诚抚化，每村举立老人一名，甲头二三名，以为约束，量其村分大小、人丁多寡，省令自愿认纳禾米，折算田粮，在案当将花红、盐、酒赏犒，众皆杀牛歃血，抚掌欢呼。本职又亲临各处峒寨，间有一二百姓，亦皆尽属夷风，悉心抚处，清得粮二百零五石三斗六升四合，涂猺夷不计，百姓残民约共有三千余名，宜地宜民编凑四里村户，丁

---

① （明）苏朝阳：《建置怀远始末记》，民国《三江县志》，第549~550页。
② （明）郭应聘：《征复怀远》，《郭襄靖公遗集》卷17，据续修四库全书本影印，上海古籍出版社，2013，第376~381页。
③ （明）苏朝阳：《建置怀远始末记》，民国《三江县志》，第550页。

第一章 王朝国家的进入与"地方史"的书写

粮各依里分。俾肥瘠品搭,远近相兼,其轻省公务,逐年分派,使粮差得均,而里役不累,然则筑城立堡善后之图,今日机会诚不可缓等因,连将抚处清编过该县民夷排甲丁粮数目手册,并修建县治,屯兵防守各缘由回报,复经牌行守巡右江道逐一委官勘估议详,前来批行。①

由此可知,迄至明代中期,怀远的"百姓残民"不但与当地人群杂错而居,而且已经"尽属夷风"。这里的所谓"三甲",并非指明初制定的"每十户为一甲,每十甲为一里"的里甲编户,而是承袭了北宋中期王口寨"三甲"的称呼,在实际编户数目上,则是将"三千余名"百姓残民因地制宜地编凑为"四里"村户,这相对于洪武十四年(1381)的"编户八里"大为缩减。由于嘉靖二十六年(1547)怀远县治被诸"猺"攻破,"厢民搬迁逃散",编户有所减少是在情理之中的,当时也已经将"该县民夷排甲丁粮数目手册"上报批行。当时"三甲"的分布区域,在明初县治老堡溯寻江而上数十里处②,主要有程村③、崖头、古圳④(后称古宜)、文村(宋代文村堡)等村落,而且有"内、外三甲"之分。

然而,马希武在重建县城时与居住于附近、协助建城的稿黄、大地等村寨"猺人"因犒赏问题发生冲突,"猺人"又受到筑城匠

---

① (明)郭应聘:《议经理怀远县治疏》,《郭襄靖公遗集》卷1,第23页。
② (明)郭应聘《议怀永善后事宜疏》(《郭襄靖公遗集》卷4,第77页):"据右江兵备副使沈子木议呈,怀远旧县斜倚大山,前插高岭,大榕江逼其右,浔江冲其背,附郭无寸地可耕,城中无勺水可饮,黑白二猺巢环四面,由浔江而上数十里,始有三甲残民,会贰江而下百数十里,乃有长安司镇。"
③ (明)郭应聘《议怀永善后事宜疏》(《郭襄靖公遗集》卷4,第77~78页):"随勘得内外三甲中,有地名程村,地势平衍,居民环向,倚民以立。"
④ (明)苏朝阳《复县议》(民国《三江县志》,第568页):"古圳为三甲百姓所居,原建公署一所。"

人的挑拨。马希武还将在城上行走见到县官不及回避的"瑶老"小孩打死。坡头、板江①一带的"瑶人"则因马希武带兵搜出过路盐贩而受刑罚。诸多矛盾交织在一起，终于在隆庆六年（1572）八月初三，稿黄、大地、太平、河里等寨"瑶人"啸聚两千余人，由北门冲入城内，用箭射杀知县马希武和经历俞冕等五人，爆发了杀官夺印的"怀远瑶乱"。②

万历元年正月至二年二月（1573~1574），朝廷征调十几万大军，派广西巡抚郭应聘指挥督战，才最终镇压了"叛乱"。但当地"瑶蛮"仍"叛服无常"，县令"赁居融县"，直到万历十九年（1591）新任知县苏朝阳和广西按察司副使龚一清等官员复建县治于丹阳镇，并且实施了一系列颇具成效的善后措施，地方秩序才逐渐恢复，明王朝对当地的控制才得以渐渐稳固下来。③

万历二年（1574），"怀远瑶乱"被朝廷派大军平定，在主将郭应聘的奏议下，朝廷委派地方官员在当地"瑶乱"波及的村寨实施"联束民瑶"政策。由于旧县城老堡附近天鹅岭一带的太平、河里、南寨等村寨，老堡下游的板江、田寨河周围的村寨，溶江南面的郡凳山、涌尾一带，以及溶江支流猛江④上游的猛团、七团等村寨，是当时"瑶乱"的主要爆发地和波及地，⑤ 大量当地"瑶

---

① 板江位于老堡所处的融江下游支流。
② 关于该"瑶乱"爆发的原因和初始阶段，详见（明）郭应聘《查参怀远失事人员并议剿处疏》，《郭襄靖公遗集》卷1，第32~36页。
③ 关于"怀远瑶乱"的经过，可参见（明）郭应聘《征复怀远》，《郭襄靖公遗集》卷17，第376~381页；（明）苏朝阳《建置怀远始末记》，民国《三江县志》，第549~551页；今人的论述可参见张益贵、徐硕如《明代广西农民起义史稿》，广西人民出版社，1988，第156~170页。
④ 今三江侗族自治县境内苗江河，又称猛（孟）团江，俗称苗江，民国时期改称平江，源出怀远县西北独峒之独峒山，下游流入良口境内，至产口合于溶江。参见民国《三江县志》，第87页。
⑤ 关于"怀远瑶乱"的主要爆发地，以及其中所波及的主要地区和村寨，详见（明）郭应聘《征复怀远》，《郭襄靖公遗集》卷17，第376~381页。

第一章 王朝国家的进入与"地方史"的书写

寇"被杀或逃亡,因此其具体措施为:

> 东岸、北岸应责之武生朱应旸,督内三甲之民承管河里、太平、南寨一带,外三甲之民承管四港、东澪、波浪、塘堀一带,武洛狪人承管猛团、七团一带,北昊韦覃二姓獞人承管桐木、火烧、洛溪、合水至三门洛杲一带。西岸应责之原任永康县主簿李材,与原招楚瓮寨土舍韦昌金督上猺笼承管郡邓、涌尾一带,中猺笼承管穑黄、大地一带,下猺笼承管坡头、田寨一带。又板江、河潺、大田芦等处,俱与融县各猺獞相联,应责之融县所千户罗大本督浪溪獞人承管边田、板壁一带,宝江獞人承管板江、猪肉一带。融县所百户任邦祚督鱼楼獞人承管河潺至蕉花一带,背江獞人承管大田芦至下猺笼一带,互相钤束,务保无虞。①

随着"联束民猺"政策的实际推行,会有相当一部分"三甲民"能够进入寻、溶两江交汇之处的村寨,承管河里、太平、南寨、四港、东澪、波浪、塘堀一带的无主田产,他们搬迁进入这些地方居住且繁衍后代。该政策还让某些地区的"狪""獞"人群,如居住于寻江上游支流武洛江②的武洛"狪人"进入溶江支流猛江上游的猛团、七团等村寨;融县北部相接的北昊③、韦覃二姓"獞人",融县北部浪溪江④流域的浪溪"獞人",宝江⑤流域的宝江"獞人"、鱼楼"獞人",融县西北部的背江⑥"獞人"去承管怀远

---

① (明)郭应聘:《议怀永善后事宜疏》,《郭襄靖公遗集》卷4,第78页。
② 今三江侗族自治县八江乡境内。
③ 今三江侗族自治县和平乡境内。
④ 今融安县浪溪河,其流域内为融安县的板缆镇和大将镇。
⑤ 今融安县宝江,源出于三江侗族自治县和平乡境内,流域为三江侗族自治县和融安县交界处。
⑥ 今融水苗族自治县贝江河流域。

山水"峒氓":明清以来都柳江下游地区的家族、婚姻与仪式传统

东南部与融县接壤的"猺人"村寨土地。这些地区的"狪""獞"人群虽然没有被编入里甲而成"甲民",但应该较早就已经归附于明王朝,因此他们不但没有参与"猺乱",反而与官府有着密切的合作关系,所以他们能够在"动乱"之后得到官府信任而承管"猺寇"产业。

明代初年制定并在全国推行的里甲赋役制度,是把地方社会纳入明王朝国家控制体系之下的重要措施,里甲户籍编制使一部分当地人成为明王朝直接控制之下的"编户齐民",但同时有相当一部分的地方人口并没有被编入里甲户籍。这些没有户籍的人则通常被朝廷官员视为"蛮夷",但他们内部的成分也相当复杂,历来的文献里也常常是"蛮""夷""猺""獠""狪""獞"混称,近代学者则常常为他们的族属族源及异同问题争论不休。但是,明代对"蛮夷"的界定,不仅是一个血统的范畴,更是一个文化和社会的范畴,被指称为"蛮夷"的人群在文化上不仅与官方推崇的主流文化有异,在社会身份上更是与"编户齐民"有别的"化外之民"。① 因此,郭应聘奏折里所谓的内、外"三甲之民"就是在明代的里甲赋役制度下,由怀远地方官府进行里甲户籍登记所确立的"甲民",而"猺"则是指当时没有被编入里甲户籍、不承担赋税差役的人群。

那么,除了在具有国家正统性户籍身份上的差异,这一时期怀远境内的"三甲民"与"猺"在文化上是否有很大的差别呢?郭应聘在奏折中给了我们答案:

> 据怀远县衣巾生员姚廷臣、贺德呈称,本县残民止有内、

---

① 关于明代里甲赋役制度与地方人群分类关系的论述,参见刘志伟《在国家与社会之间——明清广东地区里甲赋役制度与乡村社会》,中国人民大学出版社,2010,第72~93页。

第一章 王朝国家的进入与"地方史"的书写

外三甲,一县公务咸赖之,全不识字,言侏僫、服左衽、答歌配偶,与瑶俗同。①

可见在当时的地方官员眼中,此地的"三甲民"和"瑶"在语言、服饰、婚配等重要的文化习俗上并没有太大差异,"三甲民"仅仅是在户籍身份上与"瑶"有差别,但是在日常生活的习俗上却呈现出"与瑶俗同"。

由此可知,"联束民瑶"政策是让具有正统性户籍身份的人群,去承管尚未被编入明王朝里甲户籍人群的产业。这些能够被"甲民"承管的产业必定是当时被杀或逃亡的"瑶寇"遗留下来的田地或山林,而愿意前往"瑶窟"承管"瑶寇"产业的"民户",也应当是那些原居住地的产业不足以满足其生活所需而希望向外迁移拓殖的人。此外,"瑶乱"之后,天鹅岭一带的村落也残留有相当数量尚未逃亡、愿意归附朝廷的"瑶人",所以郭应聘才会提出"联束民瑶"政策,使"民"与"瑶"之间能够"互相钤束,务保无虞"。

"怀远瑶乱"以及之后的"联束民瑶"政策,使原本主要聚居于寻江上游数十里的"三甲民"得以进入旧县城老堡附近的"瑶人"聚落中居住。② 而寻江上游支流武洛江沿岸的"狪人",以及融县北部与怀远东南部接壤的一部分"獞人",也能够进入原来"瑶人"聚居区,承管"叛乱""瑶人"遗留的田产和山林,进而定居逐步发展成为新的村落。这在明代中期广西爆发的一系列"瑶乱"平定后不久,时任广西巡抚杨芳主持编纂的《殿粤要纂》

---

① (明)郭应聘:《议怀永善后事宜疏》,《郭襄靖公遗集》卷4,第79页。
② 关于"瑶乱"之前"瑶"与"三甲民"的分布状态,可参见(明)郭应聘《议怀永善后事宜疏》(《郭襄靖公遗集》卷4,第77页):"怀远旧县斜倚大山,前插高岭,大榕江逼其右,浔江冲其背,附郭无寸地可耕,城中无勺水可饮,黑白二瑶环集四面,由浔江而上数十里,始有三甲残民,会贰江而下百数十里,乃有长安司镇。"

收录的《怀远县图》中就有清楚的体现。作为"怀远猺乱"中"叛乱""猺人"聚居和活动的主要区域之一,旧县城老堡附近的天鹅岭一带,除了山间区域大部分被标注为"猺"的居住地之外,靠近河流沿岸的平旷地带已经分布着相当数量的"民村"。而与融县北部相接的怀远南部和东部地区,更是呈现出民村以及"猺""狪""獐"等村寨交错分布的状态(见图1-2)。

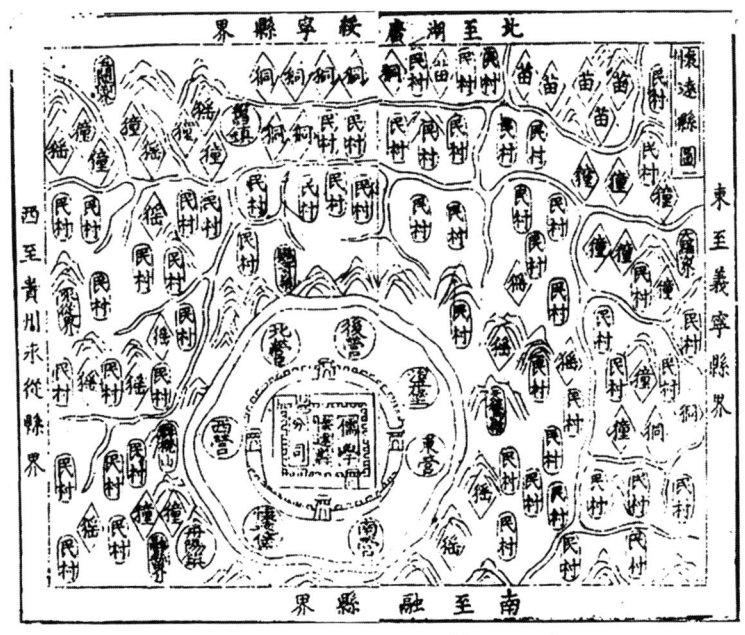

图1-2 明代万历年间《怀远县图》

资料来源:(明)杨芳编纂《殿粤要纂》卷1,《北京图书馆古籍珍本丛刊》第41册"史部·地理类",书目文献出版社,2007,第754页。

万历十七年(1589)怀远县令苏朝阳到任,初上任就到各村峒招主垦荒、释仇开江:"据前任典史王长、武生朱应旸各上地图陈议,因招主张鹏、吴自学及里冬曹元庄、唐绍禹等咨以民所疾苦,夷所向背及山川险阻,商旅要会之区,未及亲历,旋蒙委署融县,职有所羁,窃计先设教化以为导民根本。随择请融县生员王

第一章 王朝国家的进入与"地方史"的书写

卓、李标、石应辰、李钟阳等分教古圯、浔江、板江等村,又令江水王五充为武洛江诸村招主,往谕彼中傜侗,释仇开江,仍将所争荒田分令垦种纳粮,随报望风归垦。"① 此外,苏朝阳还"亲诣村峒,犒赏抚绥,禁逐奸徒,设立社师,故自板江、窄江、梁口、浔江诸夷及程村、崖头、古圯诸百姓欢欣,筑竖书舍,遣弟子从学,又近日长沙、大梅及猛团、上团、武洛等村望风归顺,请垦荒田,请输岁赋,请开江通商者踵至"。② 朝廷派大军平定"猺乱"之后,不仅有大量"猺寇"被杀或逃亡,留下相当数量的田地被抛荒,此外,地方官府也需要重新对土地的承垦者进行登记,以便征收赋役,因此会有不少所谓的荒田需要招主垦种。这不但会使原来的"猺""狪"等人群随着户籍登记、输赋纳税而转变为"民",也必然吸引一些外来流民迁移过来承垦荒田,进而纳粮入籍。

此外,怀远境内的寻江通往湖南,而溶江则连通贵州的从江县、榕江县一带,两条水道一直是湘、黔、桂交界地区木材、食盐、山货等物品运输的重要交通枢纽。因此不仅苏朝阳与"猺人""释仇开江",时任右江道守备的龚一清更明确要求"酌定江税,以通商贾",认为"怀远旧有浔、容两江,木植盐货等税,往时猺人占据,阻失道,今已退出,奉详请允,该县起抽一年余矣,江滩险阻,舟楫至容江而止,非从轻取,难乎商贾之来集也",于是规定"今计该县税过大约一年百二十金有奇,城工未完以前,许令陆续动支杂费,照实开数具报,合无待工完后,每年税银即此一百二十余两为准,所税物件,照旧抽过细数,不得加增"。当时寻、溶两江交汇下游融江流域的融县境内,就已经是商贾四集了。③ 由于怀远地方官府积极开江通商、酌定江税,上游

---

① (明) 苏朝阳:《复县议》,民国《三江县志》,第 567~568 页。
② (明) 苏朝阳:《复县三议》,民国《三江县志》,第 571 页。
③ (明) 杨芳编纂《殿粤要纂》卷1 (第 753 页):"融境辽阔多獞,与诸县一也,而田独饶,视柳、罗、迁、来等为乐土,商贾亦四集。"

寻、溶两江江道随之开通，必定进一步刺激上下游外来商贩的进入与往来。

万历十九年（1591），苏朝阳首先得到朝廷重建怀远县治的旨意，但是关于新县治的选址问题却多次受阻，"奉院道明文，议复邑治，先卜融县长安镇间旷之地，议凡四上，阻格弗成"，①多亏"僮酋余金朝等、介寓民张鹏、吴自学图上丹阳镇，乞为新民，请城焉"②，苏朝阳最终得以重建县治于旧县城老堡下游的丹阳镇（今丹洲镇）。之后，苏朝阳与守备龚一清通力协作，共同推行了一系列卓有成效的善后措施，其中除了上文提到的"开江通商"之外，还有另外两个对当地影响深远的政策。

其一是"分立土舍，以束诸傜"。虽然当时的怀远县属于流官管辖地区，但其实地方官府力量很弱，在苏朝阳重建县治之前，"怀远……皆土夷，县官不入境，止就居于临县，每年入催钱粮一次而已"。③为了强化官方的控制，又能避免与当地人群再次发生矛盾，龚一清和苏朝阳商议采取土流分治的措施，即将一些怀远当地的"傜酋"立为土舍，于"怀远大傜峒二，峒置六刀，付与各酋，每傜犯法，请刀行诛，名曰六刀"，这六名"傜老"分别是余金朝、粟银桶、杨金亮、李尚友、傅银龙、龙华通，"见系傜众所推，俱见本道，愿听约束，凡有犯法行歹之傜，应诛则诛，应罪则罪，俱六酋志过，并不敢拗，本道许转请各充土舍照旧管束"，此外，对"余金朝、粟银桶加给袍带作义民官，余皆另示

---

① 见（明）苏朝阳《建置怀远县始末记》，民国《三江县志》，第550页；关于新县治的选址问题，参见（明）苏朝阳《复县议》《复县复议》《复县三议》《复县四议》，民国《三江县志》，第567~574页。
② （明）余立：《复怀远县治记》，民国《三江县志》，第551页；又见余立《复怀远县志碑记》，王锦修、吴光升纂乾隆《柳州府志》，香港：京华出版社，2003年标点本，第515页。两文内容相同，但标点前文较确，故笔者采用前文。
③ （明）王士性：《五岳游草　广志绎》，第312页。

第一章 王朝国家的进入与"地方史"的书写

赏赉"。① 这一赐封"傜酋"、土流分治的政策,推动了后来当地村寨本地人群内部的阶层分化,对土官家族的兴起及其后人对地方秩序的控制,以及家族组织、民间信仰和地方文化的建构都有着深远的影响。

其二是"量定编则,以安民彝"。龚一清认为:

> 怀远自残破后,止存三甲残民,岁征秋粮米三百三十三石八斗,每石折征银三钱,均傜四差,并无编派。近该里冬及各傜输心者,无编不成民同于歹贼。不及今定编,恤民之苦,薄民之赋,著为成规,犹恐后来之官,重编虐民,反为不便。合从民彝之愿,量编其丁,轻派其银,惟所派的数,仅充知县、典史柴马之类可矣,不必全责及数,亦不必勒限定期,听县官便宜编派,完日册报,庶民志可一,民情可定,而赋役亦有常经矣。②

那么这里所指的"编则"是怎样的呢?笔者在乾隆年间怀远知县廖蔚文编纂的《怀远县志》中找到如下记载:

> 怀远猺居十之八,原无编户,嘉靖时田土尽入贼巢,颗粒无征。万历二年大征后,只征三甲田粮八十余石。万历十九年立城后,据民人曹元壮、猺人余朝金等认纳抚化,所以至今钱粮俱系各村认纳多寡,永著为例,非有甲户之名也。武猛二岗,以布抵粮,即布缕之征也,溶江猺龙等处,以禾把抵税,则纳□纳秸之意也,于怀民犹有古道存焉。官斯土者,循例其旧,能无催科政□手,所幸钱粮不多,犹意为力

---

① (明)龚一清:《善后六议》,民国《三江县志》,第576页。
② (明)龚一清:《善后六议》,民国《三江县志》,第577页。

也。倘于用一缕二之中,而寓爱养樽节之道,将家给人足而比户可封矣。①

　　县志中的这一记载,其实透露出一个关于赋税征收和人群划分关系的重要信息,即万历二年(1574)"怀远瑶乱"平定之后,怀远地方官府虽然根据明代里甲赋役制度的要求,对原来宋代"三甲民"居住地的民众征收田粮,但是万历十九年(1591)苏朝阳建立新县城之后,则不再登记甲户,而是将缴纳赋税的主动权给予地方民众,让其"认纳抚化",允许他们以不同的数量和形式(布、禾把)缴纳田粮,并且在人群身份上也区分为"民人""瑶人"。可见明代怀远官府与地方民众的这种规约逐渐形成了一种地方制度,使得之后的清代地方官员也不得不继承这种征税上的"编则",导致乾隆年间怀远县依然没有"甲户之名"。

　　明代中期爆发的"怀远瑶乱"虽然被明王朝派大军平定,但苏朝阳重建县治的艰难和善后措施的种种怀柔姿态,都体现出地方官府在当地力量的羸弱。怀远县名义上属于明王朝流官控制区域,但内部却是"土流分治",县官只能控制县治以及甲民聚居之区域,"瑶人"聚居之峒地内的法纪纲常,甚至"瑶人"性命的生杀予夺,都由诸"瑶"推举的"六刀瑶老"掌控,县官根本无权过问,以此来换取县治的安全,并达到间接"管束诸瑶"之目的。因此,明代怀远地方官府对民村以及"瑶""狪""獞"等村寨进行更为细致的划分和标明,其实是由于各村寨头人的控制力量有限,无法跨越村寨形成较大区域的本土威权,地方官府只能分别笼络诸种人群的地方土著上层,使其成为王朝国家控制地方村寨的中介,形成一种"分而治之"的统治策略。此外,官方对赋税田粮

---

① (清)廖蔚文编纂乾隆《怀远县志》(手抄本),三江侗族自治县档案馆藏,第50~51页。

第一章 王朝国家的进入与"地方史"的书写

的征收采取地域上和人群上的区分对待，也会使各个不同地方居住族群之间的区分逐步从被动转变为主动。

此外，明代官方对于都柳江下游地区"民"和"夷"的区分，除了二者在赋役征纳上的差异之外，也注意到二者在居住地域上有平地与山地的差别。如在明代广西"猺乱"平定之后，王士性在《五岳游草　广志绎》中记载明代的桂林、平南、浔州、南宁等地已经呈现出"民夷杂居"的现象，但右江上游的柳州、庆远、思恩"三府纯乎夷，仅城市所居者民耳，环城以外悉皆猺僮所居"，而且"猺僮所居，皆依山傍谷，山冲有田可种处则田之，坦途大陆纵沃，咸荒弃而不顾"，因此王士性感叹："猺僮之性，幸其好恋险阻，倚山而居，倚冲而种，长江大路，弃而与人，故民夷得分土而居，若其稍乐平旷，则广右无民久矣。"①

然而，对于王士性的这一观察和记载，我们要透过当时作为官员的文士视角和观念去理解所谓的"民""夷"之分在地理分布和户籍身份上的关系：居住在城市之中、坦途大路或者是长江大路两旁的人群，由于处于地方官府势力的管辖范围之内，常常会成为明代里甲户籍政策下被登记入黄册的"民"户，而那些"依山傍谷"、在山冲之处种田的被指称为"猺"或"僮"的人，其实正是在赋役征收上官府胥吏无法直接接触或抵达之处的人群，因此官方对他们只能采取间接管理的方式。如王士性就提到："僮人虽以征抚附籍，而不能自至官，输粮则寄于在邑之民。僮借民为业主，民借僮为佃丁，若中州诡寄者然，每年止收其租以代输之官，以半余入于己。"② 所以，与其说是"猺""僮"选择居住在依山傍谷之处，到山冲之处种田，还不如理解为山冲、峡谷的自然条件为某些

---

① （明）王士性:《五岳游草　广志绎》，第313页。
② （明）王士性:《五岳游草　广志绎》，第312页。

人群远离官府的直接控制而成为官员眼中的"傜""僮"提供了条件。这种对地方人群在居住地域、户籍编制与族群划分上的关联，其实是官方对不同居住地域的人群采取不同的统治政策和管理措施的结果，而非原因。这种分而治之的政策会使"民""夷"的区分从地理区域上的隔离转化为心理认知上的区分，尤其是对居住于不同海拔的人群聚落，官方政策的区别对待会使所谓的平地人群与山地人群之间的区隔更为明显，从而对彼此族群认同的形成产生较大的影响。

当然，文献记载和目前人类学家对东南亚地区的田野调查研究都已经揭示，平地（峒地）人群与山地人群之间其实存在着一定程度的人员流动，大量生活在平原地区的人群会因逃避赋役、自然灾害和战争逃向王朝国家控制不到的山地居住。① 但是，这种局部的人员流动并没有实质地影响到平地（峒地）人群与山地人群之间的族群区隔，这也使得地理区域和族群划分之间存在一定的内在关联，而这种区分其实更深层次上是自然地理气候影响下的生计方式、家庭组织形式和通婚范围之间的种种差异引起的，笔者将在后文关于家族组织和通婚网络的章节中做更深一步的探讨。

第三节 "地方史"书写："古夜郎地"说与"中心－边缘"观的形塑

明代知县苏朝阳迁建县治之后，也开始对地方历史进行书写与建构，不但留下了多篇记载当时平定"猺乱"、重建怀远县治前后的奏章和记录，还主持编纂了怀远县首部地方志《怀远志略》。该

---

① James C. Scott, *The Art of Not Being Governed: An Anarchist History of Upland Southeast Asia* (New Haven & London: Yale University Press, 2009).

第一章 王朝国家的进入与"地方史"的书写

志目前已经不存,但里面收录的《建置怀远始末记》,由于是对怀远地方历史的首次书写而为历代方志编纂者所传录,得以保存至今。其文如下:

> 怀远县,古百粤地,天文翼轸分野,西南夷夜郎境也。按史记,楚遣庄蹻伐夜郎,军至且兰,椓船于岸而步战。既灭夜郎,以且兰有椓船牂牁处,乃改名牂牁。汉使唐蒙风晓南粤,粤食枸酱,蒙问所从来,曰:道西北牂牁。归至长安,问蜀贾人,贾人曰:独蜀出枸酱,多持窃出市夜郎。夜郎者,临牂牁江,江广百余步,足以行船。蒙乃上书说武帝曰:窃闻夜郎所有精兵可千余万,浮船牂牁江,出其不意,此制越一奇也。诚以汉之强,楚之饶,通夜郎道,置吏甚易。上许之,乃拜蒙为中郎将,将千人从巴蜀筰关入,遂见夜郎侯。蒙厚赐,谕以威德,约为置吏,使其子为令。夜郎旁小邑,贪汉缯帛,以为汉道险,终弗能有也,乃且听蒙约。还报,发巴蜀卒治道,自僰道指牂牁江。及南越反,汉发南蛮兵,且兰君怒,乃与众杀汉使者,汉发巴蜀罪人八校尉击之破,诛且兰君。且兰已平,遂平南夷为牂牁郡。唐置昆州,改柳州,封疆千余里,众流逶迤,与牂牁会边于夜郎,未闻有牂牁夜郎之邑隶焉。宋至和中,置三口砦。崇宁中,古州蛮纳土于砦,建军,名怀远军,并割溶江、文村、浔江、林溪四堡砦,并隶军。寻改怀远军为平州,倚郭置怀远县。政和初州废,依旧为三口砦,并溶江、文村、浔江、林溪四堡砦,并隶融州,废怀远军。宣和初,赐平州郡,名怀远。绍兴初,郡废,仍为三口砦,隶融州。十四年复以三口砦为怀远县。元仍之。①

---

① (明)苏朝阳:《建置怀远始末记》,民国《三江县志》,第 549~551 页。

该记开篇即提到怀远县"西南夷夜郎境也",之后即引述《史记·西南夷列传》中关于楚顷襄王遣庄蹻伐夜郎,以及汉武帝派唐蒙通夜郎道、夜郎侯臣汉置吏的史实。在苏朝阳的叙述中,由于怀远为"西南夷夜郎境",因此西南夷夜郎由蛮夷之地变为汉王朝郡县的历史,就自然而然地成为怀远在唐之前地方历史之来源。迄至唐代,怀远的"过去"并无记载,由于宋代设置的王口寨隶属融州,而融州又属柳州,因此苏氏在此只能追溯柳州在唐代与牂牁会边于夜郎,然而苏氏对于唐代柳州与夜郎在地域上的关系其实也并不确定,只能在后补叙一句"未闻有牂牁夜郎之邑隶焉"。由此可见,苏氏对怀远在宋之前的历史叙述基本上是无据可考的。

然而,当时负责平定怀远"猺乱"的广西巡抚郭应聘,也将怀远的历史最早追溯到"故牂牁地",其在《征复怀远》①中写道:

> 怀远,故牂牁地也。与湖贵靖黎诸州接壤,猺、獞、狑、狪蟠据山谷……号为黑猺,宋元以来,叛服靡一。明兴,命征南将军吴良总大兵征五溪蛮,由怀远入,猺惧请降,因割融县金鸡乡益之,列四镇,置县治于浔江、溶江之汇。②

该文应该写于郭应聘平复怀远"猺乱"后不久,虽然将怀远视为"故牂牁地",但对于明代之前怀远的历史状况语焉不详。此外,当时将怀远视为"古夜郎地"的还有时任都察院右副都御史的马平人余立,其撰写的《复怀远县治记》中开篇即写道:"按职

---

① 即《怀远志略》中收录的《征复始末》一文,民国《三江县志》将其命名为《征复怀远始末记》。
② (明)郭应聘:《征复怀远》,《郭襄靖公遗集》卷17,第367页。

方氏:怀远,古夜郎之域也。"而矛盾的是后文又云:"汉唐以来尚矣,靡可得而记云;至宋至和中,始略定其地置寨焉。"① 再次说明怀远在宋代之前的历史状况在文献中呈现出某种"空白"状态。

然而,既然没有确凿的记载可寻,为何几位官员都主张将怀远视为"古夜郎地"呢?这就不得不注意到"夜郎"与"西南夷"人群在早期文献记载中的密切关系。

关于夜郎的记载主要见于《史记·西南夷列传》和《后汉书·西南夷列传》,这两篇列传也是唐代之前对被称为"西南夷"的人群及其属国的地域分布最为重要的文献记载,因此也成为后世学者在追溯中国西南地区许多被称为"蛮""夷"人群之来源时,经常引用的文献。在明代的怀远境内,除了少量被编为民户的"三甲民"之外,大量的"猺、獞、狑、狪蟠据山谷",而此地直到北宋后期才因王江"古州蛮"纳土称臣被纳入王朝国家的统治之下,因此该地的早期历史必然也会被追溯到"西南夷"人群及其属国之历史。此外,《史记·西南夷列传》对夜郎地理位置描述为:"夜郎者,临牂牁江",而"牂牁江,广数里,出番禺城下"。早在宋代,任职广西的朝廷官员周去非就认为:融州城外的融江是牂牁江的下游,融州之西与蜀之南相连,但被"蛮傜"阻隔,所以不通。② 而怀远就位于融江上游、融州西北部,融江作为西江干流黔江段支流柳江的上源河段,是可以经由水路与广州相连通的,

---

① (明)余立:《复怀远县治记》,民国《三江县志》,第551页;又见余立《复怀远县志碑记》,王锦修、吴光升纂乾隆《柳州府志》,第514页。

② (宋)周去非《岭外代答校注》(第24、26页):"融州之水,牂牁江是也。其源自西南夷中来。武帝发夜郎,下牂牁,即出此也";"牂牁江:西融州城外江水,即牂牁江之下流也。江面颇阔,昔尝有大水泛出蜀南州牌。汉武平南越,发夜郎,下牂牁,非由融州,则何自而至南越哉?今靖江府桑江寨,其水亦合于融江之上流,或云桑江,亦牂牁音之讹也。大抵融州之西,为蜀之南,地本接连,但隔于蛮傜,不可通耳"。

所以当时的怀远地方官员认为怀远曾经隶属于牂牁江畔的"古夜郎地",也并非毫无依据。①

其实从明清以来,对于夜郎侯邑的位置及其疆域问题,诸多文人学者就曾有过探讨与争论。②而这些探讨与争论,既以涉及夜郎或牂牁的一些地理志与地方志的记载为论证依据,也深刻地影响到更多地方志编纂者对于该地区是否曾属于"古夜郎地"的叙述或论证。因此可以想见,作为怀远"猺乱"前后平定该地的朝廷官员,郭应聘和苏朝阳必然会对该区域之前的历史地理状况有所了解,但"古夜郎地"的范围并未有定论,而且早期怀远地方文献记载的"空白"状态,使得地方官员在书写地方"历史"时有了更多的自由和空间。并且"地方"进入王朝国家体系除了所谓的"纳土称臣"之外,很重要的一步就是将地方的"过去"放入王朝国家的"历史脉络"之中,从而使地方成为有"历史"的"文教"之地,而非无"历史"的"蛮夷"之地,因此,书写与建构地方"历史"被很多边疆地方官员当作其任职期间的重要使命和功绩。

然而更有意思的是,对于这一并没有确凿依据的"古夜郎地"说,后来的怀远地方官员及地方志编纂者们并没有过多怀疑,还以前人的书写为依据,将这一说法融入后人对地方历史的理解、书写与建构中。如清代康熙年间的怀远知县廖蔚文,在当时纂修的《怀远县志》中就写道:

---

① 关于古牂牁江是融江上游(今都柳江)的说法,只是明清以来关于其源流的观点之一,目前学术界比较公认的看法是,古牂牁江是指今红水河上游的北盘江和南盘江。

② 如明代郑旻《牂牁江解》、郭子章《黔记》,清代田雯《牂牁江考》、莫与俦《独山江即汉毋敛刚水考》、洪亮吉《牂牁江考》、张澍《豚水考》、郑珍《牂牁考》等,都是根据《史记》"夜郎者,临牂牁江"的记载,从考证古牂牁江的具体位置来确定夜郎的都邑和疆域,参见胡晓东、杨鹍国《"夜郎"讨论述评》,《贵州文史丛刊》1985年第4期,第37~46页。

第一章　王朝国家的进入与"地方史"的书写

> 怀远，古为夜郎地，盖指溶江而言也。考溶江，源出清水江①，由古州而达于老堡。古州清水江，皆贵州永从地方。而夜郎城，则在贵州遵义府。盖遵义府，秦时为夜郎、且兰二县地，汉则总属牂牁，原与贵州黎平府相连，故黎平府亦号牂牁，而溶江大梅、青旗等处，皆为其所侵占故也。若浔江，原属西粤，三甲民，则柳州之子民也，其余则皆苗徭侗僮散处其中，罔知汉之大者也。②

在廖蔚文的叙述中，怀远境内属于古夜郎地的仅指溶江流域，溶江的大梅、青旗等处过去皆为其所侵占，因此算得上是在"古夜郎地"之内，而怀远境内寻江流域的居民，由于在宋代设立的王口寨，已经在寻江流域管辖有被称为"三甲"的地方行政区划，古有"三甲民"之称，因此是"柳州之子民"，而其余未编入里甲的则是"罔知汉之大"的"苗徭侗僮"等人群。我们可以发现，廖氏对怀远境内"古夜郎地"的界定，除了考虑地理位置的因素之外，更多则是考虑该区域内的人群是否已经被编入里甲，成为国家的"编户齐民"，那些与"民"在户籍身份上有所区分的"苗徭侗僮"则被认为是"古夜郎地"之遗民。

到了清代嘉庆年间，知县林大宏在续修《怀远县志》时也认为：

> 按旧志叙，县本牂牁夜郎地，去郡城三百余里，乃粤西山

---

① 关于溶江的源流情况，廖氏的说法有误，溶江上游源出于贵州都柳江而非清水江。清水江发源于贵州都匀，是长江支流沅江上游河段的主源，而都柳江则发源于贵州独山，是珠江水系西江干流黔江段支流柳江的上源河段，流经三都县、榕江县、从江县，入广西三江县（即怀远县）为溶江，与寻江汇流之后进入柳江干流融江段。

② （清）廖蔚文：《怀远县旧志序》，收录于（清）林大宏修纂嘉庆《怀远志书》（手抄本），三江侗族自治县档案馆藏，第14~15页；又见（清）廖蔚文《纂修怀远县志序》，民国《三江县志》，第19页。

山水"峒氓":明清以来都柳江下游地区的家族、婚姻与仪式传统

> 穷水尽之区也。宋崇宁中,于三口砦置怀远军,又改置为县,更变无常。由元迄明,至万历辛卯,其中三百余年,若存若亡,即居官之姓名,茫茫无可考,何论其他。纪载之略,未有若斯之甚者也,厥后苏君朝阳,迁于今治,官有宁宇,民无贰心,山川风土,俨然为柳属一壮县矣。我朝定鼎以来,车书一统,虽雕题凿齿之区,罔不倾心向化。①

在林氏的叙述中,过去为"牂牁夜郎地"的怀远,在知县苏朝阳迁建县治之后已成为"柳属一壮县",到了清朝定鼎之后,虽然还保留着文身凿齿的习俗,但内心已经归附王朝国家。可见到了清代中期,作为地方知县的林大宏在此强调的已经不是疆域的归属、户籍的有无,而更多的是地方人群是否接受王朝国家之"教化"。

从明入清,地方知县对怀远"历史"书写从"归属"到"编户"以至"教化"这些不同面向的强调,其实折射出地方社会在进入王朝国家体系中所经历的不同历史阶段。而"古夜郎地"说这样的"地方史"叙述框架,不但为当时的文士官员所接受,并且为后任地方官在续修县志时作为地方"历史"之渊源,这其中所承载的一种"中心－边缘"观其实已经开始通过地方志书的书写与流传,在地方文士的头脑当中被建立和形塑出来,进而影响地方民众对地方历史的认识。

这种"中心－边缘"观包含着两层意义:一方面,怀远作为过去的"古夜郎地"变为王朝国家疆域内的属地,其在疆域层面上是"边缘"的,即所谓的"边疆"之地;另一方面,其地域内生活的人群,除了由"蛮夷"成为王朝国家控制下的"编民"之

---

① (清)林大宏:《续修怀远县志序》,(清)林大宏修纂嘉庆《怀远志书》(手抄本),第10~11页;又收录于民国《三江县志》,第25页。

第一章 王朝国家的进入与"地方史"的书写

外,也有处于国家统治之下却没有进入"编民"体系内的"苗徭侗僮",其在人群身份的分类上是"边缘"的。当然,这一"中心-边缘"观在地方民众意识中的影响和形成并不是一蹴而就的,起初是借由明代外来官员和文士对"古夜郎地"说的"历史"书写而进入"地方史"叙述的脉络当中,到了清代中后期,由于本地兴起的士绅对"地方史"知识的熟悉和了解,"中心-边缘"观逐步成为他们理解与表述国家与地方关系的一种"话语",进而将其融入对本地信仰、风俗及文化的阐释和建构当中。这其中十分典型的例子是地方士绅对本土"三王"神明信仰源流的追溯和建构,就与"夜郎后裔"的传说联系在一起。笔者将在后文通过探讨围绕"三王"信仰所结成的村寨组织和展现的国家观念,对此问题进行专门论述。

第二章 "峒地"村寨演变历程与信仰空间建构

在明代"怀远猺乱"事件之后，都柳江下游地区爆发"猺乱"的河里、太平、南寨一带的村寨遭受了怎样的冲击和变迁？村寨中的人群结构经历了怎样的变化？这些村寨内部的聚落空间又是如何得以重建且有机地组合在一起的？这反映了当地村寨社会怎样的社会重组机制和人群组织的"结群"方式？带着种种疑问，有别于第一章的文献分析，笔者开始从平面的历史文献走入立体的当代田野，通过观察、访谈和家族文献解读，去了解明代爆发"猺乱"的村寨中各姓氏家族人群的迁居与发展历程，并且观察和了解当地村寨中祭祀空间的兴起、发展与变迁，以此来探究家族人群发展与村寨空间建构之间的能动关系。

在中国乡村社会，信仰习俗和祭祀活动是普通民众日常生活的重要组成部分。把研究民间信仰祭祀活动作为理解乡村社会结构、地域支配关系和普通百姓生活的一种途径，已经越来越成为当前从事民间宗教研究、社会文化研究以及区域史研究的学者的共识，他们不仅关注与民间信仰直接相关的思想内涵、仪式实践、神明形象、神庙体系等方面，也涉及与此相关联的家族组织、社区结构、社会文化、国家意识与观念等多重面向，展现出民间信仰研究在揭示中国社会的内在秩序和运行"法则"方面，具有独特的价值和意义。①

---

① 将中国民间信仰作为具有普通民众视角的社会文化史学家与具有历史视野的人类学者共同关注的重要研究对象，两本重要的论文选集可参看：郑振满、陈春声主编《民间信仰与社会空间》，福建人民出版社，2003；〔美〕韦思谛编《中国大众宗教》，陈仲丹译，江苏人民出版社，2006。

第二章 "峒地"村寨演变历程与信仰空间建构

在历史学家与人类学研究者越来越关注以"大众"的实践活动为中心而展开的社会文化现象作历时性过程之探求的同时,具有人文关怀的地理学者也开始强调需要透过普通民众的日常生活去透视"人"的实践活动对物质性"空间"的模塑与建构作用,并且指出在社会形构过程中,应该思考"时间"与"空间"概念在不同的历史与地理脉络中被塑造的方式。① 然而,对于乡村中存在的形态各异的祭祀场所与信仰空间本身的营建和变化过程,以及其背后涉及的相关人、事、物等因素的思考,虽然目前已经有一些相关的研究论著给予专门的关注与讨论,但仍然有进一步探究的意义与空间。②

祭坛、庙宇、祠堂等这些中国乡村社会中常见的建筑景观,既为身处其中的乡村民众提供祭祀实践活动的场所(place),也作为一种与村落中其他生产、生活空间相区别的信仰空间(space)而被有意识、有目的地形塑与建构出来。围绕这些祭祀场所与信仰空间有着各种各样的传说、故事与历史记忆的保存和书写,并且在不同的时间上演着各种礼仪实践活动,参与其中的各类人群展现出彼此的社会关系,从而演绎出更为丰富而多层次的社会空间。那么,如何将这些具体乡村聚落中于不同历史时期、因为不同原因和人群关系而兴建起来的祭祀场所与其营造的信仰空间之变化过程,当作一种可供解读和关联的"空间文本",探讨这些祭祀场所的兴建、信仰空间的营造与其背后所依存的村寨社会的历史进程之间的密切

---

① 相关研究论述参见〔美〕段义孚(Yi-Fu Tuan)《经验透视中的空间与地方》,潘桂成译,台北:"国立编译馆",1997;〔法〕亨利·列斐伏尔(Henri Lefebvre)《空间政治学的反思》,陈志梧译,包亚明主编《现代性与空间的生产》,上海教育出版社,1990,第59~75页;〔美〕大卫·哈维(David Harvey)《时空之间——关于地理学想象的反思》,王志弘译,包亚明主编《现代性与空间的生产》,第374~410页。

② 见劳格文、科大卫编《中国乡村与墟镇神圣空间的建构》,社会科学文献出版社,2014。

山水"峒氓":明清以来都柳江下游地区的家族、婚姻与仪式传统

关系,是一个值得思索且饶有趣味的问题。笔者认为,祭祀场所其实是生活于其中的不同人群往来互动的中介与场域,在不同历史时期,乡村民众举行祭祀活动场所的营造与变化,折射出的是信仰人群主体之间在进行文化层面的角逐与互动时,透露出彼此的各种冲突或合作关系。某些个人或群体在不同历史时期建造祭祀场所、打造信仰空间,并且通过对其进行控制、管理与经营去影响其他群体在信仰体系和神灵观念上的集体认知与行为实践,而这些个人或群体围绕祭祀场所进行的管控活动又受到其身处的村寨社会在整个区域历史进程中更大影响的推动。

为了阐述对以上关系的思考,本章主要以坐落于西江上游的溶江和寻江交汇处旁山间"峒地"之中的"五百河里"村寨社区为例,通过考察村寨中供奉的"三王"、关公、"萨"(sax)等神灵的祭祀场所的建构与变迁过程,来探讨这种围绕祭祀地点的村寨空间建构对地方人群的主体性身份认同以及文化权力形塑的作用,展现明代"怀远猺乱"前后,都柳江下游流域与"猺乱"有关的"峒地"村寨的重建与开发历程,以及不同族群之间的互动关系。

笔者以田野调查和口述访谈,以及在村落中搜集到的家族文献为主要分析材料,重构当地村寨主要家族人群迁移与发展的过程,揭示影响都柳江下游地区"峒地"村寨以信仰祭祀为中心的村寨空间形构的族群关系与历史因素,从而探讨村寨民众的神灵观念和信仰体系的形成与变化如何受到不同权力主体和历史因素的影响与制约。本章将以信仰祭祀为中心的空间建构置于村落发展的具体历史脉络中进行考察,将具体村寨中祭祀场所的兴建和信仰空间的营造,看作一个被不同的族群主体在不同历史时期反复形塑的文化实践过程,探究个人与群体在这一文化实践过程中如何建构自己的主体性身份、认同与文化权力,而地域村寨社会观念又如何在这一过程中得以逐步形成。

第二章 "峒地"村寨演变历程与信仰空间建构

第一节 "峒地"村寨的形成与发展

一 地理环境和历史概况

和里、南寨位于溶江与寻江交汇处旁的山间谷地之中,西面被青鹅岭(旧名天鹅岭)环抱,东面则背靠南寨岭,与老堡乡漾口村洋洞屯隔山相邻。整个聚落境内有两条由山间溪流汇流而成的小河,一条由东南流向西北名为王段河,另一条则由西流向东名为和里河,两条小河交汇后也流入寻、溶两江汇流之处的三江口。村落内分布着较为广阔的农田、耕地和山林,当地虽然海拔较高,稻米一年仅一熟,但地势相对较低,能够蓄积山间溪流,水利灌溉资源较为丰富,稻田之间散落着多处水塘,适合大量放养鱼鸭。长期以来村民还在山上大量种植茶子、桐子树和杉木等传统经济作物,近年来也开始在山坡上大面积种植茶叶。这些山岭、河道、溪流、水塘的开发与利用,都与当地村民最基本的日常生产生活息息相关。

此外,寻、溶两江是三江县境内最主要的两条灌溉水源和航运河道,也是沟通湘、黔、桂三地的重要交通水道,[①] 而这里正好位于两江交汇的水陆交通要道,从寻、溶两江经水路而来的行旅、商贩或移民,可以在此处停船休息、获取补给,甚至买卖商品,大批量的商品和货物也可以在此停留、转运,改由陆路进入沿岸以及山区的村寨中。因此,从明清以来,这里不仅被视为进入西江上游地区重要的水陆交通枢纽,而且作为商旅、货物的转运点,更成为

[①] 从寻江由东北而上经过林溪河可直通湖南通道、靖州一带,溶江则为贵州都柳江下游,向西溯流而上与贵州从江县、榕江县一带相连,向南顺流而下则汇入融江,南流入柳江后与红水河汇流为黔江,再在桂平与左江汇流入梧州,最后汇入西江干流。

山水"峒氓":明清以来都柳江下游地区的家族、婚姻与仪式传统

"峒地"人群与山地人群沟通、往来甚至是冲突的交融地带。

从明代中期"怀远猺乱"之后,这一地域就逐步发展形成和里①、南寨、欧阳、寨贡等四个自然村寨(详见图2-1)。明末清初以来,这些村寨中的各姓家族在信仰、婚姻、经济、公共建设、地方防卫等诸多方面存在着复杂而多元的合作与竞争关系,因此逐步发展成为一个联系紧密的跨村落共同体,在当地民众中有"五百②和里"之称。

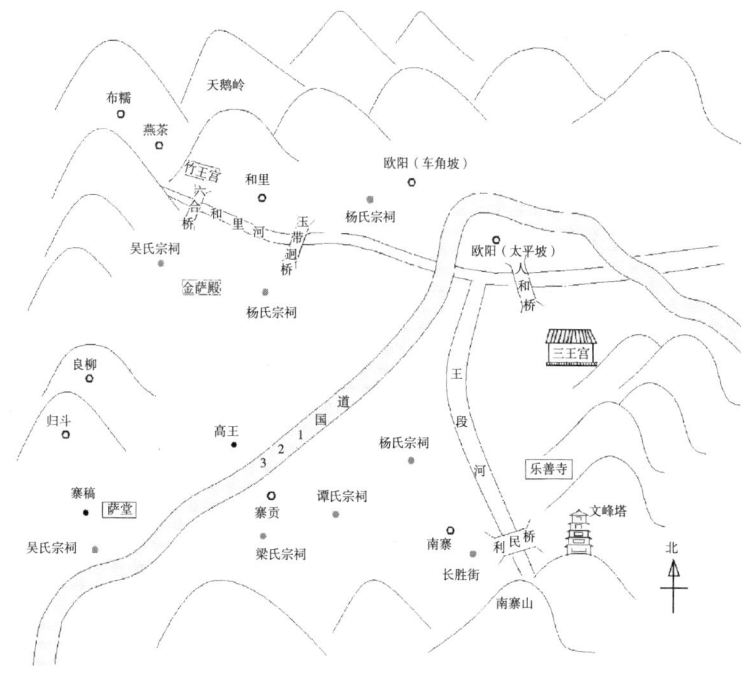

图2-1 和里-南寨村落景观示意

---

① "和里"旧称"河里",因民国14年(1925)设团务总局于河里,团副徐楞以"河"字未协,更"河"为"和",因此,民国14年之前的官方文献都写"河里",参见民国《三江县志》,第212页。
② "五百"即五百户之意,目前该地区依然保持着580多户的人口规模。

明代"怀远瑶乱"平定之后,在主将郭应聘的奏议下,朝廷委派地方官员在"瑶乱"爆发的村寨实施"联束民瑶"政策。由于和里、南寨是当时"瑶乱"的主要爆发地,大量当地"瑶寇"被杀或逃亡,因此"东岸、北岸应责之武生朱应旸,督内三甲之民承管河里、太平、南寨一带,外三甲之民承管四港、东澪、波浪、塘堀一带……互相钤束,务保无虞"。① 由此可以推断,随着"联束民瑶"政策在地方上的展开,有相当一部分"内三甲之民"去承管和里、太平、南寨一带的无主田产,并搬迁进入该地居住且繁衍后代。由于"联束民瑶"政策是让具有正统性户籍身份的人群去承管尚未被编入明王朝里甲户籍内人群的产业,因此这些能够被"民户"承管的产业必定是当时被杀或逃亡的"瑶寇"遗留下来的产业,而愿意前往"瑶窟"承管"瑶寇"产业的"民户"也应该是那些在原"三甲民"居住地没有足够田地可供耕种的人群。此外,"怀远瑶乱"平定之后,和里、南寨等村落也仍残留有相当数量尚未逃亡、愿意归附朝廷的"瑶人",所以郭应聘才会提出"联束民瑶"政策,使"民"与"瑶"之间能够"互相钤束,务保无虞"。因此,明代的"瑶乱"及此后实施的"联束民瑶"政策,打破了当地原有的人群结构和分类模式,使该地区在此后的人群迁移和聚落发展方面呈现出一种多元复杂的状况,并且在神圣祭祀空间的建构和信仰文化的模式上都逐步呈现出多层次和复合性的面貌。

二 村寨的族群构成和发展脉络

和里旧称"河里",在明代"怀远瑶乱"时便已经见诸官方文献记载,坐落于和里河的中游沿岸,目前主要由杨甲屯的杨氏和吴甲屯的吴氏两大姓氏人群组成,杂以伍氏、覃氏、程氏、陈氏等小

---

① (明)郭应聘:《议怀永善后事宜疏》,《郭襄靖公遗集》卷4,第78页。

山水"峒民":明清以来都柳江下游地区的家族、婚姻与仪式传统

姓家户。

和里杨氏于清代道光年间开始兴建宗族组织,目前大概有40多户族人,该宗族内的主要成员与明代"怀远猺乱"前后的"猺人"群体有着密切关系。明代平定"怀远猺乱"之后,地方官府曾设立六名土舍——名为"六刀猺老"——以管束诸"猺",而六名土舍之一的杨金亮就是当时和里的"猺老"。[①] 万历十九年(1591)苏朝阳任怀远县令时,还以其"献地请城有功",让其"世袭冠带"。[②] 土舍"猺老"杨金亮的家族子弟也成为当地村寨最早接受儒学教育、掌握汉文书写能力的地方家族"士绅"。清代道光年间,和里"猺老"杨金亮的裔孙杨华楼就已经考取科举功名,成了柳州府的庠生,而杨华楼的子侄辈中,更是涌现出多名具有朝廷科举功名的新兴地方士绅,他们修缮祖先坟墓、排列字辈、撰修族谱,于清末民初兴建起宗族祠堂。

相比起和里杨氏的声名显赫,和里吴氏(30户左右)的发展就显得平淡得多,出过一名清末地方团总及三名在当地任私塾先生的秀才。根据吴氏宗谱推算,他们应该迟至光绪年间才开始组织宗族,修建宗族祠堂,目前主要分为四个分支公祖,除了家族人口的自然增殖之外,他们也通过吸收外来移居人群的方式来扩大宗族组织,如其中一支吴仁全公祖的后人是较晚迁居到和里的吴姓人群,由于与吴氏宗族中的塘边公祖结拜为兄弟,2002年才被正式吸收进入和里吴氏宗族。[③]

虽然和里杨氏和吴氏的口传记忆与文字记载都显示出其宗族祖先是较早定居和里的本土人群之一,但是当地公认最早定居和里的

[①] 关于六名土舍的姓名和设立情况,详见(明)龚一清《善后六议》,民国《三江县志》,第574~580页。

[②] "杨金亮,和里乡人,杨华太祖,献地请城有功,知县苏朝阳详请世袭冠带,事在明万历十九年。"民国《三江县志》,第359页,封赠表。

[③] 吴天良纂修《和里延陵堂吴氏宗谱》,第43页,和里村吴大贤藏。

第二章 "峒地"村寨演变历程与信仰空间建构

"先民"是伍氏家族。该家族目前人口很少，只有一户家族后人，但是伍氏家族世世代代拥有祭祀与管理和里村中供奉"萨"（sax）①的"金萨"（萨堂）的权力，在每年农历六月初六这一天举行祭"萨"仪式，邀请村中其他姓氏的亲友前来聚餐庆贺。杨氏和吴氏每年也都会定期举办"吃冬"（也称为"冬节"）活动，邀请亲朋好友前来聚餐，以此纪念家族祖先带领族人进入村寨定居。有所不同的是，杨氏的"吃冬"日是每年农历十一月初一，而吴氏的"吃冬"日是每年立冬后的第一天。和里村的覃氏、程氏、陈氏和伍氏等家族会作为"客人"被邀请参加"吃冬"活动，但覃氏、程氏和陈氏会在每年的农历七月十四日那天祭祀祖先和烧纸钱"送鬼"，并且回请杨、吴二氏中的亲朋好友前来聚餐庆祝。由此可以推知，在和里村寨居民的观念中，伍氏家族是目前村寨人群中最早定居此地的"先民"后代，杨氏和吴氏中的核心人群应该也是相继较早定居该地的原住人群之一（不排除某些后来迁入的人群，以改姓或联宗的方式依附到原住人群兴建的宗族当中），而覃氏、程氏和陈氏等家族则明显较晚迁居此地，是在族群划分和节庆习俗上仍然保持着自身特征的外来移民群体。

欧阳寨坐落于和里河的下游沿岸，该村以杨氏（45户）和曹氏（10多户）为主，杂以韦氏、龙氏、梁氏、陆氏等小户。

欧阳寨杨氏在民国年间兴建宗族，内部分为两大支系，一支名为"车角坡"族，一支名为"太平坡"族，均以其居住地为名。②民国年间编纂的《车角族识宗支谱》的收藏者杨德楸称：车角坡

---

① "萨"（sax）是当地人群对本土女性神灵的一种复合崇拜，"萨"在当地使用的"南侗"方言中是对"祖母（父之母）"的称呼，"萨堂"是祭祀这类女性神灵的场所。对"萨"崇拜的研究，详见后文分析。

② "民国二十一年，（车角坡族）承太平族相约，协力建筑宗祠三座，以酬先人恩德，费尽劳力人工、金钱不少，至民国二十八年，始告落成，取名曰同德堂，同年十一月廿一日入火，奉祖升龛。"杨日荫撰《新立宗支谱序》，民国30年（1941）《车角族识宗支谱》，欧阳寨杨德楸藏。

山水"峒氓":明清以来都柳江下游地区的家族、婚姻与仪式传统

杨氏与太平坡杨氏为结拜兄弟关系,彼此不能通婚,清明节前一天共同到祠堂拜祭,但有各自的坟地,到坟地挂清时并不共同拜祭,而是各自前往自己宗族的坟地祭拜。有趣的是,《车角族识宗支谱》内收录的一篇《新立宗支谱序》在叙述始迁祖情况时却提及,"车角坡"杨氏的始迁祖安华公与和里杨氏始迁祖的安万公为兄弟关系,①但是后来两支杨氏不再维持所谓的"兄弟"关系,而是各自兴建宗族,彼此也可以通婚。清代光绪年间,"车角坡"杨氏宗支下房第十四世出了个寿员杨荣槐,②由杨荣槐之子杨炳彰一代开始鼎建宗族,担任族长,建造宗族祠堂。③曹氏家族虽然目前只有十几户人,但关于其人群来源的叙述与三江被称为六甲人④"十二大姓"之首的曹氏宗族有密切关系。目前三江县内各村寨散居的曹氏人群以古宜大寨曹氏宗祠为中心,组成跨地域的联合宗族,共同追溯始祖为北宋嘉祐年间官拜总兵的曹槐公,欧阳寨曹氏家族将其始迁祖追溯到曹氏宗族第十四世的总成公,被认为是三江曹氏宗族总成公迁入欧阳寨的支脉,发展到如今已经是第二十八世。⑤如今曹氏家族后人毫不讳言其祖先为外来迁入者的身份,并且强调他们与散居三江境内各地的曹氏家族都有宗亲关系。

---

① "惟我杨姓,始祖安万、安华兄弟二人,即由泗江牙塘,伐木扎筏,渡河上岸,始入欧阳寨中,披荆斩棘,开基落业,昔因地宜人繁,我始祖安万、安华,表示分居各创基业,成立家庭团体,安万公率其亲属,迁往和里村居住,仅有我始祖安华公居在欧阳,并觅得车角坡。"见杨日荫撰《新立宗谱序》。
② 见三王宫内碑刻"光绪二十一年三王宫重修碑",以及光绪年间立"欧阳甲捐钱"碑。
③ 见民国30年(1941)《车角族识宗支谱》,欧阳寨杨德楝藏。
④ "六甲人"是指在清代康熙十九年(1680)之后,怀远县地方官府设置的地方行政区划中所编的六个甲内居住的人群,他们与明代"怀远猺乱"前后被称为"三甲民"的人群有关,拥有户籍和"民"人身份,被认为是与本地人群有别的"客居"人群,主要分布于溶江下游和寻江中、上游的沿岸村寨。下辖的具体村寨可参见(清)廖蔚文编纂康熙《怀远县志》,第19~20页;(清)林大宏编纂嘉庆《怀远志书》,第26~29页;民国《三江县志》,第209~218页。
⑤ 详见《古宜大寨寨诺曹氏宗谱》,1995年编纂,欧阳寨曹骏德藏。

第二章 "峒地"村寨演变历程与信仰空间建构

欧阳寨杨氏与和里寨杨氏一样，都是在每年农历十一月初一那天举办纪念家族祖先进寨的"吃冬"活动，这与《新立宗支谱序》一文中关于其始迁祖的追溯相呼应，欧阳寨杨氏宗族中的"车角坡"一支与和里寨杨氏宗族中的主要人群，应该都是明代"怀远猺乱"之前就已经进入该地区的早期原住人群。欧阳寨中的其他姓氏家族没有"吃冬"的节庆活动，曹氏家族在每年春社日那天举行"吃社"活动，活动形式与"吃冬"类似，也是邀请亲朋好友前来聚餐庆贺，曹氏家族很有可能是"怀远猺乱"之后才因为"联束民猺"政策得以迁移进入欧阳寨居住的"三甲民"后代。明代"怀远猺乱"中虽然没有名为"欧阳"的村寨，却有"太平"之名，而目前的"太平"一地就是"太平坡"杨氏族人的居住地，因此欧阳寨很可能是在"怀远猺乱"之后，随着"车角坡"杨氏一支的发展和联合，以及"三甲民"曹氏的迁入才逐渐发展形成的。

南寨则位于该区域另外一条重要河流王段河的中游沿岸，目前村内人群以上南甲杨氏（50多户）、下南甲杨氏（60多户）两大族姓为主，杂以欧氏、蒙氏、王氏、吴氏、叶氏、韦氏、庞氏等小姓家户。两个甲的杨氏人群彼此认同二者的祖先为兄弟，不但共同编纂宗谱，而且于光绪六年（1880）在南寨村内建造了一座杨氏宗祠作为共同祭祀祖先的场所。光绪年间《杨氏族谱》[①]中收录的一份乾隆四十年（1775）立的《管山场碑记》所述，"溯源历代古传碑记流传，我杨姓原籍江西，始祖自老堡入杨洞山开业，次入南寨开基"。除了将始祖原籍追溯到江西之外，南寨杨氏人群曾经居住过的地方仅是一山之隔的老堡杨洞与南寨这两地。而且老堡杨洞（今老堡乡漾口村洋洞屯）一直被南寨杨氏视为祖居地，土改之前那里大部分的田地和山场是属于南寨杨氏家族的，从别处迁移而来

[①] 见光绪年间编纂《杨氏宗谱》，南寨杨盛玉藏。

的许多外姓居民都依附于杨氏家族,成为其佃户,为其种田。① 杨洞与明代"怀远猺乱"中被当地"猺寇"攻破的老堡仅一江之隔,平时两边有渡船往来,5~6分钟即可乘船抵达对岸。而且根据官方史料记载,明代"怀远猺乱"中的"猺寇"与杨峝(洞)、和里、太平、南寨一带的本地人群都有着密切的关系。② 因此可以推测,目前定居于南寨的两支杨氏人群,大部分极有可能是明代"怀远猺乱"之后从杨洞迁移到南寨居住的早期原住人群的后代。此外,南寨杨氏宗族在每年农历十一月初六日也会隆重举办纪念家族祖先进寨的"吃冬"活动,显示出其与和里杨氏、吴氏以及欧阳寨杨氏等人群均有着相同的族群习俗,而该村寨的其他小姓家族则只过农历七月十四日或八月十五日,作为区分族群身份的节庆活动。

寨贡紧邻南寨,两村中间以若干稻田为界,目前主要是梁氏(30多户)、谭氏(20多户)和吴氏(20多户),与杨氏、覃氏、欧氏等小姓混居。据说寨贡最早主要是贾、王、彭等姓的"苗人"居住,后来其他的外姓人群逐渐迁居进入,"苗人"就渐渐搬迁到别处居住,所以寨贡目前是一个外姓杂居的村寨。寨贡内的梁氏、谭氏等家族,都追溯自己祖先外来迁入者的身份,并且纷纷于清末

---

① 笔者前往老堡洋洞屯走访时发现,目前该村是典型的杂姓村,主要居住着王、覃、梁、潘等姓氏居民,除了王姓人数(20~30户)较多之外,其他姓氏人口仅为几户至十多户,而且不会讲当地的南侗方言,只会讲官话(桂柳话),在民族身份上也全部都是汉族。

② "左哨把总李存忠兵冲其腹,右哨把总王槐兵沿浔江直薄其后,贼遂大溃,弃金鼓甲胄,越大粮岭,走宫宾,尽捣田寨、杨峝诸巢,追至县治。十五日,王世科报,遁贼北渡浔江,合太平、河里诸贼,集天鹅岭,锡乃以水兵截浔江,督诸路兵结舟尽渡,分путь前进。王世科率南丹兵,先过江抵南寨,贼从天鹅岭来冲,指挥江浚兵奋趋击之,枭被甲束带首二人,贼大败,奔聚腮江、独峝间。十九日,官兵乘胜追击,捣太平、河里,连破悋口、蓬叶、三转、腮江、巴峝、猛团、七团诸巢,直抵靖州界,擒斩甚众。"详见(明)郭应聘《征复怀远》,《郭襄靖公遗集》卷17,第379页。

第二章 "峒地"村寨演变历程与信仰空间建构

民初开始创建宗族,与外地村寨的同姓人群建立联宗关系,兴建祠堂。光绪六年(1880),寨贡梁氏创建家祠名曰崇广堂,在兴建宗祠和纂修族谱的过程中,他们都得到了斗江梁氏的支持和帮助,并且与其建立联宗关系,奉斗江梁氏为始祖公褒长房保富公之后,自己则为次房保用公之后。① 寨贡谭氏宗祠于民国27年(1938)竣工,他们追溯自己的始祖曾经在朝廷做官,后来弃职归田,潜隐乡间,始祖后代无法追溯,只知道从明朝以来,从江西发迹到粤,寄籍于庆远南丹,经历几代之后才有始迁祖谭明发上到怀远县丹阳洲,然后到白槁寨脉村,最后迁居寨贡,到民国鼎建宗族时,已经有十多代人。② 村寨中的碑刻和宗族族谱均显示,寨贡谭氏在兴建宗族之前其实一直姓覃,在兴建宗族之后才将"覃"改为"谭",说是为了恢复自己祖先因为逃难而改掉的姓氏。但是《寨脉分支——寨贡谭氏宗支簿》③ 显示,寨贡谭氏其实与和平乡寨脉村谭氏一直有联宗关系,并且因此修改和续写了自己的宗支谱系,这让人不得不猜测其改姓之举是否与寨脉谭氏的联宗活动有关。寨贡村内所有姓氏的人都不举行"吃冬"活动,只会以"客人"身份被和里、欧阳、南寨的杨、吴等姓人邀请去赴宴,而他们通常在农历七月十四日祭祀祖先,并邀请村内外的亲友前来做客。

通过对和里、欧阳、南寨、寨贡等四个村落中主要姓氏家族迁居和发展历程的追溯和比照,笔者得以对明代"怀远猺乱"前后"五百河里"所在地的族群结构的变化进行一个大致推断:和里的伍氏、杨氏、吴氏等家族,欧阳寨的"车角坡"杨氏和"太平坡"杨氏家族,以及南寨的上南甲杨氏和下南甲杨氏家族,应该是在"怀远猺乱"之前就已经进入天鹅岭下的"峒地"居住的原住系家

---

① 光绪年间修纂《梁氏宗谱》,三江县档案馆藏。
② 见民国32年(1943)碑刻《祠堂碑记》,立于寨贡谭氏宗祠内。
③ 见《寨脉分支——寨贡谭氏宗支簿》,序言,2002年2月续修,寨贡村民谭华铭藏。

族人群；而欧阳寨的曹氏家族，寨贡的梁氏、谭氏、吴氏等家族，以及四个村落中的一些零散的小姓家户，则应该是在"怀远猺乱"之后才逐步迁移进入该地定居的外来系家族人群。"猺乱"之后外来移居人群的进入，必然会对村寨原有的社会结构和人群关系产生一定的冲击与影响，那么各村寨家族人群之间是如何调适彼此的关系，并且实现跨村落人群的重新整合与结群，最终形成后来当地村民观念中的"五百河里"这一地域村寨共同体的呢？笔者发现，当地村寨的神灵祭祀场所与信仰空间的营造和变迁反映了这一地域范围内不同姓氏家族人群主体之间的互动与整合历程，从而展现了明代中期"怀远猺乱"之后都柳江下游"峒地"村寨社会的再度开发与族群互动历史。

第二节 祭祀场所与信仰空间的营造与变迁

一 三王宫：跨村寨人群的互动与整合

当地村落中最为宏大而精美的神明祭祀场所，就是建于和里河与王段河汇流之处旁山坡上的三王宫（见图2-2）。这里是和里、欧阳、南寨、寨贡四村民众共同祭祀土神"三王"的庙宇，三王宫建筑的位置不仅是流经当地的两条重要水源的交汇之处，更是当地村落与外界交通的重要节点（见图2-1）。虽然"三王"在当地的信仰体系中是本土神明，但由于在北宋时期得到皇帝的两次敕封而与王朝国家的政治权威象征有着密不可分的联系。[①] 因此，明代"怀远猺乱"之后，县令苏朝阳将怀远县治由老堡迁到丹阳镇

---

① 北宋朝廷对立于柳州融江寨的三王庙"王口江神祠"进行过两次赐封："王口江神祠：在柳州融江寨，土人曰三王庙，神宗元丰七年八月，赐庙额顺应。徽宗崇宁四年十月封，一曰宁远王，二曰绥远王，三曰惠远王，庙中三神祖母，封灵佑夫人。"见（清）徐松辑《宋会要辑稿·礼二〇》，第820页。

后的一个重要举措，就是于县城北门外洲头新建了一座三王庙，以示对当地民众信仰的认可与尊重。① 而被"猺蛮"攻破的旧县城老堡隔江对岸，在此之前就一直建有供当地"土人"祭祀的三王庙，并且被地方官民认为十分灵验。②

图2-2 和里三王宫与人和桥

和里、南寨三王宫创建的时间，地方志记载其建于明末清初，③ 当地民间也流传着关于三王宫是在明代"怀远猺乱"之后，由于旧县城老堡附近的村寨人群被朝廷军队镇压而逃难至"五百河里"居住，从原建于老堡对面"石门"边的三王庙迁建而来的说法。据当地碑刻记载，三王宫初建时规模很小，到了清代乾隆年

---

① （清）金鉷修、钱元昌、陆纶纂雍正《广西通志》第2册卷42（凤凰出版社，2010年影印本，第67页）："三王庙，即夜郎王祠，在县北城外，明万历二十年知县苏朝阳建。"

② 雍正《广西通志》（第300页）："大容江口，在老堡对面，两山对峙，有三王庙神最灵。"

③ 民国《三江县志》（第157页）："三王宫，在和里乡南寨，明末清初建，邑廪生杨植盛、庠生荣培元、杨华等，均撰有序。"

山水"峒氓":明清以来都柳江下游地区的家族、婚姻与仪式传统

间,"诸父老"重建了正殿和二殿,这一时期的三王宫庙宇相对后世而言虽然相当简朴,但与当地传统的木结构建筑不同,已经是牢固的砖墙式建筑了。① 此外,当时的重建活动还得到附近平辽(今平寮)对面的长安河口十多家商人的支持与参与,乾隆四十年(1775),他们集资定做了一口铜制大钟,捐赠并置于三王宫内。②

虽然在此之前,三王宫就应该已经被当地原住人群作为祭祀本土神明"三王"的重要场所,然而其作为跨越村寨不同族群之间共同信仰的神明地位的确立其实也经历了一番波折,这其中折射出本地原住人群与外来"异姓"人群之间的斗争和力量角逐。随着明末清初外来人群的进入,三王宫周围坡地被某些"异姓"村民作为埋葬自己祖先的坟地。但这种进葬祖先的行为不但没有得到当地居民的认可,反而到了清代中期,在三王宫周围坡地进葬祖先坟墓的行为越来越被当地村民视为对他们共同信仰空间的一种侵犯。

乾隆五十九年(1794),和里、欧阳、南寨、寨贡等四村民众终于联合起来,采用"依古刻石,立碑限禁"的手段,对这一行为明令禁止,当时所立的《限禁碑记》如下:

> 立限□河里、南寨、欧阳、寨贡村众议令当:
> 三王庙主,宪勒石永禁,□古神地,左右前后七坡,封堆十个,三王所管,并不许异姓一人侵占,逼近葬坟。因本年二月初二日祭神,得见新□封堆一个,众村连日查问不出,不知何人号堆。今众商议,依古刻石,立碑限禁,永远不许进葬,各将地名山向开列于左:

---

① 同治七年(1868),杨植盛"自创庙伊始,历有年所矣,国初,诸父老重建正殿、二殿,俱砖墙,功程巩固,拮据犹存"。原碑无存,碑文由南寨杨盛玉抄录。
② 杨文朴:《和里"三王宫""人和桥"的历史考证》,政协三江侗族自治县委员会编《三江文史资料》第6辑,第227~231页。

第二章 "峒地"村寨演变历程与信仰空间建构

一限虎头坡三面峰午山子巳山亥二向封堆二个，□山□向封堆一个，□山酉向封堆一个；

一限新寨坡丑山未向封堆一个，□□限加□□□□向封堆一个；

一限高盘坡寅山申向封堆一个，限□庙□□山未向封堆一个；

一限欧阳寨于酉山卯向封堆一个，限龙王□酉山卯向封堆一个；

此坡神地，□来封限埋石号堆，不许一人侵占犯律，至今照旧刻碑，欲免永远我等后患也。

乾隆五十九年三月初三日吉　　立置①

此碑刻反映出当时地方村寨中存在的两重矛盾。一是"三王"作为四个村寨人群共同遵奉的神明信仰与村内各家族祖先崇拜之间的矛盾。三王庙所建之地有"左右前后七坡"，内有"封堆十个"，表明在此之前其实当地已经存在"封堆进葬"的行为，而这些封堆却被认为是"三王所管"。可见这种在三王宫周边坡地进葬祖先的行为原来并没有立即被禁止。然而，随着"三王"在四个村寨民众信仰体系中地位的确立，其周围坡地就逐步被奉为"神地"，于是才有"封限埋石号堆"的规约。二是当地居民与"异姓"人群之间的矛盾。此时立碑限禁的导火索正是"本年二月初二日祭神，得见新□封堆一个"，却"众村连日查问不出，不知何人号堆"，于是勒石立碑"不许异姓一人侵占，逼近葬坟"。可见，当时围绕着三王庙周围坡地"封堆进葬"问题所产生的矛盾与纠纷，却促成河里、南寨、欧阳、寨贡等村的原住家族人群联合起来，将"异姓"家族人群的祖先坟墓限制于三王宫庙宇四周的"神地"之外，以此来保护原住人群在"三

---

① 见乾隆五十九年（1794）《限禁碑记》，立于三王宫内。

山水"峒氓":明清以来都柳江下游地区的家族、婚姻与仪式传统

王"神明祭祀空间上的垄断权,并进一步巩固"三王"崇拜在跨村寨信仰体系中的至高地位。该碑中"众村连日查问不出,不知何人号堆"一句,让我们充分感受到当时所谓的"异姓"人群在这场信仰空间争夺中所展现出来的弱势与屈从态度。因此,这场原住居民与"异姓"移民之间信仰空间之争的结果,是以三王宫及其周围坡地为中心的祭祀场所借由公共规约的形式在四村范围内被正式确定下来,围绕着保护"三王"信仰空间而联合在一起的四寨各姓民众,也在日后逐步结成了一个跨村寨的"三王"祭祀圈。

那么,这些当时所谓的"异姓"人群主要指哪些人呢?清代雍正初年,中央王朝欲将都柳江上游当时"生苗"人群聚居、仍处于化外之地的"古州八万"纳入版图,由鄂尔泰调集贵州、广西两省官兵"剿抚生苗",疏通萦绕"生苗区"的都柳江河道,使其与溶江上游汇合南流,直达广西怀远县界。[①] 鄂尔泰开辟古州"新疆"之后,都柳江至溶江河道通畅便捷,贵州与广西之间的河运贸易渐趋繁荣。到了乾隆年间,不但有大量福建、广东、湖南、江西等外省商人聚集于西江中上游的桂平、柳州、长安(今属融安县)等贸易集散地,更有不少流动性较强的小商贩溯融江而上,进入怀远境内的溶江和寻江流域经商往来。[②] 而和里、南寨正好位于两江交汇的水陆交通要道上,从寻、溶两江经水路而来的行旅、商贩或移民,可以在此处停船休息、获取补给,甚至买卖盐、米、杉木、土产、日用品等,外来的商品和物资也可以在此停留、转运,改由陆路进入沿岸以及山区的村寨中。因此雍正以来,这里已经逐步成为进入西江上游地区相当重要的水陆交通枢纽之一,而且

---

① 关于清初都柳江河道的疏通情况,详见陈贤波《土司政治与族群历史——明代以后都柳江上游地区研究》,生活·读书·新知三联书店,2011,第89~102页。

② 参见钟文典主编《广西近代圩镇研究》,第371~373页。

第二章 "峒地"村寨演变历程与信仰空间建构

作为商旅、货物的转运点,更成为外来商民与"峒地"人群沟通往来甚至是冲突交融的地带。

乾隆五十二年(1787),由外来商人在三王宫内共同立下的一块碑刻,就显示出外来商民与原住人群之间存在的紧张关系,抄录如下:

> 从来上谕下遵,黎民之举,辨奸察诈,客路之逼,故徼恶释良,官司悉是父母,讼朝判父,旅客咸颂皋陶。兹蒙县主奉行陆道□檄,奉督宪钧命,以救远贾,示令许各地方刻碑,以□永远。我等均属异省远贾,曷可吝惜勒石之资,由是各铺踊跃奉公,以成美举。今将助工芳名开列于后
>
> | 三利店 | 吴复兴 | 扬万顺 | 吴万聚 | 利助银一百六十文 |
> | 悦□□ | 邓宜茂 | 广合店 | 义盛店 | |
> | 邓□□ | 宜盛店 | 周源盛 | 高三盛 | |
> | 永□□ | 元合店 | 吴德顺 | 万合店 | |
> | | | | 同德店 | 已上助银五百文 |
> | 吴泽成 | 邹文盛 | 梁全利 | | 已上助银八十 |
> | 梁求义时 | 吴怡利 | | | 已上助银六十四文 |
>
> 乾隆丁未岁季春　　吉旦　　　　立①

该碑刻是由22名商人(铺)集资共同竖立的,其原因是"辨奸察诈,客路之逼",由于当时地方官府为保护外来商民的利益,允许他们刻碑示禁,于是这些"异省远贾"就联合起来集资立碑。虽然碑文中并没有详细描述外来商民与本地人群之间的具体矛盾所在,但是笔者通过访谈发现,这种外来商民与本地人群的矛盾和冲

---

① 见乾隆五十二年(1787)商人立碑,该碑藏于三王宫内。

山水"峒氓":明清以来都柳江下游地区的家族、婚姻与仪式传统

突,其实长时间流传在当地村民的口传记忆之中。

当地老人口耳相传,清代初期,这里兴起了一条由广东商人居住和贸易的长胜街,为了方便货物转运,广东商人还特意在河岸边修建了专用码头,但由于广东商人与当地居民发生冲突,当地人不再允许外来商贩在此经商,而且当地人也开始开店经商,逐步取代外来商人的商业作用与地位。因此在清朝末年,广东商贩逐渐搬走,一部分搬到溶江上游的富禄,一部分则搬到两江交汇下游的长安口。不过仍然有部分外来商民的后代留在当地,如南寨的蒙氏家族、寨贡吴秀裕的太奶奶据说都是广东商人的后代。① 除了外地商贩之外,四个村寨中也有于不同时期因某些原因迁入当地定居的外来小姓人群,尤其是寨贡村内目前的居民,都是从外地迁移到此定居的。可见,乾隆五十九年(1794)四村通过共立《限禁碑记》禁止在三王宫周围坡地葬坟的规约,表面上是保护三王宫祭祀场所、维护和强化"三王"信仰空间的行为,其背后实质上折射出乾隆时期存在着一个原住居民与外来商贩、移民之间利益和矛盾的调和过程。

乾隆年间"立碑限葬"事件之后,三王宫在道光二十四年(1844)、同治七年(1868)和光绪二十一年(1895)进行了三次重要的重修,这三次重修活动充分反映了清代中后期近半个世纪和里、南寨各大姓人群之间的竞争与合作关系,这其中牵涉各姓氏人群内部宗族组织的发展,以及外部地域社会在经济、政治局势上的变化。

乾隆之后的第一次重修是在道光二十四年(1844),据当时所立《增修碑记》记载:此次重修主要是将祭祀"三王"的三王庙和位于其右边的天帝相公庙合建,因此"创两廊,砌墙围抱,戏

---

① 据南寨杨盛玉、寨贡吴秀裕两位老人口述。

第二章 "峒地"村寨演变历程与信仰空间建构

楼在上,大门居中"。① 此次增修基本上奠定了三王宫今天的建筑格局,"三王"与天帝相公各自供奉于一个独立的祭祀殿宇之中,"三王"神殿居左,天帝相公神殿居右,但是"三王"神殿在空间上相对较大,而且整个庙宇最后定名为"三王宫"。因此可以看出,此次增修,其实是将原本独立祭祀的两个神祇在祭祀场所上整合于一处,并且使二者在信仰空间上有了主次之别,甚至有可能就此在当地村民的信仰空间体系中有了高低之分。从今天当地村民祭祀"三王"的神诞仪式活动也可以看出,天帝相公并没有自己的神诞,只有在举行"三王"神诞时,才能随之得到供奉祭祀;而平时村民们到三王宫烧香祭拜,也都是先拜"三王",再拜天帝相公。

那么"天帝相公"是一个怎样的神祇,又主要由什么人来祭祀供奉呢?根据《增修碑记》所言,"天帝相公,厥声赫赫,霖雨苍生,在上洋洋,光昭德泽",天帝相公应该是一个掌管雨露甘霖的神,与农业生产和收获有着某种联系。而乾隆时期的碑刻显示,当地村民是在农历二月初二祭祀"三王",时植开春之际,祭祀"三王"应该也是有祈求风调雨顺、保佑农业生产之意。因此,二者在祭祀的象征意义上或许就存在着某种重叠甚至冲突的可能性。而关于祭祀人群方面,笔者查阅民国时期编纂的《三江县志》,发现一个当时名为"民主相公"神祇的记载,如下:

> 民主相公:六甲人供奉于香火堂,三年或七年必于废历之十月宰牲祀之,集亲大嚼,名为"十月神",殊不知其所本,相传其祀神之黄豆,外姓忌食,则其祀亦由于迷信也。②

---

① 道光二十四年(1844)《增修碑记》,三王宫内碑刻。
② 民国《三江县志》,第156页。

山水"峒氓":明清以来都柳江下游地区的家族、婚姻与仪式传统

"民主相公"一词中的"民主",显然不可能是传统的称号,而是某个特定时期才出现的词语,很难说这是当时的祭祀者为了避免其被当作迷信活动禁止而做出的改动,或是地方志编纂者为了弱化其迷信色彩而做出了更改。笔者有理由相信,"天帝相公"与六甲人祭祀于香火堂上的"民主相公"很可能就是同一神祇;而且欧阳寨曹氏家族与作为六甲人大姓的曹氏宗族是有联宗关系的,因此"天帝相公"很有可能就是在明代"怀远猺乱"之后,由于"联束民猺"政策而得以迁移进入和里、南寨一地的"三甲民"曹氏家族带来的神祇。三王宫所建的山坡就位于欧阳寨内,而且离曹氏家族聚居的地带不远,通往三王宫人和桥前的道路其实就是在曹氏家族的控制之下。

目前,曹氏家族的主要成员就居住在靠近三王宫的321国道旁,他们享有在"三王"神诞活动期间,向前来此处摆摊买卖商品的摊贩收取一定费用的权利。在道光年间的重修活动中,欧阳寨曹氏家族的曹千保就是缘首之一,可见当时合建三王庙和天帝相公庙的建筑格局是得到曹氏家族成员认可的。二庙合建的结果其实是天帝相公被放入了增修的三王宫的侧殿,在信仰空间上居于次要位置,在神明信仰体系中居于"三王"之下,但从另一方面也协调了天帝相公与"三王"之间信仰之争的矛盾,并且不仅提高了"三王"神明的地位,也在一定程度上扩大了天帝相公的祭拜人群,从而保证了"三王"与天帝相公得以在当地长久供奉祭祀的地位,而且曹氏家族也很有可能从庙宇增修之后"三王"神诞活动所带来的商业利益中分得了不小的一杯羹。

此外,从道光、同治[①]、光绪[②]年间三次重修碑刻可以发现,

---

① 同治七年(1868)《和里三王宫增修碑》,原碑无存,碑文由南寨杨盛玉抄录收藏。
② 见三王宫内碑刻,光绪二十一年(1895)《重修碑》。

第二章 "峒地"村寨演变历程与信仰空间建构

和里杨氏、吴氏，欧阳寨杨氏和南寨杨氏等原住系家族人群中的士绅成员在这几次重修活动中扮演着重要角色。然而有意思的是，这一时期"三王"信仰超越祖先崇拜而成为联结跨越村寨不同来源的家族人群之间一个共同信仰纽带的过程，也正是这些原住系家族人群逐步走向宗族组织的过程。

其中，和里杨氏宗族组织的发展历程就颇具代表性。在清代道光年间三王宫重修之前的道光十七年（1837），和里杨氏后人就为明代在当地担任"六刀猺老"之一的土舍杨金亮立了一块墓碑，奉其为太祖（见图2-3）。其中立碑奉祖之人就是当时鼎建和里杨氏宗族的"华"字辈和"植"字辈两代人，当时尤其以府庠生杨华楼、县庠生杨植萃以及曾赴柳州府参加举人考试没有中举而被称为"不第秀才"的杨植敏为著。① 然而细察杨氏宗族随之编纂出来的宗族谱系发现，其实该宗族正是由该地人群早期采用的兼具血缘与地缘关系的三个"兜"（doux②）组织发展和演变而来的。③ 而府庠生杨华楼、杨华通、杨华卉，县庠生杨植茂和杨植萃，武生杨植嵩，廪生杨植盛等人，又正是在道光二十四年至二十五年重修三王宫时期表现十分突出的参与者。④

然而，和里杨氏宗族组织的建立并非一蹴而就，而是经历了从道光中期至光绪末年近四十年的时间。与此同时，咸丰至同治年间张秀眉领导贵州东南部"苗乱"爆发波及黔桂交界地区，建立宗

---

① 杨植敏又被称为"亚华"，是溶江河流域著名的歌师，民间流传亚华家境较好，一生念读诗书，曾赴柳州府参加举人考试，因为各种原因没有中举，俗称"不第秀才"。
② doux 在当地通行的南侗方言中是量词，意为群、伙，见欧享元编著《侗汉词典》，民族出版社，2004，第52页。在现有研究中，doux 的汉文音译有"兜""斗""抖""头"等几种，本书统一选取用"兜"。
③ 和里杨氏《"懿德堂"宗志簿》（1986年纂修），杨明格藏。
④ 见三王宫内碑刻，道光二十四年《增修碑记》《百世流芳碑》，道光二十五年《重修碑记》。

```
大          承祀男華善孫金現曾孫和成   明紀贈封義民官職太祖楊諱金亮之墓   玄孫金棟來華通華恩舅孫植敏植
清                                                             朝
道              全  千                      敦   錢              發        保
光                                                             府庠
十              萬  才  道  寨              桂   龍              棟來 庠生 千
七              仁                          岑   蒼              華  葉
年                                                             榮
丁              錢  經  響                  茂   美              扶  盛  亨
酉                                          嵩   隆              昌  春  元
清                                                             生  長
明                                                             敏
吉                                                             植
旦                                                             貞
立                                                             繁
```

图 2-3 和里杨氏家族太祖杨金亮墓碑

族组织的和里杨氏成员在组织地方团练、抗击"匪乱"的过程中可谓功勋卓著。到了光绪年间,和里杨氏宗族成员中因考取科举、组织地方团练或进入地方官府担任胥吏而获得地方功名头衔的人数更大大增加,涌现出寿员杨金旺和杨植长、监生杨成名、武生杨成超、职员杨成材等多名地方士绅。① 然而,土舍杨金亮家族后人在清代中后期积极兴建宗族组织的举动并不是个别现象,与之在地域上毗邻的贵州黔东南地区的一些土司家族,早于清代乾隆年间就纷纷开始通过兴建宗族祠堂、撰修宗族族谱、建立地域性宗族等文化策略与王朝国家展开互动,借助一套象征国家权威的宗族话语,以巩固自身在地方社会中的地位。②

南寨杨氏宗族组织的发展历程也与三王宫的几次重修活动相始终。光绪六年(1880)纂修的《杨氏宗谱》③中收录的乾隆四十年(1775)立《管山场碑记》云:

---

① 见三王宫内碑刻《光绪二十一年三王宫重修碑》(原碑无题,此题为笔者加),以及光绪年间所立的《河鲤二甲捐钱碑》。
② 关于清代贵州黔东南地区土司家族建构宗族组织的状况,参见王勤美《清代黔东南亮寨龙氏土司家族的发展与演变》,《贵州大学学报》2016年第2期,第114~120页。
③ 南寨《杨氏宗谱》(清光绪六年纂修),南寨杨盛玉收藏。

第二章 "峒地"村寨演变历程与信仰空间建构

溯源历代古传碑记流传：我杨姓原籍江西省，始祖自老堡入杨洞山开业，次入南寨开基，自坪岭一山照下甫鲁盘界，越过上层到华料岭，直盘到麻石坡照包，上到岑祖岭老堡三王庙坡顶止，由能宜山到杨洞溪圳壪，上壪是杨姓，下壪别姓，由壪直随岭横上层到长冲坡止，归代溪到溪水口止，并涝口摊头闹鱼处，所归代壪以下，左边别姓，右边是杨姓。杂客岭梁一界，到斗雁四坡头寨背止，由四坡头寨边上手第三冲，古来喊为杨家冲，沿河上到路塘溪口止。各管官山，永世流传。乾隆四十年闰十月初十日，立有管山场碑记存传。

从这一碑记可以看出，乾隆年间南寨杨氏与"别姓""杂客"等外来人群之间在确定山场边界的问题上已经存在相当程度的矛盾或冲突，所以才会以立碑刻的形式来明确界定彼此的山场管理范围。此外，南寨杨氏竖立碑记的乾隆四十年，又恰好是平辽对面的长安河口十多家外来商民以捐赠铜钟的形式，将他们的财势影响介入"三王"信仰祭祀空间中的时期。而南寨杨氏也通过其竖立的《管山场碑记》来追踪溯源，将同姓的"兜"组织人群在日后逐步发展转变为宗族组织。光绪六年（1880），南寨的上南甲杨氏与下南甲杨氏共同建立起宗族祠堂，并且有不少族人捐赠菜园、芋池作为蒸尝，其经理首事为杨传芳、杨如樟、杨秀芝、杨国桢等人。而光绪二十一年（1895）重修三王宫的首事人员中就有和里杨氏宗族的庠生杨秀芝和寿员杨国桢、杨国泰、杨国聘、杨秀德、杨如檵等人。此外，笔者通过阅读收集到的各宗族族谱和田野调查发现，积极参与集资修建三王宫的和里吴氏、欧阳寨杨氏等原住系人群的"兜"组织也都在清末至民国年间逐步向宗族组织转变。

作为外来系人群聚居的寨贡，在道光和同治年间重修三王庙的活动中却没有任何个人或家族参与其中。直到光绪二十一年第三次重修三王宫时，寨贡梁氏的梁大秀、梁大荣、梁大聘、梁大盛等人才开始作为缘首和择师参与重修，而这时正好也在寨贡梁氏与斗江梁氏联宗共建宗族组织之后，寨贡覃（谭）氏的覃典续、覃仁发、覃与林此时也得以作为缘首人员之一。覃（谭）氏宗族也由于光绪二十九年至三十年（1903～1904）武庠生覃（谭）德贤参与和里、南寨地方士绅组织地方团练、抗击"游匪"的事件，与其他为首者一起得到朝廷敕封，得以倡导与兴建。①

到了清末民初，已经形成三王宫庙宇与和里杨氏宗祠、和里吴氏宗祠、欧阳寨杨氏宗祠、南寨杨氏宗祠、寨贡梁氏宗祠、寨贡谭氏宗祠等宗族祠堂并存的现象（见图2-1）。然而，在"五百河里"的聚落空间格局中，得到多次重修的三王宫依然屹立于两条主要河流交汇旁的七坡"神地"之上，庙宇规模也越来越辉煌宏大，随着参与庙宇重修的各宗族人群纷纷建立祭祀祖先的宗族祠堂，三王宫也就愈加成为整合与凝聚跨村寨各宗族人群的媒介和象征。

乾隆年间，原住系人群用保卫"三王"信仰空间来压制"异姓"祖先崇拜的现象，体现了当时该区域大量外来商民涌入，和里、南寨等地方村寨内部各类人群之间经历重新整合与调整的历史过程。而从道光到光绪时期，反而是四个村寨中的原住系和外来系的各姓人群先后纷纷通过强化祖先崇拜来兴建宗族组织，并且积极介入"三王"信仰空间的建设活动，以取得当地村寨社会不同人群之间的领导地位和合作关系，这时候原住系人群非但不再排斥外来系人群参与"三王"信仰，反而通过三王宫重建活动将其拉拢与整合进来，形成"五百河里"的跨村寨

---

① 见民国32年（1943）碑刻《祠堂碑记》，立于寨贡谭氏宗祠内。

地域共同体。造成这种村寨内部人群关系变化的根源与主因，笔者认为涉及道光之后当地社会村寨居民所遭受的一系列因地方局势动荡而爆发的军事武装"匪乱"事件。他们在组织团练、对抗湘黔桂交界地区频繁爆发的"匪乱"活动中，也向聚居于寻江沿岸的"六甲人"和地方官府显示出自身的凝聚力与整体性。直到光绪年间，各村寨内部人户流动迁移的现象才基本结束，大姓家族士绅之间的力量博弈渐趋稳定，"五百河里"聚落的人户规模与地域观念臻于成熟。关于地方"匪乱"事件与"三王"信仰人群整合之间的关系，笔者将在第五章作重点讨论，在此不赘述。

二 关公神位：区域经济网络的联结

明代"怀远猺乱"之后县令苏朝阳实施"开江通商"政策，以及清代雍正年间为开辟古州"新疆"而疏通黔桂之间的水运航道，都对清代中期之后西江上游地区水运贸易的蓬勃发展起到了重要的推动作用。大量外来商贩和商品涌入山区，对陆路交通的通畅与便捷提出了更高的要求，而当地士绅家族在这一时期也逐步兴起，外来商贩和地方士绅家族成员密切合作，对改善村落内部和村落之间的交通状况发挥了重要作用，也对村落中新的祭祀场所与信仰空间的营建起到了重要影响，这主要体现在村落中大量的石桥和石板路的兴修，以及关公祭祀场所与信仰空间的延伸和扩展。

与三王宫的兴建密切相关的是建于三王宫旁的人和桥，坐落于和里河与王段河的交汇之处，位于欧阳寨的村落范围之内。庙宇旁早期是建有木桥供行人往来的，乾隆六十年（1795），欧阳寨杨氏士绅杨仁尚之父杨万朝鉴于木桥"奈遇春夏溪水汹激，波涛浩瀚涌涨，木桥浮流，往来行人□于阻隔，虽修之不胜修也，共叹褊溪孰能褰裳而涉，于乾隆六十年孟夏仲浣一日，设立造建

山水"峒氓":明清以来都柳江下游地区的家族、婚姻与仪式传统

石桥,功德碑记流传"。然而,随着三王宫旁的道路和桥梁作为沟通寻、溶两江与黔、楚之间陆路交通的重要枢纽之一,连当地人都不得不感叹,此处"乃浔溶黔楚之通衢,东至古宜□胜,西至黔省溶河,南至枫木高肇,北至通邑湖南路通大道矣,□地世世感沾焚香点烛,人人敬酬神主,乡村年年庇赖,四时无□,个个叩许灵签,此系神功士农商贾之要路也"。因此,对人和桥的修建和管理,就已经不再是聚居于欧阳寨的杨万朝家族可以单独掌控的,其他村寨的家族人群也希望介入人和桥的兴修与管理事务。

道光十六年(1836),杨仁尚发现之前其父杨万朝在修建石桥时设立的功德碑记,"原思万古不□,奈因旧岁,不知异姓,讵料人心不一,将石碑置□丢下水,目睹不堪",于是带领儿子、孙子和曾孙等人,"再造新碑,刻竖庙宇之左,示为久远之计",立碑再次声明杨万朝建造石桥的功德,并且将该家族成员的子孙姓名全部刊刻在上面,① 以此表明该家族成员对人和桥的建造功德流传万世。② 立碑纪念祖先建造石桥的功德,其实已经隐含着欧阳寨杨氏家族士绅在这一时期与所谓的"异姓"人群发生了对人和桥控制权的争夺。即便如此,从之后竖立的多块人和桥重修的捐款碑中我们也可以发现,对人和桥的修建后来已经完全突破了某一村寨家族垄断的状况,而人和桥成为和里、欧阳、南寨、寨贡四村民众共同捐资维护与管理的对象。当然,欧阳寨杨氏凭借地理位置之便,在一定时期之内控制人和桥的管理与收益权利应当也在情理之中。

此外,当地较早兴建的石桥还有南寨村内的利民桥,利民桥所

---

① 碑文谱系为"信士杨仁尚偕男杨万超,孙男杨永有、杨永和、杨永富、杨永堂、杨永朋,曾孙杨宏广、杨宏宽、杨宏嵩"。
② 以上所引碑文见附录三道光十六年(1836)《功德碑记》,三王宫内碑刻。

第二章 "峒地"村寨演变历程与信仰空间建构

在的位置是王段河流经南寨尾寨的地方（位置见图2-1），即南寨下南甲杨氏人群聚居之地。据目前存留在南寨戏台外的一块《石桥碑记》记载，乾隆四十六年（1781），南寨尾寨以杨福有为首的一些杨氏家族成员就已经共同捐资修桥。① 与南寨尾寨的利民桥兴建密切相关的，就是清朝初年由广东商人为了贸易居住而修筑的长胜街（位置见图2-1）。据当地老者口传，这条街就在利民桥附近，为了方便转运货物，广东商人还特意在河岸边修建了专门用于卸货的码头，但广东商贩与当地居民由于利益问题发生冲突，当地人不再允许外来商贩在此经商，而由本地兴起的商人继续经营，因此在清朝末年，广东商贩逐渐搬离。② 可见借助对利民桥的修建与控制，南寨尾寨的杨氏族人已经积极介入长胜街的商贸活动，而且以此在后来最终取代广东商人在当地的商业地位。

目前利民桥仍在，但长胜街已经荡然无存，而与这条商业街的兴起密切相关的，还有附近不远处上南甲内另一条石板街的兴修，笔者也在南寨村上南甲杨氏家族成员保存下来的《修路碑》中找到一些与当时这条石板街修筑相关的记载，如下：

> 路通往来，名曰条土乐底，上通南地，下至容江，以及往来黔楚之行人、农、商贾莫不径此而旋，往昔之父老，不过锄平土而容步，或两降而沉滑，似油然而难趋，或高下崎岖，难以衡步。今有南寨村信士杨传智，目睹往来行人若于趋步，即捐修银，设石板为街，即造石桥以就地，以便往来行者，人人

---

① 见乾隆四十六年（1781）《石桥碑记》："建修石桥信士，今我同心乐助共出而做成此桥，以便行人来往万载。尾寨信士杨福有攸归，大清乾隆四十六年岁次辛丑二月二十四日立。"现保存于南寨村"文明台"戏台旁。
② 据南寨村村民吴秀裕、杨盛玉口述。

山水"峒氓":明清以来都柳江下游地区的家族、婚姻与仪式传统

欣欢而至,劳辛自休之后,福赐天申□。①

碑文记载南寨村民杨传智于道光七年(1827)捐银修路,用石板铺设了一条街道,并在旁边也建造了一座石桥,以方便农、商行旅往来。

据该碑刻的保存者——杨传智的后代杨盛玉所言,这条石板街在南寨村的寨头,旁边也建有一座石桥,是南寨通向贵州方向的重要道路。由于321国道的修建,石板街和旁边的石桥目前也都不存在了。但据两块碑刻所载,此石板街的修建年代虽然晚于利民桥,但应该仍是在当地商业贸易活动繁荣兴盛之时,为方便村寨内外行人往来、货物运输而修建的。南寨下南甲杨氏家族士绅杨传智之所以会积极参与南寨村内道路与桥梁的修建,也必然与当时聚居于下南甲的另一支杨氏家族介入当地兴起的商贸活动有着密切的联系。此外,在道光年间增修三王宫的活动中,杨传智就是主要参与的"择师"之一。② 通过田野调查得知,这些被称为"择师"的人,就是那些在乡村民众的各类拜神、祭祖、婚丧嫁娶等人生礼仪当中,懂得选吉时、看风水、主持仪式或指导当事人完成整个仪式过程的人。这些人在当地俗称"师傅",他们除了能够读书识字之外,更重要的是能够取得一定的科举功名(如庠生、生员等),或是曾经担任官吏(如职员或衙门师爷)或监生,因此才能够接触并熟悉官方制定的礼仪形式和礼仪文书。当地父老相传,杨传智曾经中过五品武举,但并未外出做官,而是留在家中主持家族和地方事务。

与欧阳寨、南寨两村早在乾隆至道光年间就因商贸繁荣而

---

① 道光七年(1827)《修路碑》,南寨杨盛玉藏。
② 碑刻所列"择师"为杨金仁、杨尚美、吴朝汉、杨仁朋、杨传智、覃万通,见道光二十五年(1845)《重修碑记》,三王宫内碑刻。

第二章 "峒地"村寨演变历程与信仰空间建构

兴起修建桥梁和道路的风潮不同,和里村的杨、吴两大姓氏人群迟至光绪年间才在流经其境内的和里河上陆续兴建起两座石桥。

一座是位于和里村头大路旁的玉带迴桥(位置见图2-1),初建于清代光绪四年(1878),由和里村杨氏宗族的杨金旺、杨成材、杨植长、杨植隆、杨成林,吴氏家族的吴启祥、吴永和、吴永德、吴绍礼、吴永昌,覃氏家族的覃广财等倡建。此外,这座桥的兴建不仅得到该村杨、吴、覃、程、陈、蓝等各大、小姓家族成员的乐捐和支持,也得到附近欧阳、南寨、寨贡、寨稿、归斗,以及猛江(今苗江河)流域的光里、寨大、归洞、地保、铜锣(今同乐)等,溶江河流域的光唐、燕子岩、南江、楚南、岑周、良口、寨福、步勾、寨夏、老堡等村民众的捐款资助。① 关于当时兴建桥梁的原因,和里廪生杨植盛撰写的《玉带迴桥》碑曰:

> 今我河里之大道,地连黔楚,为四方辐辏之区,居个浔溶而八峦通道之地,然经门庭而往,其曲如弦,由阡陌而行,其直如矢,因此川流阻隔,难以塞□,睹其两岸崎岖,孰能跋涉,爰起义举,新建桥梁,一则便万人之利济,一则培一寨之文风也。安砥柱,树栏杆,即是农商坦道,造牌楼,立宝塔,生产笔架文星,势抱弯弓,名曰玉带形,逆直水流,号曰迴桥。中安关圣一尊,擎天一柱,旁立关周二将,拔地双峰,自此以后,家家植桂培兰,岂让窦家三树,户户揆文□武,漫夸刘氏八公,行旅者皆羡坦途,失路者无虞,大雾庶几,任尔驰驱,化余风俗,神民和乐,幽人贞吉之休者乎,独是弟等此

---

① 见杨植盛光绪四年(1878)《玉带迴桥》和《百世流芳碑》,此二碑现立于桥内。

举,遇兹时际维艰,造境需金汗颜宝甚然,不嫌遐迩,众共修,因是文乐,取于人之一念也。①

玉带迴桥恰好建于和里村口,从它所处的位置和以上碑记来看,其于清代光绪年间就得以兴建不仅仅是为了解决交通问题,而且捐款建桥的人也不仅限于该村村民,而是涉及周围十几个村寨民众的参与,这从一个侧面反映出该村绅民与周边其他村寨村民日常交往的密切程度。此外,撰写碑文的和里廪生杨植盛更是于清代咸同"苗乱"爆发之时在当地倡办团练、抵御"匪患"的重要人物。咸同"苗乱"对溶江流域沿岸村寨产生了很大冲击,因此在动乱之后修建对当地村寨具有象征意义的桥梁,实有安抚和凝聚地方民心之意。

另一座则是位于和里河上游的竹王宫双溪汇流处的六合桥(位置见图2-1),过去也有木桥供行人往来,但早已不存。因此于光绪十五年(1889)新建石桥,由和里杨氏家族武庠生杨成蔚、杨成超,吴氏家族的吴振宗,覃氏家族的覃继发、覃继辉、覃继福等人倡建。该桥现已不存,仅留下重修碑刻一块,置于新建的竹王宫旁,讲述当时重修的原因:

> 盖闻利涉济川,旅客免厉揭之苦,遇水成桥,幽人乐勉吉之休,故洛阳有声助美迹,绝妙于人寰,溱洧有乡修功程迥殊乎。叔季思往昔大川利益涉千载,后犹令人追溯焉。今我河里一带,虽非官商之要道,亦属士农之共游,溪水一泓不遇寒声,如涧往来者,血气方刚之辈犹堪壮趾以趋,而年迈渐衰之俦亦难蹴步,而越若遇春夏滂沱之际,即强壮有力者不可以欺水,值隆冬冱寒之时,耄老胫虚者犹难于朝涉,虽咫尺之间,

---

① 见杨植盛光绪四年(1878)《玉带迴桥》。

第二章 "峒地"村寨演变历程与信仰空间建构

亦属穷途，行至此，纵非河广，谁能一苇之扰，思昔年亦有木桥因历代远年□□□无存，睹此肩挑背负，迹涉维艰，犁雨锄云往□□□□□□□□同志修造桥梁，鼎新革□□□，砥柱中流作□□□□□，积无穷之阴功，告竣之余，假使吴猛驱车言迈奚庸画江之术，达摩扶辇来临，何烦折□以渡难，修栈道之桥梁，聊真俚言于碑记。①

六合桥建于和里河的上游，虽然远离下游的官商要道，却是从和里村进入高海拔山地的布糯、燕茶等村落的重要通道，而且该桥也坐落于当地祭祀"竹王"的竹王宫旁（图2-4）。

图2-4 竹王宫

竹王在当地祭祀传统中与"三王"信仰密切相关，因为竹王是被作为"三王"之父来祭拜的。据民国《三江县志》记载，竹

---

① 见光绪十五年（1889）《六合桥碑》，碑已残损，放置于新建的竹王宫旁。

山水"峒氓":明清以来都柳江下游地区的家族、婚姻与仪式传统

王宫也建于明末清初,① 然而据光绪二十七年(1901)吴顺能撰写的《竹王宫序》的说法,竹王宫则应该建立于明代万历年间,② 即"怀远猺乱"平定之后。虽然无法确定竹王宫的始建年代,但是应该与三王宫的兴建有密切关系。按照河水的流向,竹王宫坐落于上游,按照"三王"为竹王之子的传说,竹王宫在上而三王宫在下也正好体现了神祇之间的父子关系。但是,以整个"峒地"的地理空间来说,竹王宫其实偏于一隅,位于西北边天鹅岭山脚下,主要是和里、布糯、燕茶等村的民众经常来此祭拜,而欧阳、南寨、寨贡等村的村民平时则很少到此祭拜,而且长期以来掌握竹王宫祭祀和管理的主要是和里村的吴氏家族。由此可见,竹王宫和六合桥其实主要是联结居于"峒地"的和里村与居于山地的布糯、燕茶等村民众之间的往来关系。因此,虽然在神祇传说中竹王是"三王"之父,但是在整个"峒地"区域的和里、欧阳、南寨、寨贡四村的信仰体系中,其地位也只能是屈居于"三王"之下,而六合桥的兴建也反映出因商贸而繁荣的架桥修路风潮,也由两江交汇之处的沿岸"峒地"村寨逐步向河流上游的布糯、燕茶等山地村寨延伸,而和里杨氏和吴氏宗族则成为控制和管理这一通道的主要力量。

此外值得注意的是,由于乾隆年间商业贸易繁荣而带动当地桥梁与道路的兴修,外来商民往来愈加频繁,关公信仰祭祀活动也被随之带入。当地传统的桥梁样式通常是木制的"风雨桥"造型——为桥、塔、亭结合的廊桥结构,目前该地区以及附近村落几乎所有桥梁凉亭正中的宝塔一侧都会设立一个祭祀关公的神位,供

---

① 民国《三江县志》(第369页):"竹王宫,在和里乡南寨,明末清初建,邑绅吴志能撰有序。"
② 吴顺能光绪二十七年(1901)《竹王宫序》:"神宗万历年间,自立祖庙以来,神恩浩荡,庇佑苍生,即英风之彰灵于故乡者,无愿莫赏其遐迩也。"碑刻立于竹王宫内。

奉关公神像，左右两旁则放置周仓和关平的木制神牌或神像（图2-5）。每月的初一、十五都会有当地村民来到桥上给关公上香，求得关圣帝君的保佑。

图 2-5 人和桥上供奉的关公神位

关羽崇拜在明中叶之后官方祀典中的地位日渐提高，而《三国演义》自元末明初出现之后，至明代中叶已经广泛流传，其塑造出的关公勇武、忠义的形象也随着相关文学、戏剧、故事传说的流传而深入民心。① 明清时期，关公作为一个不受宗教派别限制的民间神明，借助白话小说、戏剧等大众传播手段，在商人、职业团体、农村社区和秘密社会中得到祭祀和崇拜，尤其对于常年在外旅居的商人来说，关公作为勇武忠义、诚实守信的象征，被认为是真正的财富来源，也逐步演化为这些缺乏家族或社区纽带的商人群体

---

① 刘永华：《关羽崇拜的塑成与民间文化传统》，《厦门大学学报》1995年第2期，第78~84页。

山水"峒氓":明清以来都柳江下游地区的家族、婚姻与仪式传统

乐于供奉、祭祀的武财神。① 因此在民间文化中,平民百姓对关公的祭祀和供奉也大多表现出他们对平安的向往与对财富的追求。

虽然当地人已经无法说清桥上的关公神像于何时最初开始被供奉和祭拜,但是在明清时期越来越多外省商贩进入山区聚落经商的过程中,除了祭拜当地土神"三王"以求地主神明保佑之外,很有可能就是这些外来商人群体将自己熟悉的关公祭祀与信仰带入山区。西江流域最重要的墟市之一,就是位于寻江和桂江交汇之处、苍梧县中部的戎墟,在明代万历年间就已经商贸繁荣、铺户林立,官府在此设点征收埠税,当时就很有可能已经在当地修建了关夫子祠。② 清代康熙年间,广东高州、罗定、信宜、佛山、南海、广州等地的商人纷纷来此经商,康熙五十三年(1714)在"珠江郑公"的倡议下把关夫子祠改为粤东会馆,但会馆里面仍然供奉关公神像。③

而笔者从人和桥与玉带迴桥上现存捐款碑中不少外地人士的姓名也看到,外来商贩很可能是通过对桥梁修建的支持、捐款,以及对土神"三王"祭祀和庙宇增修的捐赠,将自己信奉的关公神像放在当地桥梁上进行祭祀与供奉,从而与本地绅民达成某种合作关系。尤其在清代乾隆至光绪年间,正是湘黔桂之间水运贸易蓬勃开展之时,随着外来商贩、文化的大量涌入,当地士绅和民众在与外来商贩往来交易的过程中,也必然会对这一当时外来流行的民间信

---

① 〔美〕杜赞奇:《刻划标志:中国战神关帝的神话》,〔美〕韦思谛编《中国大众宗教》,第97~98页。
② 宾长初:《清代西江流域农村圩镇商业的量化研究——以广西戎圩为个案的考察》,《古今农业》2013年第2期,第87页。
③ 乾隆五十三年(1788)《重建戎墟会馆记》:"地故有关夫子祠,享一墟香火,亦吾东人之所建也,康熙五十三年,更祠为会馆,珠江郑公,首捐重资为倡,并撰记之详矣。"转引自麦思杰《从两通〈重建粤东会馆题名碑记〉看清代戎墟的商业》,附录一《重建粤东会馆碑记》,《华南研究资料中心通讯》2005年第38期,第4页;原碑现存于苍梧县龙墟镇粤东会馆旧址。

第二章 "峒地"村寨演变历程与信仰空间建构

仰趋之若鹜。① 当地村民目前通常将关公神像供奉在桥梁正中，或在道路一旁单独设立神龛来供奉关公，以保佑往来行者的富裕和安康，可见该地区关公信仰的传入与明末清初以来西江上游流域商旅往来频繁、桥梁道路兴修之间关系密切。

三 "村寨"观念的嬗变："萨"（sax②）堂与土地公祠

除了与王朝国家象征紧密联系的土神"三王"，以及区域河运贸易繁荣带来的关公信仰，"五百河里"村寨中还存在着一种历史悠久、供奉女神"萨"的公共祭祀场所，当地人称之为"萨"堂或"萨"坛。当代民族学者对湘黔桂交界地区被称为"萨"的神灵崇拜现象有不少调查和讨论，虽然对其起源和性质有不同的看法，但都从不同侧面反映出"萨"崇拜与这一地区人群对女性始祖或神灵的信仰有着密切关系，"萨"堂（坛）的设立与整个村寨的"人畜安危、出入祸福"息息相关，与土地崇拜有着密切关系。③ 目前只有和里和寨贡的村寨内还各自建有一座"萨"堂（坛），与此形成鲜明对比的则是当地村寨中散布着大量的土地公祠。表面上看似差异很大的两个神灵信仰，在村民的信仰空间中却呈现出某种交叠的景象，当地村民对"萨"与土地公的信仰和祭祀之间有一些密切的联系与区别，二者在某些仪式当中也会充当相似的角色，这使得笔者推测"萨"与"土地"是由不同文化传统的人群在不同历史时期带入当地乡村，并且形成了一种本土文化与外来文化对于"村寨""地域""地方"观念的形塑和互动，这也为我们探知当地早期原住民之间的关系，以及农耕方式的转变过程

---

① 当地百姓心目中对于关公的观念与崇拜，也深受这一时期外来戏曲传入的影响，详见黄瑜《戏剧、宗教仪式与文化传统——以近代广西北部"三王"信仰为中心》，《民俗曲艺》2017年第1期，第25~78页。
② sax 在侗文中意为"祖母、圣母"，见欧亨元编著《侗汉词典》，第234页。
③ 关于"萨"崇拜的当代民族学研究，笔者会在后文作详细讨论。

指明了新方向。

1. 作为立寨象征的"萨"堂(坛)

和里"萨"堂建于杨甲屯与吴甲屯交界处的空地上,主要是在一个土堆上种一棵树,树下放一把伞,周围建起一座无顶的小屋将其围住,小屋过去是座木房,2012年重修后建起一座名为"金萨殿"的砖房(见图2-6)。旁边所立碑刻《重修金萨序》,述说着当地人对"萨"的理解:

> 在远古的母系氏族时期,湘黔桂地区一直尊崇着一位美丽贤淑的妇女,后人尊称她为"萨"(也有的地方叫"萨玛""萨玛天岁""达摩天子"等),在那时代"萨"教导人们稼穑纴䊷,然后丰衣足食,也赐其恩惠给子民山地田园五谷丰登、林木郁郁,繁衍了我们后代子孙、开创了侗族文化,并能驱邪镇寨,庇佑四方。而今我们侗家世代都保留有奉祀金萨(即萨堂)的远古习俗,每逢初一、十五烧香敬茶,每年六月初六日村老人举行祭典活动,以此表达对萨玛的敬意和谢恩。原我寨金萨为元末明初的伍氏家族倡议修筑,并负责管理、组织修缮和祭祀。因年久失修,必然残缺破损,慈追念萨德恩深,村老人聚议商讨重修,多得诸位仁人善士慷慨解囊,共襄善举,金萨得以顺利竣工。此后,四时风调雨顺,八方百姓安宁。是举是因乐取于人,兹将捐者芳名陈列泐石,以期流芳久远,是以为序。①

序言中提到"萨"在当地民众的心目中是保佑"丰衣足食、五谷丰登",能够"驱邪镇寨、庇佑四方"的女性远祖形象。其中提及的伍氏家族被当地村民公认为是最早定居和里的"先民",由

---

① 《重修金萨序》碑,立于和里金萨殿旁。

于萨堂由伍氏家族最早倡建，因此其后人世世代代拥有管理和组织修缮和里村中金"萨"（"萨"堂）的权力，于每年农历六月初六日（过去为农历六月二十四日）这一天主持祭祀"萨"和换新伞的仪式，并且邀请村中各姓亲友前来聚会和庆贺。目前和里村内的金菩殿是在"文革"期间被砸毁的旧萨堂的基址上重建的，据说重建时用银子打造了一尊"萨"神像，将神像与一口铁锅共同埋在"萨"堂内大树的土堆之下，并且举行了隆重的安"萨"堂仪式。

图 2-6 2015 年六月初六"祭萨"仪式现场

关于和里村中"萨"堂的最初来历，伍氏家族后人也有自己的一番说法：在伍家迁来和里的时候，这里原来居住的是"苗人"，有刘家、略家等祭祀"萨"，后来这些"苗人"渐渐搬到贵州去了，在和里的人数也越来越少，把"萨"留了下来，于是就由伍家的祖先来祭祀和管理"萨"堂。"萨"堂最初建在和里寨子坐落的高坡上，后来才随着人群向山下迁移，搬到了现在的位置。目前伍氏家族的后人只剩下一户共三代人，伍氏家族中负责平时祭祀和管理"萨"堂的主要是家中的女性成员，现年 93 岁的户主吴

山水"峒氓":明清以来都柳江下游地区的家族、婚姻与仪式传统

大爷是伍家的上门女婿,其妻伍氏已经过世,因此家中目前负责管理"萨"堂的是40多岁的儿媳妇梁大姐,她对于"萨"、"萨"堂及祭祀仪式的了解,基本上来自生前负责祭祀和管理"萨"堂的婆婆伍氏。伍氏过世之后就把管理"萨"堂的钥匙交给她,由她负责保管和管理,在每月的初一、十五烧香给"萨"。婆婆伍氏告诉梁大姐,当地人拜"萨"的传统,比拜"三王"、竹王还要早,"萨"也被称为拿陀天子或达摩天子,每年的六月初六日要举行祭"萨"仪式,仪式的主要内容就是给"萨"换新伞,即将树下供奉的伞换成新的。平时金萨殿的门是不开的,人们来祭拜都是将香烛酒水、各色祭品摆放于门口,平时村民家中有诸如结婚、孩子满月、读书考取等喜事,都会带着丰厚的祭品去殿前拜祭。旧"萨"堂在"文革"时被砸毁,大树被砍倒,只剩下一堆泥土,改革开放之后就有村民纷纷去土堆那里烧香祭祀,于是就由伍氏家族组织和里村民捐资重建起来。周边村寨的人也都知道这里曾经有"萨"堂,重建之后近年来就有越来越多的外村人前来祭拜。目前,农历六月二十四日被认为是"萨"的生日,寨中男子都要去祭拜;农历六月初六日则是"萨"归天的日子,伍家人要为"萨"举行换伞祭祀仪式,并且邀请本村吴、杨两大姓村民来自己家中喝油茶以及进行唱歌活动。①

伍氏家族的居屋离金萨殿不远,与和里吴氏聚居于一处,同属和里村吴甲屯。两个姓氏之间有着多代的通婚关系,在伍氏家族没有男性后代之后,吴大爷成为伍家的上门女婿,继承家户,因此伍氏与吴氏之间有着相当复杂的姻亲关系。虽然目前伍氏家族人口很少,却由于其最早定居者的身份,并且拥有祭祀、管理与整个和里村寨安危有关的"萨"堂的权力,而在和里村内具有较高地位。

---

① 据和里伍氏家族族人吴大爷(93岁)和梁大姐(40多岁)口述。

第二章 "峒地"村寨演变历程与信仰空间建构

与伍氏有着累世姻亲关系的吴氏人群，其后来兴建宗族组织，在对本宗族源流的追溯中，也透露出吴氏祖先从异地迁徙进入和里定居，对和里村进行早期开发与兴建——《和里延陵堂吴氏宗谱》把他们在和里的开基祖追溯到一个名叫"吴仁岑"的祖先，族谱叙述他在明代带领子孙房属，由湖南靖州、通道迁到广西境内，最后才到三江和里定居，并且叙述了一个与当地地理生态、山林开发有着密切关系的口传迁移故事：

  老祖到此，一片原始森林，地形像个小盆地，气候暖和，林中有小溪，到处有水塘，塘中生有浮萍，并发现有鲤鱼游动，认为是吉祥之地，故定居以鲤鱼吉祥物为名，取名河鲤，鲤鱼塘叫河深，出道大河边的道路叫盘鲤道。几百年来的老祖都葬在小溪两边，因人多生产扩大，便于开田造地，才迁到小溪中游，现址简称和里。①

"和里"旧称"河里"，因民国14年设团务总局于河里，团副徐楞以"河"字未协，更"河"为"和"，因此，民国14年之前的官方文献中都写作"河里"，② 但是在三王宫的捐款碑刻中，又确实有着"河鲤"的记载。③ 无论是"河里"还是"河鲤"，都是一个与自然生态有关的地名，与和里村位于和里河沿岸的聚落格局相称。而且祖源传说也提及吴氏先祖迁徙到此地时，该地域仍处于山林、溪流、水塘密布的自然生态环境，由于发现水塘中的浮萍、鲤鱼，吴氏族人于是决定在此居住，后来人口增长需要扩大开田造地，才从山林丛生的溪流上游向溪流中游迁居的故事，这里面其实

---

① 吴天良纂修《和里延陵堂吴氏宗谱》，第32~33页，和里村吴大贤藏。
② 参见民国《三江县志》，第212页。
③ 见道光年间《河鲤二甲捐款》碑，立于三王宫内。

折射了吴氏祖先从渔猎采集或迁徙游耕到定居定耕，从事饭稻羹鱼生计模式的一系列转变过程。

吴氏人群来到和里定居之时，当地应该就已经有刘氏、略氏、伍氏等祭祀"萨"的人群居住；而且由于"萨"堂的设立与寨子的建立密切相关，在吴氏进入和里之前，当地受"萨"神佑护、以"萨"堂为中心的寨子应该就已经建立起来，因此吴氏人群要在此定居也必须祭祀"萨"，并且很有可能采取了与伍氏家族通婚的策略，从而取得进寨定居的权利。此外，从伍氏家族口传记忆中得知，刘氏、略氏等家族后来逐渐迁徙到贵州，伍氏家族则选择继续定居下来，并且将原来位于高坡上的"萨"堂搬迁到山脚下的平地，他们也成为唯一管理和控制"萨"堂祭祀的和里"先民"。"萨"堂从高坡向平地迁移的过程，其实也是和里村寨的伍氏、吴氏等家族由高坡逐渐迁移到平地居住与耕作的过程，村寨聚居人群的"下山"，象征着村寨聚落空间的"萨"堂也随之"下山"。

除了和里村有"萨"堂外，寨贡村内也有一个"萨"坛，位于村内另一个名为寨稿的小寨中，在进入寨子门口的一块小空地中央，没有房子也没有树，就是地面上凸起的一圈用水泥围住的土堆，上面盖着一个有孔的水泥板（图 2-7）。村民说这里就是祭祀一个名叫"达摩仙子"的地方，"达摩仙子"能够保佑地方"六畜兴旺"，因此村民会在每月初一、十五来这里烧香祭拜。对于这位"达摩仙子"的来历，村里人只知道很早以前就有贾、王、彭等姓氏的居民在此祭拜，由于寨贡村目前居住的梁、谭等姓人都是后来才迁入当地的移民，他们认为这里早期居住的是"苗人"，或许"萨"就是由"苗人"带来的，后来迁居进来的人就依循规矩祭拜，虽然贾、王、彭等姓"苗人"后来陆续迁走，但是对于这个能够保佑村寨"人畜兴旺、出入平安"的神灵，留下定居的寨稿村民依然祭拜如常，虽然不会像和里村伍氏举行一年一度的祭

第二章 "峒地"村寨演变历程与信仰空间建构

"萨"仪式,却也不敢有所怠慢。①

这也表明"寨贡"作为村寨聚落的形成,与贾、王、彭等姓氏居民的祭"萨"信仰有着密不可分的关系。虽然后迁居而来的人群最终占据了村寨空间,原居民迁移而去,但是代表村寨观念的祭祀场所和信仰空间得以保留下来,成为后来者建构"新"聚落的基础。对于"寨贡""寨稿"之名的含义,当地村民并不能从语义上进行解释,而是继承了原居者的称呼和空间观念。这充分体现出"峒地"村寨空间的"物质性"与"观念性"具有能够穿越时间的延续性,和代表其象征的"萨"信仰之间的复杂关系。

图 2-7 寨贡"萨"坛

2. 作为村寨"边界"的土地公祠

与"萨"堂的神秘与稀少形成鲜明对比,土地公祠在当地村

---

① 据寨贡吴秀裕口述。

寨可谓随处可见，散布在村子的诸多角落，是仅次于家中香火堂而处于村寨内部与村民关系密切的祭祀场所。这里的土地公祠通常是半人或一人高的石制或砖砌小屋，下面有用石头或砖块垒砌的底座，底座内有专门供人烧纸钱的洞口。神龛屋门的顶上通常刻有"福德祠"或"土地保佑"字样，两侧会刻有诸如"土厚千家歌衍庆，地灵万户永康家""土能生白玉，地可产黄金""土能生万物，地可发千祥""土厚物丰叨福庇，地灵人杰感神功"等对联。屋内供奉着土地公神像，神像大部分是身着长衫、头戴帽子端坐着的长胡子老人石像，有些放着类似文士模样的神像，也有些就是一块毫无特征的石头，甚至有些小屋里连神像也没有，但是人们依然恭敬祭祀。欧阳村鼓楼旁的福德祠则供奉土地公和土地婆两尊神像，两侧写着"公保子孙长吉庆，妻扶丁发久平安"。

关于土地公祠位置的选择，村民们都说是过去老辈人定下的，那些在"文革"期间被砸毁的，后来也依照原位重建。笔者对能够看到的土地公祠的位置进行比照，发现每个村子在寨门附近、寨子内通向外部的主要道路的进出口处，通常会设立土地公祠，而且这些土地公祠背朝村内、面朝村外，在村子内外交界的路口处，俨然一个个保护神，笔者沿着任何一条道路进出村寨，都会在边界之地见到一方小小的土地公祠。当地人中也流传着这样一种说法：寨头的土地公保护全寨所有人的平安，寨脚的土地公则是保佑进来的陌生人能够出入平安；而寨子中间如果建有鼓楼，也会在旁边设立一个土地公祠。如果寨子太大，村民也可以根据需要在寨内通向外面的不同出口处建立土地公祠。①

因此，当地村民外出时都有祭拜土地公的习俗，以保平安。此外，各村寨的公棚里、鼓楼或戏台附近、各姓氏的祠堂里，甚至三

---

① 根据南寨、寨贡村民口述。

王宫庙宇内、桥梁旁边等地方，都会为土地公设立专门的神祠或神位进行供奉。村民通常会在每个月初一和十五的清晨带着香、纸钱、茶、酒等供品去祭拜土地公，但是由于村内土地公祠太多，每个人并非会对每一个土地公祠都进行祭拜，而是以自己的住屋为中心，去祭拜离自己活动范围较近、关系相对密切的土地公祠。一般寨门附近、寨子中心的鼓楼或戏台附近的土地公祠祭拜的人相对较多，还有通向村民干活的山林出入道路附近的土地公祠也通常会有人进行祭拜。此外，求子、求财或许愿所祭拜的土地公祠，如果得报则要备上丰厚的祭品去祭拜还愿（图2-8）。

图2-8 村民在寨头的土地公祠祭拜

虽然无法确定每个土地公祠最初建立的年代，但有一些土地公祠上刊刻有重修时乐捐善士的姓名和款项数目。根据笔者目前寻找到的大部分刊刻有捐款年代、姓氏和款项数目的土地公祠，其重修年代大约是在光绪十年（1884）至民国32年（1943），捐款者基本上是土地公祠所在村寨的村民。如南寨寨门旁的土地公祠旁立有光绪十年的《流芳百世》重修碑，南寨通向与寨贡交界处水田的小路旁的土地公祠的侧面则刻有民国32年重修时的捐款人员姓名，欧阳寨内则有两座初建于民国27年（1938）的土地公祠。但这些碑刻大部分只简单罗列捐款人员的姓名和捐款数目，对于初修或重修的原因却只字不提，有些甚至连建造的年代也没有刊刻。笔者向村内老者进行询问，但大部分人的回答是土地公祠是老一辈人立下来的，关于位置的选择和修建的原因则不得而知。由于笔者在旧县城丹洲镇、现在的县城古宜镇周边的"六甲"村落中，都看到大量形制类似的土地公祠，因此推测和里、南寨各村寨中土地公祠的设立，应该与县城村寨中土地公祠的设立潮流有着一定的关联。

3. "村寨"观念的建构和变迁

通过比较"萨"堂与土地公祠在村寨中的分布、村民观念中的形象以及在村寨中的祭祀状况，笔者认为二者的信仰空间状况与地域社会的"村寨"观念的建构和变迁有着深刻的联系。

"萨"在当地人的观念中是一种女性远祖形象，当地人在称呼奶奶时也称其为"萨"，但是奶奶过世之后并不会直接成为"萨"，能够作为神灵的"萨"是指年长的父系女性祖先。土地公祠内供奉的土地公则通常是一个男性老者的形象，偶尔也会有将土地公与土地婆放在一起祭拜的情况。"萨"与"村寨建立""人畜平安"有着密切的关系，能够"驱邪镇寨"，它并不会因为最初祭祀人群的迁移而离去，不少"峒地"村寨中遗留着所谓迁移而去的"苗人"留下来的"萨"堂（坛），后来迁移入寨的人群虽然不一定会对其大肆祭拜，但是依然维持着对"萨"的供奉和祭祀。而且每个村寨通常只有一个祭"萨"的空间——"萨"堂（坛），一般位于村寨中的核心位置，这个祭祀空间平

第二章 "峒地"村寨演变历程与信仰空间建构

时并不随时向祭拜者开放,只有在重要的年节时令或"萨"的诞辰和祭日,才会在"萨"堂管理者(如和里伍氏)的主持下,对其进行隆重祭拜。

而土地公信仰则与村寨的边界有着密切关系,土地公祠通常设立于村内通向村外的要道出口旁,背靠村内、面朝村外,散布在村寨的各处边界位置,象征着村寨的内外界限。对土地公的祭拜是开放而平等的,每个村民都可以根据自己的需求去向他求助,通常在每月的初一、十五前去烧香、敬茶,而且由于土地公祠的普遍设立,村民可以选择去祭拜与自己关系密切的土地公,还可以共同捐资兴建土地公祠,这种修祠功德可以被捐资者的后代所继承。

因此,在当地村民的日常祭祀活动中,"萨"被视为一个统一的、不可分的、掌管整个村寨安危的神灵,土地公却是一种可以被划分的、有着各处管辖范围的神灵。此外,"萨"还与当地传统的节庆礼仪活动有着密切关系,如在以整个村寨为单位的各种传统的对歌、吹芦笙等活动开始前都要先请"萨",芦笙队和歌舞队进出村寨之前也要先到"萨"堂进行表演。土地公祠则与这些活动没有任何关系,但是如果某些村寨没有"萨"堂——如南寨和欧阳寨,就会将位于村寨中心的鼓楼或戏台旁的土地公祠当作"萨"堂进行祭拜或者表演。因此,不少村民对"萨"与"土地"神灵象征之间关系的认知是相对模糊的,甚至是叠合的,当前有些村民甚至认为"萨"就是"土地","土地"也是"萨"。①

对于"萨"的研究,当代不少民族学者通过对"萨"信仰流传的湘黔桂交界地区村寨中"萨"称谓内涵的考证、"萨"堂形制和埋藏物的比较、祭"萨"仪式的分析与比较等方面,来追溯和

---

① 笔者综合多位报道人的访谈进行概述。

山水"峒氓":明清以来都柳江下游地区的家族、婚姻与仪式传统

探讨"萨"信仰的源流、象征演变,将其与信仰人群的自然崇拜①、土地崇拜以及英雄豪杰崇拜②联系起来。③ 这些关于"萨"的研究,为我们了解这一区域不同村寨和人群祭祀崇拜"萨"的文化表征现象,提供了不少相当有用的民族志资料与地域文化背景。但是,由于没有考虑到其所处村寨的整体社区发展历程、人群关系和信仰体系建构过程,而将其单独抽离出来,进行不同村寨的类似文化现象之间的简单联系、比较与分析,恐怕很难厘清不同信仰所承载的文化观念随着信仰人群的移动而产生的冲突、影响与变异,并且对同一信仰文化在不同村寨社区中发展与变化的程度与机制也难以探求。因此笔者认为,对"萨"信仰内涵与本质的探究,需要置于其所处村寨聚落的人群关系,以及他们信仰空间体系所形成的历史过程中进行具体的考察。

以"五百河里"这一典型的"峒地"聚落为例,"萨"在其聚落人群信仰体系中是一个保佑作物丰收、人畜兴旺的"丰产"女性远祖形象,并且与村寨聚落"空间"的确立有着密切关系,

---

① 如吴文志《萨岁为女娲神考略》,《贵州民族研究》1990年第2期,第33~37页。
② 如张民将"萨"岁与冼夫人崇拜相联系,见张民《萨岁考略》,《贵州民族研究》1982年第3期,第126~134页;《萨岁是侗族先民越人首领——巾帼英雄冼夫人》,《贵州民族研究》2003年第4期,第39~46页。而邓敏文认为"萨"岁是一位生活于唐代贞观年间、战斗于都柳江上游的侗族女款首,见邓敏文《"萨"神试析》,《贵州民族研究》1990年第2期,第18~24页。
③ 对于"萨"信仰的民族学调查和讨论多集中于20世纪80~90年代初期,早期的相关调查和论述内容可参见黄才贵《侗族堂萨的宗教性质》,《贵州民族研究》1990年第2期,第25~32页;吴世华《侗"萨"时代初探——三江林溪萨神遗迹调查》,《贵州民族研究》1990年第2期,第41~42页;吴万源《通道侗族"莎岁"文化调查》,《民族论坛》1990年第2期,第78~81页;张民《试探"萨岁"神坛源流》,《贵州民族研究》1991年第4期,第27~35页;席克定《侗族"萨岁"试论》,《贵州民族研究》1993年第3期,第86~95页。2000年之后的一些研究则开始注意到"萨"信仰的神明形象存在时代与区域的差异,相关论述见曹端波《侗族"萨岁"崇拜浅析》,《西南民族大学学报》(人文社科版)2008年第10期,第169~173页。

第二章 "峒地"村寨演变历程与信仰空间建构

但这种聚落"空间"的确立最初可能不一定取决于某一固定的地点或地方。因为我们知道,最初建立"萨"堂并祭祀的刘姓、略姓人群后来发生了迁移,因此他们的聚落"空间"很可能是以组成聚落的人与畜的活动空间来界定的,当人畜迁移之后,这种聚落空间范围也就需要随之重新确立。所以,这里所谓的村寨"空间"就是一个不以固定的"地域空间"为基础,而是以组成聚落的"人畜"为根基的流动的"关系空间",因此祭祀的"萨"能够驱邪镇寨、保护村寨安危,就是建基于其对"人畜"安全与兴旺的佑护。这种所谓"流动的"聚落空间观念,主要存在于那些以采集渔猎或以刀耕火种为主要生计方式的流动性较强的聚落人群当中。如台湾东埔社传统布农人的"take"(聚落)范围早期就是不固定的,是每年经由"malahodaigian"(打耳祭)来确定的,只有完成这整个仪式来确定这个"take"的男性成员之后,这个"take"的范围才可以确定,凡已确定成员所拥有的旱田与猎场,均为这个"take"的范围。因为早期的布农人行刀耕火种的生产方式,常为了新的旱田而迁移,人口流动性大。因此,"take"的成员不固定,使得"take"的范围也不固定。他们是透过每年的打耳祭活动确定男性成员,将原属于家的旱田及属于父系氏族的猎场转换成聚落的领域。①

那么,对于祭祀和信仰"萨"的刘氏、略氏、伍氏等聚落人群而言,他们才是最早进入和里、立"萨"建寨的人群。但是据伍氏家族和吴氏宗族的口传历史记忆显示,早期的"萨"堂和村寨都建在和里河上游的高坡。我们知道,一般热带和亚热带山地高坡地带更适宜刀耕火种或者开垦梯田,但是该地并没有开垦梯田的历史痕迹,那么刘氏、略氏、伍氏等人群很有可能当时就是以游耕

---

① 黄应贵:《土地、家与聚落:东埔社布农人的空间现象》,黄应贵主编《空间、力与社会》,台北:中研院民族学研究所,1995,第 73~131 页。

山水"峒氓":明清以来都柳江下游地区的家族、婚姻与仪式传统

式的刀耕火种为主要的农耕生计方式,而且后来刘氏、略氏等人群向贵州地区的迁移活动恐怕就与这一流动性相对较强的农耕方式有关。① 与三江县毗邻的贵州从江县的侗族聚居地区,至今仍然保持着在灌木丛林和草坡上进行刀耕火种的悠久传统,通常采取一年耕作轮歇制,与水田灌溉农业相结合,共同构成该地区村民的农业种植生产方式。②

此外,外来迁移进入和里的吴氏人群,起初也是在溪流上游的高坡上居住并耕作,后来由于人口增长,为了"便于开田造地"才迁到和里河的中游沿岸居住。而这里已经是山脚平地,河流平缓,水塘密布,是适宜开垦水田的地带。虽然水田灌溉农业比刀耕火种需要投入更多的劳动力与资金,但是也相应地有着较为稳定的收成和更强的人口承载能力。因此,对于没有选择迁移的伍氏和吴氏人群而言,随着聚落人口增殖压力的出现,主要的生计方式很有可能由固定地域的轮歇式刀耕火种③逐步转变为从事定居性的水田灌溉农业,他们对固定土地的依赖性也会随之增大。此外,南宋以后特别是明清时期,水利灌溉技术和设施在南方山区的广泛推广与兴修,使得地势较低的河谷、盆地地区更容易开垦和发展水田稻作

---

① 关于实施刀耕火种的不同方式类型,可参见尹绍亭《人与森林——生态人类学视野中的刀耕火种》,云南教育出版社,2000,第 207~334 页。
② 贵州从江县侗族地区刀耕火种的主要作物是小米、小麦、高粱、苞谷、旱稻、芝麻、土烟、瓜果及豆类等,其中的副食作物是当地民众获得货币收入的主要手段之一,能够用之购买锄头、镰刀、犁耙等铁器工具和食盐,在他们的经济结构中占有极其重要的地位。见吴佺新《从江侗族地区刀耕火种存在之原因》,《农业考古》1986 年第 2 期,第 341~359 页;《从江县侗族刀耕火种经过》,《农业考古》1988 年第 2 期,第 388~389 页。
③ 这种方式是指在一定的地域范围内对不同类型土地实行轮流撂荒休耕,即某块土地耕种若干年后,撂荒休耕,隔数年等地力恢复,再重新耕种,这种耕作方式可以在村寨聚落范围内进行近距离移动耕作,而不需要进行远距离的长途迁移。参见尹绍亭《云南的刀耕火种——民族地理学的考察》,《思想战线》1990 年第 2 期,第 18~23 页。

农业，实施连种耕作制。① 然而需要注意的是，虽然农耕产出在当地民众生计中的重要性会随着人口增长而逐步增加，但是渔猎采集、山林砍伐、山林特产和经济作物的种植与交换，在山区民众的日常生活中也长期占有重要地位，因此山区民众依据所身处地域的自然条件，在不同时期选择采取流动或固定的农耕方式都是有可能的。此外，也有可能是村寨的部分人群迁移到别处居住耕作，没有迁移的人群则继续维持相对固定耕作的农业生产方式，因此二者很有可能在相当长的时期之内，在湘黔桂交界山区不断迁移或定居的人群中是被反复选择、交替采用的。

不过我们也必须明白，采取多代的定居耕作之后，村寨人群的流动性就会降低，原本"流动"的聚落空间也会逐步变得"固定"下来。因此，原先以确定聚落成员来确立聚落范围的空间观念，会逐渐变成由确立家屋、田地、山林所占据的土地空间来确立聚落的空间范围。这种村寨地域空间观念的转变更会随着明清之后该地区地方经济的发展、外来商贩与移民的大规模涌入而加速，尤其是不少外来商民本身就已经有相对"固定"的土地空间观念。那么，土地公信仰进入该地区且被当地民众所接受并祭拜，就与地方村寨人群关于"土地产出""土地边界""土地产权"观念的出现与兴起相辅相成。因此对重新整合在一起的原住民与移民群体而言，保佑村寨丰饶的"萨"就很有可能逐步与"土地"崇拜相联系，原本以人与人之间关系来界定的、可变化的村寨聚落空间范围内唯一确定的"萨"堂，就会随着村寨聚落空间变成固定性的、有边界的土地范围，从而被一个个处于不同边界位置的土地公祠逐步替代。只残存下由和里"先民"伍氏一直管理祭祀的金萨殿，以及寨贡村虽然无专人管理，却被从外来移民人群作为建寨象征而不敢

---

① 鲁西奇、董勤：《南方山区经济开发的历史进程与空间展布》，《中国历史地理论丛》2010年第4期，第40~45页。

随意取代的"萨"坛。因此，过去每年的农历六月初六，各村中寨老还会集合众人在"萨"堂前宣布寨规，以及确定村中所有山场、林地的范围。①

"萨"与土地公信仰空间之间的交叠现象，其实折射出和里、南寨地方社会所经历的一个相当长时段的生计方式变迁历程：从以刀耕火种为主要农业生产方式的相对流动的村寨社群，到一个因为人口增长而选择定居耕作、固着于土地的村寨社区；明清以来又因为王朝国家控制的增强，河运贸易经济的兴起，外来移民、商贩的不断进入，有限的村寨"地域空间"成为原住人群与外来"异姓"人群通过不同手段与力量获取和争夺的对象，土地边界与所有权观念也由模糊逐步走向清晰；保佑村寨富裕和兴旺的本土女神"萨"与象征土地边界的外来土地公信仰，也在原住人群与外来移居人群的互动整合过程中，最终在"五百河里"村寨人群的信仰体系中共存下来，成为村寨信仰空间中相互叠合又无法彼此取代的神灵。

第三节 比较与讨论

第一，作为地域聚落概念而形成的"五百河里"，是一个在西江上游山间"峒地"地带逐步发展演变而又不断遭遇内、外族群重构整合而成的跨村寨的区域人群共同体，其形成过程中交织着原住系家族人群以保卫本土"三王"祭祀空间来排斥外来"异姓"人群进葬祖先坟墓，增修"三王"庙宇来统合"六甲人"信奉的"天帝相公"神明，重修"三王"神庙来整合村寨各家族组成地方团练武装的行为，这些以神明祭祀场所为媒介来沟通、协调不同人群之间关系的互动过程，其实背后折射的是以地方"土

---

① 根据南寨老人杨盛玉回忆。

第二章 "峒地"村寨演变历程与信仰空间建构

舍"家族后人为代表的原住系家族人群读书入仕，不断操弄与王朝国家权威有关的"三王"信仰，逐步将当地早期传统的"兜"组织转变为"宗族"组织的村寨社会发展进程。第二，随着湘黔桂交界区域水运贸易的繁荣发展，与河运通道密切相连的陆路交通设施也逐步修建起来。桥梁、道路的兴修带来"峒地"内部各村寨之间、"峒地"村寨与山地村寨之间人群经济联系和往来的加强，原来自给自足、相对封闭的村寨聚落内部得以进一步沟通和联系在一起。关公信仰的进入与其说是外来商贩带来的商业观念的渗入，更有可能象征着跨地域村寨人群联系网络的加强。第三，从"地域"观念更深层次的变化来看，早期象征村寨建立的以成员关系为主的"萨"信仰的根植与延续，也随着定居人群对村寨边界和所辖土地权利的明确，越来越强调"地域"认同而不断遭到外来土地公信仰的冲击与替代。而这一系列"峒地"村寨聚落开发与族群互动过程的背后，经历了明代"怀远猺乱"之后当地"猺人"逃亡和外地"三甲民"户进入承垦定居，清代雍正年间开辟古州"新疆"、疏通黔桂之间河运水道而吸引大批商贩和移民的涌入，以及道光至光绪年间湘黔桂交界地区"匪乱"频发而造成的地方局势紧张以致村寨团练武装兴起等重大历史事件的冲击。

从地域空间关系上来看，代表村寨领域的"萨"、连接村寨之间通道网络的关公以及象征跨村寨联盟的"三王"，展现了"五百河里"这一"峒地"聚落形成的内部层级关系。然而这一层级关系的形成并非一蹴而就，而是随着整个"峒地"各村寨内部不同来源族群之间的互动，各村寨之间各"大姓"家（宗）族人群之间的互动，以及原住系人群中涌现的本土士绅与代表王朝国家权威的地方官府之间的互动而逐步形成的，它们在"峒地"聚落的形成和发展过程中同时展开而又互相影响。直到清代光绪年间，各村寨内部人户流动迁移的现象才基本结束，大姓家族士绅之间的力量博弈渐趋稳定，"五百河里"聚落的人户规模与地域观念臻于成熟。

此外，我们需要注意的是，作为西江上游河流沿岸高原山地中散布的、因河水侵蚀山体而逐渐形成的山间谷地——峒（峝、洞）地，作为一种自然地理单元并非隔绝而封闭的，而是不断吸纳居住在四周高坡上的山地人群，以及沿着西江河道逆流而上迁徙而来的外地商民。不同时期进入或离去的人群都将自身所拥有的生计方式、文化观念和社会组织体系带入其中，从而交织、互动、整合成为新的人群组织、文化传统和地域观念。因此，以"五百河里"为代表的"峒地"村寨作为一种地域聚落社会的形成，虽然会受到自然地理条件的界定与限制，但也并非自然而然，而是于其中居住的人群在漫长的历史过程中，通过人与土地、人与人、人群与人群之间的交互作用逐步形塑而成。这一地域是他们日常劳作以至生息繁衍的自然空间，甚至往来冲突、合作竞争的社会空间，并且是共享历史过程、分享历史经验的历史舞台。

此外，通过对西江上游"峒地"村寨当中"三王"、关公及"萨"祭祀场所与信仰空间的建构以及变迁过程的考察和探究，也让我们看到对村寨当中拥有不同身份、地位和权力的个人和群体介入神明信仰活动时行为方式的差异，并且触摸到不同历史行动者所造就的不同层次的"历史过程"。

"三王"作为一个在宋代得到皇帝敕封、与王朝国家权威有着密切关系的本土神明，成为地方大族、新兴士绅以及外来商民竞相关注、利用、书写与刻画的信仰标志。他们在不同历史时期争相介入祭祀"三王"、修建和管理三王宫庙宇的活动，以此展现自身在地方事务中的领导权与代言人角色，也因此最终使得"三王"能够成为整合各村寨中来源各异人群的联盟象征，并且成为村寨人群与地方官府、王朝国家互动的"中介"。大量文字碑文的存留和正统祭祀礼仪的采用，体现着王朝国家文教礼制与地方士绅阶层互动

第二章 "峒地"村寨演变历程与信仰空间建构

关系层面的"历史过程"。

关公作为外来商贩通过商业贸易往来而带入"峒地"村寨的神明角色，却只能游离于具体的村寨社区之外，唯有安居于桥梁、道路的一侧，成为人人可拜却又不归任何村寨所有的外来神明。这与关公崇拜成为超越具体村落、社区范围，而连接没有家族和社区可依靠的、常年漂泊在外的商旅人群的神明信仰有着一致性。因此当地村民对关公的祭拜是希望其保佑外出、往来平安，与外地商贩带来外来商品与文化却又始终无法真正进入当地社会的境遇互成映射，他们能够通过支助当地桥梁的修建而留下名字，却始终无法站稳脚跟，为关公建立固定的庙宇。然而关公能够至今仍被供奉于桥梁、道路的神位之中，也反映出外来商业贸易对本地人群影响之深远，这是地区经济被卷入更大区域范围的经济网络层面的"历史过程"。

"萨"作为一种村寨守护神的形象，与村民居于村寨内部的安危有着密切关系，而且作为村寨领域的神灵与该村寨居民的身份认同直接相关。外村寨的村民不会随便前往其他村寨的"萨"堂去拜祭，而总是倾向于首先祭拜代表本村寨领域的"萨"。即使后来代表村寨边界的土地公祠大量涌现，村民也通常拜祭与自己居住地和耕作土地、山林接近的土地公祠，显示出与"萨"、土地公所代表的村寨认同的地域关系。然而，具有悠久历史且与村寨中的普通村民最为亲密的"萨"，却是在当地村寨神明信仰体系中最为根本却又最容易被士绅与官方所忽视的神明，因此缺乏文字记载和权威象征，大部分的神明来源与象征故事只流传于口耳之间，其祭坛形式、埋藏物品、祭拜仪式也随着时代变迁和地域差异呈现出复杂而多元的状态。"萨"这种在普通百姓中流传的无文字信仰具有弱势性与易变性，而其中却深刻体现出西江上游"峒地"村寨从以人与人之间的关系为主，逐渐转变为以人与土地的权利关系为主而形成的地域观念层面的"历史过程"。

如此,透过具体村寨中不同身份、地位和权力的行为主体所着力营造的信仰祭祀场所,能够展现出区域村寨社会建构更为丰富而具有多层次性的复合"历史过程",以避免对整个中国社会内在秩序和运行"法则"的简单理解与僵化书写。

第三章　祖先源流追溯与宗族谱系建构

　　明代"怀远猺乱"之后，以和里、南寨为代表的"峒地"村寨，无论是在聚落内部的家族人群构成，还是在村落内、外信仰祭祀空间的建构方面，都发生了相当程度的变化，显示出多元信仰文化的叠合，这与"猺乱"之后该地家族人群来源的多样性有着密切关系。而笔者通过调查访谈和里、南寨各姓氏人群对自身家族历史的追溯时也发现，各大姓氏对其家族祖先来源的追溯和宗族谱系的建构过程，与清初怀远地方家族团练势力兴起、士绅家族宗族化的历史进程有着密不可分的关系。这反映出地方士绅试图通过宗族谱系编纂来建构族群身份认同观念的微观"心态史"，它与王朝国家礼制的进入和山区经济开发的宏观历史交织在一起，构成了当地社会族群结构变迁进程的一体两面。

　　因此，本章以清代怀远县境内若干主要家族的口头传说、碑文、族谱为主要研究对象，结合田野调查以及该区域的历史发展背景，通过分析家族成员对祖先源流、迁移过程和谱系的追溯、书写与建构，考察这一区域内人群的移居、家族发展以及宗族组织的建构过程，并且探讨族谱编纂与身份认同、地域认同以及族群划分之间的能动关系。

　　对于将族谱这类文献材料作为分析其所关涉的家族或者人群的历史记忆与行为的相关文本，学者们探讨最多的是所谓的"真实性"问题。由于族谱并非由没有利益关系的第三者做出的一种"客观"的事实记录，而是由作为当事人的家族或宗族成员基于已有的历史记忆或保存下来的某些文献资料,出于编修时所面临的现实需要,编纂者对"过去"状况所做出的某种判断和解释,因此族谱文献中其实存在着大量"真实"与"虚构"并存的现象。① 尤其是那些关于移居本地之前的远祖世系的追溯,过去的文人学者就已经指出这类记载具有大量的攀附现象,而使得这类记载令人难以置信。然而,笔者在此不仅要辨析这种族谱编纂中出现的"虚构"或"攀附"现象,而且希望探讨这类现象产生的时代背景和现实情境;并且进一步讨论地方家族如何借由族谱编纂建立起以宗族观念为根基的族群认同,而外来的/汉文化的祖先历史表述("英雄"祖先的历史叙述模式)是如何与本土的/非汉文化的祖先历史表述(猎人定居、"兄弟"祖先历史叙述模式)相互融合,进而影响甚至改变了当地人的历史记忆和历史观念,使得地方人群树立起所谓的"家-国"观念,从而将个人或家族的"小历史"嵌套入民族国家的"大历史"当中,进一步形成"中央-边疆"概念的"心态史"脉络体系。此外,当地人通过对家族历史的书写与建构,与地方上既有的人群分类联系起来,也以此展现出自己的族群身份认同。

第一节 人群移居与清代"六甲"地域社会的形成

前文已经提及,明代"怀远猺乱"之后,苏朝阳、龚一清等地方官员在怀远推行"招主垦荒,释仇开江""酌定江税,以通商贾"等政策,开始吸引不少流民迁居以及外来商贩往来贸易。那么到了清代,地方官员如何区辨各类别族群,地方族群又呈现出怎

---

① 对于族谱所具有真实性与虚构性的问题,濑川昌久有专文进行讨论,见〔日〕濑川昌久《族谱:华南汉族的宗族·风水·移居》,钱杭译,上海书店出版社,1999,第1~25页。

第三章 祖先源流追溯与宗族谱系建构

样的分布状况？

清康熙三十四年（1695），廖蔚文赴任怀远知县，在他编纂的《怀远县志》中对当时怀远境内的人群分类有这样的描述：

> 怀远人有六种，附城及六甲，则民也，所谓民者，大率皆异省商贾来怀，见山水清秀，遂立籍而家焉，其实非土著也。土著者，则皆猺苗狪獞而已，其人皆自称夷，志所谓西南夷是也。①

从这一描述可知，清代依然延续了明代中后期所确立的"民"与"土著"之间的族群划分，"民"的来源，廖蔚文认为主要是"异省商贾"，而"土著"则又分为"猺苗狪獞"等类别；在居住地域上，"民"主要分布于"附城及六甲"，而除此之外聚居的则都是"土著"。

"附城"是指当时居住于县治丹阳镇的城厢居民，"六甲"则是指清代康熙十九年（1680）之后，地方官府设置"四镇—六甲—冬—峒"的地方行政区划中所编甲次，这其实是延续了明代万历年间平定"怀远猺乱"之后所形成的"四镇—三甲—冬—峒"聚落划分格局。而明代被称为"三甲"的区域，又是延续了北宋中期王口寨"三甲"的设置和称呼。

嘉庆七年（1802），知县林大宏编纂《怀远志书》时也肯定廖蔚文的说法，但他把"民"之来源由"异省商贾"改为"异地之人"：

> 怀远人有六种，附城及六甲，则民也，所谓民者，大率皆

---

① 康熙三十四年（1695）廖蔚文编《怀远县志》（手抄本）卷1《风俗》，三江侗族自治县档案馆藏。

山水"峒氓":明清以来都柳江下游地区的家族、婚姻与仪式传统

> 异地之人,客居于此,久而入籍,其实非土著也,土著则苗猺獞獐而已,其人自称夷,志所谓西南夷是也。①

"六甲"名称为曹荣甲、程村甲、黄土甲、古宜甲、文村甲、寨准甲,六个甲内各下辖若干个村寨,虽然各甲下辖村寨数量在不同时期略有变动,但"六甲"的区域行政设置一直延续到民国时期。民国24年(1935)8月,三江县(民国3年怀远县改名为三江县)奉令裁区,划全县为三十二乡,各设乡公所,将曹荣甲和程村甲合并为泗里乡,寨准甲和黄土甲合并为寨准乡,古宜甲改为古宜乡,文村甲改为光辉乡,其下辖村落虽然也有所变化,但其分布区域并没有太大的变动。兹将康熙年间、嘉庆年间、民国时期的地方志资料中反映出来的六甲下辖村寨情况作对比,如表3-1所示。

表3-1 六甲下辖村寨对照

六甲	清代初期	清代中期	清末至民初	民国中期
曹荣甲	马坪、大鲤、古利、颢塘、严溪、四马、崖头、石门、竹冷槽、四里水口、分水冷、干冲、东曹、西曹	马平、古利、严溪、四马、崖头、石门、竹冷槽	马平、古利、严溪、泗马、崖头、石门、竹冷槽、颢塘、泗里口、车田口、大里	泗里乡:泗福村(泗里口、福林曹)、富程平村(富文、平潺、程村)、草头坪村(草头坪)、年溪村(年溪)、窑思村(白花、四里、窑冷)、古平里村(大里、马平、古例)、车田村(车田口、车田脑)、泗颢村(颢塘、泗马)
程村甲	土头坪、冬叶冷、四里、车田口脑、程村寨、白花、铺门坪、沙坪村	草头坪、冬叶冷	土头坪、冬叶冷、泗里、车田、富文坪、窑冷、沙坪潺	

---

① 见(清)林大宏编纂嘉庆七年(1802)《怀远志书》(手抄本),三江侗族自治县档案馆藏,第32~33页。

第三章 祖先源流追溯与宗族谱系建构

续表

六甲	清代初期	清代中期	清末至民初	民国中期
古宜甲	大寨、街上、朝龙坪、坡尾寨、滩头、滩口、同罗寨、西油坪、十里寨、竹寨、古宜八寨（龙吉村、古皂村、新寨、三牙村、白石寨、周平口、北溪口、旋盘村、甘尚村、三元寨）	大寨、古宜塘、坡尾寨、滩头、西遊坪、十里寨、竹寨、白石、古宜八寨（龙吉、古皂、新寨、周平村、北溪口、旋盘、三元/枫木寨）	大寨、古宜街、朝龙坪、坡尾寨、滩头、滩口、同罗坪、西遊坪、十里寨、竹寨、古宜八寨（龙吉、古皂、新寨、三牙、周平、北溪、旋盘、甘尚）	古宜乡：中长街、兴沙街、长西街、大竹村（大寨、大竹）、凤朝村（凤尾寨、朝龙坪、坡尾寨）、滩洲村（滩头、滩根、洲开、洲上）、西遊村（西遊坪、龙滩角）、古龙村（古皂、龙吉）、新林村（下林江、锣鼓山、早段村、新寨）、洲北村（洲平口、北溪口）、榕瓦村（旋盆、榕树、瓦窑）、三白村（三元、白石）、甘北村（甘峒、北溪脑）
文村甲	文村、保明、保文村、大寨、新寨、黄排村、湾弓寨、弯江寨、干灰村、石眼村、引木坪、文段	大寨、新寨、黄排、湾弓寨、湾江、干辉塘、石眼、文段、寨更村、桐木、马鞍、大坪、旱段、	大寨、新寨、黄排、湾弓、湾江、石眼（按《广舆记》载文村堡，明系文村）	光辉乡：石凤村（石眼、凤阳）、黄排村、引木村、文大村（文段、大坪）、文村、小光村（木棉、小辉、小寨）、大光村（光辉、大寨）、寨更村、桐木村、马湾村（马鞍、湾江）
寨准甲	大寨、竹坪、平傅、三房、基斗、上吾、竹寨、六合、北成	大寨、竹坪、坪傅、上吴、竹寨、六合	大寨、竹坪、平傅、三房、基斗、上吾、竹寨、六合、北成	寨准乡：寨六村（寨准、六合）、寨景村、竹平村、平上美村（平转、上梧、美地）、大宝村（大树、大湾、宝溪）、布新村（布袋）、佳林村、夏村、猛布村（猛田、布糯、布勾）
黄土甲	下村、保溪、大树、架冷、大竹、南背、布勾、大茶	下村塘、保溪、大树、架冷	下村、保溪、大树、架冷、大竹	

资料来源：（清）廖蔚文编纂康熙《怀远县志》，第19～20页；（清）林大宏编纂嘉庆《怀远志书》，第26～29页；民国《三江县志》，第209～210页；民国《三江县志》，第213～218页。

参阅表3-1所列，清代初期以来设置的"六甲"，除了包括宋、明两代分布于寻江中游"三甲"区域中的程村、崖头、古坭

131

（后称古宜）、文村等村落之外，其区域范围和村落数量都大大拓展了。而通过民国《三江县志》中绘制的《三江政治区划图》（见图3-1）也可以看出，清代、民国时期划分的六甲区域（泗里乡、古宜乡、程村乡、寨准乡）位于寻江的中上游地区，这与北宋以来寻江流域的开发有着十分紧密的关系。

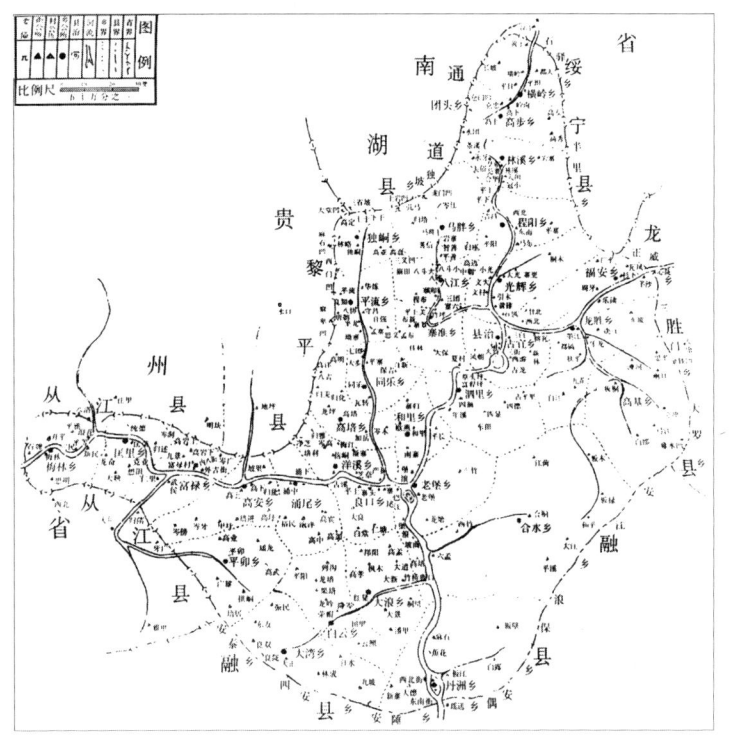

图3-1　民国35年（1946）《三江政治区划图》

资料来源：民国《三江县志》，1975。

那么，"六甲"区域的人群是否真如廖蔚文和林大宏所言，主要是从外省商贾或异地之民迁居而来呢？他们对自身家族祖先源流的叙述又如何呢？从笔者目前在六甲地区搜集到的曹氏、荣氏、侯氏等家族编纂的宗谱，里面关于祖先迁移地点的详细记载，也的确反映出这些村寨居民祖先有着多次迁徙移居的经历，并且这些不同姓氏家族的宗谱内容之间还有着相当密切的关联。尤其以怀远境内不同村寨的若干曹氏家族宗谱为代表，这些宗谱编纂于不同时期，但是彼此却相互呼应或矛盾，显示出文字记载在不同历史时期所具有的强大生命力，也显示出当下历史情境对文字传统的背离和再造，使得彼此对祖先源流的历史叙述呈现出多元而一体的面貌。更为有趣的是，这些不同姓氏、不同族谱中所记载或叙述的祖先移居"历史"，都与当地流传的"十二大姓开浔江"的祖先移居传说有着密切的联系。然而这种关联或许有某些历史现实的因素，但更有可能是族群认同的建构过程使然。

第二节　曹氏祖先源流追溯与族谱编纂

怀远境内多个地域曹氏家族关于祖先源流的叙述，都与清代雍正年间古宜大寨曹氏家族编纂的《古宜大寨曹氏宗谱》有一定的联系，因此我们有必要先来了解古宜大寨曹氏家族在地方上的兴起过程，及其宗族建构和族谱编纂活动有关的一些基本情况。

古宜镇位于县境东北部浔江河畔，东与斗江镇相接，南与老堡、丹洲镇毗邻，西与程村乡相连，北与林溪、八江乡连接。民国22年（1933）怀远县治从丹阳镇迁至古宜镇，中华人民共和国成立后，这里成为三江侗族自治县人民政府所在地，目前是全县政治、经济、文化中心。古宜镇的兴起与宋代浔江流域的开发有着密切关系，也与明代"三甲民"所聚居的古圯，以及清初"六甲"区域中古宜甲的设置直接相关。大竹村位于古宜镇南部，西临程村乡，北接黄排村，下辖竹寨、大寨、朝龙坪、凤朝、滩头、白石等7个自然屯，目前人口为887户3783人，以汉族为主，同时杂居有侗、壮、苗等少数民族。大寨屯目前主要为曹、荣两氏聚族居住，村寨内建有曹氏宗祠、荣氏宗祠各一座，并且各自编纂有宗族族谱。

山水"峒氓":明清以来都柳江下游地区的家族、婚姻与仪式传统

古宜大寨曹氏家族的兴起,与明清鼎革之际怀远地方政权的更迭有关。南明永历皇帝朱由榔逃往肇庆建立政权,怀远所隶属的柳州府不但在其控制之下,而且是永历政权的重要军事力量所在。当时古宜大寨曹氏家族的曹应元(字腾宇)就在永历政权中担任"镇守融怀、古泥地方总兵官",控制怀远地方的军事力量。永历二年(1648),南明军队王进才率部对留守湖南的清军进行反攻;永历三年(1649)十二月初四日,曹应元协助王进才、刘之良率领的军队攻克靖州,清将阎芳誉等人在逃窜途中溺水而死,使得"楚黔咽喉以通,粤西门户可固",由此获得瞿式耜赏识,并得到永历帝嘉奖。①

永历三年(顺治六年,1649)冬,由李过、高一功等率领的西路大顺军"忠贞营"到达广西南宁、横州一带,永历朝廷视其为异己力量,一味加以防范。永历四年(顺治七年,1650),忠贞营在永历朝廷控制区内已经很难立足,被迫先后转移,主力开始由南宁北上,经过庆远抵达怀远,沿着溶江水路向贵州从江一带转移。② 曹应元"散家财,聚乡勇,分布守御,为邑之保障,弟应魁亦以武功著",③ "永历帝以其有功于地方,封官授以将军

---

① 曹应元与永历政权的关系,参见(明)瞿式耜《恢复靖州疏》,《瞿式耜集》卷1,上海古籍出版社,1981年点校本,第115~116页;顾诚《南明史》,中国青年出版社,1997,第571~572页。
② "忠贞营"北上时间,(清)廖蔚文编纂康熙《怀远县志》:"庚寅年(顺治七年,1650)二月,响马贼马尽忠由广南大村而下至南泰,于三月又有白擅帽响马贼高必正、李来亨上庆远到大容江,过永从、怀民避乱,几无宁日。是年十二月,我朝兵入广西。"乾隆《柳州府志》记,顺治七年"三月,高必正、李来亨由庆远到大榕江过水,从(江)、怀(远)民避兵无宁日"。《据南宁府全志》记,顺治七年"十二月,高、李二家走古圩",顺治八年七月,广西巡抚王一品报告,这年五月高、李等部仍在怀远、大榕江一带。参见顾诚《南明史》,第647~656页。
③ (清)穆彰阿、潘锡恩等纂修《大清一统志》,上海古籍出版社,2008,第119页。

印"。① 与此同时，1649年夏天，孔有德已经率部行至湖南，驻于衡州，"相机进剿广西"，清廷为了使孔有德能够专力攻取广西，在次年（1650）二月调驻守山东济南的沈永忠带领官兵移驻湖南宝庆，拨固山额真图赖标下总兵张国柱、郝效忠两部归沈永忠指挥，沈永忠"令总兵许天宠、张国柱、郝效忠等御击马进忠于靖州，进郝摇旗于黎平，皆奏捷。复屡挫牛万才兵，万才纳款，复降其总兵曹应元、副将刘芳节及从官二百余员、兵民万余"。② 于是，永历五年（顺治八年，1651），清朝派知县胡景贤、典史查克忠于四月到任，③ 曹应元因此"缴印，休致，寿九十二岁而终"。④

永历六年（顺治九年，1652）七月，永历安西王李定国重新控制怀远，定南王孔有德尽节，当时怀远知县都是由李定国所任命。⑤ 康熙十八年（1679），清朝任命"抚蛮将军"傅弘烈带兵数万人，与南明残部争夺怀远控制权，驻扎在板江村。⑥ 曹应元长子曹维屏（字宪卿）投向清朝军队，将军傅弘烈授其参将衔，委任其办团练，曹维屏召集乡勇以及苗、壮等人群，协助清朝军队驱逐南明残余势力，夺取怀远政权。⑦

直到康熙十九年（1680），怀远地方政权才为清朝政府所控

---

① 民国《三江县志》卷8《列传》，第706页。
② 清官修《钦定八旗通志》卷196《人物志七十六》，又参见顾城《南明史》，第599页。
③ （清）廖蔚文编纂康熙《怀远县志》（第60页）："顺治八年辛卯岁次，本朝部选知县胡景贤、典史查克忠于四月到任。"
④ 民国《三江县志》卷8《列传》，第706页。
⑤ （清）廖蔚文编纂康熙《怀远县志》（第69~70页）："顺治九年七月内永历安西王作乱，定南王尽节，官皆永历安西王所委，略纪其名以便观览。"
⑥ （清）廖蔚文编纂康熙《怀远县志》（第62页）："康熙十八年己未岁次十二月内，本朝抚蛮将军傅弘烈带兵数万人，恢复地方，驻扎板江村，后到三月乃退。"
⑦ （清）穆彰阿、潘锡恩等纂修《大清一统志》（第119页）："曹维屏，怀远人，康熙十八年，将军傅宏烈授参将衔，委以团练，维屏躬冒险阻，率苗獞擒逐余逆，境赖以安。"

制,委派县官陈有惇来此上任。① 康熙二十二年(1683)二月,怀远知县袁需具奏抚院曰:

> 团练曹维屏,实怀之良民也,其行足以服,其才足以使,当柳群初服之后,逆贼犹在黎平、靖州、怀远边壤口隘,屡为侵犯,欲遣兵堵御,则路径崎岖险阻,不御,则地方被其荼毒,随蒙抚蛮灭寇将军傅宏烈,察知维屏才能堪录,委以团练,维屏即尽忠竭力,不惮驰驱,亲率苗僮,杀退余逆,多方布置,保固疆围,民得安堵,维屏之功业。迨后征师云屯,羽檄交驰,军务旁午,苗僮冥顽无知,而维屏急功先务,劝民早输,故得钱粮,军粮完全,军械无误,维屏之力也。奉抚院郝批,曹维屏奉法上白,殊可嘉美,仰县优加礼貌存恤。②

明清鼎革之际,怀远处于湘、黔、桂交界之处,可谓兵家必争之地。然而地方政权虚置,兵匪往来频繁,当地大姓家族为保护乡里、抵御流匪,积极组织家族成员及士绅乡勇兴办团练。古宜大寨曹氏家族曹应元、曹应魁、曹维屏等人即是此中之杰出人物,不但维护地方稳定,使得怀远地方政权顺利过渡,还在新、旧政权中都获得赏赐功勋,在地方上树立英明、拓展权势。曹维屏由于镇守怀远有功,不但得到怀远知县袁需"优加礼貌存恤",官职更升至黎平府参府,获得蕃宪赠额"耆德可风"。曹应元三子曹维嵩(字峻卿),明经出身,曾任平乐府永安州儒学正堂;四子曹维岳(字翰卿),由生员援例入太学。而曹应魁二子曹维仑(字宗卿),在康

---

① (清)廖蔚文编纂康熙《怀远县志》(第70页):"陈有惇,顺天腾骧卫人士,康熙十九年到任。"民国《三江县志》(第683页):"陈有惇,顺天腾骧卫人,康熙十九年任。"
② 民国《三江县志》卷8《列传》,第706页。

第三章 祖先源流追溯与宗族谱系建构

熙三十二年（1694）岁贡，① 曹维仑入选贡生之时，怀远知县廖蔚文还特意赠诗给他，贺其出贡。② 到了曹应元孙辈之时，曹氏家族更是人丁兴旺，官运亨通，族繁势大。尤其以曹维屏的子孙为众，他娶妻妾四人，生子十一人，其子曹永褅（字佩徵）任新宁州儒学正堂，曹永祖也入生员。

雍正年间，古宜大寨曹氏家族开始鼎建宗族，以曹应元三子曹维嵩、曹维屏之子曹永褅为首，于雍正八年（1730）开始编纂《曹氏宗谱》，谱内收录《旧谱序言》一篇，如下：

> 阅稽我家以曹字为姓，郡谯国是也。唐虞夏商周以来，之祖籍远不可考，惟序我祖居古宜大寨村而已。肇自曹槐公，发祥于河南省南阳府，任升福建汀州府协，延屏公袭任，后升上杭县学正堂，任满即寄东门街朱熹巷。越至简福公，□授衡山，不归原籍，复上杭县。简莹公任署鄂州府，级加特授柳州府知府，任满，历大观元年，作仓公太史，奉宪仰署融县代理，家水东街，婆黄氏生四子，曹瑚、曹泰、曹能、曹四，降至□□，族大人广。曹泰住融县水东、李郭洞等处，一徙浔江，一徙湖广靖州等处。彼此星居，先后继美于他，各分公之未及叙之。惟吾曹瑚公，自融县上怀远，以至东曹、西曹，配婆荣氏，生六子，宗一至宗六是也。宗三公，婆龙氏，生高一高二高三高四，四郎晚乙公是此一脉，择居古宜大寨村，上承始祖槐公十余代之胜事，下启子子孙孙万十世之人文，披览斯谱者，致若孝父母，敬尊长，睦宗族，和亲邻，□勤俭以戒赌博，尚谦恭而明廉耻。绍奕祀之书香，降蒸尝之鼎祀，此则于

---

① 民国《三江县志》，第696页。
② （清）廖蔚文《赠曹宗卿出贡》（民国《三江县志》，第600页）："武牢乔水发新妍，一朵红云覆凡筵。莺鸟含思歌化日，花枝承露媚晴天。燃残藜杖三更早，策就天人二十年。八斗才高家有谱，伫看挥翰玉堂前。"

山水"峒氓":明清以来都柳江下游地区的家族、婚姻与仪式传统

吾族之父老子弟,有厚望焉,是为序。诗序一首:蒙恩赐锡敢称良,任升福建住河南,总兵三代流芳远,太守黄堂世泽长。此谱大明天启元年重修,大清乾隆四年续修。

据此《旧谱序言》所言,古宜大寨曹氏将始祖(始迁祖)追溯为河南南阳府曹槐公,曾任福建汀州府协,其子延屏公继承其父官职,后升任上杭县学正堂,任满即寄籍于"东门街朱熹巷"。

这个关于始祖源流的说法,让人联想到清代在客家人中广泛流传的福建汀州府传说,以及在珠江流域传播甚广的南雄"珠玑巷"传说。关于这两个祖先移居传说与真实历史事件之间的关系,已经有较多前辈学者加以论述,笔者会在后文作进一步的讨论。在此先通过剖析这两个祖先传说如何混而为一,并且不断演变,成为清代至民国年间怀远当地某些大姓家族追溯祖先来源、建构宗族网络,进而强化族群认同的一种"历史表述",并且折射出当地人群迁移历程的某些历史潮流和趋势。

我们先看宗谱后文关于人群迁移的具体叙述:第三代的简莖公得以任柳州府知府,任满后又"作仓公太史,奉宪仰署融县代理",于是居住于融县水东街——紧临融县县城东面发展起来的一条街市,明代以来就有不少外来官员、商贩在此定居和经商——从第四代起开始向融江上游不同地区迁徙,曹瑚公自融县上怀远,先定居于曹荣甲的东曹、西曹。第六代的高四(又称四郎)晚乙公才开始择居古宜大寨村,成为古宜大寨曹氏的定居祖。

在《旧谱序言》之后,该谱又增加了一个《后世补序》,如下:

勤善书可录宗谱,传故要修劝善书,以一己之善劝及众人之行。今乐浚此善,皆出先君子之志也。宗谱传以一本之宗而分发多族,如木自本而枝自枝而叶,子孙万亿皆出祖宗一人之

身也。有父母者，子当孝，有兄长者，弟当敬，宗谱传与劝善，书其理同也。古云：欲高门第须为善，要好儿孙在读书，教子孙者，岂外是乎？序宗谱以遗后世。溯我始祖曹槐公，官拜总兵之职，自河南而升福建，至于延屏公，自福建而升上杭，若简莹公，自上杭而升东粤、西粤，又如简福公，自上杭而升湖广衡山，不归原籍，可谓彼此星居，各继其美。迄至大禧公遭遇世乱，自融县隐入怀远，沿江而上，以至东曹、西曹，于高四，即晚乙公，此脉而入古宜，所谓贤者避世，其次避地，其次避世□也。后之览斯谱者，俾知祖本源流，传代不失，岂非积德而能流光者乎。是故善书不可不钦宗谱，不可不序。予召南方在训蒙之时，观善书，善在天下，善与人同，所以成其为大舜也。序宗谱，宗是我本，我是宗枝，所以不惮烦其笔力，以补序之。坡头屋宅，门口有塘；木州头，上边有封号；凉伞坪，有封号；杨洞人形，朝白云山。

在此《后世补序》中，从融县迁徙进入怀远的祖先变成了大禧公，而非曹瑚公，原因是遭遇世乱，因此"自融县隐入怀远，沿江而上，以至东曹、西曹"，古宜大寨的定居祖依然是高四晚乙公。再比照雍正八年《曹氏宗谱》内所编谱系（见图3-2），在第二代除了延屏公之外，还增加一个延寿公，延屏公之子为简莹公，而延寿公之子为简福公。怀远始迁祖大禧公被列为第五代，说他"自水东迁怀远，住坡头，上老堡，徙长田、木寨、四讲、车角倒等处；婆蓝氏，生四子，长曹瑚、次曹泰、三曹能、四曹四（此公老堡生）"，而《旧谱序言》中列为怀远始迁祖的第四代曹瑚公在谱系中成为大禧公之子，被定为第六代。此外，《旧谱序言》中被称为古宜大寨的高四晚乙公，在世系中被列为第八代，而且说他"住龙滩角，过继龙姓为子，外甥继与舅父，子后转归宗，生四，秀七、秀八、秀九、秀十"。查表3-1中古宜甲下辖诸村落，

山水"峒氓":明清以来都柳江下游地区的家族、婚姻与仪式传统

龙滩角应该位于西油（遊）坪，而非大寨。

再比照两个谱序和宗谱世系所叙述的迁徙路线，除了始祖曹槐公由河南入福建汀州，第二代延屏公居上杭，再到第三代简莖公入粤的说法基本不变之外，入粤之后的世系排列和迁徙地点的记载都有所差异。这都表明《旧谱序言》《后世补序》与雍正八年《曹氏宗谱》世系对曹氏祖先迁居地点和世系的追溯，应该是不同时期古宜曹氏家族成员口传祖先记忆的记载和重新书写。《旧谱序言》文末言："此谱大明天启元年重修，大清乾隆四年续修。"表明在雍正八年《曹氏宗谱》修纂之前，大寨曹氏至少应该修过三次宗谱。而乾隆年间知县廖蔚文《赠曹宗卿出贡》一诗中"八斗才高家有谱"一句，就曾提及当时的古宜曹氏家族已经编纂了宗谱，而且显示出当时的地方官员将宗谱的修纂与家族的才学声望联系在一起。①

那么，我们如何来解读两个谱序与雍正八年《曹氏宗谱》谱系之间的差异与矛盾？这种前后存在大量出入的宗谱，是否就缺乏所谓的历史"真实性"而失去分析与论证的价值呢？笔者通过对照其他村落的曹氏家族宗谱编纂的内容发现，雍正八年编纂的古宜大寨《曹氏宗谱》之所以会与之前书写的两个谱序有较大出入，是因为当时古宜大寨的曹氏家族正积极地在与怀远境内其他村寨的曹氏家族进行联宗，所以雍正八年《曹氏宗谱》内编写的谱系中对祖先迁居历史的记载，其实是融合了多个村寨曹氏家族祖先移居的口传记忆。宗谱的世系被拉长了，其他村寨的曹氏家族祖先被置于不同的代际，彼此有着兄弟、叔伯或祖孙关系，对某些村寨的定居祖会有较为详细的记载，并且指明该定居祖后代定居的村寨名称，以此为其后村寨曹氏进行联宗提供方便。

如第四代玉敕公是在融县水东街就地贸易，由此居住于融县衙

---

① （清）廖蔚文：《赠曹宗卿出贡》，民国《三江县志》，第600页。

第三章 祖先源流追溯与宗族谱系建构

门墙背南平庙附近，第五代开始分散居住，迁徙地点包括怀远老堡、长田、木寨、四讲、车角倒等处，以及雒容县、梧州府十字街、大黄江（应该指浔州府大湟江）石李村。这一描述其实是表明曹氏各分支人群的祖先很可能以经商贸易为生，在西江上、中游的怀远、融县、雒容、桂平、梧州等处，都曾经处于迁移往返、短暂居住的状态。到了第六代，开始出现与文村两支曹氏、融县水东曹氏、文村湾江梅寨曹氏之间关联的记载。这里还出现了曹瑚公娶瑶人妇女、出田在文村族内作清明祭扫蒸尝的记载，"瑚公住过文村时，娶一猺婆无出，二年而故，葬南州坪塘诺，再娶覃氏，又娶李氏，亦无出，三年又故，仝葬塘诺，覃、李两氏故，公除出山猺段田乙坵花四（田屯）以与文村族内作清明祭扫蒸尝"，以及曹四公入赘湾江梅寨"猺"酋家的祖先定居记载，"曹四公，四公时年十八，住西曹对河木鱼寨，住猺酋姓梅名才万，家资巨富，生一女，颇有姿色，公当伊女有林下之风，西曹对住，才万属居不久，搬过湾江梅寨，女三日不占茶饭，母坚询其故，女直言之，其父办一鱼舟，随江猎网，至东曹埠底，斯时，公在岩拱垂纶，女遥指泊舟近岸，公见伊女，彼此情洽，公入彼舟，接往梅寨，赘入伊家，今曹梅即四公之后也"。第七代则出现关于曹荣甲严溪村天香里曹氏、寨准甲六合村曹氏的迁居记载。第八代出现了古宜甲西遊坪、曹荣甲竹冷槽、程村甲车田村、曹荣甲严溪村、古宜甲龙滩角等村寨曹氏的迁居记载。第九代出现了文村甲文村江曹氏、曹荣甲滩头寨曹氏等迁居记载。第十三代出现了古宜甲白石寨、曹荣甲潭头等地曹氏迁居记载。直到第十四代，才出现曹应元之父的记载："聪富公，为人好行善事，本县赠额'令德寿恺'四字，载入县志。婆吴氏生五子，应朝、应元、应魁、应乾，仍有一公无号，取乳名怀智。妾程氏。"从第十五代至第十七代就不再涉及其他支系成员的记载，而全部是古宜大寨曹应元家族兄弟及其子侄们的谱系记录（见图3-2）。

山水"峒氓":明清以来都柳江下游地区的家族、婚姻与仪式传统

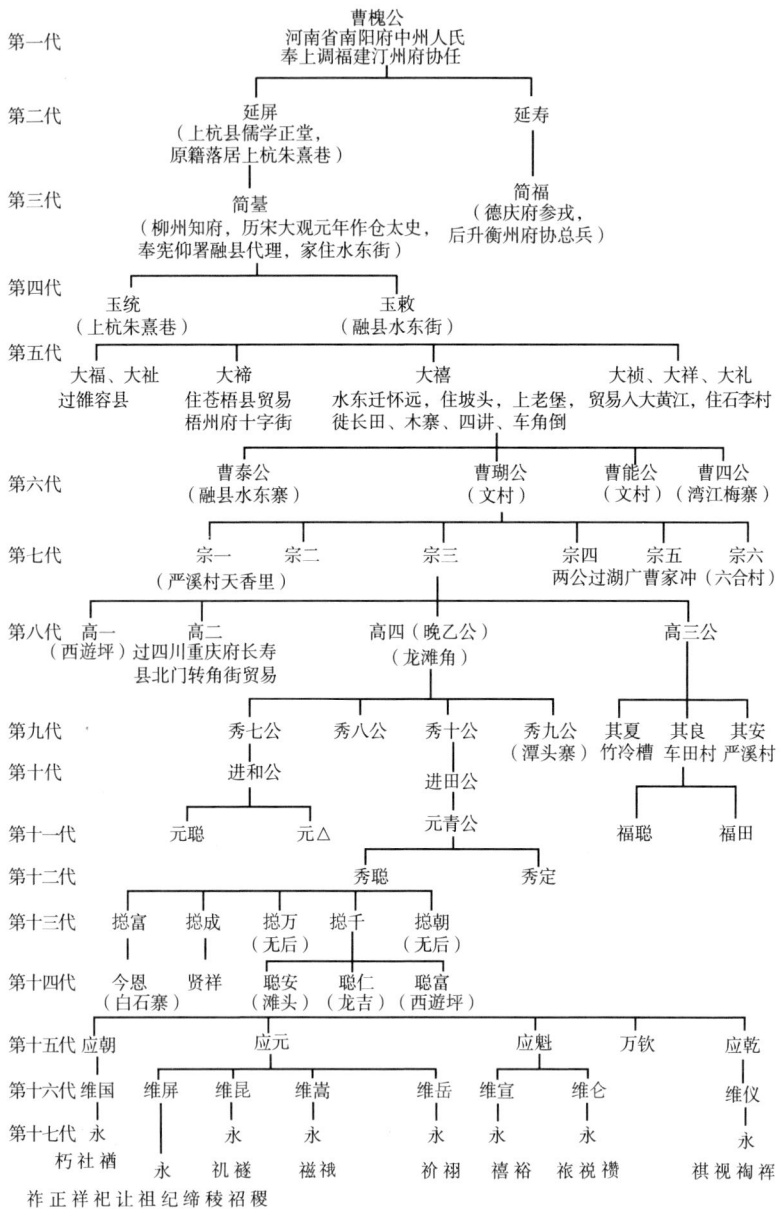

图 3-2 古宜大寨曹氏宗支谱系

第三章　祖先源流追溯与宗族谱系建构

当时古宜大寨曹氏家族把自己的宗族支系定名为"世德堂"，族长是被谱系列为第十七代的曹永祀、曹永祚（曹维屏之子），以及曹永社（曹维国之子）。主持修纂宗谱的为永安州儒学正堂曹维嵩（在谱系中列为第十六代，但谱中又称其为第五代峻卿公），撰谱者为新宁州儒学正堂曹永缔（在谱系中列为第十七代，但谱中又称其为第六代佩徵公）。可见，如果没有联宗活动，古宜大寨曹氏家族当时对自己的家族谱系只能追溯到第六代，之前的十一代是为了与其他村寨的曹氏家族联宗才建构出来的。

那么，这一时期古宜大寨曹氏家族与哪些地区的曹氏人群进行了联宗呢？从嘉庆十二年（1807）前后编纂的《程村曹氏宗谱》中，我们可以窥探出当初联宗活动的线索。该宗谱的编纂经历了两个时期祖孙两代人不同方式的书写和建构。第一次编纂是在嘉庆九年（1804），程村曹氏家族的曹锡爵（字廷尊，增生）开始根据已有的家族世系资料进行编纂："族老祖廷尊于嘉庆甲子（嘉庆九年）季冬撰列此谱，已得其大略焉。"到了嘉庆十二年（1807），曹锡爵之孙曹心善（乾隆五十七年岁贡，榜名曹福基）由于得到了融县水东曹氏家族的族谱和曹荣甲严溪村的族谱，于是将这两份族谱中的内容与程村曹氏宗谱整合在一起："及叔福基得融县水东族谱合之，天香里严溪村旧谱统阅添补，庶得详明何也。"

通过将《程村曹氏宗谱》与《古宜大寨曹氏宗谱》进行谱系比照，就明显可以发现这种世系上面的添加与整合：从第一代到第七代的祖先排列，程村谱与大寨谱几乎完全一样（除了大寨谱在第二代多了一个延寿公外）；到了第八代，在程村谱中，程村曹氏将自己列为迁居到程村的高三公之子秀明公的后人，而将古宜大寨曹氏列为高一公之后，至第十二代元青公才迁入古宜，将严溪天香里曹氏列为第七代宗一公之子高九公之后，至第九代其安公才迁入严溪；在大寨谱中则是将古宜大寨曹氏列为第七代的高四公（即晚乙公）之后，而严溪天香里曹氏则是第七代宗一公迁居过去的。此

山水"峒氓":明清以来都柳江下游地区的家族、婚姻与仪式传统

外最重要的差异是,程村谱编纂到了第二十一代时"自九代至二十一代又以一世尊称",将第二十一代的尚道公视为寻江定居祖而列为一世祖,一直编纂到第十一世的"钜"字辈,这明显是将外来的谱系传统与本家族的谱系传统粘连在一起了(见图3-3)。

更有意思的是,程村曹氏家族其实是明代"怀远猺乱"后被编入里、冬的"民人"曹元庄①之后,由于其"认纳抚化",万历十九年(1591)曹元庄被苏朝阳任命为土司,② 族谱记载"万历十八年九月廿四日柳州本府谕仰元庄公劝民愿纳户化钱粮,后给土司官职,收大营岗钱粮"。之后,程村曹氏家族从被列为二世祖的曹元庄开始,直到五世祖曹勋瑞,连任四代土司官职直至明朝末年。因此,程村曹氏家族自曹元庄之后开始记录家族谱系,才有嘉庆九年(1804)曹锡爵的第一次修谱,这时候其实还是所谓的"家族谱系",主要由程村曹氏和移居到福门坪(后名富文坪)的五世祖曹勋先一支共同修纂。

嘉庆年间(1900年前后),由福门坪曹氏族人首先在福门坪修建一座曹氏宗祠,程村曹氏族人后来捐田加入。而曹锡爵之孙曹心善也开始积极与融县水东曹氏、曹荣甲严溪天香里曹氏进行联宗,但这两个曹氏家族其实早在雍正年间就已经与古宜大寨曹氏进行了联宗,因此在各自纂修的宗谱中都留下了彼此祖先移居的记载。曹心善在其祖父曹锡爵修纂的《程村曹氏宗谱》上进行补叙时,将

---

① (明)苏朝阳《复县议》(民国《三江县志》,第567页):"卑职初任,蒙总督刘面谕,即发愤兴复,据前任典史王长、武生朱应旸各上地图陈议,因招主张鹏、吴自学及里冬曹元庄、唐绍禹等咨以民所疾苦,夷所向背及山川险阻,商旅要会之区。"

② 《程村甲曹元庄土司官职舒字》[(清)廖蔚文编纂乾隆《怀远县志》,第50~51页]:"论曰:怀远猺居十之八,原无编户,嘉靖时田土尽入贼巢,颗粒无征。万历二年大征后,只征三甲田粮八十余石。万历十九年立城后,据民人曹元壮、猺人余朝金等认纳抚化,所以至今钱粮俱系各村认纳多寡,永著为例,非有甲户之名也。"

第三章 祖先源流追溯与宗族谱系建构

程村曹氏家族谱系连缀入其他几个曹氏家族编纂的宗族谱系之中,就间接通过宗谱修纂与融县水东曹氏、曹荣甲严溪天香里曹氏和古宜甲大寨曹氏几个世家大族建立了跨地域的宗亲关系。

清代雍正至嘉庆年间,这种跨地域的曹姓世家大族之间的联宗活动,一方面,明末清初以来怀远境内的曹荣甲、程村甲、古宜甲等地曹氏家族人群势力崛起,这些家族中的核心成员及其后人不但获得朝廷赐封以及科举功名,拥有地方威望,俨然成为村寨头领和世家大族的中坚力量,而且家族人口大量增加,吸引了更多依附人群,因此在维持地方稳定和获取地方资源等方面具有强大实力;另一方面,随着科举入仕人数增加,儒家宗族观念渗入地方,世家大族利用宗族组织控制和笼络地方人群,并且实现跨地域的力量联合。古宜大寨曹氏家族在明清之际所拥有的地位与威望,以及清初之后古宜在经济、文化上的快速发展,都使古宜大寨曹氏在这种跨地域联宗活动中扮演一种主导者的角色。正如康熙年间怀远知县廖蔚文所言:"怀之衣冠文物聚于古坭(即古宜),古坭之有曹、荣,犹晋之有王谢,唐之有崔卢也。"[1]

此外,这一时期怀远地方士绅鼎建宗族的风潮,也可能与雍正年间开始推行的保甲族正制度有一定关联。雍正四年(1726),朝廷在全国强力推行保甲制,同时要求在聚族而居的地区设立族正,负责宗族内部治安。由于当时闽、粤、赣地区盗乱频繁,因此族正制在福建、广东、江西等省较先推行。保甲制度在向所谓的"边省"地区推行之初,虽然"各边省更藉称土苗杂处不便比照内地",地方官员"惮其繁难,视为故套,奉行不实,稽查不严,又有藉称村落畸零,难编排甲",阻碍保甲制度在帝国边疆省份的推行。[2]

---

[1] (清)廖蔚文:《古坭梓潼阁振兴会序》,民国《三江县志》,第562页。
[2] 常建华:《清代宗族"保甲乡约化"的开端——雍正朝族正制出现过程新考》,《河北学刊》2008年第6期,第65~71页。

山水"峒氓":明清以来都柳江下游地区的家族、婚姻与仪式传统

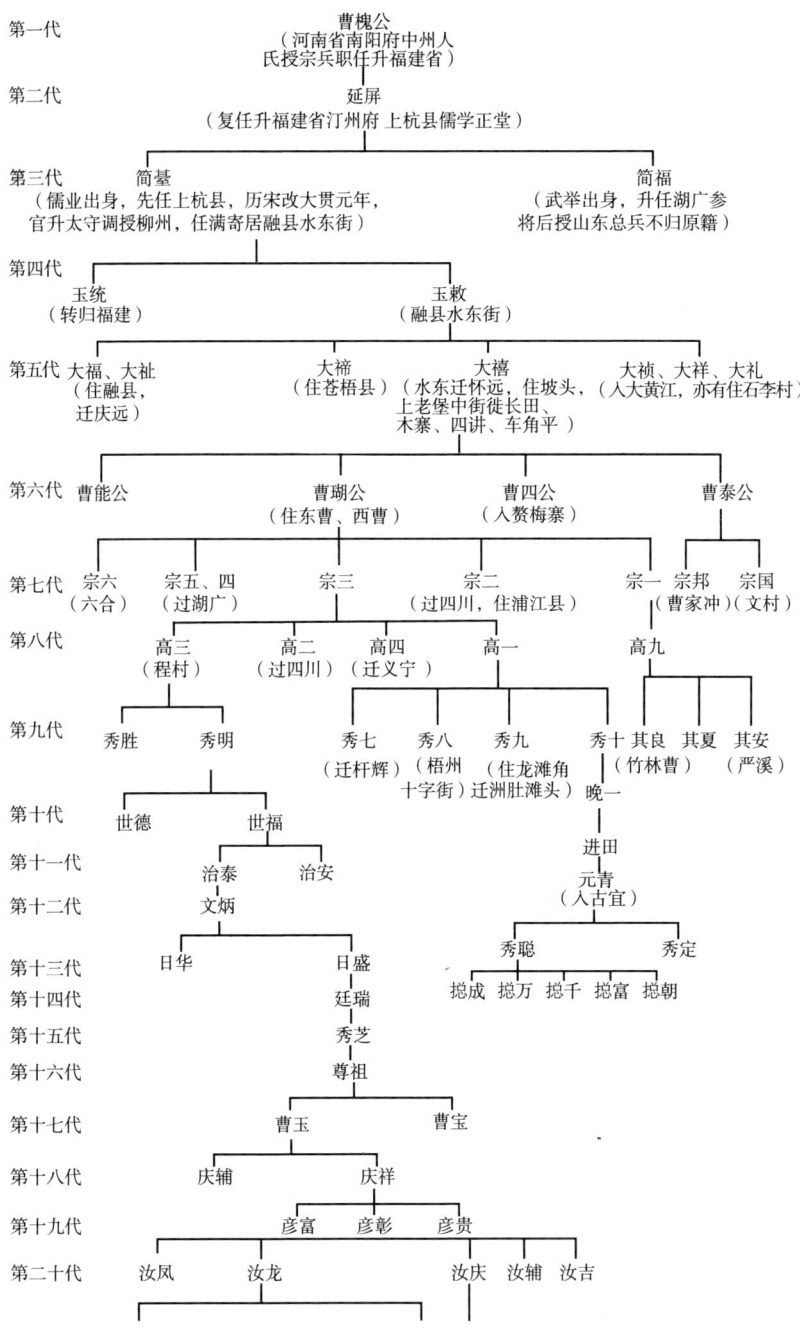

第三章 祖先源流追溯与宗族谱系建构

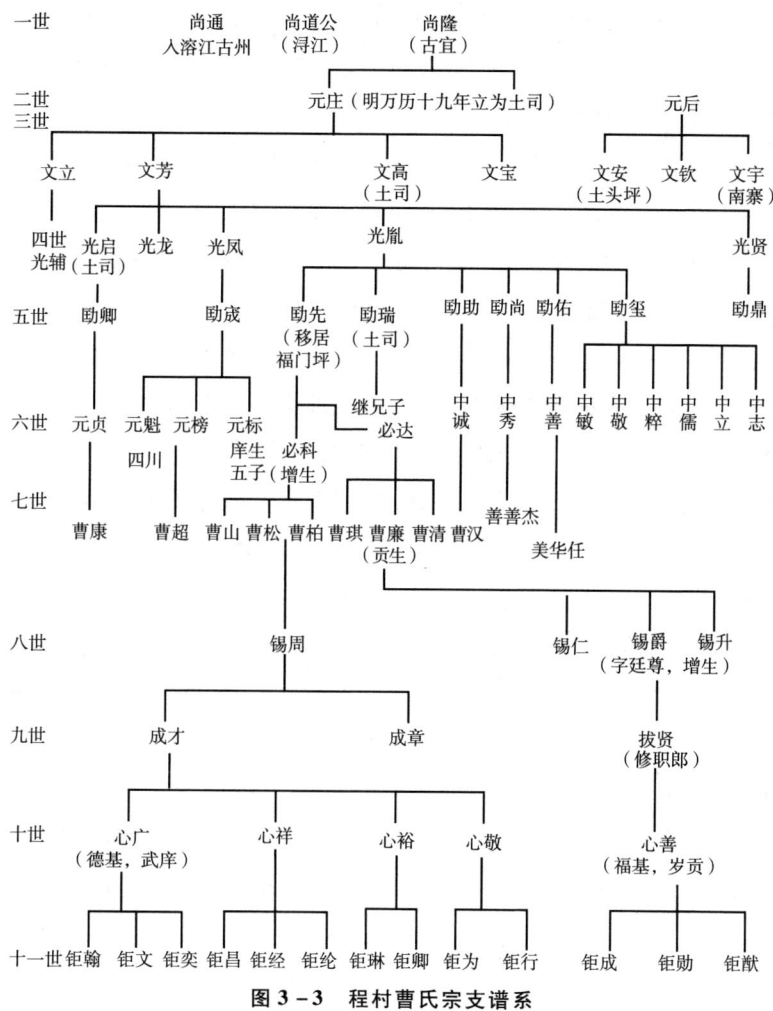

图 3-3 程村曹氏宗支谱系

然而，笔者在融县、怀远县搜集到的雍正至道光年间的地方宗族文献中，均显示出这些地区鼎建宗族建构的活动，与当时地方官府推行的保甲制度、鼓励宗族内部约束族人、维持地方稳定的王朝统治政策有一定关联。

融县水东曹氏、曹荣甲严溪天香里曹氏、古宜甲大寨曹氏和程村曹氏在家族谱系上的这种联宗行为，不仅在当时为这些世家大族之间以宗族为名建构出一套谱系上的宗亲关系,更是为后来融县、怀远境内更多不同地域曹氏人群之间以宗族组织为媒介建立跨地域的拟血缘关系奠定了基础。

如古宜甲西遊坪曹绍元在编纂《西遊曹氏宗谱》就叙述自己参阅了文村保存的曹氏宗谱,而从其抄录内容可知,文村曹氏宗谱明显传抄自程村、融县水东、大寨、天香里严溪等地曹氏编纂的几种曹氏宗谱:"现据文村保存宗谱记载,唐虞夏商周以来,居至明天启元年重抄,至乾隆四年披览补入,又至道光十一年甲申年仲冬重抄,光绪二十年甲午仲冬重抄,撰列此谱,已得其大略,得融县水东族谱,合之天香里、严溪、大寨旧谱,统阅参补,庶得详明何也。"① 此外,曹绍元除了在谱内"稽阅"文中说明自己参照文村宗谱之外,也在"后记"中叙述自己由于"偶然见到朝龙坪曹氏族谱、草头坪曹氏族谱,记载甚详,脉络清楚,族世分明",于是"当即寻访收集严溪、文村、本村、新寨、大寨等十余本,并加抄录,适富文坪曹蔓山意欲整理出宗谱续本,遂与之。今在其续本基础上参照本寨族谱合之而成此谱。但由于资料来源有限,特别有关西遊资料更缺,有些疑难只能袭旧"。由此可见,在曹绍元编纂《西遊曹氏宗谱》之前,古宜甲的大寨、朝龙坪,程村甲的富文坪(即程村谱中的福门坪)、草头坪,曹荣甲的严溪,文村甲的文村等村寨的曹氏家族中就已经流传着若干个抄本的曹氏宗谱或族谱,而这些族谱流传的地域正是以古宜大寨和程村两个曹氏聚居的世家大族为中心。

再将《西遊曹氏宗谱》与《古宜大寨曹氏宗谱》和《程村曹氏宗谱》相比照:三个谱本都认定福建总兵曹槐公为始祖,《西遊曹氏宗谱》与《古宜大寨曹氏宗谱》都将延屏公、延寿公列为第二代,《程村曹氏宗谱》的第二代只有延屏公而无延寿

---

① 曹绍元编纂《西遊曹氏宗谱》,1991。

第三章 祖先源流追溯与宗族谱系建构

公,之后第三代至第十三代的祖先谱系大同小异,《西遊曹氏宗谱》与《古宜大寨曹氏宗谱》都记载第八代高一公迁入西遊坪,但曹绍元依然将西遊曹氏列为迁入古宜之始的第十二代元清公后代秀定公支系,而将大寨曹氏同列为元清公后代秀聪公支系,以示二者的区别与联系(见图3-2、图3-3、图3-4)。同时,曹绍元在编纂《西遊曹氏宗谱》时也延续了其他曹氏宗谱设置联宗谱系线索的风格,虽然编纂者能够真实记录的仅是本家族支系或旁系三代至四代的宗支谱系,但其在叙述祖先谱系时,保留有若干个后代世系不明的兄弟名字,其中也会有其移居某地的记载,以便为族人日后的联宗提供线索。这种谱系编纂方式的延续,一方面为移居人群记录自己散失亲族的历史记忆提供场域,另一方面也为后世人群建构拟血缘的亲族关系提供文字上的证据与契机。这既是由编纂者本身的主观动机所决定,但其实也深受长期以来当地流传的族谱编纂传统的影响,以及其背后的地方人群历史书写模式框架所限定。

这种曹氏大姓家族谱系在不同地域家族人群中得以传抄和再书写的活动背后,其实反映的是清代中期以后,怀远地方士绅家族中发生的一股宗族化潮流。清代怀远当地读书入仕人群显著增加,儒家宗族观念逐步由世家大族渗入普通家族,使得更多小家庭中的儒学士子希望通过宗族关系拓展人脉关系、凝聚宗族人群。随着联宗家庭或家族数目的不断增加而形成的某些大姓宗族也开始共同祭拜始祖、置办清明田、建造宗祠等。

如福门坪曹氏家族的曹心广于乡试中武庠,首创该村科举功名,于嘉庆年间号召族人在福门坪建造宗祠。而程村曹氏家族的增生曹锡爵、贡生曹心善则积极编纂家谱,与古宜大寨、曹荣甲严溪的曹氏家族建立联宗关系,并且在道光二十六年(1846)组织族人开展祭祖活动,但他们祭拜的不是被尊为始祖的曹槐公,而是第二十一代的程村定居祖尚道公,认为其"上承始祖二十代之世泽,

山水"峒氓":明清以来都柳江下游地区的家族、婚姻与仪式传统

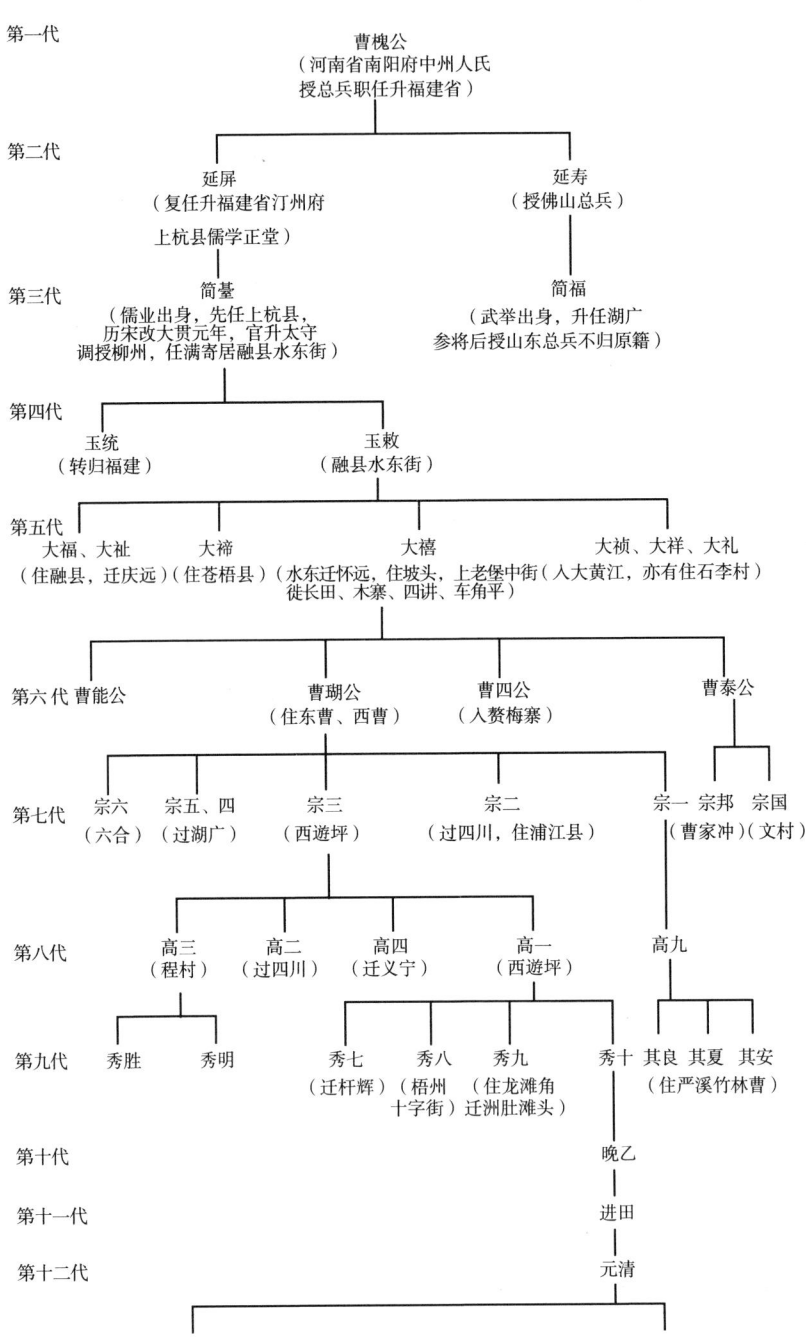

第三章 祖先源流追溯与宗族谱系建构

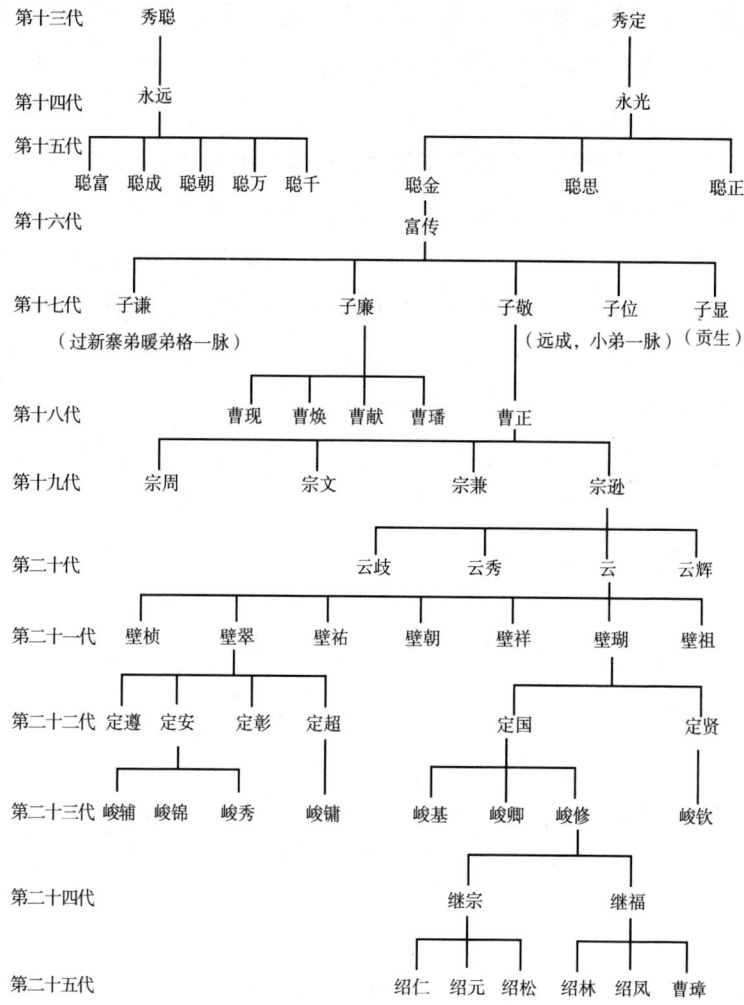

图3-4 西游曹氏宗支谱系

下启子孙万世之人文",① 但由于程村曹氏并未建造宗祠,因此当时的祭祖方式仍为墓祭。直到程村曹氏家族捐田加入福门坪曹氏宗祠,于是两支曹氏家族才正式建立联宗关系,"每届清明节,两村

① 曹福基:《祭祖文》,见《程村曹氏宗谱》(1846年修)。

151

老少男丁，齐集祠堂，祭祀祖先，礼节甚是隆重"，① 并且联合编纂宗族谱系，将福门坪曹氏家族列为第二十五代由程村迁居福门坪的勛先公之后。

古宜大寨曹氏早在雍正年间就开始致力于编纂宗谱，追溯祖先来源，建构联宗谱系，确立族长、族人以及其他村寨曹氏宗亲的关系，其宗祠也于光绪二十四年（1898）在大寨村内兴建起来。其宗族影响力更是以古宜大寨为中心，辐射附近的西遊寨头、西遊寨尾、滩头、门坪、上林江、旱段里九、甘洞、冷曹、六会、小光以及和里村欧阳寨等村寨的曹氏家族。目前，古宜甲内这些村寨的曹氏家族与曹荣甲严溪，程村甲富文坪、草头坪，文村甲文村、光辉等村寨的曹氏家族，在追溯祖先源流和编纂宗族谱系时都认同自己是"福建始祖槐公一脉后裔"。②

第三节　跨宗族的族群认同建构："十二大姓开浔江"传说

清代雍正以来，主要聚居于六甲区域内的古宜大寨曹氏、程村曹氏对其宗族谱系的书写和编纂，以及与其有关联区域的曹氏家族士绅对其二者谱系的传抄和再书写，一方面使得曹槐公由闽入粤开辟浔江的说法，从某一两个曹氏家族祖先来源的传说成为怀远境内众多曹氏人群对自己祖先源流的追溯；另一方面也对居住于六甲区域内的其他大姓家族如荣氏、侯氏等宗族祖先源流的书写产生了深远影响，不仅为他们在追溯祖先来源方面提供文字上可资借鉴的依据，也使得一个"十二大姓开浔江"的祖先移居传说在浔江流域的村寨中广泛流传开来。这一传说不仅在古宜镇大寨、大

---

① 曹德昭编纂《富文坪曹氏宗谱》（1989年修）。
② 《古宜大寨寨诺曹氏宗谱》（1995年修）。

竹、西遊等村的曹氏、荣氏、侯氏等家族宗祠所立碑刻和编纂族谱中有所反映，也在寻、溶两江交汇之处和里村杨氏、欧阳寨杨氏的祖先源流叙述中也有着较为丰富的文字表述，笔者在此兹作进一步的比较与分析。

古宜大寨的荣氏家族也是在清初就已经兴起的世家大族，与大寨的曹氏家族可谓古宜望族。正如怀远知县廖蔚文所言："怀之衣冠文物聚于古坭（即古宜），古坭之有曹、荣，犹晋之有王谢，唐之有崔卢也。"① 当时古宜大寨荣氏家族的荣科于康熙三十五年（1696）考取岁贡，于康熙四十六年（1707）部选苍梧县教谕，后调署直隶省冀州枣强县知县。② 廖蔚文还为其出贡赠诗二首，③ 可见荣氏家族在地方上的影响力以及与地方官员的密切关系在乾隆年间就已经非同一般了。曹、荣两氏共同居住于古宜镇大寨村，曹氏主要居住于寨开屯，荣氏则居住于寨头屯，两族的宗祠也各自位于聚落当中位置开阔之处。

曹、荣两家之间的密切关系，还可以从目前大寨曹氏宗祠内存放的一块民国22年（1933）刊刻的《开基始祖曹荣龙李欧阳潘马蓝龚侯谢十二大姓发源纪念碑》中反映出来，其内容如下：

> 考十二大姓之发源自宋朝徽宗大观元年，因金国四太子兀术之乱，全国骚然，闽省受灾犹甚。是以各姓始祖，率带男女四千余人，由福建汀州府上杭县珠玑巷逃难，经广东嘉应州到柳州，直至古宜。是时，土居均系苗、猺、狪、獞，迄我汉族

---

① （清）廖蔚文：《古坭梓潼阁振兴会序》，民国《三江县志》，第562页。
② 见民国《三江县志》，第696页。
③ （清）廖蔚文《赠荣科出贡二首》（民国《三江县志》，第600页）："浔水深无极，如君学问情，经明堪用世，年少早成名，秋月看蟾殿，春花步玉京，予心期远大，九万正初程"，又"百卉丛中数，乔林第一枝，文名高楚粤，雁翼并郊祁，世系宗荣叔，襟怀忆启期，洛城初试策，翘首上丹墀"。

> 始祖等到此，子孙日渐繁衍，而苗猺各族即逐渐退让，始有此地。后因宜地面积，有地窄人满之患，始祖等于年之腊月三十日，在寨心筑一坛，大家会饮商议，次日在此分手，各往一方，或上或下，或远或近，各觅新地，以谋发展，不愿去者，仍住大寨，是即十二大姓开浔江之始也。回忆始祖开创之初，斩荆榛，开荒土，不知费几许功劳心力，始有今日之繁盛，吾辈安享其成，亦当年始祖艰难缔造之功也。谨撰数言以纪不忘。
>
> 重修发起人：荣成基、荣冠英、曹骏廷
> 民国二十二年三月初九日立

该碑刻讲述了宋徽宗年间，曹、荣、龙、李、欧、阳、潘、马、蓝、龚、侯、谢等十二大姓氏共四千多人，由福建汀州府上杭县珠玑巷逃难，经广东嘉应州到柳州，再至古宜大寨定居，后因子孙繁衍、人满为患，于是诸姓始祖在大寨寨心筑坛会饮，商议再次迁居，各姓后裔于是向大寨四周以及寻江沿岸各地寻觅新地、迁移定居的故事，撰写者将这一人群移居过程称为"十二大姓开浔江"。

我们可以发现，这一移居故事与曹氏始祖曹槐公由福建汀州府上杭县迁居入粤的祖先源流说类似，迁移时间也提及宋徽宗大观元年，但与曹氏祖源传说不同的是，十二大姓是因逃难迁移入粤，而非入粤为官，而且迁出地由上杭县东门朱熹巷（或朱喜巷）改为珠玑巷，并且将途中入粤经过的中转地点增加了广东嘉应州。这显然是清代流行的广府"珠玑巷"传说与古宜曹氏宗族中流传的福建汀州府上杭县移居传说的综合体。

此外，该碑刻中也流露出撰写者已经具有近代以来传入的种族和民族观念，以及对地方上"苗""猺""狇""獞"等族与汉族区分的敏感。落款的重修发起人很有可能就是碑文撰写者，其中以荣氏家族成员荣成基、荣冠英以及曹氏家族曹骏廷为首。荣冠英为

第三章 祖先源流追溯与宗族谱系建构

民国时期广西省立第二师范学堂本科毕业，曾任三江县教育局局长，博白、西林、中渡、三江等县政府科长等职务，① 是接受过所谓"新学"教育之人，而且曾在地方上担任政府官员，这都显示出碑刻撰写者具有超越宗族认同、建构更大范围的地域认同和族群认同的主观倾向及社会现实需求。

在荣氏宗祠中所立的祖先源流碑刻以及编纂宗谱当中，也详细记载了关于荣氏始祖随十二大姓祖先由闽走粤、开发浔江的故事。竖立在荣氏宗祠正中"荣氏堂上历代宗亲之神位"石碑旁的两块碑刻对荣氏始祖源流的追溯，或许能够为我们了解清末至民国时期六甲区域内的地方社会状况给以一定的启示，兹记录如下：

> 稽考本始祖荣公于宋朝徽宗大观元年，由福建汀州府上杭县珠玑巷，兹因闽省荒乱，是以十二姓兄弟逃避磨劫。其姓氏是曹荣龙李欧阳潘马蓝龚侯谢，率带男女老少四千余人，途经广东，继而进入广西柳州郡，惟我始祖如环公、如锡公先住柳州黄村头，其后迁怀邑入浔江，居分各处，各立有谱，经代远年湮，源失漏，又加咸丰、同治年间，阁邑被乱贼窜扰，六甲三侗地方片瓦无存，避无宁日，民间困苦，契约损失，幸森林中谨存一二而已。清平后，始获增补纂修。兹因光绪十七年辛卯岁建造宗祠，工程告竣之后，于光绪廿七年冬月，众族父老托嘱顺祥公撰写族谱，以及取下班字派，而顺祥公便即以锦字续成一联为：锦成永作家中宝，兰秀时为世上珍。本先祖历代班次：如胜太朝聪田朝田胜聪福天荣以光君日顺象锦成永作家中宝兰秀时为世上珍。②

---

① 民国《三江县志》，第350页。
② 古宜大寨荣氏宗祠碑刻"序言"，1993年重修。

山水"峒氓":明清以来都柳江下游地区的家族、婚姻与仪式传统

从以上碑文可知,被大寨荣氏奉为始祖如环、如锡两公的祖居地实为柳州黄村头,其后人迁居怀远寻江之后,"居分各处、各立有谱",表明彼此一直都没有建立联宗关系。咸丰、同治年间,贵州清水江一带爆发的"苗乱"频频侵扰怀远境内的村寨。尤其是同治二年(1862),"苗匪"由贵州黎平一带兴起。[①] 同治六年(1866),"苗乱"再次波及黔桂边界地区,由"苗酋"梁陈黄带领数千人进入古州,然后一路行船由溶江顺流而下攻进怀远城内,"大肆抢劫,回复古宜,一路遭殃,凡六甲之民房,焚烧殆尽"。[②]

动乱平定之后,各地的荣氏族人才开始重新编纂和修补自己原先的族谱,并且于光绪十七年(1891)在古宜大寨荣氏家族的主导下兴建宗祠。这反映出咸丰、同治年间贵州东南部兴起的"苗乱"不但对怀远境内六甲三侗一带村寨造成了极大破坏,而且对当地村寨之间的族群关系和人群组织方式产生了深远影响。由于饱受动乱的侵扰,六甲地方村寨的青壮年需要迅速武装起来,建立带有自治防卫性质的地方团练组织,因此原先相对孤立的小家族需要通过联宗方式集结为更大的宗族组织,实现更大规模的军事动员和集结,以此实现一种地方防卫自治化。

如果说古宜各大曹氏家族在清代雍正年间开始的联宗行为,还只是一种世家大族在地方上引领的士绅家族的宗族化潮流的话,那么到了清代光绪年间,古宜大寨荣氏家族联合甘洞的两支荣氏家族共同兴建宗祠的行为,就已经有着凝聚跨地域族群,实行区域之间联合防卫的明显用意了。大寨荣氏家族推举贡生荣顺祥[③]为首修纂

---

① 详见(清)杨植盛《邀集黔粤大团剿匪请发粮弹禀》,民国《三江县志》卷5,第583页。
② 详见民国《三江县志》卷7"大事记",第650~651页。
③ 荣顺祥,字集斋,民国《三江县志》记载为荣集斋,第326页。

第三章　祖先源流追溯与宗族谱系建构

族谱，甘洞的两支荣氏家族则推举武庠生荣象邦参加研究修谱事宜，族谱修撰完毕之后在祠堂举行祭祖仪式，并当众宣读后发给各族支代表。① 在清末这股新的联宗趋势下，古宜大寨曹氏家族也于光绪二十四年（1898）联合族人在大寨的寨开屯鼎建曹氏宗祠，以此进一步巩固宗族人群的凝聚力。

民国时期，怀远境内已经出现了许多大大小小的宗族组织，各宗族内部通常推举族内官绅作为族长，并且订立规约以约束族众。如民国《三江县志》有载：

> 汉人之宗族（包六甲人）皆以其血统之关系，而有大族、本族、小族之别称，大族以入居斯地之始祖起，凡出其系之子孙皆属之，本族自高祖起，其子孙属之，小族则自祖而下之亲属也。大族之祖，殆比之不迁之宗，本族之祖，即五世而迁之宗，其自祖以下曰族者，则地方俗习，故以小族别之，族各有长，订有条规，事无大小，悉守规约，恪遵族长之指挥勤勉，皆休戚相关，患难与共，虽任何压力，至牺牲一切亦所不惜，其表现于社会者则蜕变而为团款。②

该县志中记载的"团款"主要指怀远当地所形成的一种具有本地族群文化自治特色的武装自卫组织形式，"团"有清末兴起的团练之意，"款"则是当地本土人群中长期形成的规约和自治组织。"款"早期指称岭南境内本土人群自发形成的民间规约。周去非《岭外代答》中"款塞"一条就是阐释当地岭南地区"蛮夷"人群中所行使之"款"：

---

① 荣超玉、荣超伦、荣超武：《重修族谱序》，荣超玉、荣超伦、荣超武编《荣氏宗谱》，2000，第3~5页。
② 民国《三江县志》，第149~151页。

山水"峒氓":明清以来都柳江下游地区的家族、婚姻与仪式传统

> 史有款塞之语,亦曰纳款。读者略之,盖未睹其事尔。款者誓词也。今人谓中心之事为款,狱事以情实为款,蛮夷效顺,以其中心情实发为誓词,故曰款也。①

这种把"款"作为民间规约的形式长期存在于湘黔桂交界地区的本土人群当中,后来,"款"也演变为本土村寨之间的一种自治与联盟关系,可以因为婚姻、政治或军事等多种原因组成不同规模的"款"组织,称为小款、中款、大款。不同的"款"组织因为某些突发事件而需要组成新的联盟关系时称为"合款",这是一种在一定历史时期,地方传统的村寨自治、自卫的人群组织机制。②

清代中期至民国时期,"款"在怀远境内已经逐步发展成为一种跨地域的地方军事武装自卫团体的联盟组织。民国《三江县志》对当地所实施之"款"有如下解释:

> 款,团约也,俗习即以之称团,柳州志谓广西民兵曰款,指团练也,旧志称"集款",则凡关于执行团约皆习用之,远在前清嘉道以前,由来久矣。相传本县平江区在昔自治自卫之组织悉遵周夫、六郎(出处不详)二人所订之二十一条款(条文无存)为法则,相沿至今,每遇集众或起团,皆曰"起款",以后浔江之九合局,及河里等村之联团,或曰大款,或曰扩大款,盖自此始,凡团组成、款议定,皆共同遵守,并服从款首之指挥,每遇巨大事变,即以鸡毛火炭置信封中,为传发之紧急信号(条款谓之飞牌),闻者不避风雨,星夜奔赴指

---

① (宋)周去非:《岭外代答校注》卷10"款塞"条,第424页。
② 关于"款"的历史研究,可参见邓敏文、吴浩《侗款的历史变迁》,《民族论坛》1994年第2期,第60~66页。

第三章 祖先源流追溯与宗族谱系建构

定地,如期而集者常逾万人,莫敢或后,此种组织,尤以侗族之历史为悠久。①

可见清末地方官员在怀远推行的团局或团练组织,仍然是以当地"款"的传统形式为基础来组织地方武装自卫群体。尤其是在咸丰、同治年间的"苗乱"时期,怀远境内不同地域的村寨就是通过"集款"或"合款"的形式来召集各村寨人群,以跨村寨的武装组织来实现联合防卫。如咸丰十一年(1861)三峒六甲联组九合局之扩大款,同治二年(1863)林溪河、武洛江、猛江与和里五百等村组成联合大款,光绪三十年(1904)寻、溶两江民众联合集议,联合两江流域的六甲三峒、三江(林溪河、武洛江、猛江)组成超前之大款,都制定了较为完备的条款,② 并且在一定程度上强化了不同层次的地域认同。

在这样的历史背景下,我们再来解读这一时期"十二大姓开浔江"传说的兴起与广泛流传,就可以看出其所承载的既以宗族组织为基础,又超越宗族组织以凝结跨地域人群认同的现实意义所在了。从清初以来,一些拥有家族谱系编纂传统的家族人群希望建立以祖先血缘关系为纽带的宗族组织,因此纷纷兴起联宗的潮流。在咸丰、同治年间地方"苗乱"冲击下的怀远乡村,地方上大部分没有宗族组织传统的人群主要是通过非血缘关系的团款组织进行跨地域的联合防御;而以祖先纽带为人群组织方式的曹、荣等姓氏宗族,则需要通过建构和传播"十二大姓开浔江"的祖先移居传说来聚拢不同姓氏人群,以此来建立以超越宗族的地域认同为基础的联合防御组织。

---

① 民国《三江县志》,第158页。
② 详见民国《三江县志》,第158~160页。

第四节 从地域认同到族群认同:"六甲人"的出现与划分

明代万历年间"怀远猺乱"平定之后,地方官员将怀远地方人群划分为"民""獞""狪""猺""苗"等族群类别,并且在呈交给广西巡抚杨芳主持编纂的《殿粤要纂》的《怀远县图》(见图1-2)中,以不同的族群聚落类别给予标注和划分。此外,在平乱主将郭应聘的奏议下,朝廷委派地方官员在当地"猺乱"波及的村寨实施"联束民猺"政策,并且在内、外三甲民区域采取"立舍师"措施,对三甲民实施儒家教化政策。

> 每甲乞立社师一人,教子弟写仿书,习楫逊知伦类,有能颇谙文字者,即加以衣巾,朔望行礼。其社师俯准充附寄学,三年准廪,六年准贡等……残民子弟八岁以上,听令训诲,所攻者写仿,所读者教民,榜日记故事诸书,所习者洒扫、应对、揖拜、坐立之节,其有颇谙文字者,听县官申报提学道给与衣巾,如果文艺通晓,提学道岁考之时,酌量收录帮补增,廪使速见为善之利。其社师,以子弟之进益,验其勤惰,一年之内,所教子弟,稍有条理,亦听县官申报提学道,准与充附,如训迪有方,文行兼称者,提学道仍加优录,量准充廪充贡,以示激劝。①

然而到了清代,从前文引述的两位知县廖蔚文、林大宏对怀远境内的人群描述,我们可以发现,虽然延续了明代的"民""夷"之别,但当时地方官员对"民""夷"人群的界定,已经开始逐步转变为一种地域和文化的概念。在居住地域上,官员认为"民"主要分布于

---

① (明)郭应聘《议怀永善后事宜疏》,《郭襄靖公遗集》卷4,第78页。

"附城及六甲",可见当时居住于县治丹阳镇的城厢居民,以及划定为"六甲"区域的村寨民众都将自己或被他人视为"民",而在其他区域聚居的人群还仍然被视为"猺""苗""狪""獞"。在文化方面,廖蔚文有云:"内而为冬为甲,固知募化向风,外而为峒为猺,亦皆输粮纳税,截长补短。"① 可见当时"输粮纳税"虽然仍然是成为"民"的标准之一,而"募化向风"却是成为"民"更为重要的标志。同时,形成了一种所谓"移民"与"土著"之间的族群区分,"移民"的来源,廖蔚文认为是"异省商贾",林大宏认为是"异地之人",而"土著"则是"猺""苗""狪""獞"。可见到了清代中期,怀远地方对于六甲民的概念仍然是一种基于地域划分和文化实践的界定,其居住地域限于六甲之内,具有"民籍"身份,在人群源流上则强调其外来移民的来源,即是与作为"土著"的"苗""猺""狪""獞"有差别的"异省/异地人",在文化表征上则表现出"募化向风"。六甲的曹、荣二氏早在清初就有不少子弟因为参加科举考试得以入仕为官,可见六甲民众的确能够较早地接触到官方推行的儒家教育,接受王朝国家的教化政策。

然而,到了民国35年(1946),主要由地方官绅搜集资料汇总编纂和出版的《三江县志》,将县内人群依据当时所谓的"民族"标准划分为汉、苗、傜、侗、僮:"本县人民,汉居十之四强,苗傜侗僮十之六弱。"其中汉人又分为"六甲人"和客家人,并且对"六甲人"的居住地域,人群来源,语言、服饰等文化特征等情况进行了较为详细的描述。在地域分布上,认为"永吉三峒(上、中、下三峒即福安、龙胜、高基三乡)及六甲(即曹荣、程村、黄土、古宜、寨准、文村等六村屯)等地,皆六甲人也"。在人群来源上,一方面将"六甲人"当时流传于当地"十二大姓开浔江"的地方人群来源传说相联系,"宋大观元年,金兀

---

① (清)廖蔚文编纂康熙《怀远县志》,第17页。

山水"峒氓":明清以来都柳江下游地区的家族、婚姻与仪式传统

术侵扰中国时,福建汉民曹、荣、龙、李、潘、杨、欧、马、蓝、侯、龚、谢十二姓,联合由福建汀州府逃难,经广东、达柳州,而至古宜(据古宜近郊所立之十二姓发源纪念碑)";另一方面,也将"六甲人"的来源追溯到明初朝廷登记户籍编入里甲的"三甲民","沿河以居,生齿繁衍,历元及明,史称其为民,以与夷别,明洪武中,立县志于老堡置镇、甲、冬、峒,而有三甲民之称,三甲,盖当时之甲次也,其所居地为三峒六甲,而结集于六甲者为多,故又称为六甲人"。在文化特征上则概括描述为:"以乡居故,多业农,其性情多温柔纯厚,女性尤勤俭,其巾服皆以自种棉自织染之布为之,其言语与融县之百姓话及粤语相类似,如吃饭曰'昔藩',穿衣曰'蠢以',父母曰'湖慕',其服装男与客人(即指汉人)同,女子则头裹花巾,衣裤皆尚青布,甚少穿红着绿者,出嫁者挽髻,未嫁者辫发,耳坠银环,手带银钏或玉镯,与汉人大同小异。"① 描述中包括人群迁徙传说,地方行政建制的变化,人群的生计方式、语言、服饰等文化特征,以及历史事件等,以这些因素来描述和界定"六甲人"与其他族群的区别。

更有意思的是,除了运用近代以来流行的民族划分标准,如体貌、性情、服装、言语、生活习俗等,对汉、苗、瑶、侗、壮进行分布描述和区分之外,民国《三江县志》还将本地的各大姓氏与各族群的划分进行一一对应。如汉人中的"六甲人"就是曹、荣、龙、李、潘、阳、欧、马、蓝、侯、龚、谢十二个姓氏,而客家人有郑、赖、李、原、邱、王、罗、温、潭等三十多个姓氏,各乡市村镇的其他汉人则有杨、梁、陈、熊、尹、骆、罗、唐、张、陶、黄、何、莫、韦、吴等五十多个姓氏。侗族有吴、杨、石、龙、余、倪、梅、汪、郭等姓,壮族仅有覃、韦二姓,瑶族有盘、蓝、赵、陈、凤、刘、李、文等二十多个姓氏,苗族有代、伍、杨、

---

① 民国《三江县志》,第 114~116 页。

龙、滚、傅、卜、袁、门、阮等二十多个姓氏。① 可见当时地方文士官员对地方人群的民族区分，虽然采取了很多近代西方传入的种族、民族观念的标准，但是在实际的划分层面，依然深受儒家以血缘关系为基础的宗族人群划分观念的深刻影响，并且当地各姓氏家族人群已经逐步形成以宗族关系或非宗族关系的文化表征来联结或区分地域族群的本土模式。

通过地方志的记载我们还可以发现，到了民国年间，所谓的"六甲人"分布区域虽然从原来的六甲（即曹荣、程村、黄土、古宜、寨准、文村）地域，扩展到了原来主要为壮族人居住的永吉三峒（分为上、中、下三峒，即民国时的福安、龙胜、高基三乡）一带，但其内部人群的包括范围反而较清初以来"六甲"民的范围大大缩小了。清代"六甲民"包括六个甲范围内的所有民户，而民国时期的"六甲人"仅包括曹、荣、龙、李、潘、阳、欧、马、蓝、侯、龚、谢十二个姓氏的宗族人群。其他即使是居住于六甲地区的人群，也由于不属于十二大姓氏而被划分为客家人或其他汉人。

可见明末清初以来，外来移民的持续进入，使得本地汉人族群内部也逐步发生分化，形成民国时期怀远当地"六甲人"、客家人以及其他汉人的划分格局。如对客家人的描述为：

> 俗谓之麻界人，原以广东嘉应州为多，在广东亦有客家人麻界人之称，因其言语又与广府人异故也。然皆能说官话，其最新不可考，而体貌肤色、汉言汉服以及家庭社会之组织表现，悉与汉人无异。本县客家人，明末来自广东嘉应州，或福建、江西等地，散居各市镇，善于经商，博厚利，每至一地，率多致富。其言语吃饭曰"昔藩"，穿衣曰"着汕"，父母曰

---

① 民国《三江县志》，第 121~124 页。

山水"峒氓":明清以来都柳江下游地区的家族、婚姻与仪式传统

"牙no",其居室衣服,与一般汉人同。

将"六甲人"与客家人的描述相比照,在迁出地(闽、粤、赣)、风俗习惯、语言等方面,二者其实没有本质性的差别。唯一能够解释的就是前文所述的以曹、荣二氏为首的宗族建构行为:六甲的曹、荣二姓宗族中的主要宗支,如程村曹氏家族、古宜大寨曹氏家族、古宜大寨荣氏家族等,在明末清初繁衍成为大族,其子弟在清初就得以读书应举、入仕为官,他们通过宗谱编纂和联宗行为形成较强的同宗共祖观念,并且与其他十个姓氏通过长期密切的通婚关系,① 进一步影响这些姓氏人群对自己祖先源流的历史追溯,于是逐步形成共同的族群意识。这些使得他们与那些没有宗族或姻亲关系的客家人或其他汉人群体区分开来,更与那些没有宗族观念和组织的苗、瑶、侗、壮区分开来。

这为我们进一步思考"十二大姓开浔江"祖先移居传说在清末民国时期兴起和传播的内在机制与作用,提供了一个近代民族认同建构的时代背景。清初时古宜曹、荣两个世家大族的兴起,以及雍正以来曹、荣、侯等家族编纂族谱、鼎建宗族的一系列文化实践行为,促使民国时期"十二大姓开浔江"祖先移居传说的流传以及立碑纪念行为,其实就是地方上的某些大姓家族推动,让六甲居民由地域认同向族群认同转变的一种文化策略。此外,我们还可以敏锐地发现,在地方区域的层次上,民国以来的近代民族划分和认同的建构,其实极大的建立在过去传统的宗族认同建构的基础之上,因此"十二大姓开浔江"祖先移民传说不仅成为民国时期"六甲人"族群认同建构的"话语"基础,更成为

---

① 十二姓氏人群之间密切的通婚关系,在曹、荣、侯等姓氏的宗谱中都有所反映,笔者在此不过多叙述,会专文进行论述。

近代以来民族国家观念渗入地方,"六甲人"身份认同建构的"根基性"来源。曹、荣等世家大族中"同宗—同源—同族"的传统宗族观念,与当时流行的以血缘为基础的种族、民族观念是并行不悖的,这就使得祖先移民传说与族群认同之间能够达成某种契合与互动,从而使得祖先移民传说成为现实族群关系变化的表征。

第五节 和里、南寨家族人群的祖先源流追溯

然而,"十二大姓开浔江"传说是否只是曹、荣二氏的一家之言;在民国22年(1933)立碑之前,是否就已经在当地流传开来,并且有着不一样的历史书写与表述呢?

笔者在和里村杨氏家族所立始祖杨光祖的墓碑上,看到了另一个版本的"十二大姓开浔江"故事。该墓碑立于和里村西面天鹅岭的山腰处,碑上刊刻的立碑年代为"农历庚申年",没有皇帝朝代年号。依据干支纪年推算,笔者认为"农历庚申年"有两个可能的立碑年代,一为清康熙十九年(1680),另一个为民国9年(1920)。判断"农历庚申年"可能为康熙十九年,是由于怀远县在明清易代之际为南明永历政权所控制,直到康熙十八年(1679)清朝政府才派出"抚蛮将军"傅弘烈率兵进驻怀远,接管地方政权,康熙十九年,怀远地方政权才真正被清政府所控制,委派陈有惇来此任知县。① 因此,推测立碑者鉴于当时地方政权还处于交替状态,只刻干支年代,而不署朝代年号。而另一种可能为民国9年,可以推测为民国时期已经没有皇帝,所以刻碑者只用干支纪年,但笔者在当地所见的所有民国期间所立碑刻都写民国某年某月某日,这又似乎与当地的碑刻刊刻传统有别,由此可见此块碑刻竖

---

① 见(清)廖蔚文编纂康熙《怀远县志》,第69~70页。

立时间和情境的特殊性。

笔者在此先不对碑刻年代作论断,让我们来看碑文中所追溯的和里杨氏家族的祖先移居历史与"十二大姓开浔江"传说:

> 杨氏之始祖,唐虞以前世远难稽,夏商之后,我杨氏蔓延于天下者,籍属闽省汀州府长汀县河鲤塘,世表居住,原有谱系相传:由元末至明洪武年间,天下大乱约齐十二姓,由闽走粤,随河而上,至浔江荒郊之地方,上都穆山,始开基乐业,立寨于斯,遂取名太平河里村,仍依所自出于河里而名之以重。我杨氏世代忠厚相传,承蒙桂林省朱泓先生,点得此处吉地,敬承勿替,故子孙昌盛,积厚流光,今子孙要绍,先祖积功累仁箕裘,继后人永远相传矣。

碑文将和里杨氏家族祖先的籍属追溯到"闽省汀州府长汀县",迁移时间是"元末至明洪武年间",移居原因是"天下大乱",十二姓"由闽走粤,随河而上,至浔江荒郊之地方",之后才开始在现在的和里村开基乐业、立寨建村。

碑刻右侧碑文追溯祖先移居历史之后,再于正中刊刻"元纪始祖杨公讳光祖老大人封君之坟",左侧则将立碑者以上六代祖先的名字和世系刊刻于上,其世系关系如图3-5所示。

碑刻中被列为祖辈的杨金亮,是明代隆庆年间"怀远猺乱"平定后,地方官府设立六名土舍以管束诸"猺"的"六刀猺老"之一。万历十九年,怀远县令苏朝阳因其"献地请城有功",让其"世袭冠带"。那么杨金亮作为土官,为确保后代能够"世袭冠带"而开始追溯和记录自己的家族世系是在情理之中的;而其孙辈在明清鼎革之际将祖先谱系刊刻之碑,以此向新到任的清朝地方官员昭示自己土官后裔的身份,应该也是可以理解的。但是,被尊为和里杨氏始祖的杨光祖与杨金亮之间仅隔四代,在祖先

第三章　祖先源流追溯与宗族谱系建构

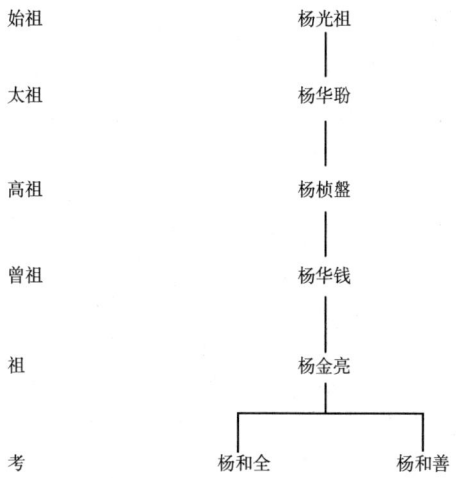

图3-5　始祖杨光祖墓碑世系

源流的叙述中被说成元末明初之人，中间跨越约二百年，可见这个祖先世系与始祖所处年代显然是不相符的。杨金亮被任命为土舍之后，开始追溯并且记录自己的祖先名字远达四代，通过祖父辈之间的口耳相传可以实现。而四代以上的世系，如果不用文字记载则很难追溯，因此杨金亮的孙辈为远及六代的始祖杨光祖的坟墓立碑，并且将历代祖先姓名详细刊刻于上，所依据的如果不是前代遗留下来的文字记录，就是后世子孙编造出来的。如果所记世系可信的话，始祖杨光祖身处年代就不可能远及元末，因此元末明初天下大乱，和里杨氏始祖杨光祖跟随十二大姓由闽走粤，随河而上至寻江沿岸开荒建寨的移居说法，就令人产生疑问了。再细察碑文，从迁出地福建汀州府长汀县，到迁入地广西怀远县太平和里村，除了一句"由闽走粤"之外，就没有更多交代了，两地之间跨越三省，相隔上千公里，在交通便利的今天尚且迁徙不易，而在元明交替的乱世，又如何能够轻易实现"随河而上"。因此，和里杨氏家族由闽入粤的移居故事就很可能是传抄而来，或是附会他人。

笔者在始祖杨光祖墓碑附近也发现了一处杨金亮墓地，立有一块道光十七年（1837）"明纪赠封义民官职太祖杨讳金亮之墓"碑，两侧还刊刻了杨金亮后代子孙的谱系，如图3-6所示。①

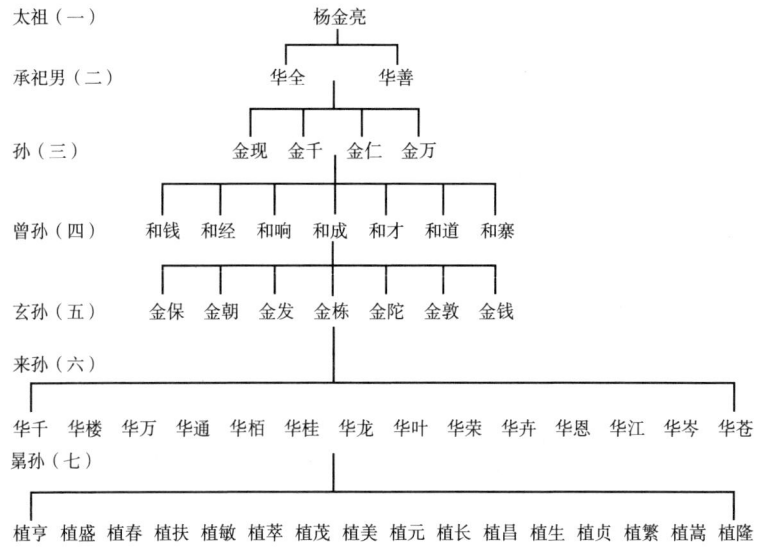

图3-6 太祖杨金亮墓碑世系

立碑者当为杨金亮后代列为来孙的"华"字辈和晜孙的"植"字辈成员，他们当中有相当一部分人应该已经接受儒家教育，并且先后通过科举考试而步入仕途。如来孙辈中的杨华楼，在道光二十四年（1844）重修和里三王宫时，就已经考取科举功名成了柳州府的府学生。② 而杨华楼的子侄辈中，更是涌现出了多名拥有朝廷

---

① 碑刻全文见附录八"和里杨氏家族太祖杨金亮墓碑"。
② 参见道光二十四年（1844）《增修碑记》，该碑立于和里三王宫内，碑文落款的撰写者为府学生杨华，但根据和里杨氏家族传抄和保存的《和里杨氏"懿德堂"宗志簿》（1986年编撰）记载，府学生为杨华楼。

第三章 祖先源流追溯与宗族谱系建构

科举功名的新兴地方士绅，如武生杨植嵩、廪生杨植盛、庠生杨植茂和杨植萃等。① 因此，在道光十七年（1837）为太祖杨金亮立碑，梳理家族成员谱系并刊刻出来的行为，清楚表明儒家宗族观念当时已经深深渗入和里杨氏家族成员的意识之中。那么对家族始祖源流的追溯究竟是在此之前的明清鼎革之际，还是要晚到民国时期呢？经过综合分析考虑，笔者倾向于认为要晚到民国时期，和里村杨氏家族族人才开始追溯始祖杨光祖的来源，并且建构出太祖杨金亮与始祖杨光祖之间空缺的世系，将杨光祖书写为元末明初天下大乱之时，随十二大姓由福建省汀州府长汀县逃难入粤，随河而上至浔江沿岸拓荒定居的早期外来移民。

此外，比照雍正八年（1730）前后古宜大寨曹氏家族编纂的《曹氏宗谱》和嘉庆十二年（1807）前后程村曹氏家族编纂的《程村曹氏宗谱》，都仅提及始祖曹槐公及其后人从福建汀州府辗转迁移至怀远浔江沿岸各村甲分散定居的历史，并没有提及其他的十一姓祖先共同迁移、开发浔江的故事。因此，"由闽入粤，开辟浔江"的祖源传说应该还是在清末光绪年间，古宜大寨荣氏家族、曹氏家族纷纷兴建宗族祠堂之后，才逐步被更多姓氏家族所接受，成为他们追溯自己祖先源流的依据。于是"十二大姓开浔江"传说才能逐渐在清末民国时期逐步形成，并且扩展到六甲区域之外的和里、南寨地区，被和里杨氏家族后人演绎成元末明初始祖杨光祖随十二大姓由闽入粤的迁移故事。

无独有偶，与和里杨氏相邻的欧阳寨杨氏在鼎建宗族、追溯始祖来源时，也采用了"十二大姓开浔江"祖先移居传说。欧阳寨杨氏宗族由"车角坡"杨氏和"太平坡"杨氏两个族支组成，"车角坡"杨氏在民国时期已经发展到十多家，在民国 21 年（1932），该族承"太平坡"杨氏相约，共同协力建宗祠三座，至民国 28 年

---

① 详见民国《三江县志》卷 3，"选举"，第 330、344、348 页。

(1939)始告落成,取名同德堂,族人杨日荫撰写的《新立宗支谱序》关于其始祖源流的叙述如下:

> 考查我祖,杨姓一族,自于元末明初,兴十二大姓,始由福建汀州逃难,经广东而入广西,达柳州,沿河而上,开辟浔江,及至泗江牙塘。内中指十二大姓,有欧杨潘马曹荣龙李龚蓝侯谢,诸姓至此,情同手足,异姓难分,或曰诸姓兄弟,大会一餐,各分道路,始向三江履迹,谋生殖民。有之向浔江,有之向溶江,更有之向武洛江,出苗江各等地带,探择安身住所,构木为巢,各落基业,惟我杨姓,始祖安万、安华兄弟二人,即由泗江牙塘,伐木扎筏,渡河上岸,始入欧阳寨中,披荆斩棘,开基落业。①

该族谱编纂于民国30年(1941),与和里杨氏刊刻的始祖杨光祖墓碑所述祖先移居故事相比,在移居时间(元末明初)、迁出地点(福建汀州)和迁徙缘由(逃难)上都无二致。有差异的是迁移路线上的叙述更为细致,增加了广东、柳州、泗江牙塘等地点,还提到了迁徙人群再次向其他地方迁移的几条路线:溶江、武洛江、苗江。此外,对十二大姓也作了具体的指明:欧、杨、潘、马、曹、荣、龙、李、龚、蓝、侯、谢,对这些姓氏人群的关系则描述为"情同手足,异姓难分"。

然而,在此尤其需要注意的是:欧阳寨杨氏所罗列的十二大姓中有"杨"姓,而大寨曹氏宗祠内所立《开基始祖曹荣龙李欧阳潘马蓝龚侯谢十二大姓发源纪念碑》则为"陽"姓,此"杨"非彼"陽"。可见民国时期,和里村杨氏与欧阳寨杨氏始祖源流传说

---

① 杨日荫:《新立宗支谱序》,民国30年(1941)编纂《车角族识宗支谱》,欧阳寨杨德楸藏。

第三章 祖先源流追溯与宗族谱系建构

中记载的"十二大姓开浔江"故事，都有着相当明显的传抄与附会之嫌。这也从侧面说明，这类由闽入粤的人群移居传说应该早在古宜大寨荣、曹二氏竖立《十二大姓来源纪念碑》之前，就已经一定程度地流传于浔江沿岸的不少姓氏家族之中，于是和里的两个杨氏家族在开始追溯自己的祖先源流时，就将其当作可资参照和附会的来源。并且这些讲述着类似的祖先源流传说的家族之间，可能存在着某种联合与竞争的关系。可见，怀远地方流传的"十二大姓开浔江"的祖先移居传说被相当多的家族人群不断地书写再造，成为适合讲述自己家族祖先源流的故事版本，并且以此来建构可供拓展的族群认同。

虽然"十二大姓开浔江"祖先移居传说广泛流传，但和里、南寨仍然存在其他形式的祖先源流传说，并且这些传说也进入不同编纂传统的系谱之中，成为编纂系谱的家族追溯自己祖先源流的依据。从这些既相似又有差异的祖先移居故事叙述中，我们依然可以看到其他人群的"结群"方式，呈现出该地区人群来源的多样性，以及他们家族历史叙事传统的多元性。

与作为土官家族后裔的和里杨氏家族不同，和里、南寨一带还流传着另外一类祖先移民传说，并且与之相伴的是另外一种兴建宗族的形式。这类传说主要将祖先的祖籍地追溯为江西吉安府太和县（或吉安府龙泉县、九江府德化县），然后迁移到广西思恩府宾州（或庆远府南丹州），最后进入怀远县内各地村寨定居。这一说法主要流传于南寨上南甲杨氏与下南甲杨氏、寨贡甲梁氏和斗江梁氏，以及寨贡甲谭氏和平乡寨脉村谭氏等家族。这些家族进行联宗、鼎建宗族的方式基本上经历了由捐（买）鱼塘作会到共（各）建祠堂再到联修宗谱的过程。

南寨的上南甲杨氏家族（约58户）与下南甲杨氏家族（约70户）毗邻而居，目前的居住地是以南寨鼓楼为界，鼓楼以上为上南甲聚居地，鼓楼以下为下南甲聚居地。在人群关系上，二者认为

山水"峒氓":明清以来都柳江下游地区的家族、婚姻与仪式传统

其祖先为兄弟,于光绪六年(1880)在南寨村内共同建造了一座杨氏宗祠,并且编纂了杨氏宗谱。虽然名为同一宗族,但上南甲和下南甲的杨氏在祖居地和人群组织关系上的区分是十分明显的。在祖居地上,二甲杨氏以杨氏宗祠所在地枫木坪上的两块鱼塘为界,上南甲杨氏居于枫木坪以上,管理上界的鱼塘;下南甲杨氏居于枫木坪之下,管理下界的鱼塘。在人群组织关系上的统一与区分则十分明显地体现在其共同修纂的《杨氏宗谱》当中:虽然两甲杨氏共同奉四个兄弟之首的杨时开为南寨开基祖,但两支杨氏对其始祖的认定是从杨时开之子国任和雷任开始的,国任为上南甲杨氏之始祖,雷任为下南甲杨氏之始祖;到了第七世春荣和春华时,两支杨氏开始以"上坪风水寨头土地门口为界"各管各业;到了第九世,尚田、尚金就开始将枫木坪上作为"祖业"的两块鱼塘分开管业,由尚田管理上块鱼塘,尚金管理下块鱼塘。但这两块鱼塘目前作为杨氏宗族的共同祖业租给族内村民养鱼,其所得收入作为祠堂祭祖的蒸尝。而且两支杨氏族人名字的班辈排列在此之前也并不统一,直到光绪六年两支杨氏开始共同兴建祠堂时,才将后世子孙名字的班辈排列统一为"国有文开盛,家传永世昌"十代转宗。

此外,在祖先源流的追溯上,虽然光绪年间编纂的《杨氏宗谱》①云,"我始祖原籍是江西吉安府太和县清白堂,分支兄弟四人,流来至广西思恩府宾州大巷口居住,十余年后迁上柳州府怀远老堡塘入南寨开基创业,传至于今十九代人";但宗谱内抄录的一份乾隆四十年(1775)所立的《管山场碑记》所述,"溯源历代古传碑记流传,我杨姓原籍江西,始祖自老堡入杨洞山开业,次入南寨开基"。可见,除了将始祖原籍追溯到江西之外,南寨杨氏人群曾经居住过的地方仅是一山之隔的老堡杨洞与南寨两地。而且老堡杨洞(今老堡乡漾口村洋洞屯)一直被南寨杨氏视为祖居之地,

---

① 见光绪年间编纂《杨氏宗谱》,南寨村杨盛玉藏。

第三章 祖先源流追溯与宗族谱系建构

据说土改之前那里大部分的田地和山场属于杨氏家族，一些迁移而来的外姓居民依附于杨氏家族，成为其佃户才得以定居下来。

笔者前往老堡洋洞屯走访时也发现，该村是典型的杂姓村，主要有王、覃、梁、潘等姓氏居民，除了王姓人口（20～30户）较多之外，其他姓氏人口仅为几户至十几户，而且不会讲当地的南侗方言，只会讲桂柳话，民族身份也全部都是汉族。杨洞与明代"怀远猺乱"中被当地"猺寇"攻破的老堡旧县城仅一江之隔，平时两边有渡船往来，五六分钟即可乘船抵达对岸，而且根据史料记载，明代"怀远猺乱"中的"猺寇"与杨洞、和里、太平、南寨一带居住的人群有着密切关系。①

种种迹象都表明，南寨的两支杨氏家族应该是明代"怀远猺乱"之前就定居于当地的"蛮猺"人群后代，而并非什么祖籍江西的外来移民。因此，这种祖先外来移居的说法，应当是在清代末年受到当地其他家族追祖溯源风潮的影响才编造出来的。他们修建祠堂、编纂族谱的时期，也正好是光绪年间怀远各地世家大族相互联宗、大建祠堂的年代。当时南寨的两支杨氏家族中，也已经分别涌现出如上南甲杨秀芝、杨秀德以及下南甲杨如桂、杨如樟、杨国祯、杨国泰等具有科举功名的士绅，他们正是当时建造宗祠的积极倡导者。

寨贡则是由外来移居人群组成的杂姓村落，该村的梁氏家族和覃（谭）氏家族也是在清代雍正年间才逐步开始记录家族谱系、鼎建宗族组织的，而且这两大家族宗族祠堂的建立与外村同姓人群的"联宗"活动有着密切关系，他们的宗族联结呈现出一种跨地域的宗亲网络关系。

光绪年间编纂的《梁氏宗谱》记载：寨贡梁氏家族最初居住于南寨头，雍正九年（1731），梁万千兄弟八人由南寨迁居到寨

---

① 详见（明）郭应聘《征复怀远》，《郭襄靖公遗集》卷17，第379页。

贡，他们于当年十一月初三日共同"买得嫁仁会鱼塘一口，坐落门楼外，存作古制"，还请中人蒙华唐、覃华道作证，请梁己艮代笔记录。① 这里表明寨贡梁氏最初是以买鱼塘作会的形式，开始逐步建构宗族的。最初八人将自己定为"万"字辈，其祖辈定为"响"字辈，并将祖辈分为五房：响传、响龙、响禾、响才、响田。道光年间，其中一房无嗣，只剩下四房分支，于是当时四房兄弟又共同商议重新作会："兹我昆弟，二十有三人，于道光丙申（道光十六年，1836）之年，约集商议，同心凑成一会，积至道光甲辰（道光二十四年，1844）三月初八日，届值清明，祭扫高白坡祖营。念宗祖之由来，原系斗江人士迁居，先住南寨泾氿，后徙寨贡安居。"

这次作会之后，寨贡梁氏各房族人才开始于清明共同祭扫祖先坟墓，并且寻找和追溯所谓的"祖先源流"。他们发现斗江有一个较有名望的梁氏家族也从同治年间就开始编纂族谱、兴建宗族，于是与斗江梁氏建立联宗关系，两族将各自的家族谱系拿出来比对，并对彼此的世系和字辈进行排列与整合："迄至（寨贡梁氏）士字辈，查源觅谱始知士字，实与（斗江梁氏）长房富公之裔，桂字同班，系居于十二世矣。当是时也，我房十三世之裔，业经泐定，亦一大字，□长房之汝字。共列于十三世也。难以世遽易同行，招呼难换，所以照谱，约准于十四世之孙，共立林字之派。"于是两族共同确定了始祖至十三世族人的谱系排列，由于从第六世至第十三世之前，两族族人名字各有字辈排行，因此只好统一始祖至五世祖，以及十四世孙之后的字辈排行。

与寨贡梁氏进行联宗的斗江梁氏，聚居于寻江中游的重要支流斗江河畔，家族兴起于清代道光至咸同年间，排列为第十二世桂字辈、第十三世汝字辈的梁氏族人中，涌现出较多的科举入仕人才，

---

① 见光绪年间纂修《梁氏宗谱》，三江侗族自治县档案馆藏，第18页。

第三章 祖先源流追溯与宗族谱系建构

如梁桂松、梁桂香、梁桂月、梁桂馨、梁桂超、梁汝颢、梁汝和、梁汝保、梁汝周、梁汝庆等人都获得庠生的科举功名。① 根据光绪年间斗江梁氏和寨贡梁氏共同编纂的《梁氏宗谱》记载：早在同治年间，斗江梁氏就已经开始鼎建宗族，当时族人梁桂蕃（十二世，字衍庆，号硕鹏，佾生）为梁氏宗族追根溯源、梳理长房保富公一脉后世子孙的家族谱系，将八世祖文卿公之后划分为七房，到了第十二世的桂字辈，"有无嗣者、亦有出外不归者，除清之候，只有四房子孙承先人所创一会，名曰四祖会矣"。② 可见在与寨贡梁氏联宗之前，斗江梁氏也是以作会的形式来组织本族人的，并且这种作会形式在联宗之后还可能一直存在。

到了同治六年（1867）前后，斗江梁氏不仅和寨贡梁氏确立"宗亲"关系，共同追溯其始祖为梁公褒，并且与居住在怀远县小龙胜、独论、义宁县夏龙村等地的几个梁氏家族进行联宗。光绪《梁氏宗谱》中收录的一篇斗江族人梁桂蕃作于同治九年（1870）的《谱序》称：斗江和寨贡的两个梁氏的始祖为梁公褒，梁公褒还有四个兄弟，依次为次公富、三公龙、四公较、五公英，原籍江西省九江府德化县，后于广西省庆远府南丹州城内，离南岳庙十三地家场居住。五兄弟居于乱世，而庆远南丹州尤属邻苗被扰，故于明朝成化二十二年（1486），负其石像土神避乱于怀远斗江村。金小河口寨门社王神，即是五公随身所负之神。五兄弟最初都寄居于斗江，后次公富移居小龙胜，三公龙移居独论，四公较移居义宁县夏龙村，只有五公英随大公褒世居斗江村。但英公几代之后就无传了，而大公褒的后人到了第五代又分为两房，其中长房保富公被斗江梁氏视为开基祖，次房保用公就是迁居寨贡的梁氏家族之开基祖。因此，斗江梁氏和寨贡梁氏都奉大公褒为其始祖，而其他几个

---

① 庠生，见民国《三江县志》，第341页。
② 见光绪年间纂修《梁氏宗谱》，第29页。

梁氏家族的始祖则与梁公褒为兄弟关系。

然而,《梁氏宗谱》收录林汝庆作于光绪六年(1880)的《寨贡祠序》中对其始祖籍贯的追溯,却与同治九年的《谱序》有差异,且有涂改的痕迹,在原文"其可据考,前明洪武间,我始祖自江西徙豫章之吉安府龙泉县,成化之世,复由龙泉徙粤西之庆远南丹州"中,"吉安"被用墨笔改为"九江","龙泉"则被改为"德化",使之与同治九年《谱序》的说法保持一致。

虽然寨贡梁氏与斗江梁氏早在同治年间就确立了"宗亲"关系,但两个家族并没有马上建立宗族祠堂。而是到了光绪六年春,寨贡梁氏才在寨贡村内首先创建家祠名为"崇广堂",主要倡建的首事者为第十三世的梁大盛、梁大振、梁大聘、梁大秀等人,虽然这些首事者当时并没有获得什么科举功名,却在宗谱中被赞誉"性刚而直,善睦宗族,乡里亲爱""明理知事,睦族和邻,乡间尊重"。斗江梁氏家族的梁汝庆为崇广堂"选择吉课",并且撰写了《寨贡祠序》。光绪二十三年(1897),斗江梁氏家族在林汝琇、林茂、林幹、林祥、林大聘等人的倡议下,修建家祠名为"崇裕堂"。兴建祠堂之后,两个梁氏家族才正式共同编纂了《梁氏宗谱》,主要是将原先各自记载的谱系连缀在一起,并且收录了之前就撰写的一些关于各自家族迁徙、作会、建祠的文字材料。

寨贡谭氏家族也将自己的祖先追溯为明代从江西迁徙入粤的移民,据谭氏宗祠内民国32年(1943)立的《祠堂碑记》[①]记载:

> 窃惟我始祖谭太伯、彰兄弟二人,官居朝廷,食爵部臣之职,观世界征末,弃职归田,潜隐乡间之间,不肯店于城市,

---

① 见民国32年(1943)碑刻《祠堂碑记》,立于寨贡谭氏宗祠内。

第三章 祖先源流追溯与宗族谱系建构

而子孙闻见止此。上祖之深高幽渺，无所稽年，籍越历之失据，今即疏如秦越，宁无视为隔膜嗟？远浑之莫追，未免绸缪之，贻憾由来既久，但存余绪。遗踪近知，明朝以来，从江西发迹而到粤，寄籍于庆远南丹，经历数传，而我老祖公讳明发者，上怀远丹阳洲而到白樠寨脉村，遂迁寨贡，以后基忆时势，只维新熟，存不朽之业。迩来有十余世于兹矣。

寨贡谭氏追溯始祖为谭太伯、谭太彰兄弟二人，他们曾经在朝廷做官，后来弃职归田，潜隐乡间。始祖的后代无法追溯，只知道从明朝以来，从江西发迹到粤，寄籍于庆远南丹，经历几代之后，才有始迁祖谭明发上到怀远县丹阳洲，然后到白樠寨脉村，最后迁居寨贡，到民国兴建祠堂时，已经发展到十多代人了。寨贡谭氏宗祠于民国22年（1933）兴建，民国27年（1938）竣工，美其名曰"培盛堂"。寨贡谭氏宗祠兴修和宗族创建，与第十二世的谭德贤有着密切关系，谭德贤为清代武庠，光绪二十九年至三十年在和里、南寨地方士绅组织地方团练、抗击"游匪"的事件中，与其他为首者共十一人一起得到朝廷赏赐，得到五品顶戴的敕封（五品加孺人）。① 谭德贤不仅作为首事者带领族人鼎建宗族，还捐献田地作为祠堂底田，并捐钱兴建宗祠、捐田产作祠堂的灯油香纸钱。

但据村内留存下来的清代捐款碑刻以及访谈村内耋老得知，其实寨贡谭氏长期以来都为覃氏，到了民国年间创建宗族时才改为"谭"氏，对于这一改名的解释，后来编纂的《寨脉分支——寨贡谭氏宗支簿》记载：

---

① 详见民国《三江县志》卷3，"选举"，第361~362页，卷7，"大事记"，第652~653页。

山水"峒氓":明清以来都柳江下游地区的家族、婚姻与仪式传统

> 世事沧桑,以谭以覃。覃氏原是谭氏,据谭渊太公而言曰,在谭国为官,我谭国诸侯,后七雄争霸天下,谭国弱败之,子孙流落逃难乡村。祖传元末明初,谭太伯、谭太彰兄弟二人,辞朝离豫归田,到达广东境内,遇见韩姓后裔,共言患难之交,一起隐瞒历史,一起说是因朝信案逃难。从此,覃、韦二姓故老流传,谭太伯改为覃太伯,随二子,经广西南丹、庆远、环江、柳城、融水等地到怀远隐居田边石洞里,开山种地为生,后迁至寨脉安居落业,太伯之次子明发太公由寨脉分支寨贡定居。①

由民国年间的《祠堂碑记》可知,寨贡谭氏家族与当时白槁寨脉村的谭氏家族应该已经开始有联宗关系,因此很有可能为了联宗而修改自己的姓氏和宗支谱系。此外,《寨脉分支——寨贡谭氏宗支簿》记载:寨贡族人名字的班辈排列,在始祖明发时为"明、万、仁"三代转宗;到第九代改为"明、万、仁、兴、德、荣、华"七代转宗;建祠堂后改为"明、万、仁、兴、德、荣、华、永、吉、昌"十代转宗;后来与寨脉老家商议,为使子孙不忘同宗共祖,于1988年又改为"明、万、仁、兴、德、龙、凤、贵、廷、芳、启、世、裕、昆、厚、荣、华、永、吉、昌"二十代转宗。可见,寨贡谭氏一直保持与和平乡寨脉村谭氏的联宗活动,并且为此不断修改和续写自己的宗支谱系。

以上所列的诸姓宗族除了追溯的祖籍地、宗族兴建的过程相似之外,在人群关系的联结和谱系的建构上也有着相似之处:都是若干个已经形成的父系血缘亲族组织,通过将祖先追溯为拟血缘的兄弟关系,采用相同姓氏、彼此不通婚、以兄弟身份

---

① 见《寨脉分支——寨贡谭氏宗支簿》序,2002年2月续修,寨贡村谭华铭藏。

相待，将彼此的人群关系以"联宗"方式确定下来，从而形成一种本土历史叙事中的"兄弟祖先"起源模式。这与王明珂在四川西部岷江上游山区观察到的当地流传的"弟兄祖先故事"有一定的相似之处，① 都表明当地人群的祖先具有共同起源，反映出其对应的村寨人群在现实生活中所具有的合作、区别与竞争关系。

然而，笔者在此观察到的"兄弟祖先"起源模式，是一种基于父系血缘关系发展出来的群体关系的扩张化过程：若干个单一父系血缘亲族群体逐步因发展的需要相互联结，以兄弟关系结成拟血缘亲族群体，使原来的族群边界得以突破和拓展，并且产生新的族群共同体和族群认同。由于宗族观念已经传入该地区，因此这种族群扩张的过程还以宗族组织为名，名义上采取了同宗共祖的宗族模式，但是在实际的人群组织方面，并没有体现出宋代以来士大夫建构的宗族形态中大宗、小宗、房支的关系，甚至连儒家"宗"的观念（通过父系血缘关系的远近来区别亲疏程度）也是相当模糊的。以当地人群原有的"卜拉"关系结成的父系亲族组织为基础，然后在其系谱上追溯或建构出一个始祖，将人与人之间的父子或兄弟关系分别转化为宗谱中的系谱关系，从而形成一种具有儒家宗族之名而以本土人群传统的父子/兄弟亲缘关系为基础的父系亲族组织。笔者将在第四章"家族组织与婚姻网络"中对本土人群的传统组织形式进行详细论述，在此不赘言。

第六节 区域人群的"结群"过程与"心态史"探究

从前文的分析我们可以看出，明清鼎革之际，清朝官方依赖地

---

① 王明珂：《羌在汉藏之间——川西羌族的历史人类学研究》，第 176~208 页；《英雄祖先与弟兄民族——根基历史的文本与情境》，第 19~30 页。

方家族势力兴办团练组织,以夺取和稳定地方政权,使得如古宜大寨曹氏这样的新兴家族能够倚靠团练武功进入国家政权体系。而程村曹氏、和里杨氏等地方土官后代,也逐渐由明代控制地方局势的土官家族向清代倡办团练的士绅家族转变。并且清朝皇帝积极推行教化政策,鼓励边疆地区兴办儒学,增设科举取士名额,使得当地其他大姓家族也逐步接受儒家教育并且积极培养科举入仕人才。因此,清代雍正至嘉庆年间,怀远当地的官僚士绅家族势力崛起,儒家宗族观念逐步渗入地方,并且逐步兴起一股鼎建宗族的风潮。同姓的世家大族之间追溯祖先源流、编纂族谱、相互联宗,以获取更多的地方资源和依附人口,利用宗族组织控制和笼络地方人群,并且实现跨地域宗族力量的联合。

咸丰、同治年间,贵州东南部频繁爆发的"苗乱"事件,不但对怀远境内大量村寨造成极大破坏,而且对当地村寨之间的族群关系和人群组织方式产生了深远影响。由于饱受动乱的侵扰,怀远各地方村寨的青壮年需要迅速武装起来,建立带有自治防卫性质的地方"团款",因此不少地方小姓家族也希望通过联宗的方式,与其他地域的同姓家族人群集结成更大的宗族组织,实现更大规模的军事动员和集结,以此实现一种地方防卫自治化。光绪年间,怀远地方更多的家族人群开始通过追溯祖先来源、编纂宗族谱系、兴建宗族祠堂等形式,与跨村寨的同姓家族人群建立所谓的"宗亲"关系,以形成跨地域的宗族人群网络。

到了民国时期,小家族通过撰修族谱、兴建宗祠或者共同祭拜始祖坟墓等手段进行联宗,以形成大宗族来联合族众抵御动乱、维持稳定的现象,在怀远当地已经十分常见了。大量宗族推举族内官绅作为族长,并且订立规约以约束族众,与"盗匪"人群划清界限,联络同姓宗族成员加强地域防卫。因此这一时期,"十二大姓开浔江"祖先源流传说形成以至广泛流传,成为相当一部

第三章 祖先源流追溯与宗族谱系建构

分地方家族人群在追溯自身祖先源流时争相讲述的故事情节，也就不足为奇了。除了采用当地传统跨村寨的"款"组织作为跨地域联合防御的方式之外，以祖先源流为纽带，有着宗族组织传统的曹、荣等姓氏宗族也通过建构和传播"十二大姓开浔江"的祖先移居传说来聚拢不同姓氏人群，以此建立跨宗族的族群认同和联合防御组织。古宜大寨曹、荣两氏甚至在民国22年共同于大寨曹氏宗祠内竖立《开基始祖曹荣龙李欧阳潘马蓝龚侯谢十二大姓发源纪念碑》，以十二大姓为基础建构"六甲人"族群认同，并且在之后地方的"民族"划分过程中，成为"六甲人"姓氏归类中重要的家族人群源流依据。

由于明代"怀远猺乱"的影响，和里、南寨等"峒地"村寨成为具有多样化人群来源的族群杂糅区域，在祖先源流的追溯上也呈现出多元外来影响的特点。和里杨氏宗族从道光年间就开始追溯和记录自己作为土官杨金亮后裔的世系身份，这一方面反映出怀远士绅家族宗族化潮流对地方村寨土官家族的影响，另一方面也展现出土官家族后人用宗族世系对当地村寨其他杨氏家族人群在身份上的区分与排斥。而民国年间，和里杨氏宗族、欧阳寨杨氏宗族对"十二大姓开浔江"故事的攀附和改写，也反映出两个宗族在人群关系上的历史联系与区分过程。①

南寨的两支杨氏家族虽然同样是当地的本土系家族，但是其家族成员在接受儒学教育、获取科举功名方面远远晚于与土官有关系的两支杨氏家族。正是在光绪年间获得科举功名的杨如桂、杨如樟、杨秀芝、杨秀德、杨国祯、杨国泰等人倡议两支杨氏共建宗族，而且两支杨氏也由于共居南寨而长期有着密切联系。但

---

① 欧阳寨杨氏家族的始祖迁移传说中，两个家族始祖有兄弟关系，但和里杨氏家族后人不承认有此一说，而两个家族却都在农历十一月初一日举行"吃冬"活动来纪念家族祖先进寨，由此显示出两个家族之前有过联合关系。

山水"峒氓":明清以来都柳江下游地区的家族、婚姻与仪式传统

是南寨杨氏宗族没有追随当时盛行的"十二大姓开浔江"的祖先源流传说,而是采用了另一种在这一地区也很常见的源流传说——"江西移民"说——而这一说法又恰恰与真正从外地迁移进入寨贡的梁氏和谭(覃)氏家族对其祖先迁移源流的追溯类似。

值得注意的是,谭(覃)氏和梁氏家族祖先从江西"迁移入粤"的第一站就是庆远府南丹或思恩府宾州,这两地恰好是明代重要卫所南丹卫前后设置之地。① 在明代"怀远猺乱"爆发期间,朝廷为了平定"猺乱",曾从南丹、思恩等地调派土兵前来镇压,平定"叛乱"之后又"留土、浙募兵六百二十二员名,委名色把总王鸾统领,水路列营于肆维江口"。② 此外,谭(覃)氏家族的后人也告诉笔者,其祖先在回忆始祖源流时提到他们是南丹壮人的后代,后来由于迁居到寨贡居住,与这里的人通婚交往,就随这里的人一起变成了侗人。由种种线索推测,寨贡谭(覃)氏和梁氏家族的祖先很有可能就是明代被朝廷派往怀远平定"猺乱"的南丹土兵,由于"猺乱"之后会留下一部分土兵在怀远驻扎屯守,因此他们得以分到屯田,且耕且守留于怀远,或者是其子孙承垦到"猺人"逃跑后留下的荒田而得以迁移进入寨贡定居。

不但在祖先源流追溯上采取共同的"江西移民"说,南寨杨氏宗族与寨贡的梁氏、谭(覃)氏家族创建宗族的方式也有某种程度上的相似性。《南寨杨氏宗谱》除了以兄弟关系将定居于南寨的两支杨氏家族各自的始祖国任和雷任联结在一起之外,还将南寨的开基祖杨时开,与古州车寨的始祖杨时泰、田寨河上邦村的始祖杨时荣、富禄江马膳村的始祖杨时昌,都叙述为兄弟关系,以此为

---

① 关于明代南丹卫设置地区的变化,见罗玉芳《明代南丹卫建制初探》,《河池学院学报》2010 年第 3 期,第 112~116 页。
② 关于"怀远猺乱"用兵情况,参见(明)郭应聘《征复怀远》《议怀永善后事宜疏》。

第三章 祖先源流追溯与宗族谱系建构

南寨杨氏与另外三个杨氏家族建立"宗亲"关系。① 而寨贡梁氏和谭（覃）氏在创建宗族之初，就已经积极地与其他村寨的同姓家族建立"宗亲"关系。

由此可见，虽然和里、南寨各自流传着不同类型的祖先源流传说，但各姓氏人群积极开展的创建宗族活动，都是为了以宗族为名建立起跨村寨人群之间的族群认同。这显示了清代道光至民国时期，儒家宗族观念在和里、南寨各姓氏家族人群中逐步渗入的同时，创建宗族成为当地人群超越地域内部的姻亲网络，建立起跨地域的族群认同的途径。然而，在这种扩大跨地域族群认同的同时，却将非同姓的人群"区分"于宗族体系之外。而这种关于非同姓人群之间的"区分"关系则更为重要，因为这与"异姓"人群之间婚姻网络的建立有着密切关系，这种婚姻网络是建立地域内部人与人之间、家族与家族之间联结的重要途径。

"十二大姓开浔江"祖先移居传说，以及与之有着密切关联的诸多当地家族的祖先源流和系谱书写，都呈现出一种外来移民进入边疆地区"拓殖开发"的叙事模式。讲述者或书写者将自己置于一种外来的、从中原进入边疆的、拥有较高文化水平或生产方式的族群地位，因此这些移民的家族历史也成为一种边疆地区进入王朝国家，得以开发建设的传统历史叙事模式的一部分。然而笔者认为，这些移民传说的产生与流传，与其说反映的是国家控制边疆、对边疆进行区域开发和教化的过程，不如说是边疆地区人群认同心态的历史变迁过程——如何从祖源传说中重视人与自然地理关系、本土人群之间关系，逐步转变为接受和强调儒家的"国—家"关系的"心态史"历程。

---

① 见光绪六年（1880）编纂《南寨杨氏宗谱》（南寨杨盛玉藏）："鼻祖杨时开，次祖时泰，三时荣，四时昌；时开公落业南寨生国任、雷任，时泰公上古州车寨，时荣公入田寨河上邦村，时昌公上富禄江马膳村。"

山水"峒氓":明清以来都柳江下游地区的家族、婚姻与仪式传统

在祖先移民传说之外,当地人群中还流传着一种体现人与自然关系、从游耕到定居的祖先源流传说。和里村吴氏宗族于2002年后重新修纂的《和里延陵堂吴氏宗谱》就呈现了三种祖先源流叙述方式的叠合。《和里延陵堂吴氏宗谱》开篇就将黄帝奉为人文初祖,把吴氏宗族的开姓氏始祖追溯到商周时期的周太王之子吴泰(太)伯,并引述《史记》中关于"太伯奔吴"的故事,以此来显示吴氏宗族的悠久历史,并且作为周王室后裔即黄帝的子孙后代而绵延不绝。但其真正可以追溯到的始迁祖是一个名叫"吴仁岑"的老祖,族谱叙述他在明代带领子孙房属由湖南靖州、通道迁到广西境内,最后才到三江和里定居。然而,在叙述来到和里之后的定居历史时,却记载了一个与当地地理生态、山林开发有着密切关系的口传移居故事:

> 老祖到此,一片原始森林,地形像个小盆地,气候暖和,林中有小溪,到处有水塘,塘中生有浮萍,并发现有鲤鱼游动,认为是吉祥之地,故定居以鲤鱼吉祥物为名,取名河鲤,鲤鱼塘叫河深,出到大河边的道路叫盎鲤道。几百年来的老祖都葬在小溪两边,因人多生产扩大,便于开田造地,才迁到小溪中游,现址简称和里。①

我们可以发现,宗谱在叙述祖先历史时,年代越遥远的祖先历史越清晰和完整,有具体的时间、地点、人物、迁移情节,其叙述方式与正统的历史记载模式也越接近,反而是年代越近的祖先来历越模糊,祖先的名字以及迁移的时间、原因、方式都简略而概括,叙述方式也类似于我们概念中的口头传说而非历史记载。

---

① 吴天良纂修《和里延陵堂吴氏宗谱》,和里村吴大贤藏,第32~33页。

第三章　祖先源流追溯与宗族谱系建构

那么，我们如何理解这种系谱中同时呈现的不同类型的祖先源流叙述模式呢？第一种关于将祖先源流追溯到黄帝，与中国典范历史相契合的潮流，已经被相当多的学者指出其中所具有的虚构性和攀附性，以及晚清以来为树立中华民族认同和建构近代民族国家所产生的作用和影响。① 第二种将祖先源流追溯为外来移民，尤其是在王朝国家不断开拓的边疆地区，以此与本地人群相区别，也与正统性身份认同的建立有着密切关系。② 第三种没有具体的王朝年代，没有确定的祖先名字，主要涉及山川、河流、地点的命名，以及人群与这些地理空间的相互位置关系。这种讲述一种人群由迁徙到定居的生活方式转变、定居地自然地理环境变化的历史，才是一种基于本土人群"地方性知识"的历史观念，如罗纳托·罗萨尔多（Renato Rosaldo）在研究菲律宾山地族群伊隆戈人的历史观念中提出"以空间定义时间"的历史心态。这是一种以游耕为主的山地人群，在不断移动的过程中，以空间地点来记忆迁移过程的历史观念。③ 这种历史观念在山地人群掌握文字书写能力之后，以口传故事的形式被记载下来，成为其对自身历史进程的一种追忆与叙述。但随着这些山地人群逐步由游耕转为定居，其定居地便成为王朝国家疆域的一部分，且王朝教化政策在地方上的推行，使得王朝国家树立的典范历史书写模式越来越侵入边疆人群的历史思维，因而使得长期流传的本土历史观念受到挤压，甚至被当作不可靠的口头传说而遭到抛弃。接受王朝国家典范历史教育的读书人用典范历史模式取代家传的口头历史观念，使得地方人群的家族历史书写也越来越呈现出一种

---

① 王明珂：《英雄祖先与弟兄民族——根基历史的文本与情境》；沈松侨：《我以我血荐轩辕——黄帝神话与晚清的国族建构》，《台湾社会研究季刊》第28期，1998，第1~77页。
② 关于这一点可以参见科大卫、刘志伟对南雄珠玑巷传说的研究，详见后文分析。
③ 〔美〕罗纳托·罗萨尔多（Renato Rosaldo）：《伊隆戈人的猎头——一项社会与历史的研究（1883—1974）》，张经纬、黄向春、黄瑜译，北京大学出版社，2012。

山水"峒氓": 明清以来都柳江下游地区的家族、婚姻与仪式传统

与典范历史相统一的状况,甚至不惜传抄、挪用、攀附名门望族的家族历史叙述模式,这就是前述的"十二大姓开浔江"传说、江西移民传说在不同类型的家族人群中得以广泛流传的原因。

这其实也为我们重新思考中国的诸多移民传说,如在华南客家人中流传的福建汀州府(宁化石壁)传说、在珠江三角洲流传的南雄珠玑巷传说,以及山西洪洞大槐树传说等,提供了另一个可供借鉴和反思的视角。首先,在某一地域人群中流传的某种结构相似的祖源传说,必定存在一个"生产—传播—再生产"的流传过程,这些大同小异的传说之间,其实是真实与虚构交织并存,因此一些学者在通过解读它们的不同文本来考证某些社会现实事件的时间、地点以及历史过程的同时,一定程度上确实为读者提供了这些传说所涉及的一些社会历史事实。例如,对宁化石壁传说所反映的史实考证,主要有罗香林在《宁化石壁村考》中对黄巢变乱与石壁村及其与客家迁移之关系的考证与论述。[1] 而对于南雄珠玑巷传说的历史考证,则先有黄慈博的《珠玑巷民族南迁记》[2],后有陈乐素的《珠玑巷史事》[3],都从史实层面试图论证珠玑巷传说反映了两宋期间中原士民为避动乱南度大庾岭、寄寓南雄,之后又从南雄迁出、流寓珠江流域的社会事实。山西洪洞大槐树传说与明初山西洪洞移民史实的关系,也很早得到学术界关注,如马长寿的《洪洞迁民的社会学研究》[4]、郭豫才的《洪洞移民传说之考实》[5] 等,都通过考证大量的家谱、墓志和地方志,显示出在一个相当长的历

---

[1] 罗香林:《宁化石壁村考》,《客家史料汇编》,香港:中国学社,1965,第377~387页。
[2] 黄慈博:《珠玑巷民族南迁记》,广东省中山图书馆油印本,1957。
[3] 陈乐素:《珠玑巷史事》,《学术研究》1982年第6期。虽然作者注意到珠玑巷传说具有巩固宗法观念以维护宗族互助的作用,但该文论述的中心还是在论证珠玑巷传说如何印证宋代北方移民陆续南迁、流寓珠江流域的社会史实。
[4] 马长寿:《洪洞迁民的社会学研究》,《社会学刊》第3卷第4期,1933。
[5] 郭豫才:《洪洞移民传说之考实》,《禹贡》第7卷第10期,1937。

第三章 祖先源流追溯与宗族谱系建构

史时期内，涉及山西的移民活动事属无疑。然而，这种将历史事件与口传故事相互印证的考据式研究方法，虽然在一定程度上解释了祖先移民传说的产生具有人群迁徙的历史背景，却没有办法解释它为什么会被以不同的形式转载于诸多不同家族的口述记忆与系谱中，并且长期而广泛地流传于不同地域的民间社会。

因此，后来的不少学者试图从国家制度运行、社会组织方式等层面对人群身份权力和认同的影响，去分析和解释珠玑巷传说产生与流传的社会动因。如科大卫就注意到明初里甲户籍制度在广东的推行，使得与赋税登记、里甲编制相关的入住权（settlement rights）成为当时地方民众的重要议题，因此大量的人群通过讲述珠玑巷传说，来表明其祖先是获得官府的许可才从南雄移居到珠江三角洲，作为移居者的后代因此可以继承其在村落中的入住权。[①] 而刘志伟则从珠江三角洲族谱中宗族历史的叙事结构入手，挖掘南雄珠玑巷移民传说 "形成和流变过程所包含的历史背景……把宗族历史的文本放到当地的历史发展脉络中去解释"，进一步肯定科大卫将珠玑巷传说与里甲户籍相联系的观点，并揭示珠玑巷传说在不同历史时期、不同叙述人群中流传的不同意义和作用。对明初被官府编入里甲户籍的人来说，它是地方人群试图编入民籍以脱离 "土著" 身份的工具。黄萧养之乱后，它是证明和维持正统性身份认同、划清界限、确认身份的话语表达；是仕宦之家彰显文化身份，得以建立宗族祠堂的文化象征。因此大量的广东居民为了取得合法的户籍身份，在系谱中采用祖先从南雄珠玑巷迁来的说法，以证明他们的中原（非 "土著"）身份及其正统性。[②] 刘志伟认为，

---

① David Faure, "The Lineage as a Cultural Invention: The Case of the Pearl River Delta," *Modern China*, Vol. 15, No. 1 (Jan., 1989): 4–36.
② 刘志伟:《传说、附会与历史真实：珠江三角洲族谱中宗族历史的叙事结构及意义》，上海图书馆编《中国谱牒研究》，上海古籍出版社，1999，第 149~162 页。

山水"峒氓":明清以来都柳江下游地区的家族、婚姻与仪式传统

珠玑巷传说的流传其实是士大夫运用文字编纂族谱对口述传统的祖先故事进行改编和记录,是地方性的士大夫宗族形成过程中的一种文化创造,是明清时期珠江三角洲地区国家认同建立的手段和结果——将珠江三角洲地区宗族的形成过程与国家认同的建立过程联系在一起,探究客观历史进程中主观文化的建构过程。

此外,井上徹的《中国的系谱与传说——以珠玑巷传说为线索》一文,则将珠玑巷传说的盛行与明代中叶以后珠江三角洲地区当地人群的"汉化"过程相联系,论述了当时广东爆发一系列叛乱,使得当地汉人与非汉人群激烈对立,非汉人群逐渐被汉化,促使许多无法验证出身的人以珠玑巷南迁之说为依据,来证明自己是汉人家系,因此作者认为珠玑巷传说的产生和流传与明清以来珠江三角洲的汉人认同观念有着密切联系,将族群认同观念的形成带入珠玑巷移民传说的讨论之中,进一步强调对移民传说形成的族群认同等主观因素的探讨。① 而赵世瑜《从移民传说到地域认同:明清国家的形成》一文则从近年来学术界关涉"认同"问题的两场争论谈起,将祖先移民传说作为地域认同的一个切入点,认为祖先移民传说的产生和传播是地域认同形成的标志,也是国家建构的民间基础,因此诸如华南客家的宁化石壁村传说、珠江三角洲流传的南雄珠玑巷传说、北方流传的山西洪洞大槐树传说、四川移民的湖广麻城孝感传说、江西移民的瓦屑坝传说等,这些祖先移民传说的流变体现了16~18世纪地域认同不断扩展,也即是明清国家形成的重要表征,这是探讨人群地域认同和国家认同的形成与相互关系问题,作者认为"对认同的讨论应该置于如何理解特定历史时期

---

① 〔日〕井上徹:《中国的系谱与传说——以珠玑巷传说为线索》,王标译,《社会·历史·文献——传统中国研究国际学术讨论会论文集》,2006,第226~244页。

第三章　祖先源流追溯与宗族谱系建构

的具体历史过程中,思考某种认同是否可以构成历史变动的某种机制才是至关重要的"。①

以上研究都带给我们不同程度的启发,结合本章的研究探讨,笔者认为,对中国广大地域内存在并流传的各种类型的祖先移民传说的研究,不应该只停留在对其反映的历史事件或者现实过程的考证上面,而是应该通过解构它们的形成、流传和变迁来揭示不同历史时期、不同流传区域人群所共同遭遇的历史境遇,以及其所产生的心态认同变迁的历史过程。因为这些祖先移居传说形成和流传的根本原因,最重要的不一定是它所反映的历史事件本身,而是事件背后所引起的个人或群体心态的变化。祖先移民传说常常是不同人群聚拢、联结、区分甚至对抗的种种现实情境下的心态或观念的文本投射,这些传说文本的变化,是被讲述者或书写者不断操弄以适应新的社会情境的不同认同观念的表达。

虽然移民传说可以一定程度地反映某些历史事件或过程,成为移民史的重要材料和论述对象,但是其真正反映的更多是历史进程中的个人或人群认同观念的形成与变迁过程,因此这些不同版本的口传故事以及记载传说的族谱文本,可以成为我们探求区域人群认同观念历史变迁的绝佳材料和研究对象。另外,碑刻、族谱等文献材料的形成与流传,也成为祖先移居传说进一步传播与流变的载体,口头传说一旦被文字固定下来,就会对后人的认知与观念产生影响,从而使得人群的主观认同也受制于原有且已经固化的祖源说法,因此难以随意改变而呈现出一定程度的持久性和延续性。

区域人群认同观念的具体变化过程,其实是理解地域、民族与国家关系之形成、发展以及变化的重要因素。近代以来"中国"

---

① 赵世瑜:《从移民传说到地域认同:明清国家的形成》,《华东师范大学学报》2015 年第 4 期,第 1~10 页。

国家的形成过程，不仅仅是疆域拓展与开发的问题，更是"中国"观念如何进入普通百姓的意识之中，从而使其对自身家族历史、祖先来源的追溯与国家的历史叙事结合起来，并且更多的人会出于身份认同的需要去附会或借用这样的祖先源流传说，使得祖源传说在不断的书写与流传过程中又将"中国"观念引入子孙后代的思想意识之中，使得"国—家"观念成为民众心中不言自明的"自我"历史源流叙述模式，也使得原本有着不同来源的人群能够逐步建立起共同族群认同的心理认知基础。

第四章 家族组织与婚姻网络

对祖先源流的书写和建构,虽然使得怀远境内来源各异的各大姓氏家族人群,能够基于共同的利益需求和时代形势,模糊过去的来源差异,在不同历史时期建立起跨越姓氏界限的地域认同或族群认同,但是笔者深入和里、南寨这两个典型的"峒地"村寨却发现,该地域村寨内部不同家族人群之间的"结群"方式和族群边界的维系机制,是将以本土父子(兄弟)关系为经的"兜"组织和以夫妻关系为纬的通婚网络作为核心建立起来的。本章即是对和里、南寨村寨人群内部"结群"过程和机制的探究与揭示。

首先,对当地人群"房族"组织的结构和运作方式进行考察。笔者通过查阅并比较各姓氏族谱,以及在田野调查中对各大姓氏家族内部各家户之间的结群方式进行观察发现,目前这一区域形成的"房族"组织不是以大家庭人口的不断增殖和支系的派生而自然生成的,而是通过追溯和建构彼此祖先的(拟)血缘关系(兄弟或父子关系),以凝聚不同的小家庭而形成的族群共同体"兜"或"卜拉"组织为基础,于清代中期开始吸收宋代以来儒家士大夫推行的"宗族"观念,通过设立公产作为蒸尝、修建祠堂祭祀祖先、编纂族谱等活动,才逐步形成了今天我们能够观察到的当地人群建构的"房族"组织。

其次,对当地的通婚习俗和姻亲网络进行考察,从各姓氏宗族之间的通婚模式和婚姻关系的形构入手,了解不同家族人群在处理

山水"峒氓":明清以来都柳江下游地区的家族、婚姻与仪式传统

国家婚姻制度或官方规约当中所运用的策略和手段。比如地方宗族在处理王朝国家"同姓不婚"规定中,和里、南寨在同姓人群当中对于"宗"(血缘)之观念的强调,对"同宗""异宗"人群的划分。在梳理不同的"宗支"关系之后,以"破姓开亲"的方式来应对王朝国家对个人及群体之间通婚关系的规约和控制,从而实现地域社会人群关系的再联结,这也使得地域社会各宗族人群以婚姻网络为基础,逐步联结为一个地域共同体。此外,对于地方官府对当地妇女婚后"不落夫家"或"缓落夫家"风俗的禁止,和里、南寨村民仍然以各种方式延续"不落夫家"的风俗,尤其是婚后新娘专心学习女红技艺,将家织布、织锦、刺绣等物品作为自己婚后的陪嫁带到夫家,并且在婚后继续练习此种女红技艺,作为传给女儿、为其置办嫁妆的资本。而且在婚嫁仪式和双方各自举行的"办大酒"活动中,无论是新郎家还是新娘家,都充分体现出对各自姻亲家庭的尊重和依靠,使得双方家庭不会因为新姻亲关系的缔结而与老姻亲家庭疏远。此外,作为和里杨氏、吴氏,欧阳寨杨氏和南寨杨氏等本土系家族纪念家族祖先进寨的"吃冬"节俗,已经成为同族兄弟家庭各自联络姻亲好友前来欢聚的盛宴场合。因此,寨贡的梁氏、覃(谭)氏、吴氏等外来系家族,以祭祀祖先和孤魂野鬼的七月十四日节俗与之相对,邀请对方姻亲家庭的亲友前来过节。以节庆习俗的对立与互补,形成一种既区分彼此又加强关联的氛围,既是对同族人群认同的强化,也是与他族通婚人群的互动和联结。

第一节 "兜"与"房族"

和里、南寨村寨社会组织中的最小单位称为"然"(yanc①),

---

① "yanc"在侗文中为"房子,家,屋"之意,见欧亨元编著《侗汉词典》,第52页。

第四章　家族组织与婚姻网络

相当于"家户"（household）的概念，通常是一夫一妻制的核心家庭（nuclear family），由夫妻和孩子们组成。家中的儿子长大结婚有了孩子之后，便会与父母分家，独立门户，即使住在一起，也各起炉灶，各自负责自己的衣、食、住、行，管理属于自己的田地、菜园、山林、谷仓、家畜等，经济上完全分开，互不统属。父母年老之后一般与最小的儿子一起生活，但如果小儿子不愿意或者搬出村寨，也可以与大儿子或其他儿子同住共居，组成共同的"然"。

笔者居住的房东杨大爷一家，共同居住于一栋三层的现代水泥砖房里。房东的三个儿子都已经娶妻生子，分成三个独立的"然"，各自拥有属于自己的卧室、厨房（炉灶）、米仓等，但仍共用同一个位于二楼的厅堂，供奉同一个香火堂。两个女儿也已经出嫁，长女嫁到古宜镇，次女嫁到和里寨的覃家。房东杨大爷与妻子、小儿子、小儿媳、幼孙组成一个"然"（Yanc A），长子和大儿媳、长孙、长孙媳妇、两个年幼的曾孙女组成一个"然"（Yanc B），次子与二儿媳、二孙子、二孙女组成一个"然"（Yanc C）。二儿子一家由于外出务工已经全部搬到柳州居住，但仍保留了属于"Yanc C"的田地、山林、卧室和厨房等，二儿媳会不定期回来打理田地和山林。小儿子一家也在古宜镇购买了房屋，但由于小儿子在附近的燕茶小学当老师，所以工作日也会回到南寨的家中，与房东夫妻同居共食。大儿子夫妻在村内主要经营猪肉铺，并且协助长孙媳妇照顾两个年幼的曾孙女，其子（即长孙）则外出务工。

因此，目前杨大爷的家屋主要由杨大爷夫妻、小儿子和大儿子夫妻、长孙媳妇、两个曾孙女两个"然"（Yanc A、Yanc B）的成员居住。平日吃饭时，虽然所有家庭成员在二楼的厅堂中同桌共食，但桌上的饭菜是由房东妻子和大儿媳分别从各自的菜园中摘取或者购买得来，然后在各自的厨房中烹煮好，再端到二楼的饭桌上一起分享。由于大儿子夫妻以贩卖猪肉为业，因此"Yanc A"的

山水"峒氓":明清以来都柳江下游地区的家族、婚姻与仪式传统

猪肉都是房东妻子用现金向大儿媳妇购买,而房东经营小卖部,大儿子夫妇需要烟、酒、饮料等日用品时,也都要用现金向房东购买。

此外,笔者在与房东家人的同居共食中也发现,虽然一家人共同居住于一个屋檐之下,但是大家都共同遵守三个"然"之间在经济生活上比较严格的界限。由于笔者的房租与伙食费都交给房东,因此在该家庭中被视为属于"Yanc A",一切饮食住宿都由"Yanc A"负责。房东夫妻二人是分房居住的,房东本人住在二楼,笔者则被安排在三楼与其妻同住一室。笔者平日三餐也都随房东夫妻一起吃,如果外出调查晚归则由他们给笔者留饭菜,大儿媳在烹煮饭菜时是无须考虑笔者是否回去吃饭的。而且虽然所有家庭成员一起共桌吃饭,但是每个"然"烹煮的分量是与各"然"的人口相当的,因此每个"然"的成员一般只从本"然"的饭锅中添饭,并且主要吃本"然"烹煮的饭菜,对其他"然"的饭菜都只是略微尝一尝,以保持整个饭桌上食物数量的均衡。而笔者作为一个外来的"客人",虽然经常被各"然"的主妇热情邀请品尝她们的拿手菜,但是同时作为"Yanc A"暂时的一员,笔者也会被房东妻子提醒要以吃本"然"饭菜为主,不能因为好吃而老是夹其他"然"的某一盘菜,这样会引起各"然"主妇的不悦。这种日常生活中所体现出来的生活模式,都反映出当地长期以来盛行各家户独立自主的经济生活方式,并不习惯多代同堂、同居共产的大家庭生活方式,但是各家户之间又会在日常劳作和生活中相互协助、彼此照应,形成一种"分户不分家"的家庭共居模式。

笔者在田野调查中也发现,除了随父母过活的幼子夫妇以及未嫁娶的儿女会组成三代同堂的主干家庭之外,当地以父子两代共居的核心家庭为主。当地的传统民居为木制吊脚楼,通常为二至三层,一楼堆放柴草、畜养家畜;二楼以火塘为厅堂,有二至三个房

第四章 家族组织与婚姻网络

间分别供主人和子女居住,房间通常很狭小,一般仅能放下一张床;如果有第三层,则第二层为主人夫妇与老人居住,第三层为子女居住,因此如果子女结婚生子,家屋空间便显得更为狭小拥挤。孙儿年幼时由于需要老人帮忙照顾,暂时不会分家,随着孩子逐渐长大,如果不扩建家屋,基本上会面临分家的状况。分家后的儿子和儿媳会在离父母家屋不远处建造新的房屋,重新搭建火塘(炉灶),竖立属于本家户的香火堂,供奉祖先和神灵。因此,当地人群长期以来倾向于形成父母与未婚子女二代同堂的核心家庭,而且年老的父母与已婚夫妇虽然分屋而居,但是喜欢家屋共处一地,相互照应、密切往来,形成一种"聚族而居"的状态。所以当地村寨是成片分布的,居住区域与耕作区域完全分开,很少有家户会因为耕作的田地较远而搬离主要居住区。村寨内的吊脚楼可谓鳞次栉比,楼与楼之间的距离有时候近得触手可及。当然也有一些新变化,近年来随着国道公路的开通,一些村民也为了开设店铺而搬离主要的村寨区域,在公路边修建水泥结构的新式房屋。

在"然"之上,若干个"然"又会以父系血缘关系为纽带组成"兜"。而当地人用汉语将这种人群组织称为"房族",但这与汉人社会在儒家宗法观念影响下形成的宗族组织中"房"的概念和组织方式是很不一样的。在贵州黔东南、湖南通道、广西龙胜一带称为"卜拉";在广西三江的某些地区也称为"斋侬"(jaix nungx①),意为"兄弟"。② 同一"兜"内的成员一般认为彼此具有父系血缘关系,共同供奉一个久远的祖先,内部严禁通婚,同一辈分的男女青年相互之间视为"兄弟姐妹",不得以任何理由进行通

---

① 侗文中也作"jaix nongx",为"兄弟"之意,见欧亨元编著《侗汉词典》,第95页。
② 莫虚光、陈维刚、陈衣:《桂北侗族的社会民俗》,三江县县志编纂委员会编《侗族文化简论》,1999,第75页。

山水"峒氓":明清以来都柳江下游地区的家族、婚姻与仪式传统

婚。"兜"也可以通过一定的程序吸纳不同血缘的家户加入,形成一种拟血缘的"兄弟"关系,彼此也不可以通婚。因此,居住在同一区域内的一些姓氏、血缘不同的零散家户,只要愿意加入该"兜",彼此结成拟血缘的"兄弟"关系,一般会被吸收进入"兜"组织。

"兜"组织的内部,也会依据追溯的祖先世系的远近而分为"大兜"和"小兜",追溯的祖先世系远,容纳的后代子孙数量多,则称为"大兜";追溯的祖先世系近,容纳的后代子孙少,关系更亲密,则称为"小兜"。不同的人生礼仪活动,则以不同范围的"兜"组织人群为核心来展开。婚姻、丧葬等重大活动,都以"大兜"为单位进行,整个"大兜"的成员作为兄弟都有义务去帮忙,"大兜"内各家户要拿出一定数量的米、肉和酒给主家办理婚丧活动中的宴席使用,并且要作为主人去招待或宴请"兜"以外客人;而作为"三早酒"(孩子出生)或建新房等较小的活动,则以"小兜"为单位来举办仪式或宴请活动。"兜"内一般有公共财产,称为"地兜"(dih doux[①]),即"公地"之意,一般为公共的山场,如茶山和杉木山。此外还有公共的墓地(坟山),有时候还可以共同管理某一河段,本"兜"成员可以在公山砍柴,开荒种杂粮,谁种谁收,可以由本"兜"成员轮流或共同耕种。在公地耕种获得的收入中,有一部分要拿出来作为"兜"内公共事务开支之用,主要就是作为清明祭祀祖先和聚餐的花费,若有家庭需要办喜酒也可以借用。每个"兜"通常有一至数名"长老",负责召集本"兜"会议,制定共同遵守的规约,决定"兜"内事务,"兜"内成员有相互扶持和帮助的义务,以及维护"兜"声誉的责任。由于同"兜"的家户通常成片聚居,插花居住的比较少见,因此目

[①] dih 在侗文中有名词"地"之意,dih doux 意为"地区范围",见欧亨元编著《侗汉词典》,第 49 页。

第四章　家族组织与婚姻网络

前一些侗族学者认为,"兜"或"卜拉"是一种兼具血缘和地缘关系的、相对开放的人群组织。①

以笔者调查的和里、南寨为例,虽然清末民国以来,村内若干大姓家族就已经开始通过"作会"等方式积累公共财产、兴建祠堂、纂修族谱,发展出类似于汉人社会中的"宗族"组织,并且以"宗族"为名与其他村落的宗族组织建立起联宗关系。但是,笔者通过查阅并比较各姓氏族谱,以及在田野调查中对各大姓氏家族内部各家户之间的"结群"方式进行观察发现,这一区域形成的"宗族"组织就是以当地人群原有的"兜"组织为基础,通过引入儒家"宗"的观念,通过追溯始祖(始迁祖)的方式,将不同"兜"的人群联合在一起(收族),形成相对宽松的(拟)血缘关系和以同姓为标志的人群共同体,是一种兼具血缘与地缘关系的族群组织。下文笔者以南寨杨氏宗族为例,分析这种宗族组织是如何由当地传统的"兜"组织逐步发展形成的,其人群组织方式如何展开与运作,彼此有哪些联系与差异。

目前南寨杨氏宗族,由上南甲杨氏(约58户)与下南甲杨氏(约70户)两个支族组成,两个支族毗邻而居,目前的居住地是以南寨鼓楼为界,鼓楼以上为上南甲聚居地,鼓楼以下为下南甲聚居地。在人群关系上,两支杨氏认为其祖先为兄弟,于光绪六年在南寨村内共同建造一座杨氏宗祠,名为悠远堂,并且编纂了《杨氏宗谱》。虽然名为同一宗族,但上南甲和下南甲的杨氏在祖居地和人群组织关系上的区分是十分明显的。在祖居地上,过去两支杨氏以杨氏宗祠所在地枫木坪上的两块鱼塘为界,上南甲杨

---

① 石佳能:《侗族"补拉"文化溯源》,《贵州民族研究》1991年第2期,第58~63页;杨进铨:《侗族"卜拉"文化试析》,《民族论坛》1992年第1期,第69~74页。

山水"峒氓":明清以来都柳江下游地区的家族、婚姻与仪式传统

氏居于枫木坪以上,管理上界的鱼塘;下南甲杨氏居于枫木坪之下,管理下界的鱼塘。直到二者共同兴建祠堂时,这两块鱼塘才作为杨氏宗族的共同祖业租给族内村民养鱼,其所得收入作为祠堂祭祖的蒸尝。两支杨氏在人群组织关系上的统一与区分,也十分明显地体现在其共同修纂的《杨氏宗谱》对祖先谱系的梳理上。虽然两支杨氏共同奉四个兄弟之首的杨时开为南寨开基祖,但两支杨氏对其始祖的认定是从杨时开之子国任和雷任开始,上南甲杨氏奉国任为始祖,下南甲杨氏奉雷任为始祖。两支杨氏各自记录和书写各自的谱系关系,采用各自的世系字辈,直到光绪年间两支杨氏开始共同编纂宗谱时,才将后世子孙名字的字辈排列统一为"国有文开盛,家传永世昌"十代转宗(见图4-1)。南寨两支杨氏家族共同修建祠堂、编纂族谱的时期,也正好是光绪年间怀远各地世家大族相互联宗、大建祠堂的年代。而当时南寨的两支杨氏家族中,已经分别涌现出如上南甲杨秀芝(字香甫,生员加五品)、杨秀德(字润生,生员加五品),下南甲杨如桂(武生加五品)、杨如樟(功职)、杨国祯(耆民)、杨国泰(耆民)等具有科举功名的士绅,他们正是当时建造宗祠的积极倡导者。此外,除了将原有的两块鱼塘作为共同的"祖产"之外,当时不少族人还自愿捐献菜园、芋池、银两等作为兴建宗族的蒸尝。

南寨杨氏宗族的建立,一定程度上继承和吸收了自宋代起士大夫阶层才开始建构和推崇的"宗法"实践:设立共有地(义田、祭田等族田),修建作为祖先祭祀场所的祠堂(宗祠),编纂记载共同祖先以下系谱关系的族谱(家谱)。[①] 此外,也逐步发展出一

---

① 〔日〕井上徹:《中国的宗族与国家礼制》,钱杭译,上海书店出版社,2008,"序言"第3页;P. Ebrey, "The Early Stages in the Development of Descent Group Organization," in P. Ebrey and James L. Watson, eds., *Kinship Organization in Late Imperial China*, 1000-1940 (Berkeley: University of California Press, 1986), pp. 16-61。

套适合自身运作的宗族习俗,在清明时撰写祭祖文、举行隆重的祭祖仪式,在"挂丁簿"内登记本宗族当年新生的男丁姓名,记录当年去世的老人,统计每年整个宗族的男丁数目。如1995年挂丁14人,总计宗族男丁736人;2003年挂丁10人,参与清明祭祖的男丁757人,在外男丁12人,共有男丁769人;2005年挂丁13人,清明祭祖男丁784人;2009年挂丁28人,参与清明祭祖男丁833人。[1] 整个宗族的男性人口一直处于持续增长的状态。

但是,在实际人群的组织形式上,与当地的"兜"组织传统有着密切的关系。在整个杨氏宗族内部,目前划分为十一个"堂",上南甲有四个堂,下南甲有七个堂,每个堂通常由一名德高望重、公道正直、组织能力强的"长老"作为负责人,每个堂轮流负责每一年宗族祭祖以及清明挂清扫墓活动的组织和安排。这里的"堂"其实就是一个"小兜",用汉语称呼为"房",整个南寨杨氏宗族是一个"大兜",用汉语称呼为"族"。但是在杨氏宗族宗谱中,不会具体划分和排列所谓"长房""次房""三房"的顺序,而是在每一世代下将所有同辈的男丁及妻子、儿子的名字以相同的格式书写下来。谱系上面书写格式的无差别,正是现实生活中平等人群关系的体现,虽然会区分长子、次子、三子的排列,但是并没有所谓"宗子"的概念,通常儿子们均等地继承家庭的财产,并且在祭祀祖先上,不分所谓的"大宗"与"小宗",只要分家立户、建立新屋之后,就都可以在自己家屋的厅堂上竖立香火堂,祭祀历代祖先和家屋主人所信仰的神灵。此外,各堂的关系也是比较平等的,在祭祖仪式、祭产管理、祭祀轮派等方面都拥有相对平等的权利与义务。

如果某一堂内出现有才学或在地方上担任公职,比较有名望的子弟,通常会在整个宗族的组织和运作中产生比较重要的

---

[1] 《一九九一年辛未二月廿日立悠远堂挂丁簿》,南寨杨氏宗族藏。

山水"峒氓":明清以来都柳江下游地区的家族、婚姻与仪式传统

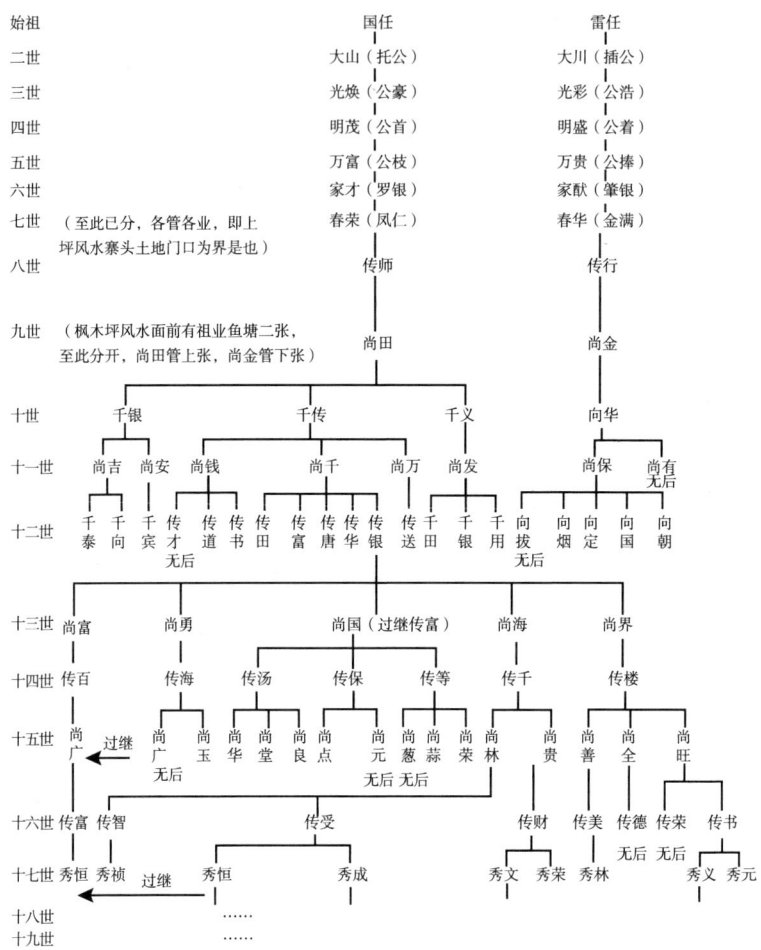

图 4-1 南寨杨氏宗族谱系

影响,但是对于其所属堂的发展并不会显示出太大的促进作用。每个堂的大小一般只以本堂内各家户男丁的多少为标准,如果某个堂的男丁发展缓慢以至于家户越来越少,也会被合并到其他堂组成一个新的堂,因此堂内的成员关系不是固定不变的,但是彼此都有或近或远的父系血缘关系,即当地人所谓的"兄

弟"关系。在杨大爷的父亲在世时,记录当时有十一个堂名,但是目前杨氏宗族内部只有十个堂,并且每个堂的负责人都已经全部换了新一辈人,堂的负责人既不是终身制也不能世袭,完全以个人的能力、才干和意愿自然产生。可见当地宗族内"堂"的划分是会随着宗族内人口的增减而有所变化的,这与"兜"组织的"分—合"模式类似:可以由若干个"小兜"结合成为一个"大兜",或者某一"兜"内人口增长过多,可以划分为若干个"小兜",日常生活中的小活动各"兜"内互助合作,如果有大的节庆活动,几个"小兜"又可以联合为一个"大兜"共同举行。

  在每个堂的内部则以更为密切的父系血缘关系为基础,在系谱关系上,由于清代光绪年间南寨杨氏宗族修纂了族谱,将始祖到第十七世的系谱关系都进行了梳理,而后世族人也基本在此基础上继续记录和书写属于本堂或本家族的系谱,因此目前每个堂内的成员基本在系谱上可以向上追溯为某一代的同一个父系祖先的后人,即当地人在描述这种亲缘关系时所说的"我们都是共一个公(祖先)的后代"(见图4-2)。在实际生活中,本堂同辈份的男女都视为具有父系血缘关系的"兄弟姐妹",彼此不可以对歌,不允许恋爱,严格禁止通婚。而且在婚礼、丧葬等重大活动中,彼此有互帮互助的义务,根据与主家的亲疏关系,送上一定数量的米、酒、肉等贺礼置办酒席,并且作为"主人"去招待或宴请来访的"客人",这与本土传统"兜"组织成员之间的权利与义务关系是十分相似的。此外,对于本堂之外的同族成员,虽然没有同一堂成员之间那么明显的权利与义务关系,但是彼此依然认同是同一个始祖的后代,在祠堂清明、冬至祭祖的时候是拥有祭祀、挂丁、出份子钱、分猪肉的权利与义务的,并且有进葬宗族内部公共坟山以及耕种公田、公山的权利。

南寨杨氏宗族组织与传统"兜"组织最大的差异就在于对异姓成员的限制。如果是外姓人员要求加入宗族，即使通过一定的程序得到族长和头老的同意，甚至改名换姓，虽然可以享受一般族人婚丧嫁娶中互帮互助的权利与义务，但是仍然不能参与宗祠的祭祖活动，仅仅可以到场观看或帮忙，被视为一种"抬板凳的兄弟"，并且他们死后不能葬入该宗族的公共坟山。这种严格的成员限制，使得宗族组织一旦形成，就限制了同地域居住的外姓人群的加入，严格划分了宗族内、外人员的族群边界，使得宗族组织成为一个相对封闭的以血缘关系为基础的人群共同体，而传统"兜"组织对于"兜"成员的加入或退出都相对宽松和自由得多，并且对于异姓成员也平等对待，不会有所歧视，这也使得"兜"组织呈现出较强的人员流动性和群体包容性，以及十分有弹性的族群边界，能够将血缘群体与地缘群体很好地融合在一起。

因此，在分析南寨杨氏宗族的形成过程时我们可以发现，当地宗族组织的形成模式不是以大家庭人口的不断增殖和支系的派生而自然生成的，而是通过追溯和建构彼此祖先的（拟）血缘关系（兄弟或父子关系），以凝聚不同的小家庭而形成的族群共同体"兜"或"卜拉"组织为基础，于清代中后期吸收了宋代以来儒家士大夫推行的"宗族"观念，通过设立公产作为蒸尝、修建祠堂祭祀祖先、编纂族谱等活动，才逐步形成了今天我们能够观察到的当地所谓的"房族"组织。然而，我们也会发现，这种"房族"组织表面上都有一定的公共财产修建宗祠祭祖、编纂族谱，但是其内在的组织方式还是有着多元化的形态。处于不同发展阶段的"房族"组织，呈现出传统的"兜"组织与宗族组织并存的状态，并且受现实状况的影响，还会有互相转化的趋势。不同的"房族"组织由于各自形成状况的不同，而在后来的发展中呈现出不一样的人群组织关系。

第四章　家族组织与婚姻网络

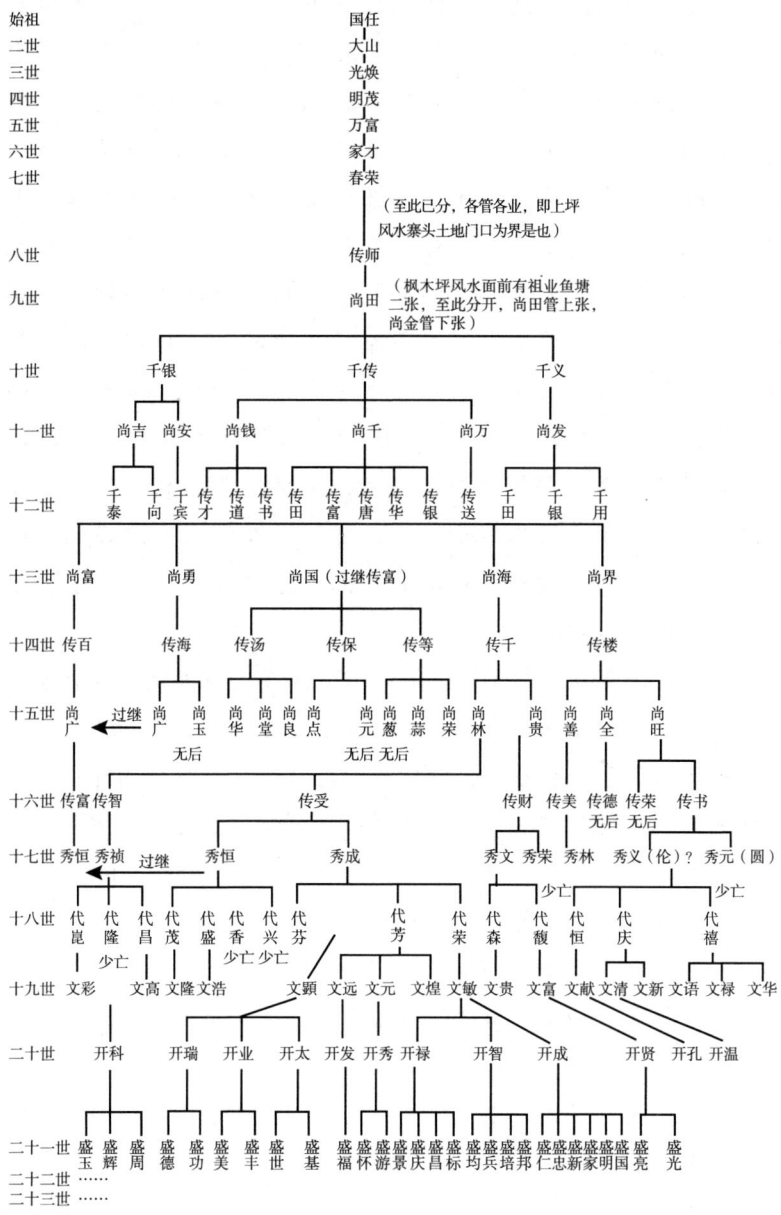

图 4-2　南寨杨氏善继堂谱系

203

山水"峒氓":明清以来都柳江下游地区的家族、婚姻与仪式传统

例如,和里杨氏宗族以明代地方土官杨金亮家族后人为基础兴起,在其发展过程中呈现出十分明显的以父系血缘关系为基础的族群特征。明代平定"怀远猺乱"之后,杨金亮被地方官府立为"六刀猺老"之一,并且"世袭冠带"。到了清代道光年间,杨金亮家族成员之中更是涌现出多名具有朝廷科举功名的新兴地方士绅,如武生杨植嵩、廪生杨植盛以及庠生杨植茂和杨植萃等。① 道光十七年(1837),杨氏家族的华字辈和植字辈成员就为杨金亮竖立墓碑,供奉其为太祖,并且在墓碑上刊刻了杨金亮子孙的姓名和世系,第一次梳理了杨氏家族内部的宗支系谱,并且随即举行一年一度的清明祭祖活动。到了清末,随着怀远境内大量宗族组织的兴起,和里杨氏家族也开始兴建祠堂、购置公田、编纂族谱,并且开始形成清明上山祭祀太祖杨金亮、冬至入祠堂祭祀始祖的习俗,建构出以两个"兜"组织为基础的房族组织。

到了民国年间,由于怀远境内追祖溯源之风大盛,六甲地区流传的"十二大姓开浔江"祖先移居传说也影响到和里一带,和里杨氏家族于是在杨金亮的坟墓附近又竖立了一个始迁祖杨光祖的墓碑,将其追溯为元末明初从福建汀州府长汀县河鲤塘迁移进入怀远浔江定居的"十二大姓"始祖之一。因此,清明的墓祭形式变为族人共同祭祀始迁祖杨光祖之墓和太祖杨金亮之墓。在20世纪60年代的"四清"运动中,和里杨氏宗族祠堂被砸毁,于是冬至入祠堂祭祖活动也随之停止,和里杨氏宗族祠堂至今也没有重建起来。但是由于墓祭活动照常举行,因此祠堂的消失并没有影响到杨氏宗族成员一年一度的清明祭祖活动。他们仍然以墓祭形式来祭祀始迁祖杨光祖和太祖杨金亮,以此凝聚宗族成员,形成以血缘为基础的族群共同体。1986年清明,和里杨

---

① 详见民国《三江县志》卷3,"选举",第330、344、348页。

氏家族成员在杨金亮墓碑系谱碑刻和清代旧谱的基础上，再次编纂了《懿德堂宗支簿》，将宗族谱系从始迁祖杨光祖开始，并由杨光槐将族内的班辈排行由十代转宗增加到二十代转宗，即"金华植成大光明万家清，灵崇益善美志伟利邦兴"。由于早在道光年间和里杨氏宗族就已经确立了以两个"兜"组织为基础建立宗族组织，在宗族谱系上也建构完成各"兜"成员之间的血缘关系，因此在后来"房族"组织的发展过程中，和里杨氏家族基本上拒绝了其他地缘群体的进入，而是形成了相对严密的父系血缘群体聚居模式。

然而在实际生活中，其人群组织关系仍然与宗谱之间存在一定程度的差异与矛盾。因为目前实际运作的"兜"组织共有三个，其中杨华全支系下子孙为一个"兜"组织，杨华善支系下的子孙由于人口增长较快，从宗谱的第十世开始，已经分为两个"兜"组织，但是由于近年来已经分开运作的两个"兜"组织人口数量逐渐减少，两个"兜"组织在很多涉及结婚、丧葬的仪式活动中又常常联合在一起，以便更好地集合与分配各种人力、物力和财力，倾向于未来将二者合并为同一个"兜"组织。由此可见，和里杨氏宗谱的编纂为杨金亮家族子孙之间谱系关系的厘清奠定了基础，而光绪年间创建宗族祠堂也进一步凝聚和团结了整个宗族成员，但是在涉及当地侗人生活中十分关键的婚礼、丧葬这些人生礼仪活动时，仍然是以当地侗人传统的"兜"组织为其运作单位，并且显示出很强的灵活性与包容性。

而和里吴氏宗族则呈现出另外一种"房族"发展形式，呈现出很强的地缘群体组合模式。其形成是以四个"兜"为基础，每个"兜"都有属于自己在父系血缘关系上认定的"老祖"，因此吴氏宗族内部以各"兜"为基础分为四个分支：十四公组、塘边公组、楼上公组、寨头公组。十四公组认定的老祖为"吴朝和"，

山水"峒氓":明清以来都柳江下游地区的家族、婚姻与仪式传统

该分支族人在三王庙背后为其立墓碑《皇清朝和之墓》,年代为光绪十八年(1838),其后人以其为老祖记录并编纂该支的系谱至十一代。塘边公组奉"吴汤轩"为老祖,其墓碑也葬在三王庙背后,该支族人也编纂系谱至十一代。楼上公组奉"吴汤财"为老祖,该支族人编纂系谱远至十四代。寨头公组奉"吴朝良"为老祖,该支族人编纂的系谱仅有九代人。这四支族人再共同奉"吴仁岑"为和里吴氏宗族的始迁祖,在编纂吴仁岑后代的世系班辈中,将四支族人各自供奉的老祖编排至第六世,形成一种在族谱世系上的"兄弟"关系。但是四个支系的宗支系谱最终并没有被整合在一起,其世系、班辈至今也没有得到统一,而是各从其旧,被记录保存在2002年吴天良重新编纂的《和里延陵堂吴氏宗谱》中。①

吴氏宗祠据说也是在清末民初时由四支族人共同兴建而成,后来也在"四清"运动中被拆毁,至今也尚未重建。1985年,鉴于清代所立始迁祖"吴仁岑"的墓碑已经残损,吴氏宗族族人重新竖立了一块始祖墓碑,名为"明祀先祖吴公讳仁岑老大人之墓"。更有意思的是,同样居住在和里村的一支奉"吴仁全"为老祖的吴氏家族,迁居到和里至今已经有九代人了,先与塘边公组结拜为兄弟,却一直没有被接纳进入吴氏宗族。直到重新修纂族谱的2002年,经过吴氏宗族四大支系族人共同商讨,认为其"为和里吴氏出力贡献,本在世间大家庭中,凡是吴姓氏者皆是同宗同祖的血缘兄弟……正式吸收仁全公祖子孙为吴仁岑四十老祖子孙行列,大家齐心合力为和里吴氏祖先争光",②才得以成为和里吴氏宗族的第五个支系。可见和里吴氏宗族的发展,始终处于一种不断凝聚地缘群体的状态,各支系

---

① 吴天良编纂《和里延陵堂吴氏宗谱》,2002,和里村吴大贤藏。
② 吴天良编纂《和里延陵堂吴氏宗谱》,第43页。

第四章 家族组织与婚姻网络

之间并不强调严格的父系血缘关系，而是以一种拟血缘的"兄弟"关系来建构和强化彼此的宗亲关系，其世系、班辈的差异并不影响彼此的结群关系；但是在各支系的"兜"内部，仍然是以相对严格的父系血缘关系为基础，记录并且书写自己支系内部的系谱关系。

以上各姓氏人群的宗族实践，其实也为我们重新思考清代以来中国东南部地区普遍盛行的单姓宗族村落的形成原因，① 提供了一个基于山区人群组织传统的本土文化维度：宗族组织作为一种宋代以来儒家士大夫建构和推崇的以父系继嗣关系为基础的人群组织方式，明清以来通过地方文教的推广和儒家士大夫阶层的推动，在进入中国东南部地区本土人群的社会当中时，是否有可能建基于类似都柳江下游地区本土人群传统的"兜"组织——融合了血缘与地缘关系的人群组织形式，从而使得血缘群体与地缘群体高度重合？我们可以看到，清代中期之后都柳江下游地区越来越多的"兜"组织向宗族组织转化，原有的地域人群流动性也受到极大的限制，从而使得地缘人群的结群方式也越来越倾向于以宗族主义建基的"父系继嗣关系"，于是之前大量以血缘、地缘、经济关系（比如"作会"）为基础的人群组织方式，最终都倾向于建构出以宗族继嗣关系为基础的族群组织，从而逐步形成大量的单姓宗族村寨。当然诚如已有

---

① 对于清代以来中国东南部地区单姓宗族与村落高度重叠的现象，莫里斯·弗里德曼就曾引述过当时多位学者如胡先骕（Hu Hsien-chin）、陈翰笙、德·格鲁特（J. J. M. de Groot）、库尔伯（D. H. Kulp）、林耀华等人的著作予以佐证并作进一步论述，见氏著《中国东南的宗族组织》，刘晓春译，王铭铭校，上海人民出版社，2000，第1～12页；而科大卫则认为弗氏在1966年出版的另一本关于宗族研究的著作推翻了他之前关于华南大部分乡村是单姓乡村的假设，见《人类学与中国近代社会史：影响与前景》，氏著《明清社会和礼仪》，曾宪冠译，北京师范大学出版社，2017，第27～38页；笔者通过阅读前人研究和田野调查认为，中国南方地区确实存在数量众多的以单一姓氏为主的乡村社会，而其中的原因值得进一步探讨。

山水"峒氓":明清以来都柳江下游地区的家族、婚姻与仪式传统

的研究表明,明清时期里甲赋役制度在广东等地的推行和改革,是大量同姓家庭登记于同一"户"口之下以承担"赋役"并获取"户籍"权益的根本原因,这也导致大量同姓宗族组织在该地区逐步形成和发展起来。① 而明代卫所军户制度的实行,是导致许多军户家庭逐步演变为宗族组织的另一个重要原因。② 然而,我们仍然可以由此进一步追问,"宗族"组织形成之前的社会"结群"机制与基础是什么? 它所形成的社会组织架构与"宗族"架构之间有着怎样的区别与联系? 这种社会结构上的转变与国家制度之间是否有着因果联系与互动过程? 这些问题的思考与探讨或许比讨论"宗族"建构的原因或者模式本身更有意义。

第二节 通婚禁忌与姻亲网络

在中国,作为整体的村落往往会在婚嫁上交换他们的妇女,但是当村落和宗族认同于外婚制习俗的时候,这种交换就成为强制性的……重要的社会联系在通婚的群体之间建立。来自于婚姻的联系编织了众多的关系,跨越了宗族之间的界限,有时以一种恒常的关系连接着宗族。③

弗里德曼在《中国东南的宗族组织》一书中这样谈及婚姻模式与宗族群体之间的关系。这一精辟的论述一方面提醒我们,在

---

① 刘志伟:《明清珠江三角洲地区里甲制中"户"的衍变》,《中山大学学报》1988年第3期,第64~73页;《清代广东地区图甲制中的"总户"与"子户"》,《中国社会经济史研究》1991年第2期,第36~42页。
② Michael Szonyi, *The Art of Being Governed: Everyday Politics in Late Imperial China* (Princeton: Princeton University Press, 2017).
③ 〔英〕莫里斯·弗里德曼:《中国东南的宗族组织》,第122页。

跨越宗族界限、理解宗族群体之间关系的时候，村落的通婚模式是值得研究者关注的焦点，其中提到了村落外婚制习俗所具有的强制性特点。然而，另一方面也给后来的研究者提出更高的要求：理解村落外婚制习俗与跨越村落的宗族群体如何产生联系，动态地把握村落内、外通婚模式的形成与历史变迁，有助于我们进一步把握地域宗族人群之间关系的联结与重构历程；从这一地域社会内部人群的"联合—分裂—再联合"的阶段性过程，去理解所谓的国家历史进程是如何影响且与地方社会人群产生一种持续的互动，而地方社会身处国家之中却依然保持地域社会的多元特性。

过去的研究者常常将以父系继嗣为核心的宗族组织与官方的互动作为地域社会研究的切入点，笔者在这一章中则希望强调：应该先从宗族之间的通婚模式和婚姻关系的形构入手，才能更为透彻地理解不同姓氏的宗族（家族）组织在面对国家制度或官方规约时所运用的策略和手段。婚姻不仅联结着不同姓氏家族人群之间的区分与认同，更是地域族群与国家关系互相调适的重要领域。

一 同"姓"不同"宗"可婚：通婚禁忌与家族"宗"之观念的建构

清代中期以来，和里杨氏、和里吴氏、欧阳寨杨氏、南寨杨氏等姓氏人群就开始进行鼎建宗族、编纂族谱的活动，该地域传统的"兜"组织也逐步向"宗族"组织转化，和里、南寨各姓氏人群中较早就拥有了所谓的"同姓不同宗"的观念。因此在通婚规则上，除了遵守同"兜"内的同辈青年男女不可以开亲通婚之外，也逐步开始将通婚禁忌的范围确定为同一宗族内部的同辈青年男女之间，认为即使男女双方同"姓"，但只要不是一个始祖的后代，彼此不同"宗"，就可以通婚，以此来应对清代官方"同姓不婚"的规定。这从和里杨氏宗族、

山水"峒氓":明清以来都柳江下游地区的家族、婚姻与仪式传统

欧阳寨杨氏宗族和南寨杨氏宗族所编纂的族谱中对妻姓的记录方式就可以看出,为了表明己方与其他的杨氏宗族同"姓"不同"宗",而共同约定将源于对方宗族妇女的姓氏写为"陽",以表示与己方的"杨"氏源于不同的祖先。这与贵州黔东南一带的地方人群,在清代迫于官方"同姓不婚"的规定,所采取的"破姓开亲"的策略有异曲同工之处。①

要理解"姓""宗"对于地方人群的意义,我们首先要知道当地人传统的命名习俗。民国《三江县志》有记载:"至如侗人名字之称呼,则皆以其子女之名,冠以其子名乾元者,即曰'甫乾元',如无子,而女名爱甫某某者,即侗人之名也。"② 时至今日,对当地侗族村民的命名习俗而言,"姓"并不是一个重要的组成部分,重要的其实是"名",孩子出生时会有专门的起名仪式,并且平时会在名字之前,男孩冠以"侬"(nongx③),女孩冠以"陪"(beix④),如男孩名雄,可以称呼为"侬雄",女孩名丽,则叫"陪丽"。结婚生子之后,父母的名字即以长子或长女的名字来称呼,在孩子的名字面前冠以"卜/甫"(父,bux)或"乃"(母,neix⑤),如"卜崇文/甫崇文"(崇文的父亲)或"乃崇文"(崇文的母亲),不能再直接称呼小孩父母原来的名字。成为祖父母的人也开始被称为"公"(gongs⑥)崇文"(崇文的爷爷)和"萨崇文"(崇文的奶奶)。如果一个家庭内孩子出生,而家庭成员的辈分升格,其他人对其名字的称呼就要有相应的变化,如果称呼者没有做出相应的称谓上的调整,则被认为对辈分升格的不尊重,是相

---

① 可参见吴浩主编《中国侗族村寨文化》,民族出版社,2004,第16~21页。
② 民国《三江县志》,第160~161页。
③ nongx 在侗文中为"弟"之意,见欧亨元编著《侗汉词典》,第187页。
④ beix 在侗文中为"女孩,姑娘"之意,见欧亨元编著《侗汉词典》,第20页。
⑤ neix 在侗文中为"母,妇"之意,见欧亨元编著《侗汉词典》,第185页。
⑥ gongs 在侗文中为"公"之意,见欧亨元编著《侗汉词典》,第75页。

第四章 家族组织与婚姻网络

当不礼貌的。因此对当地本土人群的传统文化来说，"姓"并不是一个在其早期文化中就具有血缘关系、内部不可以通婚的族群标志，而很可能是在王朝国家势力控制之后，随着外来文化的进入，原来没有姓的本土人群才在名字中加入"姓"。由于很多原来并没有血缘关系，而且彼此已经维持长期通婚关系的人群采取了相同的"姓"，如南部侗族地区以"杨""吴"为姓的人数众多。但是，这些同姓人群内部其实是以父系继嗣关系为基础的"兜"组织来确定通婚范围的，因此常常发生所谓的"同姓通婚"现象，然而这就与王朝国家"同姓不婚"的通婚禁忌规定产生直接冲突。如清代康熙年间的怀远知县廖蔚文就曾为此采取严禁措施："间有同姓为婚者，知县廖蔚文以其有关风化，出示严禁，其风稍息。"①

对于通婚对象的选择，怀远当地村寨的传统婚姻习俗盛行"姑舅表"优先婚。这从家庭成员的称谓中就有所反映，如女子对公婆的称呼，要视自己父母的年龄大小而定：比自己父亲年纪大的丈夫之父称为"勒雍"（liongh②），年纪小的就称为"竹"（juc③）；比自己父亲年纪大的丈夫之母称"巴"（bas④），年纪小的称"固"（gul⑤）。而且对自己的舅父母、姑父母，也要依据年纪大小分别称呼"liongh"或"juc"、"bas"或"gul"。男子对自己的舅父母、姑父母、岳父母也一样。⑥ 笔者所调查的和里、南

---

① 民国《三江县志》，第146页。
② liongh，侗语中指称称"舅父，姑父，岳父（均大于己之父）"，见欧亨元编著《侗汉词典》，第155页。
③ juc，侗语中指称"小舅，岳父，姑父（均小于己之父）"，见欧亨元编著《侗汉词典》，第112页。
④ bas，侗语中指称"姑母，舅母，夫妻双方之母（均大于己之父母者）"，见欧亨元编著《侗汉词典》，第11页。
⑤ gul，侗语中指称"比父亲小的姑母、姨母、岳母、亲家母"，见欧亨元编著《侗汉词典》，第75页。
⑥ 莫虚光、陈维刚、陈衣：《桂北侗族的社会民俗》，第70~71页。

寨，除了女子对公婆经常随孩子的辈分称呼为"公""萨"之外，其对舅父母和姑父母的称呼也相同。

民国时期编纂的《三江县志》中收录了清代旧县志记载的当地婚俗："怀俗旧例，姑之女，必嫁舅之子，不论贫富，历来不易，名曰还舅。"① 此外，在当地人群流传的口头规约"款词"中，也表明当地传统的"款"组织曾经强制性地推行过这种婚姻习俗。但是"姑舅表"优先婚限制男女婚姻自由而导致青年私奔、徇情的婚姻悲剧和人间惨剧，因此广西三江以及贵州黎平、从江、榕江的许多村寨也再次使用"合款立约"的形式，用"娘舅银"或"娘舅礼"的方式将其免除，即如果外甥女没有嫁给舅舅的儿子，就要在出嫁时给舅家一定数量的银钱或送去一份礼品，否则舅家就要对婚事加以干涉或者提出其他更高的要求。②

笔者在田野调查中也发现，"姑舅表"优先婚的习俗在和里、南寨一带确实长期存在，不过目前已经不再盛行。许多60岁左右的老人表示，不仅是现在讲究婚姻自由，而且在几十年前自己结婚时，虽然也有听说舅家有要外甥女做媳妇的权力，但是如果外甥女不愿意，舅家也是不能强求的，顶多是在外甥女结婚时，给舅家送上一些礼品作"娘舅礼"。不过在当地的亲属关系中，舅家仍然具有重要的地位，而且舅舅在婚姻礼仪当中依然扮演着相当重要的角色。这些婚姻传统习俗上的变迁与延续，对村寨人群之间的网络关系有着复杂的影响。

二 跨越宗（房）族的婚姻纽带

当地传统社会"姑舅表"优先婚的习俗，其实是通过扩大的

---

① 民国《三江县志》，第146页。
② 关于当地村寨"款词"中关于"姑舅表婚"的规约，可参见《出娘舅银款》（ugs sinc juc liongh），吴浩、梁杏云主编《侗族款词》，第437~444页。

第四章 家族组织与婚姻网络

"交表婚"得以延续。笔者通过田野调查所获取的族谱资料和访谈资料都表明，和里、南寨两村各姓氏家族人群在相当长的历史时期内，维持着相当密切而复杂的"交表婚"通婚关系。村中老人回忆，过去两村各大姓氏家族之间长期维持互相婚配的关系，都希望嫁娶本地的青年男女，不希望自己的儿子娶外面的姑娘或者女儿外嫁到别处去。因此久而久之，有些家族之间形成累世的姻亲关系，经常发生两姐妹都嫁入同一家族，或者祖孙几代人都娶同一家族女子为妻的现象。然而，笔者通过宗族族谱中对于婚配对象的姓氏记载却发现，这种本地村寨内部各大家族之间互相通婚网络的形成，其实是有一个历史发展阶段的，并且随着时代的发展，也经历了一个"村寨外部通婚—村寨内部各姓氏通婚—村寨外部通婚"的变化过程。

笔者在此运用光绪六年（1880）编纂的南寨《杨氏宗谱》和现代《南寨杨氏宗谱》（续编）内记载的祖先配偶姓氏来源作为分析基础，并将搜集到的与之有密切姻亲关系的梁氏、谭氏等宗族宗谱作为参照，以此来验证这些宗谱中关于祖先配偶姓氏来源的可靠性。笔者将这些宗谱记载的祖先配偶姓氏信息作为史料进行使用和分析，首先要对其信息来源的可靠性进行甄别，而笔者认为其可信且可用基于以下几个理由：第一，南寨《杨氏宗谱》关于其祖先配偶姓氏记载最早出现于第十代的千传公，之前的九代祖先都没有出现配偶记录，而南寨杨氏从第九代祖先起才可以确认已经居住于南寨；第二，每个有祖先配偶姓氏的旁边都会详细记载具体的墓葬地点，由于南寨杨氏宗族长期以来有属于自己宗族内部的坟地，因此配偶姓氏的信息很有可能是在编纂宗谱的时候，从祖先墓碑上抄录而来的；第三，并非每一个祖先都有配偶的姓氏信息，这也排除了编纂者为了宗谱的"完美"而任意编造的可能；第四，与南寨杨氏有着密切姻亲关系的寨贡梁氏、谭氏宗族编纂的系谱中也存在

山水"峒氓":明清以来都柳江下游地区的家族、婚姻与仪式传统

关于祖先配偶姓氏的记载,也从侧面反映出这种通婚关系的存在和持续。

表4-1 南寨杨氏宗族妻姓一览

单位:例

姓氏(以系谱出现先后为序)	康熙至乾隆初 第十代至第十二代	乾隆中期至道光 第十三代至第十五代	咸丰至宣统 第十六代至第十七代	民国至现在 第十八代至第二十二代	合计
石	2	0	2	0	4
陽	1	43	80	108	232
粟	1	0	0	0	1
欧	1	0	1	5	7
何	2	0	1	2	5
梁	3	15	27	24	69
马	0	2	0	0	2
蒙	0	2	8	4	14
王	0	3	3	0	6
吴	0	22	46	79	147
莫	0	3	1	3	7
龙	0	2	3	1	6
覃(谭)	0	20	27	22	69
曹	0	3	20	15	38
侯	0	1	0	0	1
韦	0	3	2	4	9
张	0	1	0	0	1
杨	0	0	2	18	20
潘	0	0	1	0	1
姚	0	0	1	0	1
程	0	0	3	2	5
覃	0	0	0	25	25

第四章 家族组织与婚姻网络

续表

姓氏（以系谱出现先后为序）	康熙至乾隆初 第十代至第十二代	乾隆中期至道光 第十三代至第十五代	咸丰至宣统 第十六代至第十七代	民国至现在 第十八代至第二十二代	合计
陆	0	0	0	2	2
滚	0	0	0	1	1
李	0	0	0	1	1
周	0	0	0	1	1
曾	0	0	0	2	2
陈	0	0	0	2	2
庞	0	0	0	1	1
郑	0	0	0	1	1
于	0	0	0	1	1
钟	0	0	0	1	1
马	0	0	0	1	1
荣	0	0	0	1	1
兰	0	0	0	1	1
合计	10	120	228	328	686

注：为了应对清代官方"同姓不婚"的规定，南寨杨氏、和里杨氏和欧阳寨杨氏约定：在宗谱中将来自对方宗族的妇女姓氏记载为"陽"，以示与其祖先来源的不同。新中国成立之后，对其他两支杨氏妇女姓氏的记载延续了这一传统，但是对于来自"和里一南寨"之外的杨氏妇女，则通常记载为"杨"。此外，寨贡谭氏宗族在民国之前为"覃"氏，鼎建宗族之后改为"谭"氏，而当地还有另外一个姓覃的家族，因此在民国之后出现"谭"和"覃"两个通婚姓氏，表明是两个不同的通婚群体。

资料来源：光绪六年编纂的南寨《杨氏宗谱》和现代编纂的《南寨杨氏宗谱》。

如表4-1所示，南寨杨氏宗族妻姓记载共686例，其中最多为陽姓占232例（33.8%），其次为吴姓147例（21.4%），覃（谭）姓和梁姓各69例（10.1%），以上四姓共占总数的75.4%。此外，曹姓38例（5.5%），覃姓25例（3.6%），杨姓20例（2.9%），蒙姓14例（2%），其他的妻姓都在10例以下。在这里我们可以清楚地看到，从清代初期至今，南寨杨氏的通婚对象以杨

山水"峒氓":明清以来都柳江下游地区的家族、婚姻与仪式传统

(陽)、吴、覃(谭)、梁等姓氏为主,与和里、欧阳两个杨氏家族之间的通婚显得尤为突出。此外,和里吴氏、寨贡梁氏和覃(谭)氏等本地比较古老的世家大族也紧随其后,难分秋色。虽然族谱中没有注明妻子具体来源的村寨,但是笔者通过当下的访谈也了解到,南寨杨氏宗族主要的通婚范围长期以来就集中于其周围的和里、欧阳、寨贡等村寨。

根据族谱所记载祖先的存殁年代来推测婚姻发生的年代,可以大体分为康熙到乾隆初期婚姻(17世纪中叶至18世纪末)、乾隆中期到道光时期婚姻(18世纪初至19世纪中叶)、咸丰至宣统时期婚姻(19世纪中叶至20世纪初)、民国至现在(20世纪初至21世纪初)四个时期。如果对南寨杨氏妻姓在这四个不同时期内的分布状况作细致的分析与比较的话,则可以发现如下一些趋势:在清初(康熙到乾隆初期),南寨杨氏通婚妇女的姓氏并没有集中的趋势,除了梁姓妇女稍微比其他姓氏多一些之外(3例,占总数的30%),可见这一时期南寨杨氏并没有形成固定的通婚网络;到了清代中期(乾隆中期到道光年间),南寨杨氏通婚妇女的姓氏就相当明显地集中于四大姓氏,陽姓43例(35.8%)、吴姓22例(18.3%)、覃(谭)姓20例(16.7%)、梁姓15例(12.5%),之前出现的石、粟、欧、何等姓氏,到了这一时期却完全没有再次出现通婚关系,可见这一阶段正是南寨、和里、欧阳、寨贡的杨、吴、覃(谭)、梁几个大姓家族之间的通婚网络逐步形成的重要时期;到了清末(咸丰至宣统年间),除了传统的四大姓氏仍然是南寨杨氏妻姓的主要来源之外——陽姓80例(35.1%)、吴姓46例(20.2%)、覃(谭)姓27例(11.8%)、梁姓27例(11.8%),欧阳寨曹氏家族也开始加入南寨杨氏的通婚网络之中——曹姓20例(8.8%);民国以来,四大姓氏虽然仍位于通婚网络之中,但是除了吴姓(79例,24.1%)之外,其他三姓的比例都在降低——陽姓108例(32.9%)、覃(谭)姓22例(6.7%)、梁姓24例(7.3%),而有些姓氏的比例则

突然升高，如覃姓（25例，7.6%）和杨姓（18例，5.5%），有些姓氏的通婚比例还降低不少，如曹姓15例（4.6%），此外还出现了许多不在传统通婚网络中的其他姓氏，如陆、滚、李、周、曾、陈、庞、郑、于、钟、马、荣、兰等，可见这一时期南寨杨氏已经逐步挣脱传统的通婚网络，开始出现多元化的通婚趋势。

笔者从欧阳寨杨氏宗族民国年间开始编纂至今的宗支簿中，也获得了关于欧阳寨杨氏妻姓来源的相关记录与信息，为了验证南寨杨氏宗谱中相关记录的真实性，并且了解欧阳寨杨氏宗族的通婚情况，笔者通过对族谱记载的相关通婚年代和妻姓来源进行数量统计和分析，如表4-2所示。

表4-2 欧阳寨杨氏妻姓出身村落一览

单位：例

姓氏（以系谱出现先后为序）	明代弘治至清乾隆初期 第二代至第九代	乾隆中期至道光 第十代至第十二代	咸丰至宣统 第十三代至第十四代	民国至现在 第十五代至第十八代	合计
马	1	2	0	0	3
石	2	0	0	0	2
李	2	1	0	0	3
吴	3	16	20	5	44
陽	1	12	23	58	94
下南	—	—	—	(5)	(5)
上南	—	—	—	(18)	(18)
和里	—	—	—	(3)	(3)
潘	1	1	0	0	2
龙	1	1	0	0	2
梁	1	2	0	4	7
王	1	1	1	0	3
张	1	2	0	0	3
莫	2	1	0	0	3
蓝	0	1	1	0	2

续表

姓氏（以系谱出现先后为序）	明代弘治至清乾隆初期 第二代至第九代	乾隆中期至道光 第十代至第十二代	咸丰至宣统 第十三代至第十四代	民国至现在 第十五代至第十八代	合计
孙	0	1	0	0	1
曾	0	1	0	0	1
欧	0	1	0	0	1
郑	0	1	0	0	1
曹	0	1	1	2	4
孔	0	1	0	0	1
周	0	1	0	0	1
杨	0	4	3	3	10
伍	0	1	1	0	2
陆	0	0	1	0	1
覃	0	0	0	5	5
和里	0	0	0	(1)	(1)
程	0	0	0	1	1
陈	0	0	0	1	1
谭	0	0	0	4	4
罗	0	0	0	1	1
合计	16	52	51	84	203

注：括号内的数字表示欧阳寨杨氏妻姓出身之村落名的数量。
资料来源：民国30年（1941）欧阳寨杨氏家族开始编纂的《车角族识宗支簿》。

如表4-2所示，欧阳寨杨氏宗谱记载的妻姓共203例，主要集中于阳（94例，46.3%）、吴（44例，21.7%）两姓。作为其最大妻姓来源的阳姓所分布的村寨，所知的主要来自上南寨（18例，占阳姓19.1%）、下南寨（5例，占阳姓5.3%）、和里寨（3例，占阳姓3.2%），吴姓中也以来自和里和寨贡两寨的人数为多。而从婚姻缔结的历史分期上来看，从明代中后期到清代乾隆初期，欧阳寨杨氏妻姓来源多元且无规律，说明并没有形成固定的通婚网络；到了清代中期（乾隆中期至道光），欧阳寨杨氏的娶妻姓氏逐步集中于吴姓（16例，

30.8%)、阳姓（12例，23.1%），与之前其他的通婚姓氏也都继续有婚姻往来，并且增加了蓝、孙、曾、欧、郑、曹、孔、周、杨、伍等通婚姓氏；到了清末（咸丰至宣统），除了继续保持与吴、阳两姓较为密切的通婚往来之外，与之前有着通婚关系的许多姓氏不再有通婚往来，但是与当地的曹姓、伍姓则有偶尔通婚；民国以来，与杨氏通婚的人数锐减，妻姓来源大大集中于阳姓，另外，欧阳寨杨氏通婚的妻姓与来源村寨也逐渐趋向于多元化。

那么，作为南寨杨氏宗族重要给妻者（wife giver）的寨贡梁氏宗族、覃（谭）氏宗族，他们的妻子又主要来自哪些姓氏的家族呢？由于获得寨贡梁氏宗族和覃（谭）氏宗族编纂的族谱，笔者对其族谱中关于妻姓的记载也进行了同样的数量统计，如表4-3、表4-4所示。

表4-3 寨贡梁氏妻姓出身村落一览

单位：例

姓氏/村寨（以系谱出现先后为序）世系	明代万历至清乾隆初期 第五代至第九代	乾隆中期至道光 第十代至第十二代	咸丰至宣统 第十三代至第十四代	民国至现在 第十五代至第十七代	合计
欧	1	0	1	0	2
蒙	2	0	0	1	3
杨	6	12	33	67	118
和里	—	—	—	(10)	(10)
燕茶	—	—	—	(1)	(1)
欧阳	—	—	(1)	(3)	(4)
上南	—	—	(1)	(7)	(8)
下南	—	—	(1)	(40)	(41)
寨贡	—	—	—	(1)	(1)
寨生	—	—	—	(1)	(1)
独峒	—	—	—	(1)	(1)
良力	—	—	—	(1)	(1)

山水"峒氓":明清以来都柳江下游地区的家族、婚姻与仪式传统

续表

姓氏/村寨（以系谱出现先后为序）	明代万历至清乾隆初期	乾隆中期至道光	咸丰至宣统	民国至现在	合计
世系	第五代至第九代	第十代至第十二代	第十三代至第十四代	第十五代至第十七代	
吴	2	9	3	5	19
和里	—	—	（1）	（2）	（3）
寨贡	—	—	（1）	（1）	（2）
寨稿	—	—	—	（1）	（1）
燕茶	—	—	—	（1）	（1）
何	1	0	0	0	1
覃（谭）	1	6	6	3	16
莫	1	0	0	0	1
龙	0	1	0	0	1
潘	0	1	0	0	1
程	0	0	1	0	1
曹	0	0	2	2	4
章	0	0	1	0	1
滚	0	0	1	0	1
覃	0	0	1	5	6
和里	0	0	0	（1）	（1）
寨贡			（1）	0	（1）
同乐				（2）	（2）
高王				（2）	（2）
韦	0	0	1	2	3
同乐	0	0	（1）	—	（1）
高王				（1）	（1）
富禄				（1）	（1）
李	0	0	0	1	1
古宜	0	0	0	（1）	（1）
段	0	0	0	1	1
良口	0	0	0	（1）	（1）

续表

姓氏/村寨（以系谱出现先后为序）世系	明代万历至清乾隆初期 第五代至第九代	乾隆中期至道光 第十代至第十二代	咸丰至宣统 第十三代至第十四代	民国至现在 第十五代至第十七代	合计
陈	0	0	0	1	1
古宜	0	0	0	(1)	(1)
黄	0	0	0	1	1
忻城	0	0	0	(1)	(1)
骆	0	0	0	1	1
丹洲	0	0	0	(1)	(1)
合计	14	29	50	90	183

注：括号内的数字表示寨贡梁氏妻姓出身之村寨名的数量。
资料来源：光绪年间编纂的《梁氏宗谱》和1997年编纂的《梁氏族谱》（续集）。

如表4-3所示，寨贡梁氏宗（族）谱记载的妻姓来源共183例，主要集中于杨（118例，64.5%）、吴（19例，10.4%）、覃（谭）（16例，8.7%）三姓。再看作为其最大妻姓来源的杨姓所分布的村寨，主要来自下南寨（41例，占杨姓34.7%）、和里寨（10例，占杨姓8.5%）、上南寨（8例，占杨姓6.8%）、欧阳寨（4例，占杨姓3.4%），而寨贡吴氏与寨贡的梁氏、覃（谭）氏结拜为兄弟，彼此不通婚，因此妻姓中的吴姓应该主要来源于和里寨吴氏。而从婚姻缔结的历史分期上来看，从明代后期到清代乾隆初期，寨贡梁氏除了与阳姓的通婚数量较多之外，并没有形成固定的通婚网络；到了清代中期（乾隆至道光），其通婚姓氏也明显集中于杨（12例，41.4%）、吴（9例，31.0%）、覃（谭）（6例，20.7%）三大姓，之前有通婚关系的欧、蒙、何、莫等姓都在这一时期不再有通婚往来；到了清末（咸丰之后），除了与杨姓继续维持较为密切的通婚关系之外，与吴姓、覃（谭）姓的通婚数量都在减少，另外，寨贡梁氏通婚的妻姓与来源村寨也越来越趋向多元化。

表 4-4　寨贡覃（谭）氏妻姓出身村落一览

姓氏/村寨（以系谱出现先后为序）世系	明代嘉靖至清乾隆初期 第一代至第七代	乾隆中期至道光 第八代至第十代	咸丰至宣统 第十一代至第十二代	民国至现在 第十三代至第十五代	合计
梁	2	2	10	1	15
黄	1	1	0	1	3
柳州	—	—	0	(1)	(1)
杨	4	14	18	31	67
和里	—	—	—	(3)	(3)
欧阳	—	—	—	(1)	(1)
上南	—	—	—	(6)	(6)
下南	—	—	—	(19)	(19)
寨生	—	—	—	(1)	(1)
龙	1	1	0	0	2
蒙	2	1	0	0	3
吴	0	2	3	5	10
和里	—	—	—	(3)	(3)
产口	—	—	—	(2)	(3)
潘	0	1	0	0	1
李	0	1	0	0	1
曹	0	0	1	1	2
粟	0	0	1	0	1
莫	0	0	0	1	1
良口	0	0	0	(1)	(1)
韦	0	0	0	1	1
覃	0	0	0	1	1
大滩	0	0	0	(1)	(1)
合计	10	23	33	42	108

注：括号内的数字表示寨贡覃（谭）氏妻姓出身之村落名的数量。
资料来源：2002 年编纂的《寨贡谭氏宗支簿》。

表 4-4 显示，寨贡覃（谭）氏宗支簿记载的妻姓来源共 108 例，主要集中于杨（67 例，62.0%）、梁（15 例，13.9%）、吴

（10 例，9.3%）三姓。作为其最大妻姓来源的杨姓所分布的村寨，主要来自下南寨（19 例，占杨姓 28.4%）、上南寨（6 例，占杨姓 9.0%）、和里寨（3 例，占杨姓 4.5%），梁姓无疑都来自寨贡梁氏家族，因此族谱内没有特别注明来源村寨，而寨贡吴氏与寨贡的梁氏、覃（谭）氏结拜为兄弟，彼此不通婚，因此吴姓应该主要来源于和里吴氏。而从婚姻缔结的历史分期上来看，从明代中后期到清代乾隆初期，寨贡覃（谭）氏除了与杨姓、梁姓的通婚数量较多之外，也没有形成固定的通婚网络；到了清代中期（乾隆至道光），覃（谭）的娶妻姓氏逐步集中于杨姓（14 例，60.9%），与其他之前的通婚姓氏梁、黄、龙、蒙则继续有婚姻往来，并且增加了潘、李等通婚姓氏；到了清末（咸丰至宣统），除了与杨姓继续维持较为密切的通婚往来之外，与梁姓的通婚数量猛然增多了，与黄、龙、蒙、潘、李则不再通婚，但是与曹姓、粟姓偶尔通婚；民国以来，继续维持多个杨姓家庭的通婚往来，但是与梁姓的通婚数量大幅减少，与吴姓的通婚数量有所增长，另外，通婚妻姓与来源村寨也逐渐趋向多元化。

通过对南寨杨氏、欧阳寨杨氏、寨贡梁氏、寨贡覃（谭）氏四个宗谱资料记载的妻姓信息进行量化分析与比较，我们可以发现，在清代乾隆中期之前，各姓"兜"组织的通婚对象姓氏都是不确定的，并没有形成一定的婚姻网络；从乾隆中期之后到道光年间，南寨杨氏（包括上南寨杨氏和下南寨杨氏）开始与和里杨氏、欧阳杨氏、寨贡梁氏、寨贡覃（谭）氏逐步建立起比较频繁的婚姻往来关系，不仅成为这些"兜"组织主要的娶妻者（wife taker），也成为他们重要的给妻者，而与之前有联姻关系的石、粟、欧、何等姓几乎断绝了婚姻往来。这一通婚网络所建立起来的持续不断的姻亲关系，从清代中期一直延续至今，对当地有着数代姻亲关系的和里杨氏、欧阳寨杨氏、南寨杨氏、寨贡梁氏、寨贡覃（谭）氏等家族之间的关系都产生了深远的影响。这也为和里、南

山水"峒氓":明清以来都柳江下游地区的家族、婚姻与仪式传统

寨各姓人群凝聚成为一个姻亲共同体,与周边山地村寨人群的区别和对立奠定了重要的基础。

对于清代乾隆前后,和里、南寨各大姓氏之间通婚网络的逐步形成,笔者结合明代中后期"怀远猺乱"之后当地人群组织结构的社会变动,以及乾隆年间流传于湘黔桂交界地区的婚姻改革习俗,做出如下分析与推测。

明代隆庆年间爆发的"怀远猺乱",使得和里、南寨一带的本土人群有相当一部分迁移出去;而万历年间官府推行的"联束民猺"政策,使得一部分原来居住于"三甲"地域的人群进入当地承垦"荒地"。因此,寨贡的梁氏、覃(谭)氏、吴氏等家族的祖先很有可能是这一时期才迁入和里、南寨一带,并且逐步发展形成父系亲族组织。但是,从明代万历年间至清代初期,当地杨、吴、梁、覃(谭)各大姓氏人群之间的关系,仍处于不断调整与重组的过程中,因此彼此并没有形成固定的通婚关系。此外,由于王朝国家的法律从唐代开始就禁止"同姓为婚",儒家伦理倡导"礼不娶同姓",明、清两代官方也对"同姓为婚"有着严厉的处罚规定。① 采用汉姓的苗、侗村寨也因此遵循同姓不婚的习俗。然而,随着同姓村寨人口的不断增多,以及经过明代"猺乱"和明清鼎革之际的动乱,部分村寨不断搬迁,原来可以联姻的村寨距离越来越远,致使男女婚嫁困难,同寨男女相恋却无法结婚,造成很多婚恋的悲剧。② 因此,到了清代乾隆年间,今贵州榕江、黎平、从江和广西三江等地近百个村寨的款首,聚集到今天贵州黎平境内的中朝款坪,共同商议进行婚姻改革,通过商议,定下"破姓开亲"的盟约,并编成《九十九公破姓开亲》的款歌流传于世,款

---

① 参见瞿同祖《中国法律与中国社会》,中华书局,1995,第89~92页。
② 这在不少侗人传唱的民歌中都有反映,如琵琶歌《引郎妹桃》中的一段《姑娘不必一定嫁远方》,杨通山等编《侗族民歌选》,上海文艺出版社,1980,第85~86页。

歌里面提到 79 个参与立款的村寨和 80 个款首的姓名,其中就有和里的款首(杨)华昌。此次立款为盟之后,参与立约的湘黔桂地区的大部分村寨通行同姓之间可以通婚但是同"兜"之内禁止通婚的婚姻规则。① 经过这次婚姻改革,当地的大姓如杨、吴等人群内部才开始调整"兜"组织的结构,由原先的"大兜"划分为若干"小兜",由原先强调"大兜"内人群的通婚禁忌,转变为强调"小兜"内人群的通婚禁忌,因此原先认同于共同祖先的人群,开始建构各自人群的祖先认同。如笔者后文会详细分析的和里杨氏和欧阳寨杨氏之间就是由于这次婚姻改革,才从不可以通婚的"同兜"(同宗)人群,变为可以通婚的"异兜"(异宗)人群。此外,邻近各村寨都开始实行村寨内部通婚模式,不去其他村寨寻找通婚对象,这也使得作为和里大姓的杨氏人群进一步打破通婚禁忌,将从外地迁移到寨贡的梁、覃(谭)、吴等姓氏家族也纳入自己的通婚网络之中,于是逐步形成了清代乾隆以来和里、南寨内部各大姓氏家族相互联姻的通婚模式。

民国之后,各大姓氏通婚对象在姓氏和村寨来源方面多元化趋势的产生,除了这一时期当地村寨人群来源的进一步多样化,如和里村的覃姓、陈姓、欧阳寨的陆姓,下南寨的庞姓,都是这一时期迁居而来的。最为重要的是,民国以来,越来越多的青年男女外出学习和工作,他们有更多的机会结识外村寨的同龄男女,因而恋爱和婚姻的交往圈得以扩大,逐渐产生越来越多与外村寨姓氏人群通婚的情况,当地人群通婚对象的分布范围也逐步扩展到附近的产口、良口、丹洲、古宜、忻城、柳州等地。这一趋势在 20 世纪 90 年代以后,因当地外出务工男女青年的增多而更为显著。近年来越来越多的年轻女性嫁到外地,而村内男子娶外地女子的现象也越来

---

① 参见《九十九公破姓开亲》,吴浩、梁杏云主编《侗族款词》,第 606~641 页。

越普遍。但是我们也要注意，虽然通婚对象的来源变得相对多元，但是和里、南寨内部各姓氏相互通婚的网络模式并没有因此被完全打破，同地域村寨之间各姓氏通婚的传统依然影响着当地青年男女的婚嫁选择。

第三节 婚嫁习俗与仪式传统

那么，这种同地域村寨之间各姓氏通婚的传统，是如何影响当地的一系列婚嫁习俗和仪式传统呢？并且彼此如何形成一种联动，既促进彼此的稳定与发展，又进一步形成一种表面自由，却暗含着强制性与确定性的婚配模式呢？这一节笔者主要通过田野访谈与观察，揭示这种集体婚恋传统中所隐藏的自由性与强制性之间的冲突和调和，以此来反映联结不同姓氏之间"结群"关系的姻亲网络是如何逐步形成和建构出来的。

一 婚前的恋爱习俗与通婚网络的关系

> 苗傜男女长成混杂唱歌，每年自八月秋社后，聚村中罗汉二十余人，共吹芦笙为乐，至次年春社方罢，父母不禁，不拘同姓异姓，相悦即婚，父母不能主。①

对于当地苗、瑶等人群的婚恋习俗，民国时期的地方志中曾有这样的描述。那么，在实际婚恋生活中，当地人群的恋爱和婚姻是否真的如地方志中所言的自由无拘、相悦即婚呢？

在结婚之前，当地有不少风俗习惯或者节庆活动，为未婚的青年男女提供相对自由却有规矩的恋爱场域。日常的恋爱方式即是男

---

① 民国《三江县志》，第146页。

女相约到某人家中笑谈、唱歌作娱乐,还有比较大型的集体娱乐活动例如歌会或者坡会,都为男女青年提供认识彼此,进而相恋成婚的机会。对于男女日常生活中的相约谈情,过去的研究者将其称为"坐妹",并且有如下描述:

> "坐妹"为苗蛮普通长期之娱乐。入夜之后,罗汉①辄就蓝免唱歌笑乐。两情懽恰,则密约幽会。情欲盛炽时,即于其家行非礼者,亦间或有之。此等行为,苗人称为"坐妹"。除嫡堂姐妹而外,其他较疏亲属内外人等,均可以坐。富裕多女人家,欲使罗汉来至其家"坐妹"之便,往往为两火堂,冬寒,父母则与媳女隔别烘火,俾无所拘束,得恣其懽爱。若罗汉为远客,即隔邻之蓝免亦来陪夜,罗汉不睡,蓝免亦不睡,天明,始别去,此等陋俗,在所称苗山之区域内,莫不有之。其夫兄等,因欲向外"坐妹",遂不能禁其妻妹之所为如此。不过为妻者,比较上须守相当之规则,不如处女更自由耳。②

作者刘锡蕃在民国时期所指的广西"苗山",即是融水、三江等地苗、侗人群所聚居的山区村寨,该记载对于当时这一地域本土人群的恋爱习俗或许有一定程度的反映,但是这番描写也相当明显地流露出作者秉持儒家伦理道德观念,来看待本土人群婚恋习俗所戴的有色眼镜。

其实在当地青年男女之间日常的邀约谈情中,是有着一定的礼仪与规矩的,并非毫无约束地自由放任。通常是几个相熟的青年邀约几个认识的女孩,到某一女孩的家中聊天、唱歌,这些青年与女

---

① 男子称为"罗汉",女子称为"蓝免",是刘锡蕃依据侗语的称呼,虽然他在文中将这种习俗流传的人群称为苗人,我们也可以看出民国时期对苗、侗等人群的区分,并没有20世纪50年代施行民族识别之后那样明确。

② 刘锡蕃:《岭表纪蛮》,第175~176页。

孩之间不能是兄弟姐妹的关系（即属于不同的"兜"，同"兜"的同辈之间视为兄弟姐妹）。青年带上糖果等礼物到女孩家中后，如果女孩的父母在场，他会先问候其父母，与之聊天，不会随意与女孩聊天对谈，等到女孩的父母离开堂屋之后，青年才能和女孩在火塘边坐下聊天、唱歌或打油茶，通过晚上的聊天与唱歌，男女双方了解彼此的心意和家庭状况，为今后深入的恋爱作铺垫。这种日常晚上的谈天对歌，也是青年男女日常娱乐生活的一部分，因为需要有相识的男女相约，所以许多有着姻亲关系的表兄妹，会成为各自同辈兄弟姐妹认识以至相恋的桥梁，因此有着姻亲关系的家庭之间有建立多代姻亲关系的可能性。而且在当地婚姻仪式的许多环节中，会为姻亲双方未婚的青年男女提供许多认识和交际的机会，此外，在笔者后文描述的年节活动中姻亲之间的走访，有姻亲关系的青年男女之间也有更多接触的机会。

除了日常生活中有一定交往圈子的谈情相恋，到了年节时举行的歌会或坡会等大型的娱乐活动，会为更多村寨的青年男女之间的相识与恋爱提供机会。关于年节时举办的盛会，刘锡蕃在《岭表纪蛮》中也有如下描述：

> 在各节期中，尤以年会为最盛。依苗山惯例，会期前，各寨青年男女，均预先约定某日到某寨集合……届期，罗汉、蓝兔均刻意妆饰，各依此等预定路线，同向各寨游行。至某寨时，某寨须以宾礼迎送——阖村罗汉、蓝兔，迎之于寨门——然后分处各家，郑重招待。日将午，主寨（即会聚居留之寨）客寨（即外来之罗汉蓝兔）之男女长幼，均集于"芦笙堂"。"芦笙堂"者，依寨外较宽平之田亩或草原为之，露天无盖。……斯时全场罗汉、蓝兔皆集中旗下，首行"踩堂"之礼；男在外而面朝内，女在内而面朝外，成一重叠之大环形。男女各依一定规则，作种种舞蹈姿式。进退疾徐，此动彼和，

第四章 家族组织与婚姻网络

均有相呼相应之势。口中喃喃有词,大概亦为有规则之吉语。移时,芦笙大作,万山皆应。主寨鸣炮万千,牵牛绕堂三匝。牛背披大幅红布,而以壮夫十数人控之,不使惊逸乱窜。巫师尾牛行,虔诚致祷词。然而驱牛至堂外,捺而杀之,主寨即以木制门架一方,立于堂中,取牛背所披红布,张于其上,主宾两寨,则以此架为界线,相对唱歌。歌词所唱之语,大概为"芦笙堂的起源"、"踩堂的典故"、"屠牛的原因"、"男女打同年的原因及历史"……种种,双方互有问答。或男唱,或女唱,俱无不可。惟问而不能答,答而不能中,则嘲讽及之。负者惭愧无地,若挞之于市朝矣!日暮,主寨则以今日所屠之牛只,款待客寨来宾。他日主寨作宾于客寨,客寨亦须待以相当之敬礼。牛之外,鸡鸭若干,猪肉若干,多少必相称,否则讥其吝,甚至于绝交……晚餐后,男女均集一处,杂踏唱歌。目挑心与,左拥右抱,此时此际,凡人生一切重要之问题,蛮人皆无复丝毫计会于其中,色海性天,昏昏然溺焉矣!鸡鸣天曙,始各就寝。翌午,再入于芦笙堂,吹笙唱歌,兼为种种游戏……

以上所描述的年节时举办的盛会,在今天的南部侗语方言中称为"月也"(weex yeek),意为"做客",主要是两个寨子的青年男女集体聚会的娱乐活动,通常有一来一往两次,两个寨子轮流做主,邀请对方到本寨做客。这种活动以轮流到对方寨子做客为形式,其实为青年男女走出村寨交友、联姻提供了良好的机会。这种集体娱乐活动的开展,是在一定的活动场所——芦笙堂,遵循着一定的礼节仪式:客寨约定时日抵达——主寨于寨门迎接——主客寨集合于"芦笙堂"——首行"踩堂"之礼——鸣炮后牵牛绕堂——巫师杀牛致祷——主、宾寨对歌。在这些仪式性的活动展开之后,主寨才以宴席款待,晚餐之后男女才可以"杂踏唱歌",这时青年男女之间才可以相对自由地寻找自己属意的对象，吹笙唱歌，表达心意，以达成婚恋的目的。然而，这种集体的聚会娱乐活动，也将未婚男女的相识、相恋限制于一定的人群范围之内，若是平时没有交往的村寨，或是距离太远、不便往来的村寨，以及在文化认同与风俗习惯上差异较大的村寨之间，就很难举行这样的集体交流活动，也就无法建立起固定的男女交往机制和通婚网络。

目前，"月也"习俗仍然盛行于和里、南寨，以及周围老堡、良口、同乐等地的村寨聚落，通常在重要的年节（如元旦、春节、"三王"神诞）期间举行。笔者在2015年农历二月初五日"三王"神诞期间，参加了南寨村邀请附近的高安寨村民前来举行的"月也"活动。现在由于耕牛珍贵，巫师杀牛的仪式已经不常见，但是其他环节的礼仪活动还是会照例进行，晚饭后的跳舞唱歌更成为节庆期间重要的娱乐活动。不过现在年青男女大量外出务工，因此"月也"活动提供给未婚青年男女恋爱交往机会的色彩也大大淡化，这次来参加"月也"活动的高安寨村民以40岁以上的已婚男女为主，目的也以丰富节庆期间的娱乐生活，以及联络两寨之间的新、老朋友为主。当地年青一代的恋爱方式和交往模式，也已经因手机等新兴通信工具的兴起而越来越呈现出时代的变化，这也是当地青年通婚对象来源多元化趋势的重要原因之一。随着年轻人外出务工所带来的人员的高度流动性，以及新兴通信工具的普及，当地传统的男女交往渠道和婚恋方式早就已经无法将目前的青年男女限制于一定的通婚网络之中，因此虽然联系不同姓氏家族之间关系的传统通婚网络尚能维持，但是会随着时代的发展发生新的变化。

二 婚嫁仪式传统与婚姻网络的延伸

在当地传统的婚嫁仪式中，除了新人及其双方家庭的参与，还处处呈现出以通婚群体"兜"为单位的人群的活动。清代中后期，

第四章 家族组织与婚姻网络

和里、南寨一带"兜"组织与"宗族"组织的融合，也表现为婚配的男女双方所属的宗族组织人群的参与，这体现出一种以"家"为中心、向"宗族"组织延伸的层层的权利和义务关系。通过体现婚姻缔结过程中各自族人的权利和义务关系，自己所属的"房族"与姻亲家庭所属的"房族"之间进一步凝聚在一起，从而实现一种婚姻网络的延伸。在这一节中，笔者就以具体的婚嫁仪式过程为例，说明这种婚姻缔结过程中的权利和义务关系是如何促进婚姻网络形成并延续的。

婚嫁仪式的进行，首先要请择日师算好接新娘过门的吉日与吉时。到了接亲那天，男方家会派出一对童男（手持一把小芦笙）童女、一名 40~50 岁的妇女和"房族"内的兄弟姐妹去女方家迎接新娘，女方家则会派一名 40~50 岁的"送母娘"（报道人用汉话称呼）打伞，以及二至三名穿着打扮与新娘颇为相似的姐妹，一起送新娘前往男方家，男方家同"房族"的未婚男青年会故意去抢新娘姐妹身上佩戴的手镯、项链等物，而对其有意的姑娘才会让人将首饰等物抢走。若进门吉时未到，新娘一行可到男方同"房族"的兄弟家停留一阵，喝油茶，等吉时到了再到男方家行进门仪式。

举行进门仪式的师傅已经在男方家正门前摆上一张桌子，桌上摆着猪肉、鱼、公鸡、两把糯稻穗，在正门口摆上一根木棉扁担，师傅作完画符水仪式（让纸符在装着水的碗中燃烧），让新娘进门时跨过扁担，木棉作的扁担又细又硬，寓意新媳妇要一心一意，到夫家后要能吃苦耐劳。① 新娘进门后走入厅堂，男方家人此时则要躲进房间里，不能与新娘见面，寓意新娘婚后与家人避免冲突。厅堂中只留下一对童男童女和一些男方房族中年长的姑婆等人，围坐于火塘边，新娘要依次给她们敬茶。敬茶之后，便燃放

---

① 也有一种说法是指象征"扁担婚"，即"还娘头"的"姑舅表婚"传统。

山水"峒氓":明清以来都柳江下游地区的家族、婚姻与仪式传统

鞭炮,告知男方同房族兄弟各家亲人,可以来男方家迎接新娘的到来,并且在男方家喝油茶,一同商量第二天到新娘家提亲和之后举办结婚酒筵之事。与此同时,仪式师傅要在男方家的香火堂前举行一个"吃长菜"仪式,师傅焚香燃烛,将水煮过的猪肉与青菜摆放于香火堂前,供奉给男方家的祖先,寓意婚后即使粗茶淡饭,新娘也依然下定决心进入夫家,勤俭持家。当晚,新郎的姐妹会来与新娘聊天做伴,并陪新娘过夜,新郎与新娘不可以同房。第二天,男方家正式派人去女方家提亲,取得女方家人的同意之后,共同商量举办结婚筵席的日子,女方家再派一些同"房族"中的姐妹将新娘的衣服送到男方家。与女方家商量好举办结婚筵席的日子之后,男方家再分别去通知新郎已出嫁的姐妹、舅母和外婆等外家亲戚,请她们到家中吃"长菜"餐,表达希望取得亲戚在新人结婚上的祝福和帮助。

当地把结婚筵席俗称为"办大酒",男方家与女方家分别在自己家中举行。举办结婚酒筵当日,男方家先要将杀好的猪、酒、米等送到女方家,新娘则由新郎同"房族"的姐妹、姑母等陪同,同桌吃饭聊天(见图4-3)。男方在筵席中会请所有的同"房族"兄弟及其家人和亲戚朋友前来喝酒,其中当家主妇(新郎母亲)的父亲或兄弟(新郎的外公或舅舅们)被安排坐在最重要的位置,其次是新郎奶奶的父亲或兄弟(新郎父亲的外公或舅舅们),通常在厅堂中香火堂前面,背对香火堂,表示夫家对舅家的尊重和敬意(见图4-4)。新郎则要与来宾们喝酒、唱敬酒歌,同"房族"兄弟可以帮他喝酒,送新娘来新郎家的姐妹也可以与来宾们喝酒,但是她们不会与别人随便唱敬酒歌(除非对其有情意)。来参加筵席的同"房族"兄弟家人和亲戚外家,依据与新郎家人的亲疏关系,送上一定数量的猪肉、酸肉、酒、米、红包等物品作为礼品,近年来则会送上彩电、冰箱、洗衣机等流行的家用电器。

第四章 家族组织与婚姻网络

图 4-3 新郎家"办大酒"仪式中新娘与新郎家的姐妹和姑母们

图 4-4 新郎家"办大酒"仪式中新郎家给舅家敬酒

新娘吃完饭后,男方家派一名 40~50 岁的"送母娘"为新娘打伞,以及一些同"房族"的未婚男青年将新娘送回女方家(见图 4-5)。女方家也由家中的父亲或兄长做主,邀请同"房族"的兄弟家人或外家亲戚前来喝喜酒,新娘一回娘家,就帮助娘家人招待同"房族"来喝喜酒的姐妹们。家中主妇(新娘母亲)的父亲或兄弟(新娘的外公或舅舅们)坐在酒筵当中最重要的位置(香火堂前),其次是新娘奶奶的父亲或兄弟(新娘父亲的外公或舅舅们)。女方家由同"房族"的兄弟姐妹作为主人出来迎接和招待男方家送新娘回娘家的来宾,未婚的男青年们会以此为契机邀约新娘的姐妹们晚上在女方家中打油茶,以此作为未婚青年男女认识交往、谈情约会的机会。若邀约成功,男青年们晚上就会带着糖、果、烟、酒、饼干等物到新娘家中,将烟作为礼物给新娘父亲表示感谢,待新娘家中长辈离开厅堂之后,留下未婚的青年男女围坐于火塘边,打油茶、分吃糖果、聊天说笑,直至深夜……

图4-5 新郎家"办大酒"仪式结束后送新娘回娘家

第二天则再摆一天"太平酒",男方家与女方家主要邀请各自的姑爹、姨爹等前来喝酒,感谢他们作为外家亲戚对新人婚事的帮助和送上的礼品,以弥补第一天筵席上的忙乱而导致的招待不周。两天的结婚筵席结束之后,再过2~3天,新娘的姐妹们会拿糯米饭、酸鱼、酸肉、茶、酒等物到村内的坡上举行一场聚会，新郎的兄弟们则结伴带着红包、礼品等物去坡上给姑娘们送"金银财宝"，姑娘给青年敬茶、敬酒，青年则要给姑娘送红包或礼品，尤其是抢走"伴娘"金银的青年，要给被抢的"伴娘"大红包，以表示对姑娘的谢意和诚意。这种在婚姻缔结过程中，未婚男女青年之间的邀约宴请，又为新的恋情与婚嫁提供场合及契机，成为编织两个"房族"之间婚姻网络的过程。

　　我们可以发现，在整个婚嫁过程和"办大酒"仪式中，婚嫁男女双方家庭对各自的姻亲家庭都表现出很强的尊重和依赖之情。无论是在嫁娶的前期准备还是在婚嫁仪式当中，新人（即新郎、新娘双方）母亲的父母及兄弟、奶奶的父母及兄弟都要给予一定的经济或物质上的帮助，而在"办大酒"仪式上，新人母亲的父母及兄弟、奶奶的父母及兄弟，都被安排在重要的位置上，并且只有他们到来之后，宴席才可以正式开始，充分显示出对原有姻亲家族成员的尊重和联结。反而是新人双方家庭在整个婚嫁仪式环节中是很少见面的，只是通过家族中的其他成员来接送新娘和传递礼品。即使是在新娘进入新郎家门的仪式中，新娘的家人也都不出现，而是在第二天才得到新郎家派人送去的消息。此后的"办大酒"仪式也是各办各的，以邀请各自"房族"的成员为主，只有少量送新娘往来的双方"房族"成员才会参加对方举办的"办大酒"仪式，而新郎、新娘也只有在本家庭举办的"办大酒"仪式中才会成为宴会中的主角。

　　这与不少学者观察到的中国不同地域婚礼仪式中所体现出来的对姻亲家族的重视，既有相同的一面，又有不同的表现形式。例如，弗里德曼对中国婚仪"基本模式"描述说，姻亲在这些礼仪中扮演"关键的角色"，如新娘母亲的亲族和新郎母亲的亲族在婚仪中占据特殊地位，新娘的弟弟"几乎总是［在仪式中］被赋予某种角色，充当两个家庭的纽带"；① 艾米莉·埃亨（Emily Martin Ahern）通过在台湾北部的田野调查，描述了在暨南（Ch'i-nan）村新娘的亲族（以及对于新郎家庭来说作为嫁女一方的其他家庭）如何被邀参加婚宴，新娘的父亲和兄弟如何被奉为贵宾的情形。② 而和里、南寨地方人群之间所形成的婚嫁仪式，是以强调新人双方各自的母亲或奶奶的亲族为主，新人的婚嫁仪式反而成为其父辈或祖辈人联络和强调其姻亲家庭的最好场合，新人彼此的家庭并没有在婚嫁仪式中表现出强烈的联结愿望。

笔者认为，这一婚嫁仪式模式可能与当地"不落夫家"的传统婚俗有一定的关联。由于新娘在结婚之后并不会立即到夫家定住，而是在娘家与母亲、姐妹做伴，在此期间仍然可以参加男女青年之间的对歌、吹芦笙等娱乐活动，并且度过一段以学习女红技艺为主的"坐家"生活，等到合适的年纪且男女双方感情稳定，再举行一个"过小礼"（送小礼）的仪式，才会正式到夫家长住。此外，在当地习俗中，女性要在生第一个孩子之后才能接替婆婆的地位，在夫家具有"当家"的身份，所以"过门"和"办大酒"等婚嫁仪式，并不意味着男女双方婚姻关系的最终确定。在男女双方生子之前，其婚姻关系仍然呈现出某种不稳定的状态，离婚也是相对比较容易的，因此男女双方家庭并不急于结成紧密的联系，以免之后新人婚姻关系变动造成冲突。要在举行"过小礼"仪式、女性生子之后的"回娘家"以及"三早酒"仪式后，双方家庭的关系才会逐步密切起来。

---

① Maurice Freedman, "Rites and Duties, or Chinese Marriage," in G. William Skinner, ed., *The Study of Chinese Society: Essays by Maurice Freedman* (Stanford: Stanford University Press, 1978), p. 21.

② Emily Martin Ahern, "Affines and the Rituals of Kinship," in Arthur P. Wolf, ed., *Religion and Ritual in a Chinese Society* (Stanford: Stanford University Press, 1974), p. 291.

三 "不落夫家"习俗与婚后的女红生活

当地传统的婚嫁习俗是,新人结婚之后,新娘并不需要立即前往新郎家居住,而是可以回到娘家继续与母亲及姐妹们相伴,并且依然可以如未婚的姐妹一般,参与青年男女之间吹芦笙、对歌的娱乐和约会活动;只有在一些节庆或者田间劳动的时候,新郎会请新娘到男方家过节,或者一起到田间劳动。新郎也可以继续进行单身青年的娱乐交往活动,新婚的男女双方并不会被限制在结婚之后固定的两性关系之中。新娘直到生下第一个孩子,才会正式搬到男方家与新郎共同生活,并且取代新郎的母亲,成为当家主妇。然而这种相对自由的婚姻关系却与王朝国家推崇的儒家伦理纲常相背离,为作为国家代理人的地方官员所不齿,他们对当地这种"晚婚"或"不落夫家"的习俗,不但严格禁止,而且制定处罚措施加以改变。民国《三江县志》就记载了清代康熙年间怀远知县廖蔚文对当地婚姻习俗的干预和改革:

> 女二十余岁不肯嫁人,其嫁者,是晚不与其夫团聚,即逃回母家,皆好与罗汉吹笙,亦经廖公严禁,凡女二十不嫁者,罪作父母,女归宁三日即着送回附加,今民间不敢久留老女,亦不敢听女归宁久住。①

对于地方志中所反映的地方官府政策对民间婚姻习俗的干预和规定,我们与其将其作为一种客观发生的官方活动,倒不如当作作为儒家观念代表的官员或者文人,希望民间婚姻习惯符合儒家伦理纲常的意愿表达。随着当地县学、私塾等儒家教育逐步渗透到县城和乡镇,一些居住在县城和市镇地区的人逐步用儒家伦理规范婚嫁

---

① 民国《三江县志》,第146页。

山水"峒氓":明清以来都柳江下游地区的家族、婚姻与仪式传统

习俗,使之逐步脱离本土传统的婚姻伦理和嫁娶风俗。但是在官府控制薄弱、儒家文化难以渗透的山乡"峒地",传统的本土村寨依然守护着男女青年相对自由的婚恋嫁娶和婚姻伦常,使得作为王朝国家代理人的地方官员希望通过对地方婚嫁习俗的规约来干预地方民众的私人生活方式和个人情感表达。笔者在当地村寨中进行大量的聊天和访谈发现,目前大部分40岁以上的妇女,都曾经有"不落夫家"或者"缓落夫家"的经历。

当地女性婚后"不落夫家"或者"缓落夫家",在娘家久住的生活虽然与未婚女子差别不大,但是也开始着手女红技艺的学习和实践。因为她们纺织或刺绣出来的布匹或服饰,会在其进入夫家之后成为重要的陪嫁之一,对其在夫家的生活产生重要的影响。当地女性的陪嫁品,若是富裕人家的姑娘,除了父兄分给的"陪嫁田",以及母亲传给的金银首饰、绫罗绸缎、刺绣服饰之外,最重要的就是自己在家中跟随母亲学习制作的家织布和刺绣品。这些布匹和刺绣品将最终随着妇女的定住被带到夫家,供丈夫、孩子日常和节庆时的服饰之用,甚至在公公大寿之时作为媳妇送给公公的寿礼而当众送出。对于贫穷家庭的姑娘,没有父兄和母亲传承之物,就只有靠自己在家中的辛勤劳作来弥补。当地有句老话叫"三年上、五年下",意味着结婚之后三至五年,新娘都会留在娘家纺纱织布、学习刺绣,而母亲也会用心教导和帮助女儿,在几年的"坐家"生活中将所需的女红用品准备齐全。等到第一个孩子出生,妇女正式进入夫家长住,并且拥有可以取代婆婆成为当家主妇的权利之时,最重要的仪式就是将在家纺织而成的一捆捆布匹和刺绣而成的精美服饰,用担子一挑一挑地往夫家送去,以显示出自己传承自娘家的娴熟的女红手艺。而当妇女带着刚满月的孩子回娘家时,其母亲也会马上用自己所织的布给新生儿送上亲手制作的花背带,以表达对外孙的祝福,并且以此显示自己女红技艺的高超,与新生儿的奶奶制作的背带形成对比,成为各自房族中姐妹、姑母长

辈议论的话题。

当地家家户户都有木制纺纱机、织布机或织锦机等女红用品，机子由家中的父兄砍来优良的木材拼装制作，但是纺纱织布、织锦、针线刺绣等活动则完全由女性负责，男性不会也不得踏入女性的这一专属领域。由于织布机是家中常备之物，因此妇女的织布活动整年都可以开展（见图4-6）。

图4-6 妇女在家织布

染布则固定于每年7~8月，因为这两个月阳光充足、温度高、雨水少，适合将染好的布匹进行反复洗染和晾晒。届时每家每户的妇女都会从山上或家中的菜园中采摘蓝靛草，放在木桶中与草木灰发酵制作蓝靛染料（见图4-7）。她们将之前纺织好的家织布放入靛蓝液中浸染之后，再拿到房前屋后的河水或溪流中进行漂洗后晾晒，通常要反复漂染、晾晒十次以上，布匹的颜色才能乌黑均匀。但是这时候的布还不能算上好的，必须再将染好的布折叠，放在光滑的条石上用木槌反复捶打，使其乌黑发亮，这样才能算是上好的手染布。此外还有一种方法是用牛胶水浸泡黑布后晾晒，使其黑中泛出亮红,也是家染布中的精品。在通常情况下,制作好一匹十几米长的家染布,要反复漂染、晾晒、捶打一个月以上,所以每年的7~8月,当地妇女会抓紧有限的时间制作尽可能多的手工染布,当地称为"亮布"。

图4-7　妇女在家屋外制作蓝靛染料

第四章 家族组织与婚姻网络

每天清晨太阳初起,就已经能看到妇女们或是在屋前的蓝靛缸前漂染,或是挑着蓝染布去河边漂洗,或是在房前屋后搭好的竹竿上晾晒蓝染布的忙碌身影。约莫半个月后,从早到晚都会看到两三个妇女在房前屋后一起捶布说笑,或是不见人影,只听见吊脚木楼中传出的"咚咚"捶布声。然而,即使是最勤快地劳作,两个月下来能够染制的蓝布也只有 10~20 匹,这还没有计算之前织布所花费的时间。据老人说,过去用木织机织一匹十几米的家织布,速度最快也要一个月左右。到了冬天,就开始制作用作铺盖的织锦,以及衣服、鞋帽上装饰的绣花,织锦和刺绣的工艺要求就更为繁复了。

图 4-8 妇女在溪水中漂洗蓝染布

在民国之前,机织布和苏杭丝绸布匹还没有广泛进入此处乡村,普通一家人一整年在衣着服饰上的需求,就必须靠家中妇女的辛勤劳作来满足。因此,在进入夫家之前,用 3~5 年的时间学习女红技艺,以适应和满足定住之后的整个家庭所需是十分必要的。而且在当地的民间习俗中,生儿、结婚、寿辰、丧礼、建房、架桥

图 4-9　妇女在田间晾晒蓝染布

图 4-10　妇女在家中将染好的蓝布反复捶打至发亮

等诸多仪式活动，服饰尤其是布匹都是重要的仪式用品和礼品，因此没有一定的女红技艺和用品，对婚后的新娘来说都是十分不利的。母亲也会尽量传授女儿女红技艺，或者传给其大量的布匹和服饰作为陪嫁。此外，由于当地商品经济的发展远逊于江浙，甚至不及湖湘，因此并没有发生所谓清代中后期家庭织布业商品化的情况。① 男性从来不曾踏足织布劳动，当地"男耕女织"的社会分工相当明确，这也使得女红技艺成为当地妇女婚嫁的重要条件之一。

在男女恋爱的歌会或节庆等公共场合，穿着大方得体、服饰亮丽夺目，成为女孩吸引异性目光的重要手段之一。不过和里、南寨妇女的服饰并不以绚丽繁复的刺绣为特色，只是在肚兜的胸口部位刺绣花、鸟、虫、鱼等吉祥图案，上衣和百褶裙或裤子则以黑中透亮为美，配合着闪闪发亮的银项圈、银手镯、银梳等饰品，显示出沿河村寨家庭的经济实力，其审美意识明显受到清代中后期以来外来商品经济的渗透与影响。

然而，笔者在田野调查中发现，目前仍然热衷于制作传统家织布的家庭已经微乎其微。自民国以来，外来的机织布源源不断地涌入山区乡村，山区市集的发展也使得山区民众能够比较便利地采购机织布。此外，机织布质量好而且价格便宜，因此很多家庭不再费时费力地制作手工织布。但很多家庭依然延续传统的染布工艺和以黑亮为美的传统审美，在7~8月大量漂染和制作"亮布"。目前依然热衷于延续这一女红传统的是40岁以上的妇女，她们为自己和家人制作节庆和日常服饰，更多是为面临出嫁的女儿准备嫁衣和各种服饰，或者为孙辈制作传统的花背带和婴幼儿服装。年青一代的女孩由于早早就能够接受九年义务教育，不再从小耳濡目染和学习母亲或祖辈的女红制作技艺。

此外，20世纪80年代之后外来服饰文化潮流涌入乡村，也使得越来越多的年轻女孩喜欢亮丽多彩的现代机制服饰，对于传

---

① 关于这一时期家庭织布业的商品化论述，详见〔美〕白馥兰（Francesca Bray）《技术与性别：晚期帝制中国的权力经纬》，江湄、邓京力译，江苏人民出版社，2010。

统的手工服饰逐渐失去兴趣,更不要提学习传统的女红技艺了。越来越多的外来服饰涌入乡村市集,村民能够比较容易地购买到,在审美观念上也逐渐追随外来潮流,不再以传统服饰为美。20世纪90年代以后,更多的乡村年轻女性涌入城市打工,不再延续传统的"不落夫家"婚俗,婚后学习女红技艺的传统更是难以为继,因此当地传统的女红技艺目前甚至面临断代的危机。随着山区大量青年男女外出打工浪潮的出现,传统"不落夫家"的婚嫁风俗也真正开始面临危机,一方面是新婚男女结伴外出打工,使得新婚夫妇很快同居共处;另一方面是"不落夫家"的习俗使得新婚夫妇感情不牢固,婚姻关系处于一种不确定状态,外出务工者与留乡者更是长年难以见面、感情容易破裂、离婚事件频发,男女双方家庭也都不希望延续这种"不落夫家"的习俗,尤其是青年女性外出后往往选择外嫁他乡,使得当地村寨长期形成的各"房族"之间的婚姻网络结构遭受冲击,甚至面临解体和重组的危机。

对于中国南方地区如福建、广东、广西等地区某些地域长期流传的"不落夫家"(也称为"长住娘家")婚俗,从20世纪50年代以来就不断引起诸多学者的关注与研究,早期研究主要侧重对这一婚俗的起源和长期留存下来的原因进行探讨。其中一种观点以人类学家林惠祥为代表,他将福建省惠安县瑞东乡的"长住娘家"风俗,与广东番禺、顺德等地的妇女"不落家"风俗,以及广西、贵州等地壮、侗、苗等少数民族妇女婚后"不落家""作后生"等婚俗进行比较,认为这些婚俗是"母系氏族社会到父系氏族社会的过渡期所发生的风俗,再加以后来的封建社会的影响,因而使其长期残留下来,并改变和恶化了原来的内容"。[①] 厦门大学蒋炳钊

---

① 林惠祥:《论长住娘家婚俗的起源及母系制到父系制的过渡》,《厦门大学学报》1952年第4期,第24~44页。

教授则通过对福建惠安县东部7个乡仍然流行的"长住娘家"婚俗历史进行考察,继续探讨这一地区人群的族属源流和婚俗成因,认为惠东地区的先住民是百越民族中的一支闽越人,到了明代才有大量汉人迁入,使得当地人经历了一个汉化过程,因此当地婚俗是闽越人"不落夫家"婚俗与汉文化中的封建贞操观念相结合的产物。① 其观点虽然在惠东人群的族属源流上进行了进一步的探讨,但仍然是建立在林惠祥教授提出的"长住娘家"是母系制到父系制过渡期的一种婚俗残存的基础上。② 这一派观点深受19世纪中叶兴起的人类学古典进化论学派的影响,具有很强的进化论色彩。其他的一些观点则明显受到人类学功能学派的影响,主要探讨和说明"长住娘家"习俗得以存在的社会功能。如中南民族大学教授钟年在广西融水红瑶地区实地调查后则认为:"不落夫家"习俗是由"早婚"习俗引起的,它们"构成了同一婚姻制度下功能互补的部分"。③ 香港中文大学人类学系乔健教授于1987~1989年先后四次前往惠安崇武镇大岞村进行田野调查,认为该地的"长住娘家"习俗是由两性分工不同引起的。④

另外一些学者对珠江三角洲地区的"自梳女"和"不落家"习俗进行研究,提出要以一种经济结构视角来理解和解释这一现象。Topley将顺德自梳女的行为称为"抗婚"(marriage resistance),认为这种抗婚行为与19世纪当地缫丝业的发展有关,缫丝业的发展使女工们在经济上得以独立。她也把顺德的不嫁女与附近南海和番禺县的

---

① 蒋炳钊:《惠安地区长住娘家婚俗的历史考察》,《中国社会科学》1989年第3期,第193~203页。
② 蒋炳钊:《关于"长住娘家"婚俗起源的讨论》,《广西民族研究》1994年第2期,第111~120页。
③ 钟年:《对早婚和"不落夫家"的新认识》,《广西民族研究》1989年第4期,第141~145页。
④ 乔健:《惠东地区长住娘家的解释与再解释》,乔健等主编《惠东人研究》,福建教育出版社,1992。

山水"峒氓":明清以来都柳江下游地区的家族、婚姻与仪式传统

"不落家"婚俗联系起来。她关注当地独特的反婚姻态度是如何与经济独立结合起来,使得"未婚妇女"有了更多回旋的余地。① 而 Alvin So 和 Stockard 的研究也从不同的侧面论证了珠江三角洲妇女的婚姻策略与她们能够掌握的经济资源密切相关。② 萧凤霞(Helen F. Siu)则认为,以 Topley 为代表所提出影响妇女"不落夫家"婚俗的政治经济结构因素,并没有论证在缫丝业影响香山、顺德等地之前这些地区的居民是采用符合儒家正统的婚姻形式,而历史记载却恰恰显示在缫丝业进入珠江三角洲之前,顺德、香山、番禺等地的"不落夫家"婚俗就已经普遍流行了。她对这一地区的自梳女和"不落夫家"婚俗的分析,则充分考虑到广东的本土文化元素、士大夫文化的推广和渗透,以及明清以来的经济发展,侧重讨论了妇女与她们的家庭和社区之间的共谋关系及其社会语境。她认为,清中叶以降,这种独特婚俗在珠三角地区的存续,是地域文化、社会区隔与经济发展交相作用的结果,是一社群为区别于别社群而采取的一种文化策略。③ 这为理解这一习俗在晚清、民国时期的命运,提供了社会动力学的诠释。

都柳江沿岸地区的和里、南寨"不落夫家"婚俗的流传与变迁,一方面与南方百越人群"不落家"的婚俗传统有着密切关系,④ 另一方面则更需要考虑该地域人群的家庭结构,以及当地村寨社会历史进程中所逐步形成的同地域村寨各姓氏之间通婚的婚嫁

---

① Marjorie Topley, "Marriage Resistance in Rural Kwangtung," in Margery Wolf and Roxanne Witke, eds., *Women in Chinese Society* (Stanford: Stanford University Press, 1975), pp. 67 – 88.

② Alvin So, *The South China Silk District: Local Historical Transformation and the World System Theory* (New York: SUNY Press, 1985); Janice Stockard, *Daughters of the Canton Delta, Marriage Patterns and Economic Strategies in South China, 1860 – 1980* (Stanford: Stanford University Press, 1989).

③ 萧凤霞(Helen F. Siu):《妇女何在?——抗婚和华南地域文化的再思考》,刘永华主编《中国社会文化史读本》,北京大学出版社,2011,第498~517页。

④ 蒋炳钊、吴绵吉、辛土成:《百越民族文化》,学林出版社,1988。

模式的维系与演变。首先,在家庭结构上,当地女性无论是在婚前还是婚后,均在其原生家庭中扮演重要角色,因此女性并不会因为结婚而马上失去其在原生家庭中的地位与作用。尤其是在生子之前,男女双方的婚姻关系并不稳固,女性婚后大多留在娘家与母亲姐妹相伴,学习女红技艺,而且仍然可以如同未婚的姐妹一般,参与青年男女之间的娱乐和约会活动。直到生下第一个孩子,女性在双方家庭中的身份才真正发生改变,取代婆婆成为当家主妇。其次,从家庭和女性本身的经济资源配置而言,女性在原生家庭中帮助父母分担日常劳作,并且学习女红技艺和制作服饰,等到第一个孩子出生之后,女性不但能够熟练掌握女红,并且会将大量服饰和纺织品作为嫁妆带到夫家,也有利于自身在夫家经济地位的巩固——在这一地区,手工家织布和刺绣品在中华人民共和国成立之前是可以用来缴纳赋税和换取金钱的重要物品,常常被视为财富的象征——因此三至五年坐家习俗得以长期延续和维持。最后,在中华人民共和国成立之前,该地区内部各姓氏通婚的家族相对固定,人员流动性较小,男女双方在各自家庭的监督之下通常能够严格遵守通婚禁忌,女性"不落夫家"习俗并不会影响到当地已经稳固存在的家族姻亲网络关系。

  1980年之后,随着越来越多的青年男女外出学习、务工,接触到更为广泛的不同地域的婚配对象,"不落夫家"习俗反而成为影响青年男女婚姻稳定的重要因素。而且随着商品经济的发展,大量机织布和新潮时装涌入乡村,手工布匹和刺绣品不再成为财富的象征,新婚女性不再需要长期学习女红和制作服饰,反而是早早外出打工能够获取经济上的独立。新婚妇女"不落夫家"便外出打工,更增加了新婚夫妇感情和婚姻关系的不稳定性。大量女性外嫁他乡,更使得当地过去长期存在的家族姻亲网络发生破裂的危机。因此,目前当地男女双方一旦结婚,新娘通常就被要求前往男方家居住,"不落夫家"习俗已经迅速在和里、南寨一带消失殆尽。可见对传统乡村婚姻习俗冲击最大的,不一定是传统国家体制下官方强硬的规约和制度,而是现代经济发展对乡村渗透而带来的高速的人员流动和传统价值观念的转变,其造成的传统婚姻家庭结构的不稳定以及传统通婚网络的弱化与解体,也反过来促使当地长期流行的"不落夫家"习俗土崩瓦解。

第四节　节庆习俗与姻亲关系的巩固

当地村寨的重要节庆"吃冬"和农历七月十四节俗,成为姻亲家庭之间相互走访的重要节日,他们以此来联结和巩固各姓氏家族之间的姻亲关系。而两大节庆习俗又分别与本土系家族和外来系家族对家族祖先的祭祀礼仪有关,也成为两类人群联系与区分彼此的重要节庆活动,邀请对方姻亲家庭的亲友前来过节,以节庆习俗的对立与互补,产生一种既区分彼此又加强关联的作用,这一方面是对同姓氏宗族内族群认同的强化,另一方面也是与其他姓氏家族通婚人群的互动与联结。

一　"吃冬"节俗与姻亲走访

每年农历十一月初一至十三,当地许多家族会过一个联系家族与姻亲、朋友的节庆活动——"吃冬"。邀请亲戚好友来家里"吃冬",其实就是在家中大摆宴席、请客吃饭,当地民族知识分子将其命名为"冬节"。对于这种"吃冬"的节庆习俗,和里、欧阳寨、南寨一带主要是和里吴氏和杨氏、欧阳寨杨氏、南寨杨氏等姓氏家族有这一风俗习惯,其他家族则不过此节,但是作为与他们有姻亲关系的家庭,则纷纷应邀前去过节。

对于这些家族举行"吃冬"活动的原因,各家族中都流传着一个比较类似的说法:主要与这些家族的祖先进入当地寨子定居的时间有关,为了纪念祖先定居、繁衍后代,所以后世子孙要

第四章　家族组织与婚姻网络

在其进入寨子的这一天举行盛大的宴请活动，邀请亲戚朋友前来聚餐庆祝。此外，举办"吃冬"活动的日子也标志着各姓氏人群之间的关系，在同一天举行"吃冬"活动的家庭彼此认同来源于共同的始迁祖，因此不同家族定在不同的日子"吃冬"，表明彼此是不同祖先的后代。如和里吴氏家族定在每年立冬那天举行"吃冬"活动，和里杨氏和欧阳寨杨氏都是在农历十一月初一举行，南寨杨氏则定在农历十一月初六举行。因此，对于当地的三个杨氏家族，根据当地不在同一天"吃冬"的习俗，南寨杨氏与另外两个杨氏家族之间不认同于相同的祖先，因此彼此可以通婚。这与上文笔者通过南寨杨氏宗族、欧阳寨杨氏宗族族谱记载中所反映出来的通婚状况是一致的。

然而，按照和里杨氏和欧阳寨杨氏同样于农历十一月初一举行"吃冬"的传统，说明两个家族曾经是认同于共同始迁祖的，但是根据笔者的田野调查以及两个宗族宗谱记载，发现两个家族之间可以通婚。那么这当中出现的矛盾如何理解呢？这其实透露出当地的婚姻网络曾经因应现实的需要而发生过重组和变迁，使得原来不通婚的家族之间打破原先的通婚禁忌，建立起了新的通婚关系，原先追溯为同一始迁祖后代的人群一分为二，从同宗共祖禁止通婚的兄弟关系，变为逐渐将始祖关系疏远或淡忘，允许开亲通婚的姻亲关系。这其实是清代中后期以来，湘黔贵交界地区人群为了应对王朝国家"同姓不婚"规约，做出了通婚对象和网络的调整。不少地方将其称为"破姓开亲"，但是各地村寨的具体措施是有所差别的。

根据欧阳寨杨氏编纂的《车角族识宗支簿》记载：和里杨氏始祖安华公和欧阳寨杨氏始祖安万公，是共同沿着水路迁移到欧阳寨的两兄弟，安万公率领族人迁移到和里村居住，而安华公及其后人则定居于欧阳寨。这一记载清楚表明和里杨氏与欧阳寨杨氏之间曾经认同彼此是兄弟关系。但是明代中期之后，两广地区爆发了接连不断的"猺乱"事件，明王朝为了平定"猺乱"，以军事

山水"峒氓":明清以来都柳江下游地区的家族、婚姻与仪式传统

力量对山区"无籍"人群的聚居区域不断入侵,使得不少本地人群为了逃脱官府的控制而处于不断迁移的状态。明清鼎革之际的动乱更使得聚居于湘黔桂交界地区的本地人群被迫分散、各处避难,原来的通婚网络难以维系。在本地域、同村寨甚至同姓人群之间开亲通婚的愿望也越来越强烈,因此不少村寨人群将原来通过共同姓氏、过同一个家族节庆活动而建构起来的兄弟关系"破除",将其重新建构为可以开亲通婚的"兜"组织或"房族"组织,使得原先的地域/村寨外婚制,逐步变革为地域/村寨内婚制。

作为家族节庆活动的"吃冬"习俗,在联系家庭成员与姻亲关系方面起着举足轻重的作用。2014~2015年,笔者分别与不同的田野报道人一起,以不同的身份四次参与了不同姓氏家族之间的"吃冬"活动,充分体会到作为不同的主、客身份,在这一活动中所体现出的与姻亲家庭之间亲密关系的确认和表达。

图4-11 前去"吃冬"的一家人

2015年12月11日，笔者与寨贡吴大爷一家人作为受到邀请的客人，去参加和里杨氏、欧阳寨杨氏于农历十一月初一举行的"吃冬"活动。吴大爷的妻子有三个姐姐，大姐、二姐嫁到欧阳寨的杨氏宗族，三姐嫁入和里杨氏宗族。我跟随吴大爷夫妇、大儿子夫妇从寨贡出发，首先前往和里吴妻的三姐家，我们随吴大爷儿子的辈分将其称为三姨妈，路上遇到吴大爷的岳母，于是一行人带着水果、饼干等礼品共同前往吴妻三姐家"吃冬"。吴妻的三姐对母亲和妹妹一家人的到来感到十分开心，两姐妹和母亲很快就在火塘边说起了悄悄话。三姨父和大表哥则忙着将前一天晚上就开始准备的菜肴一一摆上桌，并且邀请妹夫一家入席，男女分别坐于不同的两桌，但是我与吴大爷的干女儿则作为外来的朋友，被邀请与男主人（大表哥）共坐一桌。宴席中菜品的丰富尽显主人家的富裕与慷慨，颇有一种"夸富宴"的性质。

图 4-12　"吃冬"宴席

晚餐则前往吴大爷大儿媳妇的娘家——欧阳寨杨家，大儿媳妇没有去三姨妈家，而是早早抱着3岁的女儿回娘家看望父母和大哥

山水"峒氓":明清以来都柳江下游地区的家族、婚姻与仪式传统

一家。吴大爷的妻子和岳母留在三姨妈家,由吴大爷带着大儿子、干女儿和笔者于下午4点多带着礼品前去庆祝。吴大爷以孙子的辈分称呼这里为"外公家",我们再次被热情地邀请入席,吴大爷对外公家的盛宴表示称赞,对大儿媳妇嫁到吴家后抚育一对儿女的尽心尽力、勤俭持家,向亲家母亲和儿媳的大哥表示感谢。吃完晚饭6点多钟,吴大爷邀请我们一起去大姨妈家(吴妻的大姐)"吃冬":"大姨妈大清早就让儿子打电话来请我过去,而我都到欧阳寨去走孩子的'外公家',却不去同寨的大姨妈家走走,大姨妈知道了说不定会偷偷地哭起来,说我有了新亲家就不理老亲家了。"于是我们又匆匆赶往不远的吴妻大姐家。

吴大爷一进屋就开始和年逾七旬的大姨妈说起悄悄话,不多久大姨妈就开始偷偷地背过脸去擦眼泪,而欢喜的心情依然溢于言表,虽然母亲和妹妹没有来,但是妹夫和外甥的看望也让她颇感安慰。吴大爷也再次向我表示:"大姨妈比你婶(吴妻)大20多岁,你婶小时候也是大姨妈一手带大的,俗语言长姐如母,我们再怎么也得在这天过来看看她。"宴席的菜肴依旧很丰盛,但是连吃三餐的我们已是食欲大减,此时"吃冬"的意义已经完全成为一种联结姻亲关系的纽带。席间吴妻的大哥也来了,他来得比我们晚,只简单地吃了几口菜,与作为主人的外甥喝了两杯酒,又与他的姐姐、姐夫寒暄了几句之后,就匆匆离去了。吴大爷向我解释说:"大舅(以其子的辈分称呼)家里的姐妹多,也大多嫁到和里杨家和欧阳寨杨家,这两天姐妹们都请他去'吃冬',外公不在了,作为舅家的长子,他要去每个姐妹家走一遍,不然姐妹们会怪他。我也有好几个姐妹嫁到欧阳寨杨家,不过幸好我有几个兄弟,大家分开走一走,也就每个姐妹家都有人去看看了。"当晚吴大爷的妻子并没有回家,而是和其母亲一起住到了三姐家,吴大爷并没有怨言,还向我解释说妻子和母亲、姐姐平时难得聚一聚,恐怕大儿媳妇今晚也不回来,外公去年刚刚过身(去世),她也应该留在娘家

与母亲、哥哥待上一晚。

到了农历十一月初六，轮到南寨杨氏各家举行"吃冬"活动，初五晚上，吴大爷的大姐就打电话请他第二天去家里"吃冬"。初六清早，吴大爷就早早起来穿衣打扮，作为村里的老中医，他还找出一些常用的药品准备带去给年逾七旬的大姐。吴大爷的大姐嫁到了南寨杨氏位于良力新村的寨子。良力新村也全部姓杨，彼此认同为同一个杨氏祖公的后代，据说他们是由南寨迁移到附近归斗冲半山腰居住的一支杨氏族人，后来县政府执行国家保护山林、异地扶贫搬迁政策，为了解决他们饮水和行路的困难，帮助他们从山上搬迁到对面的山脚下居住，并且以补贴的形式资助他们建造新式吊脚木楼，因此这支 25 户的杨氏族人于 2009 年搬迁到位于山脚下公路边的良力新村居住。

虽然与南寨的杨氏宗族彼此认同为兄弟关系，但是良力杨氏却没有加入杨氏宗族，宗族划分的十一个堂中是没有新村的这一支族人的。双方族人都说是因为在南寨建杨氏宗祠的时候，良力新村杨氏族人不肯出钱，因此在宗族祠堂中他们没有"份"，良力新村杨氏也不参与宗族祠堂的各种祭祖和挂丁活动。但是南寨杨氏却认同他们是自己祖先的后人，彼此是兄弟关系，因此在每年清明节祭祀位于老堡的始迁祖坟墓的时候，会叫上良力新村的兄弟族人共同前往。还有一种关于良力新村杨氏不被纳入杨氏宗族的说法，是因为他们过去没有遵循和里、南寨内部各姓之间互相通婚的规约，娶了山上苗族、瑶族的女子为妻，在通婚对象上脱离了整个和里、南寨已经形成不成文规约的内部通婚网络，因此在兴建宗族祠堂时不让良力新村杨氏加入。但是后来由于依然认同彼此过去血缘上的兄弟关系，为了不伤和气，才以建祠堂时良力新村族人不愿意出钱为由，将其一直排斥在宗族组织之外。

我们带着水果、饼干等礼品于上午 11 点前后抵达吴大爷的大姐家，其家人还在忙着准备"吃冬"的菜肴，我们算是赶来"吃

山水"峒氓"：明清以来都柳江下游地区的家族、婚姻与仪式传统

冬"的第一批客人。宴席吃到一半，居住于山上归斗寨的亲友也前来新村"吃冬"。归斗寨居住着被当地视为"草苗"的人群，他们与曾经居住在归斗冲半山腰的良力新村杨氏族人往来密切，并且有着多代的姻亲关系。因此他们会在农历十一月初六前往新村的姻亲家"吃冬"。来客是归斗寨胡氏家族的几个青年男女，他们的父辈与新村杨氏有着姻亲关系。他们吃完午饭后不久，就又前往另外一家杨氏家族去"吃冬"，可见他们与新村的若干个杨氏家族之间都存在着较为密切的姻亲往来。

我们于下午 2 点前后返回南寨，吴大爷的长子和干女儿前往一个朋友家"吃冬"，笔者则前往房东杨大爷家"吃冬"。杨大爷家的三层楼房内，第一、第二层都摆满了宴席，中午"吃冬"的人刚刚散去一批，杨大爷的妻子、大女儿、二女儿、大儿子、小儿子、长孙和长孙媳妇都忙着收拾用过的碗筷，摆上新菜肴和新碗筷，等待着新一批客人的到来。由于杨大爷家族祖上几代人都在当地担任头人、族长等，而且杨大爷本人也曾在当地小学和县教育局任职，退休之后还担任三王宫管委会主任，因此该家族不仅在和里、南寨等村寨，甚至在附近的老堡、良口、县城古宜都有着较大的声望和影响力。所以，前来杨大爷家"吃冬"的人已经不局限于姻亲，而且有来自当地和外地的许多朋友。不少当地其他家族的人若是到南寨的姻亲家"吃冬"，也会顺路来他家走走，送上礼物，寒暄几句，联络感情，甚至有老堡平辽的朋友专门前来他家"吃冬"。南寨杨氏家族的祖先就曾定居于老堡，并且在老堡有大片的田地和山林，因此老堡附近村寨的住户都与南寨杨氏有着较为密切的联系。而对于与杨大爷家有着密切姻亲关系的寨贡梁氏、和里覃氏、欧阳杨氏的家族来说，由于知道白天他家的客人很多，忙于招待外地的远客，反而是晚上才前来"吃冬"，此时外客已经返回，姻亲之间才能够密切地畅聊一番。对于当地的大姓家族来说，冬节的意义已经超越了传统联络姻亲的功能，而更多地成为目前当

第四章 家族组织与婚姻网络

地家族人群扩展交际网络的一个节庆活动。

晚上 6 点前后，笔者继续与吴大爷前往其妻的大哥家"吃冬"。吴妻的父亲已经去世，虽然其妻还有另外两个哥哥，但是大哥家才是所谓最重要的舅家所在。照理来说应该一早就去拜访，但是由于寨贡吴家离南寨杨家很近，比较方便返回，因此虽然晚上才去也并不失礼。吴大爷与其妻大哥寒暄一番之后，我们便入席就座。陪同我们吃饭的也只有年近七十岁的吴妻大哥一人，他抱歉地向我们解释说，因为儿子和儿媳妇在广东打工，没有办法回来，因此当天来准备饭菜的是已经嫁出去的女儿，老伴和女儿还要帮助照顾家中的几个小孩。因此，虽然这一家庭作为主人的儿子和儿媳不在家，却并没有让这一年一度的"吃冬"活动停止。然而随着外出务工青壮年劳动力的增多，乡村的节庆活动也潜伏着某种衰微的隐忧。

如果自己的亲戚朋友太多，第一天没来得及赶去"吃冬"的家庭，第二天还可以去，称为"补冬"。吴大爷一家第二天则继续前去吴大爷嫁到南寨杨氏的几个姐姐家中"补冬"。此外，比较值得玩味的是，与吴大爷同去各家"吃冬"的是大儿子和干女儿，吴妻和儿媳妇则分别前往不同的家庭"吃冬"。如当晚吴妻也只是在其大哥家坐了一会儿，然后就前去嫁到南寨的二姑妈家"吃冬"了，而儿媳妇则带着 3 岁的女儿前去自己嫁到南寨的表妹家"吃冬"。可见，去哪一家"吃冬"，什么时候去，与什么人同去，对当地的每个人来说，都存在着一个亲疏关系、情感联系、地域关系由近及远的排列与组合。

由此可见，对当地每一个家庭中的每一个成员来说，"吃冬"既是一个固定的群体活动，也是一个能动的个体行为，每个人都可以在这个节庆走访的过程中编织和强化属于自己的姻亲网络和朋友关系，并且与家族中其他成员的网络交织融合于一体，形成一个超越个体能动行为的集体性仪式活动，在每年固定的时节、固定的地域范围、固定的姻亲家庭中不断地上演。随着各个家庭成员的生育、繁衍、成长、分化，只要既定的通婚模式和姻亲网络不被打破，这种通过节庆走亲访友的仪式性实践活动就会反复上演、代代传承。和里、欧阳、南寨的三个杨氏家族正是通过这种家族性的节庆活动，在将同姓的兄弟家庭联结于一体的同时，将各家户的姻亲家庭牢牢地吸引到自己的节庆仪式活动中，形成一种联系外姓家族人群的姻亲纽带关系。

二 与"吃冬"对应的农历七月十四节俗

"吃冬"只是和里吴氏、和里杨氏、欧阳寨杨氏、南寨杨氏等家族人群名为纪念祖先进寨的节庆活动，其他姓氏的家族只有作为姻亲或朋友才被邀请参与，然而作为一种在实际功能上具有姻亲往来作用的节俗活动，也要求其他姓氏家族以相应的节庆活动作为回请，以此来完善节庆交往中的互动机制。笔者通过田野调查发现，和里村的覃氏、陈氏和程氏等家族，寨贡的梁氏、谭氏、吴氏等家族，会在每年的农历七月十四日"鬼节"那天祭祀祖先和烧纸钱送"鬼"，并邀请姻亲和好友前来聚餐和庆祝，以此与本地系家族的"吃冬"节俗形成一种互动的机制。2014年8月8日至9日，笔者跟随南寨杨大爷一家，以被邀请者的身份参与了当地农历七月十四日的节庆活动。笔者以这次走访活动为例来说明作为一种与"吃冬"节庆相对应的回请活动——农历七月十四，如何在当地文化中生发出新的节庆风俗与象征意义，并且在凝聚家族人群认同和联结姻亲家庭关系方面起到重要作用。

8月9日（农历七月十四）清晨，笔者在南寨和寨贡之间走动，发现整个南寨村都冷冷清清，并没有什么过节的气氛，而相隔不远处的寨贡村，却几乎家家户户都早早起来杀鸡宰鸭，炊烟袅袅，一派节庆氛围。由于杨大爷的二女儿嫁到和里村覃氏家族，因此杨大爷带着妻子梁氏和三个儿子首先前往和里覃家过节，主要是

第四章　家族组织与婚姻网络

去看望二女儿和女婿，并且与亲家叙旧。二女儿家是三层新式砖房，用来办和里村幼儿园，由于当天要过节，幼儿园为此专门放假一天。覃家在二楼大摆宴席、招待亲友，位于二楼堂屋的香火堂上已经点燃了线香。节庆当天的主菜是鸭肉和鸭肉粥，但是夹杂在丰富的菜肴中，已经难以凸显其地位的重要。与覃氏老人攀谈，得知覃氏家族在和里村当地的人数并不多，大约只有 15 户，迁移到和里的历史也并不久远，在 4～5 代之前。杨大爷的二儿子和二儿媳当天也专程从柳州回到南寨，前往居住于和里村的二儿媳的陈氏娘家过节。笔者随同杨大爷的二儿子在覃家吃完午饭后，又到附近不远的陈氏家族去拜访。刚进门就看到陈氏老人在正门口焚香烧纸，笔者询问缘由，老人笑笑说："过'鬼节'呀，烧些香烛纸钱给家里的祖先和外面的孤魂野鬼。"笔者向老人询问起和里陈氏家族的情况，得知陈氏目前只有 4 户 20 多口人，搬迁到和里村的历史也仅有 3～4 代。

晚上，笔者随杨大爷家人一同前往寨贡的梁氏家族过节，因为杨大爷的妻子梁氏就来自寨贡梁家，因此寨贡梁家是杨大爷家最重要的姻亲家庭之一。傍晚时分，杨大爷带着妻子、小儿子和笔者，带着节日礼品，一同前往其妻的大哥家（即为杨氏最重要的舅家）过节。我们刚进门，就看到杨妻大哥正点燃三炷香，向堂屋墙上设立的香火堂前鞠躬祭祀，之后将一炷香插到香火堂正中供奉祖先和神灵的香炉里，表示对祖先和境内一切有感神灵的祭拜；一炷香插到香火堂下方供奉土地公的香炉里，表示对土地公的供奉；一炷香插到堂屋正门外路边的泥土里，表示对门外孤魂野鬼的告慰。之后又在香火堂前和堂屋正门外烧了一些纸钱。祭祀完毕，大哥将我们请到屋内，与妹妹、妹夫闲话家常，之后便邀请我们入席就餐。当天的菜肴相当丰盛，但是主人提示笔者说主菜是鸭肉和用鸭肉汤烹煮的鸭肉粥，并且强调农历七月十四这天一定要吃鸭子。笔者也曾就此询问杨大爷关于其对当地其他家族过"鬼节"的看法，杨大爷则坦言："我也不明白其他家所过的农历七月十四与'鬼节'有什么关系，（因为）我们是不过这个节的。我们每年农历十一月请其他家的亲友来'吃冬'，他们几家的人就说我们过农历七月十四日，来和你们对，请你们这天来吃饭。"

由此可见，当地于农历十一月过"吃冬"节俗的杨氏、吴氏等本地系家族人群，与每年于农历七月十四日过"鬼节"习俗的梁氏、覃氏、陈氏等外来系家族人群，在他们所传承和希望表现的节庆文化传统上是有所差异的，两种节庆活动由于都与祭祀（纪念）祖先有关，在当地人群的关系中隐喻彼此祖先来源的不同，也与当地"兄妹不婚"的传统相一致，因此在姻亲往来的习俗中能够形成某种对立与补充，从而由原来纪念祖先或打发鬼魂的节日，变成一种基于当地通婚网络的节庆走访活动，使得原来形成的通婚关系和姻亲网络得到进一步的再现与强化。此外，由于过农历七月十四日节俗的家族人群都是较晚迁移进入当地的外来移民，我们可以发现，作为外来节庆文化的农历七月十四节俗，也随着移民进入而将其吸收了道教、佛教来源的中元节传统——祭祀祖先、超度孤魂野鬼的节庆习俗——通过姻亲往来的方式植入地方原来的节庆系统之中，从而成功地完成了一种外来节庆文化的引入。但是，我们也要注意的是，这种节庆文化的引入是与当地家族人群的区分相伴随的，当和里、南寨的杨氏和吴氏等本地系家族以"吃冬"来强化宗族关系、联结姻亲家庭的时候，其他姓氏的外来系家族人群也采用农历七月十四日"鬼节"的节庆活动来联结自己的家族人群，以此来与"吃冬"节俗形成一种对立和补充关系，从而实现不同家族人群的区分，并且实现与自身姻亲家庭的互动和联结。

三　婚姻网络与族群边界的探讨

婚姻仪式中对新人双方同"兜"兄弟姐妹之间婚恋交往的促

进，以及节庆习俗中对姻亲家庭关系的联结与强化，使得和里、南寨范围内的各大、小姓氏之间，都有着或多或少的通婚关系，并且希望促成这种区域内部各村寨姓氏通婚状态的延续。这种通婚模式不但使得和里杨氏、和里吴氏、欧阳寨杨氏、南寨杨氏等本地系大姓家族之间结成一种累世的姻亲关系，成为和里、南寨的主体家族，并且将后面迁移而来的寨贡梁氏、覃（谭）氏、吴氏，和里覃氏、陈氏、程氏等外来系家族，逐步纳入当地的婚姻网络之中，从而形成以姻亲关系为联结的族群认同建构过程。这其实对明代中后期"怀远猺乱"以后，本地系家族与外来迁移人群之间族群关系的磨合与重构，起到了最为重要的作用。然而，这种和里、南寨地域内部各村寨姓氏之间通婚的状况，也使得笔者注意到另外一个现象：主要居住于沿河两岸峒地的和里、南寨人群，与居住于山上的归斗、良柳等被称为"草苗"的人群之间，长期以来基本上是极少有婚姻往来的。这为我们进一步思考婚姻网络与族群边界的关系，提供了一个可思考的案例。

归斗和良柳是分布在南寨村归斗冲半山腰上的两个山地村寨。虽然其在地方志书中的名称屡屡变迁，清代康熙年间称贵刺村，①嘉庆年间称归利村，②民国年间称归里村，③但是在民国之前官方设置的里甲体系中一直归南寨村的寨贡甲管辖。到了民国24年（1935）施行裁区划乡政策之后，和里单独成为一个乡，下辖平长村、南寨村、寨归村、欧燕村、河里村等五个村，其中寨归村就包括寨贡和归斗两个村寨。④中华人民共和国成立之后，地方行政建制经过多次划分，最终于1987年将和里、南寨、归斗划分为不同

---

① （清）廖蔚文编纂康熙《怀远县志》卷2。
② （清）林大宏编纂嘉庆《怀远志书》卷2，第26~27页。
③ 民国《三江县志》卷3，第212页。
④ 民国《三江县志》卷3，第215页。

的村公所，归斗村公所下辖归斗和良柳两个村委会。① 虽然在历史上长期处于和里、南寨行政区域的管辖范围内，但是在和里、欧阳、南寨、寨贡等村寨内各姓氏逐步联结而成的通婚网络中，却没有居住于归斗和良柳的姓氏人群（以吴姓和胡姓为主）。而与归斗、良柳等村通婚的人群，也主要是来自附近的布糯、燕茶等村以及附近洋溪乡的安马等村寨的人群，而这些村寨的人群与归斗、良柳一样，在民国划分地方人群的族群身份时，均被称为"草苗"。

但是，关于为什么将这些村寨的人群称为"草苗"，对"草苗"人群的界定和描述，在地方文献和当地人的说法中都是相当模糊的。关于民国年间被称为"草苗"的人群，民国编纂的《三江县志》有如下描述："有俗称为草苗者，其妇女服装亦与侗人同，其男子已汉服，惟裤脚尚窄小，均已剪发，与汉人无异，马胖、独峒一带村落均有之，殆老苗中之进化者。"② 而在中华人民共和国成立后编纂的《三江侗族自治县志》中，对当地苗族的描述又有如下说法："三江境内苗族有两个支系：一支自称 mu（孟）tamu，俗称'老苗'，原住黔东南一带，因明、清皇朝对贵州苗民屡次征剿，部分被驱迫迁广西融县、怀远等地深山中。另一支自称 mjiu rlan，俗称'草苗'，说其祖先从湖南洞庭湖一带迁到湖南与贵州交界处，再到黎平县洪洲的三团寨（归垒），后至三江的玉马、归美等村寨定居。现分布于林溪、独峒、八江、同乐、良口等乡的40个村寨。"而对于草苗人群所说的语言，无论是地方志的记载，③ 还是当地人的说法，都表明草苗话和当地的侗话十分接近，彼此可以通话，只是在语音语调上有些差异，在某些词语上也

---

① 《三江侗族自治县志》，第61页。
② 民国《三江县志》，第117页。
③ 《三江侗族自治县志》，第196页。

第四章 家族组织与婚姻网络

有少数用词不同而已。语言学者石林通过对主要分布于湘黔桂交界地区的草苗群体所讲的草苗话与侗语的声调、词汇进行比较，发现在所比较的 800 多个词中，两种语言相同的词高达 90%，不相同的词大都属于侗语北部方言，是北侗词汇的底层，认为草苗话实为侗语。①

此外，学者朱慧珍则通过在草苗村落中找到的一些家族编纂的宗支簿记载来考察草苗的历史渊源，认为"草苗"是由王朝国家战乱时期，汉人避难进入苗人聚居的山区，与苗杂居之后通婚嫁娶逐步演变而成，并且以草苗人群中保留着大量的汉语民歌为佐证。其中记录了一个归斗村吴氏宗支簿的记载："昔我吴戍一支，始住江西泰和县鹅甲大坝发迹之源，自宋太祖平一海宇，我吴戍祖从楚南出贵州至潭亮二江即庄皇大段家焉，镇安数代，又遇变世不安，迁居五开五脑寨，昔贵州之地，及明朝朱太祖洪武二年诏告，即委派一抚官带领雄兵数万至五脑扎住，驻城立府，号黎平府，扰乱多端，我祖见事不谐，难受其苦，有之移居五开家焉，有之转下同古八竹坪家焉，今号地潭溪司也。及明末万历年间，我有二太祖公名叫悦楼、读楼，字讳央朝、央明，自慕苗村出身，祖公各务生涯，又移居黄白家焉，央明公至黄白屯移居黄屯住焉，央朝公自黄白屯又移居高宇家焉（高宇即今广西三江县独峒乡高宇村，据说此处是草苗在三江的发源地，三江其他村寨的草苗均由此迁去——笔者注）。"②

笔者前往归斗村寻访这份宗支簿，但是宗支簿当年的收藏者吴大叔说目前这份宗支簿已经找不到了，他向笔者口述了关于本家族祖先迁移的故事：祖上来自江西太和县渤二，太祖名为吴锦峦，生

---

① 石林：《三省坡草苗的语言及其与侗语的关系》，《民族语文》2012 年第 4 期，第 57~61 页。
② 朱慧珍：《草苗历史与风俗考析》，《广西民族学院学报》1998 年第 1 期，第 48~53 页。

山水"峒氓":明清以来都柳江下游地区的家族、婚姻与仪式传统

了 12 个儿子,当时是朝廷的一品官员,由于得罪了皇帝被贬官。于是 12 个儿子逃离四方,其中小儿子叫吴成,跑到贵州黎平二开两江五开五脑,原是汉人,后来成了当地的苗王,之后又迁移到三江独峒高宇,后代名吴阳朝。由于人口越来越多,于是再次分迁,沿着苗江从孟寨迁移到孟田、布袋等地,又进入布糯居住,然后迁居入和里归斗定居下来。此外,笔者也访谈了该村 80 多岁的"鬼师"吴大爷,据祖上传说吴氏家族从江西迁移到三江独峒高宇村,后来又迁移到贵州,最后才迁居于和里归斗村。当地不少老者也回忆,都传说祖上是从江西迁移而来的,而且提到当时江西遭灾,皇帝允许江西免粮,祖先为了活下来,于是迁移到广西开山种地。

对于这类基于口传形成的人群来源和迁徙的历史记忆表述,笔者认为,应当将其看作获得汉文化历史知识观念和表述手段之后,对地域人群来源与迁徙历史的一种话语建构,例如将人群的迁移与皇帝、国家动乱拉上关系,但是我们也必须注意这类口传历史故事所提供的人群迁移地点和范围,因为对于长期居住在山地、过去可能长期以刀耕火种和采集渔猎为主要生计方式的山地人群来说,人群的迁移流动更可能是一种常态。如多个口述记忆中提到贵州黎平五开五脑、三江独峒高宇,还有目前为草苗聚居地的苗江河沿岸的孟寨,以及高山寨子孟田、布袋、布糯等村,都可能是草苗人群曾经居住和迁移过的地点,并且至今还有着密切的往来关系。其中也很可能吸纳了那些因为战乱、灾荒或者沉重赋役而逃入山林的汉族人,使得其口传记忆中包含了他们的迁移故事。

归斗寨坐落于南寨良力新村附近归斗冲的半山腰上,村寨内的房子以依山而建的木制吊脚楼为主。近些年由于大量村民外出打工,受城镇建筑风格的影响,加之村民生活日渐富裕,不少人家也开始在山上建起砖瓦水泥式的现代楼房。在谈到和里、南寨人群与归斗村草苗人群的日常往来关系时,居住于寨贡的吴大爷则向笔者

第四章 家族组织与婚姻网络

道出了一个彼此基于居住地域差异的人群划分："我们住河边，他们住山上，我们的祖先是管河边的，他们的祖先管山上，各管各的，但是我们也互相帮助，如果同乐那边山上的人来砍我们的山林，归斗的人就会来通知我们，甚至会和我们一起把同乐的人赶走。我们也帮他们，以前如果上面派人来收税、拉人（抓丁），他们就躲在山里不出来，我们也不会说，就说山里的'苗子'跑走了。他们以前也是住在山下的，后来不停地打仗，外面有'土匪'，他们就又搬上山去了。后来不打仗了，又有不少人搬到山脚下来住，山脚下那些新房子都是这几年才建起来的，他们也有不少田地就在公路边。我们这里（寨贡）田多，过去农忙时常常找山上的人来做工，他们也有不少人下山来作长工，山上人勤快、有力气、又能吃苦。现在湖南那边的老板经常过来招工砍木头，归斗去了很多人，挣了不少钱。"

笔者通过观察和访谈发现，这种基于居住地域差异的人群划分，是有着人群生活的时令节律与生计方式上的差异缘由的。由于居住海拔的差异，主要居住在河边（平地）的和里、南寨人群与主要居住于山地的归斗寨人群之间的农业耕作时令以及农业生计方式都有所不同，山上由于海拔较高、气温较低，每年播种、耕种、收获的时间都要比平地晚一个月左右。当平地村寨农历三月可以播种插秧的时候，山上的归斗要过完农历四月初八日才能插秧耕种。而到了农历七、八月，平地村寨收割水稻的时候，山上寨子的稻子还没有完全长熟。此外，平地村寨以水稻种植为主，少量种植玉米，在水稻田和水塘里养殖各种鱼类、蝌蚪等，有相当数量的山林用于种植杉木、油茶籽、茶叶等经济作物。而山上寨子则大量种植玉米和红薯等适合山地生长的作物，少量种植水稻，鱼类养殖也较少，却有大量丰富的山林资源，连片的杉木种植更为常见，只在地势较低的山坡上开垦出层层梯田。因此在饮食习惯方面，河边的村寨喜欢稻米和鱼类，而山上的归斗多食糯米、米酒

山水"峒氓":明清以来都柳江下游地区的家族、婚姻与仪式传统

和腌制的酸肉。

居住在河边(平地)的和里、南寨村民与居住在山上的归斗、良柳被称为"草苗"的人群,平时既相互区分又彼此互助,但是长期形成各自独立的通婚网络,彼此在家庭组织与亲属网络上进一步区隔开来,使得原先基于居住地域与生计方式差异的族群边界更为明晰。归斗寨200多户人家,主要是吴姓和胡姓两个姓氏,还有少量的韦姓,同姓之间视为兄弟姐妹,内部不通婚,吴姓与胡姓之间则有着密切的通婚关系。此外,过去也曾与良力新村的杨氏家族有一定的通婚往来,其余的通婚对象主要是居住于良口的布糯、燕茶、寨沙、布昭,洋溪的高马、白岩、岑夜、奴图、岑登等村寨的草苗人群。与附近和里、欧阳、南寨、寨贡等村寨的居民虽然在地理位置上居住较近,且平常节庆活动时会有一些往来,但彼此是很少有通婚往来的。归斗妇女的传统服饰与其他村寨草苗妇女的穿着打扮相似,而与和里、南寨一带妇女服饰的差异是比较明显的,这也从侧面反映出流传于两个人群之中通婚妇女来源网络的差异性。

而关于两地人群彼此不通婚的状况与原因,和里、南寨的一些50~60岁老人在对于村内婚嫁对象的描述中也反复强调:"我们是不与高山上的人结婚的。"这里所称的"高山上的人"其实就是指被称为"草苗"的人群,而说话者则在头脑中把自己所居住的村寨人群归类为"河边的"或"平地的"。也有人说:"他们不和我们结婚,但是会和汉人结婚。"当笔者追问原因时,则通常会引起受访者讲述他所认为的"高山上的人"婚恋习俗是如何的不合"礼节",例如春季时山上的寨子之间会有许多男女青年谈情说爱的节庆活动。讲述者通常会以彼此在"礼俗"上的差异,将自己所归属的人群与"高山上的人"区别开来,并且以此来解释他们为什么虽然与"高山上的人"往来却不通婚。在和里、南寨所形成的区域内部通婚网络之中,彼此距离很近的归斗和良柳两村的人

群是比较明显地被排除在外的。甚至连与归斗村有着通婚关系的良力新村的杨氏家族，也由于通婚对象问题而被排斥于南寨杨氏宗族的祭祀体系之外，他们与南寨杨氏人群之间由于祖先之间的父系血缘关系而被视为与南寨杨氏有兄弟关系，却由于与和里、南寨通婚网络之外的归斗寨草苗人群通婚，在这两种人群的边界中处于一种模糊而尴尬的境地。

  姻亲关系联结着不同的家族人群，使得家族组织中的家庭能够超越单纯的父系继嗣关系，从而发展出更多的超越家族组织本身的多层次的亲属关系。相对稳定的婚姻网络的形成与延伸，使得一定历史阶段中地域性的通婚群体逐步形成一种内生型的圈层，难以向外拓展，也使得正在逐步形成过程中的不同地域族群之间的通婚行为概率逐步变低。此外，许多文化实践行为的养成（文化涵化）以及族群认同观念的形成，与母亲的养育有着密切的关系，通婚关系会使许多生态、经济、政治的差异与分层逐步被淡化和消解，从而使族群边界得以突破；反之，如果通婚关系难以建立，通婚网络彼此独立，文化的同化过程难以发生，就会使得不同人群之间的族群边界更加凸显出来，以血缘关系为基础的根基性认同观念就会与其他差异因素一起，成为族群边界难以跨越的障碍。

第五章 "三王"信仰、村寨组织与国家观念

如果说以父子关系为基础的"兜"组织和地域内部通婚网络的形成，显示的是和里、南寨内部各姓氏人群如何在明代"猺乱"之后重新调整关系并且凝聚成一个地域共同体，那么，围绕"三王"信仰所展开的朝廷赐封、庙宇重建和神明形象的书写与刻画，以及从清代中后期以来就逐步形成的六甲轮祭组织、祭祀礼仪和"三王"神诞巡游仪式，就显示出"三王"作为本土神灵信仰如何成为串联当地村寨社区中的个人、家族和村寨的重要精神符号，以及与国家互动的地方群体象征。

农历每月初一、十五，都会有虔诚的信众前往"三王"庙烧香、叩拜、献上供品，祈求神明赐福和保佑。当地村民也常常会将"三王"的名号与自己的祖先及当地信奉的其他神明共同书写在家中设立的香火堂上，作为个人或家庭每日或定期祭拜的对象。每年农历的二月初五或三月初三，村民们会以家族、村寨或者某种圣会为主导，组织祭祀神明的"三王"神诞活动。"三王"庙宇不仅成为当地人信仰生活的重要组成部分，也是开展社区活动的重要场所。村民以个人、家族或村寨的名义参与其中，与其他人群在祭祀"三王"的活动中互动沟通，形成某种合作甚至竞争的关系。这些祭祀群体以神明信仰为中心，以不同形式组成的祭祀组织则成为跨地域族群关系的重要纽带，甚至成为地方民众联合起来与以地方官府为代表的王朝国家进行互动的场域。

第五章 "三王"信仰、村寨组织与国家观念

因此,本章将对"三王"信仰的关注投向具体村寨的信仰人群,通过对当地土人祭祀的"三王"庙宇中不同时期竖立的碑刻进行解读,并结合村寨中开展的田野调查,发现从宋代到清代,围绕着"三王"信仰,广西北部的地方社会展开了一系列的神明敕封、庙宇修建、捐款立碑等活动,中央朝廷、地方官员、外来商贾与本土人群都被卷入其中。而这些信仰活动所折射的,是在经历一系列"历史事件"进程中——宋代王江"古州蛮"纳土、明代"怀远猺乱"、清代咸同"苗乱"——地方人群在处理国家观念和族群身份认同时所采取的文化策略。对于较晚进入王朝国家疆域的都柳江下游地区,尤其是那些逐步进入国家控制体系之内的"蛮""猺"等人群,由于在国家户籍登记上的差异,开始有了不同的身份划分,官方也开始对其采取不同的治理政策,于是对与国家有关联的神明形象的阐释与刻画,也成为不同族群之间相互区分的象征与标志。地方社会中生机勃勃的民间信仰背后,其实是传统王朝国家疆域拓展所带给地方人群以国家观念的渗透和族群身份的分化,这也导致同一神明信仰有着跨越不同历史时期的形象书写与建构。而官方与地方人群对这些神明形象的追溯与塑造,也显示了不同历史时期地域村寨社会应对王朝国家控制的不同方式,呈现出不同历史情境中,地方民众与官方在国家观念与族群认同上的沟通与互动。

第一节 宋代:"蛮户纳土"与神明赐封

"三王"信仰传统在当地源远流长,文献记载可以追溯到北宋年间朝廷对建于柳州融江寨"王口江神祠"进行的两次赐封:

> 王口江神祠:在柳州融江寨,土人曰三王庙,神宗元丰七年八月,赐庙额顺应。徽宗崇宁四年,封一曰宁远王,二曰绥

山水"峒氓":明清以来都柳江下游地区的家族、婚姻与仪式传统

远王,三曰惠远王,庙中三神祖母,封灵佑夫人。①

宋神宗元丰七年(1084),先赐封当地土人祭祀的三王庙名称为"顺应",到了宋徽宗崇宁四年(1105),朝廷不但给每一个王赐封了具体的名号,还将庙中三神的祖母赐封为"灵佑夫人"。宋神宗和宋徽宗为什么要先后对远处国家西南边陲的一个小小神祠进行赐封,而且两次赐封的时间仅仅相隔21年?我们需将目光投向这一时期北宋王朝在该地区进行的持续不断的疆域扩张活动,了解赐封前后这一区域在王朝版图中的地位变化,或许能够让我们对中央王朝赐封神明的政策与边疆拓张之间的关系有更为深刻的认识。

"王口江神祠"位于柳州融江寨,在北宋中期隶属于广南西路的融州,设置于元丰七年,② 同一年还在其周围设置了文村、临溪、浔江三个堡,③ 融江寨和三个堡均位于融州东北部寻江流域的中上游地区。④ 北宋政府在西南的"开边"活动中,每进入"生界"地区,一般会先修建城镇寨堡作为守备。因此可以想见,宋神宗于元丰七年八月对位于融江寨的"王口江神祠"进行的赐封活动,应当与这一时期朝廷在这一地区设置寨堡、开疆拓土的活动有着密切联系。其实早在宋仁宗至和年间(1054~1056),朝廷就已经在寻江下游与王江交汇之处设立王口砦,⑤ 也隶属于融州,虽

---

① (清)徐松辑《宋会要辑稿·礼二○》,第820页。
② (清)徐松辑《宋会要辑稿·方域一八》(第7620页):"融江寨,在融州融水县,元丰七年置。"
③ (清)徐松辑《宋会要辑稿·方域二○》(第7654页):"浔江堡,广南路西路,融州融水县,临溪、文村、浔江堡,并元丰七年置。"
④ (宋)王存《元丰九域志》卷9(第424页):"寨一。元丰七年置。融江。州东北三百里。堡三。元丰七年置。临溪。州东北四百九十五里。文村。州北三百二十五里。浔江。州东北三百六十里。"
⑤ (宋)王象之《舆地纪胜》卷114(第3383页):"怀远县,去州治□□□里,本王口寨,皇朝至和初置,崇宁四年三月,因工(王)江古州蛮人纳土,赐名怀远军,八月改为平州,仍置倚郭怀远县。"

第五章 "三王"信仰、村寨组织与国家观念

然作为砦、堡一类的军事建置,但其控制区域其实相当有限,当时其周围的大部分地区还处于王江"古州蛮"的控制之下,并未被真正纳入宋王朝的国家版图之中。直到宋徽宗崇宁四年三月,因"王江古州蛮户纳土",朝廷才得以"于王口砦建军,以怀远为名,割融州融江、文村、浔江、临溪四堡砦并隶军。寻改怀远军为平州,仍置倚郭怀远县。又置百万砦及万安砦,又于安口隘置允州及安口县,于中古州置格州及乐古县"。① 宋代的"王江"发源于今贵州黎平县西南,向东南流至今贵州从江县属之平毫汇都江(今都柳江),过丙妹(今从江县城)入今广西三江侗族自治县属之富禄、良口、老堡等地,到今融水苗族自治县境内与融江合流,宋代的王江流域与融州融水县在地域上可谓紧密相连(见图1-1)。② 当时融州西北边界紧临羁縻古州,③ 而分布于王江流域的本地人群被当时官方称为"王江古州蛮",可见纳土归附之前的王江流域地带及其居住人群,应该是当时不受宋王朝控制的羁縻古州的一部分。宋徽宗崇宁(1102~1106)之后,蔡京为相,"开边拓土之议复炽",荆湖北路的靖州、辰州等地,广南西路的左、右江流域有不少溪峒蛮酋愿意纳土输贡赋。④ 当时王江酋杨晟免等受桂州知州王祖道劝诱,愿意纳土归附,由于"王江在诸江合流之地,山川形势据诸峒要会",朝廷因此决定在此设置怀远

---

① (元)脱脱等撰《宋史》卷90,第2246页。
② 关于宋代王江古州与融州融水县的地域关系,见谭其骧主编《中国历史地图集》第6册(宋、辽、金时期),中国地图出版社,1996,"广南东路—广南西路图",第34~35页;廖耀南《古州考略》,《贵州民族研究》1980年第3期,第67~70页。
③ (宋)王存《元丰九域志》卷9(第423~424页):"融州,融水郡,军事。治融水县。地里……西北至羁縻古州一千一百九十七里。"
④ (元)脱脱等撰《宋史》卷493《列传第二百五十二》(第14182页):"崇宁以来,开边拓土之议复炽,于是安化上三州及思广峒蒙光明、乐安峒程大法、都丹团黄光明、靖州西道杨再立、辰州覃都管骂等各愿纳土输贡赋。又令广西招纳左、右江四百五十余峒。"

山水"峒氓":明清以来都柳江下游地区的家族、婚姻与仪式传统

军,以控沿江溪峒"百蛮"。①

由此可见,宋王朝屡屡赐封的"王口江神祠"所在地,正是当时王朝疆域正在积极扩张的区域,王朝国家的势力正逐步渗入融江上游"古州蛮"控制的地域,而三王庙作为当地土人长期祭祀地方神明"三王"的祭祀场所,也开始成为国家与地方势力互动的场域。宋神宗于元丰七年对当地土人祭拜的三王庙进行的第一次赐封活动,其实只是以一种象征形式对当地进行"羁縻"统治。而到了宋徽宗崇宁四年,由于王江"古州蛮"向宋王朝纳土归附,已经能够在此设置怀远军,并且有了正式的州县建置,因此这一时期对"王口江神祠"的再次赐封,标志着中央王朝的军事势力和行政建置得以真正进入当地。

虽然除了这两次赐封记录,该地区流传的"三王"信仰在当时的状况已无更多文字可寻,但我们由此可以推知,"三王"信仰在王江"古州蛮"人群中应该有相当大的影响力,因此在他们纳土称臣前后,北宋朝廷才会给予"三王"两次重要赐封,旨在通过认可地方神明信仰以"招抚蛮夷"的同时,也将其正式纳入国家制定的规范性祀典活动之中,以此来象征王朝国家对地方的统治。从皇帝赐予三位神明的封号"宁远王"、"绥远王"和"惠远王"也可以看出,宋王朝旨在以国家礼仪形式掌控并且介入边陲事务。美国学者韩森(V. Hansen)对中国宋代民间信仰的研究也指出,两宋时期中央朝廷大大增加了对民间神祇的赐封活动,通过赐封来承认和奖励神祇的同时,也以此来驾驭民间神祇的力量,赐封以及随之而来的规范性祀典活动,是中央王

---

① (元)脱脱等撰《宋史》卷348《列传第一百七》(第11041页):"蔡京开边,祖道欲乘时徼富贵,诱王江酉杨晟免等使纳土,夸大其辞,言:'向慕者百二十峒、五千九百家、十余万口,其旁通江洞之众,尚未论也。王江在诸江合流之地,山川形势,据诸峒要会,幅员二千里。宜开建城邑,控制百蛮,以武臣为守,置溪峒司主之。'"

第五章 "三王"信仰、村寨组织与国家观念

朝介入地方民众信仰体系的一种有效手段。① 北宋朝廷对柳州融江寨"王口江神祠"的赐封活动，是中央王朝与地方民众之间围绕着国家疆域扩张所进行的一种信仰层面的互动，这种互动到了明清时期更为频繁，并且随着王朝势力在地方的变化呈现出动态而多样化的状态。

第二节 由明入清："三王"与"竹王"信仰传统的延续

元明时期，"三王"信仰仍然在都柳江流域的沿岸村寨中流传。明代"怀远猺乱"平定之后，县令苏朝阳决定将怀远县治由老堡迁建至丹阳镇，县治迁建的一个重要举措，就是于县城的北门外洲头新建一个三王庙，以示对当地民众信仰的认可与尊重。② 而被"猺蛮"攻破的旧县城老堡隔江对岸，直到清代也一直建有供当地土人祭祀的三王庙，并且被地方官民认为十分灵验。③

明末清初以来，位于天鹅岭山脚下的和里、南寨等村寨中一直供奉着一座规模宏大的三王庙，当地村民也称之为"三王宫"。④ 当地民间也流传着关于三王宫是在明代"怀远猺乱"之后，从被攻破的旧县城老堡的三王庙迁建而来的说法。清朝初年，当地村民集资重建了正殿和二殿，这一时期的三王宫庙宇

---

① 〔美〕韩森（V. Hansen）：《变迁之神——南宋时期的民间信仰》，包伟民译，浙江人民出版社，1999。
② 雍正《广西通志》第 2 册卷 42（凤凰出版社，2010 年影印本，第 67 页）："三王庙，即夜郎王祠，在县北城外，明万历二十年知县苏朝阳建。"
③ 雍正《广西通志》第 1 册卷 16（第 300 页）："大容江口，在老堡对面，两山对峙，有三王庙神最灵。"
④ 民国《三江县志》（第 369 页）："三王宫，在和里乡南寨，明末清初建，邑廪生杨植盛、庠生荣培元、杨华等，均撰有序。"

山水"峒氓":明清以来都柳江下游地区的家族、婚姻与仪式传统

相对后世还是相当简陋的,但与当地传统的木结构建筑不同,已经是牢固的砖墙式建筑了。① 三王宫除了作为当地民众祭祀"三王"的场所之外,其周围的坡地也逐步被视为风水宝地,吸引着某些外姓村民将祖先坟墓进葬于此,但这种行为并没有得到当地村民的认可。到了清代中期,在三王宫周围坡地进葬坟墓的行为,已经越来越被当地村民视为对他们公共神圣祭祀空间的一种侵犯。乾隆五十九年(1794),和里、欧阳、南寨、寨贡四村民众联合起来,采用"依古刻石,立碑限禁"的手段,对在三王宫四周坡地进葬的行为明令禁止,因此以三王宫及其周围坡地为中心的神圣空间,借由村规民约的形式在四村范围内被正式确定下来,围绕着保护三王宫神圣空间联合在一起的四村民众,也逐步结成了一个跨村落的祭祀共同体(见第二章第二节)。

乾隆至光绪年间,围绕着三王宫及其附属桥梁的各种维修、增修和扩建活动也逐步增多。由于和里、南寨等村落正好位于寻、溶两江沟通湘黔桂三地的水陆交通要道上,从寻、溶两江经水路而来的行旅或商贩,可以在此处停船上岸,行人和货物可以改由陆路进入沿岸以及山区的村寨,因此到了清代中期,这里已经成为沟通湘黔桂三地交界,以及西江上中游的水运货物与山区民众进行贸易的一个重要中转站(见图5-1)。作为当地信仰中心的三王宫,就坐落于两村双溪汇流之处旁边的小山坡上,由于春夏溪水易涨,庙宇旁早期还建有木桥供行人往来。当时士农商贾往来频繁,坐落于交通要道旁且作为当地信仰中心的三王宫,也逐步成为地方官府发布各种官方文告、征

---

① 同治七年(1868)《和里三王宫增修碑》:"自创庙伊始,历有年所矣,国初,诸父老重建正殿、二殿,俱砖墙,功程巩固,拮据犹存"。原碑现已无存,碑文由南寨村杨盛玉抄录。

第五章 "三王"信仰、村寨组织与国家观念

税规约的地方。乾隆五十二年（1787），有23家由"异省远贾"开设的商号联合在三王宫内立碑，宣告当时官府发布的严惩当地"刁民诈逼"远省客商的禁令（见第二章第二节）。可见当时的三王宫不仅是当地重要的信仰祭祀中心，更有多家外来商号的商业贸易活动以其为轴心拓展到周边地区，在这些外地商贾的观念里，三王宫庙宇也成为他们寻求保护、参与地方信仰活动的场所。

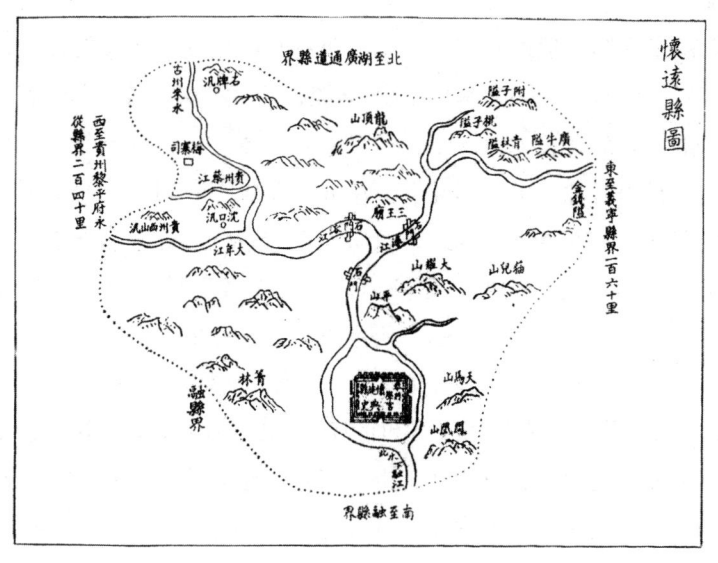

图5-1　清代《怀远县图》

资料来源：乾隆《柳州府志》，第24页。

因此，在道光、咸丰、光绪年间三次重修三王宫的活动中，除了当地士绅及其家族成员积极参与三王宫的重修活动、捐献大量捐钱物之外，还有位于下游长安口一带的广信昌、锦兴店、恒合店、宝丰店、昌栈店、赖裕祥、义泰恒等，程村的龙记店、刘德记、复兴隆，怀远县城丹阳镇的和昌店，以及位于溶江上游富禄葛亮的福万隆、万昌隆、和安号、广合隆等诸多外地客商店铺

山水"峒氓":明清以来都柳江下游地区的家族、婚姻与仪式传统

的捐款。① 此外,不少地方官员和士绅也纷纷参与到重修三王宫的捐款活动中,在道光年间一块捐款碑的首列,即有"特调梅寨分司俞楷捐银乙两"②的记载。梅寨在溶江上游黔桂交界之处,雍正九年(1731)始设有梅寨巡司,③该司设巡检一员,"听知县节制,掌管训练甲兵,擒捕盗贼",④ 巡检司一般在远离县城的市镇、关隘等处设置。梅寨巡司官员为重修三王宫捐款,可见此处作为重要的水陆交通节点,对于官兵缉拿"盗匪"、控制地方秩序的重大意义。

除了水陆交通的兴盛与繁荣,明清时期地方士绅家族的兴起也格外引人注目。尤其是和里杨氏家族,明代平定"怀远猺乱"之后,地方官府曾设立六名土舍,以管束诸瑶,而六名土舍之一的杨金亮就是当时和里的"猺老"。万历十九年(1591),怀远县令苏朝阳因其"献地请城有功",让其"世袭冠带"。清代道光年间,和里"猺老"杨金亮的裔孙杨华楼就已经考取科举功名,成为柳州府的府学生,而杨华楼的子侄辈中,更是涌现出了多名具有朝廷科举功名的新兴地方士绅,如武生杨植嵩、廪生杨植盛、庠生杨植茂和杨植萃等。⑤ 光绪年间,和里杨氏家族中因考取科举、组织地方团练或进入地方官府担任胥吏,而获得地方功名头衔的人数更大大增加了,涌现出寿员杨金旺和杨植长、监生杨成名、武生杨成超、职员杨成材等多名地方士绅。⑥ 光绪二十九年至三十年

---

① 在目前三王宫内存留道光、咸丰、光绪等时期捐款碑中,均有一定数量的店铺名称,由于主题所限,笔者在此不便展开论述。
② 见三王宫内靠墙"捐款碑",该碑腐蚀较为严重,具体刊刻年代已经模糊不清,但根据其所处位置,以及碑刻材质和保存情况,应该是道光年间增修时竖立的。
③ (清)穆彰阿等纂修《大清一统志》第11册卷463(第116页):"梅寨巡司,在怀远县北二百里,本朝雍正九年设。"
④ 见民国《三江县志》卷3,第195页。
⑤ 详见民国《三江县志》卷3《选举》,第330、344、348页。
⑥ 见三王宫内碑刻《光绪二十一年三王宫重修碑》(原碑无题,标题为笔者所加),以及光绪年间所立的《河鲤二甲捐钱碑》。

第五章 "三王"信仰、村寨组织与国家观念

(1903~1904),和里杨氏家族以杨植嵩、杨植均、杨植昌、杨成超、杨成材、杨大勋等为首组织地方团练,协助朝廷官兵击败"游匪",事后经地方官府上报朝廷,两广总督岑春煊分别赏给为首的地方士绅顶戴及军功。① 如果说明代后期的"分立土舍"政策是朝廷官方笼络地方势力上层,使其成为王朝国家控制地方的中介,那么到了清代,这些土舍"猺老"家族的后代就已经开始通过参加科举、组织团练等手段,逐渐由明代控制地方局势的土官家族向清代倡办团练的士绅家族转变。他们更为主动地进入王朝国家的官僚政治体系,皇帝所敕封的顶戴和功名,反而成为他们控制地方局势的重要权力来源,他们也开始通过书写和建构地方信仰传说,来表明地方与国家之间的关系,进而向官方传达自己的国家观念。

道光二十四年(1844),在和里杨氏家族的带领下,和里、欧阳、南寨、寨贡四村民众对三王宫进行了一次大规模的捐资增修活动。这次增修活动,不仅将原有的三王庙和位于其右边的天帝相公庙合建,"刨两廊,砌墙围抱,戏楼在上,大门居中",② 更是以府学生员杨华楼为首的和里杨氏家族中的新兴士绅为主导,开始以本地上层士绅的立场和视角,对"三王"信仰的源流首次进行书写与建构。这在杨华楼撰写的《增修碑记》③ 中有着最为翔实和生动的展现,如下:

> 乾坤献瑞,构阴阳之和,积元气之英,发祥于施州,钟灵于邂水,时有李氏在兹浣纱,流大竹节于足间,回萦环绕,闻声呱呱,氏拾剖而视之,得一婴儿,抚育成人,

---

① 详见民国《三江县志》卷3《选举》,第361~362页,卷7《大事记》,第652~653页。
② 参见附录四道光二十四年(1844)《增修碑记》,该碑立于三王宫内。
③ 碑记全文见附录四道光二十四年(1844)《增修碑记》,该碑立于三王宫内。

山水"峒氓":明清以来都柳江下游地区的家族、婚姻与仪式传统

> 以竹为姓,长生三子,作述相承,有孝有德,才武并著,有翼有严。
>
> 汉武帝时,策立华勋,帝赐印绶,称夜郎侯于恳元,元民心悦服,及其逝矣,土人立庙于施州,父子配食歌罗寨。

对于"三王"信仰的来源,碑记首先叙述施州遯水一位浣纱女李氏,在流于水面的竹节中发现婴儿,于是将其抚育成人,以竹为姓,竹氏长大后生了三个儿子,在汉武帝时竹氏被赐封为夜郎侯,夜郎侯去世之后,土人为其立庙于施州,父子配食于歌罗寨的传说。这一传说与范晔《后汉书·南蛮西南夷列传》关于夜郎的记载,[①] 有着极其相似的故事情节,但比照二者可以看出,《增修碑记》对"三王"渊源的追溯,虽然挪用了《后汉书·南蛮西南夷列传》关于夜郎的记载,但并非完全照搬,而是剔除了《后汉书》中汉武帝平西南夷为牂牁郡、夜郎侯"降汉被杀"的情节,却强化了夜郎侯得到汉武帝赐封"印绶"、死后被"土人"立庙祭祀、父子配食的荣耀。此外,祭祀人群由"夷獠"变为"土人",既显示出叙事主体身份的转变,由外来官员或士大夫作为叙述主体,转变为本土人群作为叙述主体,也透露出碑记撰写者对祭祀人群身份及族群认同的敏感。

追溯"三王"源流之后,碑记接着叙述了一个与宋代崇宁皇帝赐封有关的"灵异"故事:

[①] (南朝)范晔撰《后汉书》卷86《南蛮西南夷列传第七十六》(李贤等注,中华书局,1965,第2844页):"夜郎者,初有女子浣于遯水,有三节大竹流入足间,闻其中有号声,剖竹视之,得一男儿,归而养之。及长,有才武,自立为夜郎侯,以竹为姓。武帝元鼎六年,平西南夷,为牂牁郡,夜郎侯迎降,天子赐其王印绶。后遂杀之。夷獠咸以竹王非血气所生,甚重之,求为立后。牂牁太守吴霸以闻,天子乃封其三子为侯。死,配食其父。今夜郎县有竹王三郎神是也。"

第五章 "三王"信仰、村寨组织与国家观念

越至宋朝,崇宁皇帝立灵慧庙,以祀之父若子,其神之在天下也,如水之在地中,无所往而不在也,即如在天鹅岭,父谓子曰:"旷观胜地,其中合流水口,三处可享祭祀。其一名曰祖庙翠峰合流水口,其二名曰河鲤南寨合流水口,其三名曰老堡浔溶合流水口,余居翠峰,林木峻耸,三子居下二处,七年享以大牢。"三子曰:"唯唯。"其水亦犹讹传也,而王之精诚,古人梦见以相告。盖王之灵爽式凭,有求则必应。

碑刻前文讲述了"土人"为夜郎"竹王"立庙、三子"配食"的情节,这里却讲述了一个夜郎要求与三子分开祭祀的故事,夜郎居于"祖庙翠峰合流水口"之处,其他三子则居于"河鲤①南寨合流水口""老堡浔溶合流水口"二处,前者指的就是此处的三王宫,而后者就是指旧县城老堡隔江对面所立的供当地土人祭祀的三王庙。这里虽然将年代追溯到宋朝崇宁年间,但宋徽宗崇宁四年赐封"王口江神祠",里面丝毫没有提到祭祀夜郎,如何理解碑刻中关于夜郎显灵要求与三子分开祭祀的故事,以及相关宋代文献的赐封记载中关于夜郎的"空白"?我们再往下看碑文讲述的关于明代"三王"庙宇经历的故事:

大明郝皇永历之南窜也,去楚走粤,至军听潭而封之,敕父为竹王,敕子为三王,名愈高而德愈普,骈幪边土,物阜人安。

这里提到南明永历皇帝"去楚走粤",经过该地时赐封父亲夜郎为"竹王"、三个儿子为"三王"的故事。南明永历帝朱由榔逃

---

① 碑刻中的"河鲤"为"和里"之别称,后文碑刻中皆同。

山水"峒氓":明清以来都柳江下游地区的家族、婚姻与仪式传统

往肇庆建立政权,怀远所隶属的柳州府不但在其控制之下,而且是当时永历政权的重要军事力量所在,属于寻江流域"六甲"村寨之一的古宜大寨曹氏宗族的曹应元就曾在永历政权中担任"镇守融怀、古泥地方总兵官",控制怀远地方的军事力量。① 古宜大寨曹氏宗族以及曹应元与和里、欧阳地方之间也有着千丝万缕的联系,欧阳曹氏宗族不仅声称是古宜曹氏宗族迁居至和里的一支,②而且曹应元死后葬于和里天鹅岭,每年清明节欧阳曹氏宗族还会与其他地方的曹氏宗族兄弟一起去墓地为其"挂清"。因此,和里、欧阳的地方士绅在当时必然会归附南明永历政权,而永历皇帝敕封地方神明以拉拢人心、安抚地方百姓也在情理之中。然而我们要注意的是,碑刻撰写者在此特意强调了敕父为"竹王",敕子为"三王",碑刻前文虽然挪用夜郎故事,却完全没有提及"竹王"的称呼,直到此处才提及南明永历帝将父敕封为"竹王",因此我们可以发现,在南明敕封之前"竹王"祭祀在当地是缺失的,也就是说直到永历皇帝敕封,当地才有被称为"竹王"的神明。如果真如碑记所说,"三王"是夜郎的儿子,而早在范晔撰写《后汉书》时,夜郎就被当作"竹王"祭祀了,那么地方百姓在此之前怎么会不祭拜"竹王"呢?

笔者通过田野调查发现,在三王宫汇流的其中一条河流的上游,也确实建有一座名为竹王宫的庙宇祭祀"竹王",但是不仅三王宫要比竹王宫更为辉煌气派,而且老的竹王宫在光绪二十七年(1901)重建之前,就曾"因年久世远,破漏圮塌,腐朽无存",③而光绪年间重建的竹王宫也在"四清"运动中被拆毁了,目前的竹王宫是因为当地发展旅游的需要在 2011 年再次重建起来的。当

---

① 关于曹应元与永历政权的关系,参见(明)瞿式耜《恢复靖州疏》,《瞿式耜集》卷1,上海古籍出版社,1981年点校本,第115~116页。
② 见《古宜大寨寨诺曹氏宗谱》(打印本),1995年编,和里村欧阳寨曹竣德藏。
③ 参见附录七光绪二十七年(1901)《竹王宫序》碑,该碑立于竹王宫内。

第五章 "三王"信仰、村寨组织与国家观念

地也没有专门祭祀"竹王"的日子,只有在"三王"神诞时,"竹王"的牌位才会被置于"三王"神像的一侧,在这一天得以共享村民们的祭祀。在祭祀所念的祝文中,也总是将"三王"称呼在前,而"竹王"位于其后。可见在当地民众的心目中,作为儿子的"三王"反而比"竹王"更为重要。由以上对文献的解析并且结合田野调查可以推测出,在南明永历帝赐封之前,当地并没有"竹王"崇拜,或许就是为了得到永历帝对"三王"信仰的认可和赐封,地方士绅在此时需要为自己世代祭祀的"三王"寻找到一个合理而正统的"渊源"。由于明代郭应聘、苏朝阳等朝廷官员都认为怀远是"古夜郎地",并且将其写入地方志书流传下来,这一说法到了明末必然已为地方官员和士绅所熟知,而《后汉书·南蛮西南夷列传》中就有解释夜郎县"竹王三郎神"信仰由来的夜郎"竹王"传说,于是地方士绅就挪用这一故事来讲述当地"三王"信仰的"渊源",把"三王"说成夜郎"竹王"的儿子也就顺理成章了。因此在明清鼎革之际,"三王"神明形象的塑造就应该与夜郎"竹王"联系在一起。但是,这在当时为什么没有被地方士绅记录或书写下来呢?笔者认为,这一方面显示出这一神明形象的塑造在当时可能还是以南明朝廷的官员和怀远的士绅为主导,而并非出自和里、欧阳当地绅民自身的"意识"。此外,南明势力在两广衰落之后,以古宜大寨曹氏家族曹应元、曹应魁、曹维屏为首的地方势力也顺势归附了清廷。[①] 怀远一地顺利地进入了清朝的版图,关于"三王"被前朝皇帝敕封的历史也就很可能有意识地被暂时"遗忘"了。

然而,到了道光年间,由于三王宫增修和神明形象书写的需要,当地绅民再次将这一段尘封的"往事"挖掘出来,为了证明"三王"信仰的正统性,不再忌讳这是前朝皇帝的赐封,而且随着

[①] 曹应元、曹应魁、曹维屏三人在明清鼎革之际的活动,详见民国《三江县志》卷8《列传》,第706页。

山水"峒氓":明清以来都柳江下游地区的家族、婚姻与仪式传统

和里、南寨地方士绅的兴起以及他们对"地方史"知识的了解,"夜郎后裔"也逐步成为他们理解与表述国家与地方关系的一种"话语",进而主动地将《后汉书》中关于夜郎"竹王"的传说融入对本土"三王"信仰源流的阐释与建构之中。那么,在道光年间,和里、欧阳的地方士绅为什么要大肆增修三王庙,并且为"三王"塑造出一种正统的神明形象呢?这当中主要而深层的原因,恐怕还要与清代中后期广西地区的时局联系起来。

道光末年,广西各地已是"盗匪横行",而怀远恰好位于湘黔桂交界之地,更是地方官府控制薄弱之处。道光初年,与怀远、罗城、贵州黎平府永从县界接壤的融县背江林峝(今融水苗族自治县安太乡境内)等处村落便时有"游匪土棍"出没,他们"三五成群,假扮兵差,吓索油火,以乞食为名,窥伺门户,掳窃滋事,无所不为",滋扰地方"苗民"。为此,道光二十四年(1844),融县地方官员与背江林峝头人蒙老赏、何国太等举行"埋岩"仪式,立岩授权地方头人协同"苗民"擒拿不法土棍和外来游匪,并禁止地方"苗民"拜会结盟、窝留棍匪、勾匪讹诈等行为。①

对曾经是明代"怀远猺乱"核心区域的和里、南寨之地方民众,以及作为"六刀猺老"的杨金亮裔孙杨华及其家族成员来说,此时的状况是相当复杂而敏感的:一方面,身为地方"猺老"后代的和里杨氏家族,是地方官府在动乱时期稳定时局时需要拉拢和倚靠的"地方势力";另一方面,身为明代"猺乱"参与者与领导者后代的这种"血脉"关联,也使他们在社会动乱时期成为遭受地方官府怀疑和提防的"潜在匪患"。因此,在此时于王朝国家的疆域中找到自己的"位置",向官方表

---

① 见《严禁碑》,安太乡志编委会编《安太乡志》,1988,第34~35页,据该乡志记载,林洞村旧名林峝,是清初到民国年间,一直由地方头人控制的苗人村寨,并未被编入王朝国家的编民户籍之内。

第五章 "三王"信仰、村寨组织与国家观念

明自己的"态度",成为这一时期和里、南寨的地方绅民极其重要而迫切的任务。而三王宫的增修正好给了他们一次绝好的契机,或许选在此时增修三王宫也正是为了表明对官府控制地方的支持,而这其中最好的方法就是采用官方建构起来的怀远"地方史"的这套话语来阐释和建构"三王"信仰的渊源。这也就不难理解为何碑记在叙述中,剔除了《后汉书》中汉武帝平西南夷为牂柯郡、夜郎侯"降汉被杀"的情节,而是强调夜郎侯得到汉武帝赐封"印绶"、死后立庙祭祀、父子配食的荣耀,当地士绅正是要将夜郎在正史中"败国之君"的形象转变为碑刻中"王朝归臣"的形象,以此为自己的祖先树立起拥护王朝的"正统"形象。

然而,随着咸丰、同治年间张秀眉领导的"苗乱"兴起,和里、南寨的士绅再一次被卷入了"叛乱"的旋涡。同治二年(1862),"苗匪"由贵州黎平一带兴起,进入从江高曾(今从江县高增乡)一带,沿着溶江进入广西,烧杀梅寨(今三江县梅林乡),扎驻葛亮(今三江县富禄苗族乡葛亮屯),和里杨氏家族的廪生杨植盛率领团练一千二百多名,与其他三路团练同至葛亮攻打"苗匪"。① 与此同时,和里民众还与寻江上游的林溪河、武洛江,以及溶江支流猛江(今平江)流域的"狪人"村寨以"合款"的形式组成"大款"②,共立"款条",联合抵御"匪患"。③ 同治六

---

① 详见(清)杨植盛《邀集黔粤大团剿匪请发粮弹禀》,民国《三江县志》卷5《文化》,第583页。
② "款"主要是流行于黔桂交界地区"土著"村寨之间的一种联盟关系,可以因为婚姻、政治或军事等多种原因组成不同规模的"款"组织,称为小款、中款、大款,不同的款组织因为某些突发事件而需要组成新的联盟关系时称为"合款",这是一种独立于王朝国家组织体系之外,地方传统下村寨自治、自卫的人群组织机制。关于"款"的历史研究,可参见邓敏文、吴浩《侗款的历史变迁》,《民族论坛》1994年第2期,第60~66页。
③ 详见《同治二年壬子,苗匪作乱,林溪河、武洛江、猛江约同"五百和里"合为大款,联防御匪序》,民国《三江县志》卷5《文化》,第582~583页。

山水"峒氓":明清以来都柳江下游地区的家族、婚姻与仪式传统

年(1866),贵州黔东南地区兴起的"苗乱"再次波及黔桂边界地区,由"苗酋"梁陈黄带领数千人进入古州(今榕江县),然后一路行船由溶江而下从河里到古宜,再顺流而下攻进怀远城内,"大肆抢劫,回复古宜,一路遭殃,凡六甲之民房,焚烧殆尽"。① 由于地处溶、寻两江的交汇之地,和里地方不但遭受焚掳,当地的绅民还奉官府之命组织团练"赴溶江征苗",然而被当时遭受重创的"六甲三峒"② 一带的"甲民"指控与"苗匪"相互勾结,为此和里庠生杨植萃、荣培元特意作诗来记录"征苗"经过以及表明自己遭受"妄控"的委屈和不平,尤其是"若道我乡勾引贼,通团老少愿明神"一句,再次将神明作为和里当地民众的见证者。③

清代中期,怀远地方官员对当地人群的族群划分除了"民""夷"之别外,对于"苗""瑶""狪""獞"等族群之间的区分其实并不明确。康熙年间的怀远知县廖蔚文在其编纂的《怀远县志》中对怀远境内人群的划分和描述为:"怀远人有六种,附城及六甲则民也,所谓民者,大率皆异省商贾来怀,见山水清秀,遂立籍而家焉,其实非土著也。土著者,则皆瑶、苗、狪、獞而已,其人皆自称夷,志所谓西南夷是也。"④ 可见,官方对"民"的定义还是以其居住地域限于附城和六甲之内,具有"立籍"身份而言,在人群来源上则强调其是"异省/地人",而"土著"人群仍然被视为"獞""狪""瑶""苗"。然而,由于怀远境内居住于山间平原

---

① 详见民国《三江县志》卷7《大事记》,第650~651页。
② "六甲三峒"指的是寻江干流沿岸及以东一带的村寨,"六甲"指曹荣甲、程村甲、黄土甲、古宜甲、文村甲、寨准甲等,"三峒"指永吉上峒、永吉中峒、永吉下峒等,每个甲或峒的下面会有若干个村,关于地方村寨划分可详见(清)廖蔚文编纂康熙《怀远县志》卷1;(清)林大宏编纂嘉庆《怀远志书》卷2;民国《三江县志》卷3,第208~212页。
③ 详见(清)杨植萃《古风一道二十四句》《步原韵》,(清)荣培元《赴溶江征苗》,民国《三江县志》卷5《杂著》,第603~604页。
④ 见(清)廖蔚文编纂康熙《怀远县志》之风俗篇。

第五章 "三王"信仰、村寨组织与国家观念

或峒地的"獞""狪"等族群较早就归附于王朝国家,这些族群中的上层头领也采取获取敕封或科举入仕等手段进入国家的官僚体系之内,因此在明、清两代开拓疆域引起的"土著"人群的"叛乱"中,"獞""狪"等族群不但大多保持中立或者协助官府平定"叛乱",其头领还能承管"叛乱"人群逃亡后所遗留下来的田地和山林。而较晚进入王朝的统治视野、居住在海拔较高的丘陵或山地、流动性较强的"瑶""苗"等人群则相继成为朝廷不断用武力征服的对象。

明清时期,官方对"獞""狪"等人群所采取的政策就已经与"瑶""苗"等人群有别,而地方族群之间的边界其实是会因很多因素得以突破和跨越的,① 因此我们也不能将明清时期官方对"獞""狪""瑶""苗"等人群的划分看作本质性、固定不变的,相反,官方给不同人群贴上的族类"标签"是弹性的,可以被人利用各种文化手段来操弄和协商。和里等村寨作为进入溶江通向贵州的要道,与溶江沿岸,甚至与贵州古州一带被官府视为"苗"人聚居的村寨长期有一定的联系与往来。但是由于从清初开始,贵州和湖南西部爆发了持续不断的"苗乱",而溶江流域又毗邻湘黔交界的"苗疆",因而怀远地方上不想卷入"叛乱"的村寨人群其实是希望与发动"叛乱"的"苗人"在族群身份上划清界限的,而划清族群边界的方法除了不参与"叛乱",并且以"款"为基础组织团练协助官府征讨"叛乱"之外,就是不断地通过各种官方推崇的礼仪手段来表明自己的"立场"与"身份"。

因此在同治七年(1867),"苗乱"刚刚平复不久,以廪生杨植盛为首的和里杨氏家族成员,即组织当地民众对三王宫进行了新

---

① 如巴斯(Fredrik Barth)就指出收养、婚姻、政治、经济等多种因素都会引起族群边界的变化,见 Fredrik Barth, ed., "Introduction," *Ethnic Groups and Boundaries* (London: George Allen & Unwin, 1969), pp. 9 - 38。

山水"峒氓":明清以来都柳江下游地区的家族、婚姻与仪式传统

一轮的增修,在增修后所立碑记中,杨植盛写道:

> 乾坤献瑞,阴阳调和,神圣岳临,得天地灵异之气,古今罕见之奇,而萃于一门衍庆也。我自施州立庙以来,大要同俦,已感星姜原履迹,凡始终巅末,前辈诸君子已载,碑记流传,兹不必追里居名号,编年徒劳,再三之渎,但见历汉至清,而英气之显于牂牁者,无求不应,其中之邻近而祈祷者,接踵而至,远方来奏格者,负而驰缅兄弟,自创庙伊始,历有年所矣。国初,诸父老重建正殿、二殿,俱砖墙,功程巩固,拮据犹存,后诸老建戏楼与上坎,而两廊焕然大观焉。兹因年久庙圮,雨洒风潇,檐牙朽坏,故留传后人补葺耳。新建下廊,□者培龙虎以接明堂,重修上而椽脊者,壮垣墉而涂丹雘,务使负栋之柱,多于南亩之农夫,架梁之椽,多于机上之女工,看来庙貌巍峨,神人和乐无疆,惟恤矣。独是弟等此举,遇斯时际维艰,望玉以琢而域器,胪以集而成表,擎易举,独力难支,犹赖仁人君子大公之心,化畛域之见,俾待鸠工庀材,落观厥成也。①

碑记除了追溯施州立庙的传说,与夜郎牂牁之"历史"相关联之外,并没有过多的叙述,而是回顾了清初以来对三王庙的两次重修,杨植盛感叹此次虽然遭遇"时际维艰",但"仁人君子"能够"化畛域之见",合力重修三王宫。可见此次重修之举,主要是和里杨氏家族士绅借由地方信仰,重新团结、凝聚当地民众,以此稳定地方秩序、安定人心。我们需要注意,由于明代"联束民猺"政策的实施,以欧阳曹氏家族为代表的"甲民"的进入,已经显

---

① 同治七年(1868)《和里三王宫增修碑》,原碑现已无存,碑文由南寨杨盛玉抄录。

第五章 "三王"信仰、村寨组织与国家观念

示出和里一带村寨内部人群的来源逐步趋向多元,但是和里杨氏家族作为"六刀猺老"杨金亮的后代一直有控制地方秩序的权力,因此本土的"三王"信仰也成为杨氏家族上层士绅整合四村民众、组织团款的重要手段之一。

光绪二十一年(1895),和里、南寨的地方民众再一次对三王宫进行了修葺,并且立碑记录此次重修缘由和经过:

> 窃惟:功补生成,万古食馨香之报,泽流遐迩,千秋作保障之神,固宜崇庙貌以壮英灵,荐牺牲而隆祀事也。溯我河里南寨之有圣庙尊神,威灵显烁,惠泽覃敷,实千秋之福主,乃四民所钦崇。爰考三王之发祥也,昉于汉代,肇施州之邂水,应时而迁,竹君继姜嫄之奇迹,迄诞而生三子,精忠事汉,封夜郎侯。殁后,圣显于明,复蒙帝敕封为三王,配竹君,而同歆血食,镇黔粤而泽被生民。至若天帝相公,钟于三代,秉直效忠,作商王之冢宰,捐躯报国,受周敕之追封,综企神恩,皆能庇荫群黎,贻庥百世,非补生成而遐沐泽欤。某等稽诸往迹,创自前明,原有正宫两座,共属房廊、头门、戏榭,百堵咸周。自昔以来,屡经修葺,规模宏敞,殿宇巍峨,但以阅历弥深,渐涸于蚁蠹,堂榱倾仄,众目系而感伤。缘今春介寿之期,少长咸集,承诸父老佥议,俓新鼎建,址仍旧基,莫不同声相应,解囊乐输。奈鸠工庀材,一木难支大厦,因资各处,随缘庶众,击其易举,急公好义,望慷慨于同人,集腋成裘,自观瞻之大壮,则英灵有托,功果非虚。①

---

① 见光绪二十一年(1895)《重修碑记》(原碑无题,标题为笔者所加),碑刻立于三王宫内。

山水"峒氓"：明清以来都柳江下游地区的家族、婚姻与仪式传统

碑文再次强调了"三王"为竹君之子，而且由于竹君"精忠事汉"得以"封夜郎侯"，之后就直接讲述明代再次受皇帝敕封为"三王"，竹君配祀。笔者注意到，该碑文对关于宋代"古州蛮"纳土称臣得以敕封之事却只字未提，可见这段历史在此被撰写者有意遗漏了。读者在此看到的是一个从汉代开始就已经归附王朝的侯王后裔形象，完全不知"三王"的祭拜者们在宋代纳土称臣之前曾被王朝视为"古州蛮"，而天帝相公也被追溯为"商王冢宰"，由于"捐躯报国"在周代受到追封。撰写者表面上是通过碑文昭示他们所祭之神明曾是王朝国家的忠臣良将，而实际则是表明他们对王朝的一片忠诚和捐躯报国之心。再看此次重修碑所列的缘首人员，除了和里杨氏家族的寿员杨金旺和杨植长之外，还有欧阳杨氏家族的寿员杨荣槐、监生杨成名，南寨杨氏家族的庠生杨秀芝、寿员杨国祯和杨国泰等。可见光绪年间对"三王"形象的书写和塑造，已经成为当地村寨多个家族上层士绅对地方与国家关系的共识与表达。

清代道光、同治和光绪年间对三王宫庙宇的三次重修和神灵形象的塑造，其实是和里地方士绅借本土信仰凝聚民心，通过礼仪手段向王朝表明忠诚，以此能够在清末的动乱环境中获得官方信任并与之合作，得以继续控制并且维护地方秩序的稳定。而不久之后爆发的地方动乱，再一次印证了这种官民之间在礼仪上的互动对维护地方安定所起到的重要作用。光绪二十九年至三十年（1903~1904），先后有"匪首"黄飞凤、李明标、陆亚发、白毛齐、梁月初等率领"游匪"在庆远、柳州、长安、怀远一带活动，和里、南寨士绅以杨成超、杨秀德、谭德贤、杨大勋等为首组织地方团练，协助朝廷派出的官兵先后在良口、和里、老堡、同乐、默林、马胖、八江、古宜各乡击败"游匪"，并保护本县难民四千余人赴桂林避居并负责供给难民粮食，事后经地方官府上报朝廷，两广总督岑春煊分别赏给为首的地方士绅十一人顶戴

及军功。① 由此可见,和里、南寨的地方士绅主动通过神明信仰的礼仪手段与官方沟通互动,使得地方民众不但没有在清末的动乱中滑向"叛乱"的边缘,更得以合法地组织地方军事力量——团练——进行"抗匪"而获得朝廷赏赐,以此摆脱过去处于国家体系之外且为乱的"蛮""猺"身份,转变为王朝控制地方的团练组织,其组织头领也由于军功得以进入王朝国家的官僚体系之中,成为国家控制地方的重要中介和代言人。

第三节 "三献礼"祭祀仪式的形成与传承

三王宫坐落于和里、南寨两村双溪汇流处旁的小山坡上,庙宇旁早期建有木桥供行人往来。乾隆年间,由于都柳江水运贸易的繁荣,该地又处于湘黔桂三省交通之要道,地方士绅带领民众将木桥改建为石桥,行人更是往来如织,庙宇香火鼎盛。② 围绕着"三王"信仰开展祭祀的主要是河里③、南寨、欧阳、寨贡四村,村民在每年农历二月初二进行祭神活动。④ 农历二月初二是中国民间传统节日,俗称"龙抬头",以示春耕时敬龙祈雨,虽然碑记并未显示"三王"祭祀与这一习俗有着直接关系,但是选在春耕之前祭祀本土神明,应该与祈求春种时节风调雨顺有关。道光年间,随着团练保甲制度在地方上实施,这些村寨被划分为六个"甲",包括

---

① 民国《三江县志》卷3《选举》(第361~362页):"杨成超(武庠,赏给五品顶戴)、杨秀德(庠生,赏给五品顶戴)、谭德贤(武庠,赏给五品顶戴)、杨大勋(五品军功)、杨植昌(六品军功)、杨欧(五品军功)、吴启纯(六品军功任百长)、杨成材(六品军功)、杨植嵩(武庠,五品军功)、杨植均(六品军功)、杨如桂(武庠,五品军功)。"再见卷7《大事记》,第652~653页。
② 见清道光十六年(1836)《功德碑记》,三王宫内碑刻。
③ 在这里"河里"为和里村旧名,民国14年设团务总局于河里,团副徐楞以"河"字未协,更"河"为"和",参见民国《三江县志》,第212页。
④ 参见乾隆五十九年(1794)《限禁碑记》,三王宫内碑刻。

山水"峒氓":明清以来都柳江下游地区的家族、婚姻与仪式传统

和里村的杨甲、吴甲,南寨村的上南甲、下南甲,欧阳村的欧甲,以及寨贡村的贡甲。① 在围绕"三王"信仰的活动中,各村寨均以"甲"为组织展开,尤其是在每年定期举行的神诞会期,相关的拜祭、游神、唱戏、庙会等活动都由主办甲牵头,各甲则协助并参与。

中华人民共和国成立后,乡村的保甲组织虽已被废除,该地区被划分为和里、南寨两个行政村,但二村内部仍以"甲"来划分村寨人群。据一些年长的村民回忆,每年以某"甲"为主办者来举行"三王"神诞仪式的传统,在 20 世纪 50 年代仍然延续。在"文化大革命"期间(1966~1976),虽然三王宫被视为"四旧"遭到一定程度的破坏,"三王"信仰的神诞祭祀活动也由于三王宫内神像被损毁而一度中断,但是由于当时被用作供销社、粮管所和信用社,因此其建筑外貌得以保留下来。党的十一届三中全会(1978 年 12 月 18~22 日)召开之后,三王宫与人和桥开始被列入文物保护单位,于 1982 年和 1986 年先后两次得到县政府的财政拨款进行维修,村内组织维修的首事者也发动当地村民为其捐款捐工。② 此外,我们从目前竖立于三王宫与人和桥内的多块修缮碑刻和捐款碑刻也可以得知,1985 年至 1995 年,和里、南寨两村六甲的"宁老"(nyenc laox)③ 开始以保护历史文物的名义,一方面争取政府支持,另一方面号召村民捐款捐工,对

---

① 关于清代河里六个"甲"组织的划分情况,笔者主要依据道光二十四年立于三王宫内的《增修碑记》,以及这一时期竖立的各甲捐钱碑刻。
② 杨文朴:《和里"三王宫""人和桥"的历史考证》,政协三江侗族自治县委员会编印《三江文史资料》第 6 辑,2002,第 227~231 页。
③ nyenc 是侗语"人"之意,laox 是形容词"大、老"之意,nyenc laox 是指侗族男性群体中 60 岁以上的老人,与之相对的是 lagx hank(汉文译作腊汉或勒汉)意为"小伙子",参见潘永荣、石锦宏编著《侗汉常用词典》,第 88、50、53 页。当地侗人村寨的农事日程、重大决策基本上由被尊称为 nyenc laox 者共同商议决定,他们也在各种节庆仪式活动中担任组织者和领导者,其中有能力和威望的 nyenc laox 成为地方领袖"寨老"或"头人"的重要候选人。

第五章 "三王"信仰、村寨组织与国家观念

庙宇和桥梁进行了屡次修缮,并且由担任首事的"宁老"组织成立了"维修三王宫筹委会",这一组织正是目前三王宫管委会的前身。① 积极参与恢复神诞活动的也正是这些各甲中热心公众事务的"宁老",他们保存并传抄"三王"神诞的祭仪文本,规定六甲轮流主办神诞活动的顺序,使得六甲民众对"三王"神诞的祭祀活动,自20世纪80年代恢复之后就一直延续至今。

目前,当地的"六甲"组织包括和里村的杨甲(杨甲屯)、吴甲(吴甲屯)、欧甲(欧阳寨),南寨村的上南甲(包括寨生村、高王村、寨哇村、南寨村、良力新村5个自然村)、下南甲、贡甲(包括寨贡屯、寨稿屯,以及中华人民共和国成立后被划分出南寨的归斗、良柳两个山坡上的"草苗"寨子)。我们可以发现,虽然历经清代、民国、中华人民共和国几次较大的地方行政区划调整,以及"文化大革命"时期对民间信仰的压制和庙宇的破坏,但是以"三王"信仰为中心所形成的跨村寨的信仰祭祀联盟相对稳定,"三王"信仰的神诞祭祀传统也得以延续至今。②

早期三王宫的庙宇状况及祭祀情形,可以从庙内现存碑刻中得见。乾隆年间,每年农历二月初二,和里、南寨、欧阳、寨贡四村信众会在三王庙内举行祭神活动,并且于乾隆五十九年(1794)采用"依古刻石,立碑限禁"的手段,确立以三王宫及其周围坡地为中心的神圣祭祀空间,围绕着三王宫神圣空间联合在一起的四村民众,逐步结成了一个跨村寨的祭祀圈。道光年间,由于寻、溶两江水运贸易的繁荣,以及湘黔桂交界地区"匪乱"的兴起,一方面为了表明对官府控制地方的支持,另一方面也为了团结民众以抵御"匪患",道光二十四年(1844),以和

---

① 见1985年立《政通人和》碑,人和桥上碑刻;1995年立《三王父子简介》碑、《夜郎古迹,文物新光》碑,三王宫内碑刻。
② 当前关于和里六个"甲"组织的划分情况来源于笔者的田野调查。

山水"峒氓":明清以来都柳江下游地区的家族、婚姻与仪式传统

里杨氏家族为首的当地民众对庙宇进行了增修,将原有的三王庙和位于其右边的天帝相公庙合建,"创两廊,砌墙围抱,戏楼在上,大门居中"。① 道光二十五年(1845),村内众人又在庙中"祭大牢",为"三王"和天帝相公"塑画圣像",并且规定"后之君子,照依癸卯年换彩圣身为规"。② 同治七年(1868),"因年久庙圮,雨洒风潇,檐牙朽坏",于是新建了庙宇的下廊,并且重新修整了椽柱和屋脊。③ 光绪二十一年(1895),村内民众见庙宇"渐凋于蚁蠹,堂榱倾仄",④ 再一次对其进行了维护和整修。经过道光、同治和光绪年间三次较大规模的增修和相关的祭祀捐赠,才有了如今三王宫的基本规模。目前三王宫为三进式结构,戏台位于正门之上,两侧建有供人看戏的厢楼,中有仪门,内有正殿两座,左殿供奉"三王"神像,右殿则供奉天帝相公和左右两名武将的神像。

现在的三王宫会期定于农历二月初五,据当地人说这天是"三王"爷爷生日,即"三王"神诞。整个会期活动持续一整天,由"三献礼"祭仪(每三年一次大会期时会有神像巡游仪式),吹芦笙、"多耶"(dos yeeh)⑤ 表演,戏曲表演,村寨鼓楼对歌表演等一系列活动组成。其中"三献礼"祭祀仪式为神诞会期活动的核心内容,一般为会期当日上午吉时开始。主要仪式人员包括领班1名、主祭者1名、陪祭者2名、司祝者1名、司帛者1名,这些都不是专业的宗教仪式人员,而是从当年主办神诞活动的

---

① 见附录四道光二十四年(1844)《增修碑记》,三王宫内碑刻。
② 见附录六道光二十五年(1845)《重修传记》,三王宫内碑刻。
③ 见同治七年(1868)《和里三王宫增修碑》,该碑现已无存,碑文由南寨村民杨盛玉抄录。
④ 见光绪二十一年(1895)《重修碑记》,三王宫内碑刻。
⑤ 一种边唱边舞的集体性歌舞娱乐活动,此类活动源于当地民众历史悠久的音乐与歌唱传统,可参见《侗族文学史》编写组编《侗族文学史》,贵州民族出版社,1988。

第五章 "三王"信仰、村寨组织与国家观念

"甲"中遴选出儿女双全、三代同堂、颇有威望的男性长者担任。首先，由村民组成的乐队鸣锣鼓奏乐、放炮，表示仪式开始。然后，由身穿长袍马褂、头戴礼帽的主祭者与 2 名陪祭者向"三王"、竹王、天帝相公、关圣帝、文昌帝君、观音娘娘等诸神明行"三献礼"。之后由司祝者念祝文，然后由司祝者焚祝文、司帛者焚帛献给诸神。再由主办甲选出的 12 名 9~12 岁的男童，皆穿戴正式的红色长袍礼帽，在仪式中向"三王"行祭拜礼。对被选中的男童及其家庭来说，能够在"三王"神诞祭仪中进行祭拜是其一生之中十分重要且荣耀的时刻。此外，主办甲还要从本甲组织的戏班中选出 8 名青年穿上戏服扮演"八仙"拜贺，2 名童男童女身着戏服立于神殿门口，最后由从众甲中选出有威望的诸位男性老人向神明行拜贺礼。在整个"三献礼"祭祀仪式当中，诸甲中的男性成员，尤其是具有威望且掌握礼仪知识的男性长者扮演着举足轻重的角色，他们或担任仪式人员参与展演整个祭祀仪式的过程，或在旁边指导和协助整个仪式的顺利展开，或完全隐匿在祭祀现场的人群中，却早已协调安排好整个神诞会期祭祀活动的流程。

笔者观察发现，整个"三献礼"祭仪在一名俗称"领班"者的高声唱念下进行，其余的礼仪人员如主祭者、陪祭者、司祝者、司帛者等都是在其引导下行使祭祀礼仪，这名主持祭仪的"领班"手持一份文稿，其唱念的内容就来源于这份文稿。经过事后了解，这份文稿就是"三献礼"祭仪文书，其内容由各甲主管礼仪的老人代代传抄而来，其主要内容如下：

行三献礼，开通喊正引点明。

通：排班。序立。鸣锣。击鼓。放炮。奏大乐。奏小乐。连连奏细乐。执事者各私执事〔各司其事〕。主祭就位。倍祭者就位。

山水"峒氓":明清以来都柳江下游地区的家族、婚姻与仪式传统

通:行盥洗礼。正:指〔诣〕盥洗所。倍:举巾盥洗。通:主祭者复位。正:复位。

通:行束容礼。正:指束容所。倍:束容。整冠。束带。通:主祭者复位。正:复位。

通:神降行礼。正:指香案前。通:降神。复位。倍:跪。上香。再上香。三上香。献茶。再献茶。三献茶。献花红。丹花卦红。叩首。再叩首。三叩首。升。平身。

通:主祭者复位。正:复位。

通:行初献礼。正:诣司尊所。倍:司尊者,举幂,酌酒。司酌者,捧酌。通:主祭者行上神位前初敬酌。正:指神位前。倍:跪,敬酒。酌酒。献果饼。献茗茶。献斋筵。叩首。再叩首。三叩首。升,平身。通:主祭者复位。正:复位。

通:行亚献礼。正:指司尊所。倍:司尊者举幂,酌酒。司酌者,捧酌。通:主祭者,行上神位前亚敬酌。正:指神位前。倍:跪,献毛血。献金猪。献银猪。叩首。再叩首。六叩首。升,平身。通:主祭者复位。正引:复位。通:行喧祝礼。正:指香案前。通:司祝者就位。倍:跪。通:俯伏。锣止。喧祝文。诵乐。倍:叩首。再叩首。三叩首。兴,平身。通:司祝者下阶。主祭者复位。正:复位。

通:行三献礼。正:指司尊所。倍:司尊者举幂、酌酒,司酌者捧酌。通:主祭者行上神位前三敬酌。正:指神位前。倍:跪献五牲,献五熟,献财宝。叩首。再叩首。九叩首。兴,平身。通:主祭者复位。正:复位。

通:司祝者,焚祝,司帛者,焚帛。行望辽礼。正:指望辽所。倍:望辽。通:主祭者复位。正:复位。

通:礼毕,化财。主祭者下阶,倍祭者分班。众性〔姓〕

第五章 "三王"信仰、村寨组织与国家观念

排班拜贺。①

在该祭仪文书中,"通"指"通赞"②,即当地俗称的"领班",由他来引导整个礼仪过程,"正"指主祭者,"倍"指陪祭者,通赞站在香案的左上角,一名主祭者和两名陪祭者站在香案前。根据以上的仪式文书,整个仪式过程分为八个部分:盥洗礼、束容礼、行降(神)礼、初献礼、亚献礼、三献礼、望辽礼(焚祝帛)、排班拜贺(见表5-1)。第一至三部分由主祭和陪祭行盥洗、束容礼后,代表社区请神。第四至六部分的主要任务,是由主祭者代表社区将供品献给"三王"。第七部分则是敦请神明品尝供品后接受祝帛,在焚烧祝帛之前,会有一名专门的司祝帛者念诵祝文,并将祝帛焚化。最后一部分就是送神,排班拜贺是让社区中的儿童、青年、老人代表分别向"三王"祝贺。

将现在和里"三王"神诞祭祀仪式与明初朝廷制定《洪武礼制》所载官方礼仪相比,发现两者在结构上十分相似。以《洪武礼制》中记载的祭祀社稷仪式和祭城隍仪式为例。祭祀社稷仪式于每年二月、八月的第一个戊日在社稷坛举行,由通赞唱礼,献官一位,陪祭官若干位。祭仪分为八个部分:迎神、奠帛行初献礼、亚献、终献、饮福受胙、彻馔、送神、望瘗。③祭祀城隍仪式于每年春、秋两季的仲月上旬设坛举行,也有通赞唱礼,结构与祭祀社稷仪式相同。④把三个祭祀仪式进行比较(见表5-1),我们可以

---

① 该"三献礼"祭仪文本来源于三王宫管委会主任杨盛玉收藏的手抄本,笔者在当地见到的其他甲中抄录和使用的祭仪文本与此结构大致相同,只是文字上略有差异。
② "赞"是在礼仪表演中唱礼,引导主祭行礼的意思。
③ (明)张卤:《洪武礼制》,《皇明制书》(续修四库全书),上海古籍出版社,2013,第304~309页。
④ (明)张卤:《洪武礼制》,第309页。

发现，除了个别细节有所差别外，和里祭祀"三王"的仪轨与明代官方制定的祭社稷、城隍仪式相当接近。

表5-1 祭"三王"仪式与《洪武礼制》祭社稷、城隍仪式比较

部分	祭"三王"仪式	祭社稷仪式	祭城隍仪式
1	盥洗礼	迎神	迎神
2	束容礼	奠帛行初献礼（内含盥洗礼和献帛礼）	奠帛初献
3	降神礼	亚献	亚献
4	初献礼	终献	终献
5	亚献礼	饮福受胙	饮福受胙
6	三献礼	彻馔	撤馔
7	望辽礼（焚祝帛）	送神	送神
8	排班拜贺	望瘗（焚祝帛）	望燎（焚祝帛）

资料来源：杨盛玉藏"三献礼"祭仪文本；《洪武礼制》，第304~309页。

那么，这种与官方祭祀礼仪有着类似结构的地方神明祭祀仪式，是怎样在一个迟至明代中后期才真正进入王朝国家控制体系下的南方"边陲"地区形成并流传的呢？从三王宫内现存的碑刻可以得知，在乾隆年间，每年农历二月初二在三王庙中都会举行祭神活动。到了道光二十四年（1844），当地民众对庙宇进行增修之后，村内民众又有"祭大牢"、为三王和天帝相公"塑画圣像"，以及供奉"龙牌"等举动，并未提到进行"三献礼"祭仪。由此可知，在乾隆和道光年间当地民众在祭祀"三王"时，即使尚未施行"三献礼"祭仪，但也遵循了一套相对"正统"的祭祀礼仪。在此之前的宋代至明代当地"土人"祭祀"三王"时操演何种祭祀仪式，由于笔者目前仍未找到任何确凿的文献记载，因此无法作进一步的推测和论证，但从现存文献材料推测，至少在清代乾隆年间，与中国传统祭祀礼仪相近的祭祀仪式就已经被当地民众用于祭

第五章 "三王"信仰、村寨组织与国家观念

祀"三王"的活动之中。

此外,三王宫管委会主任杨盛玉收藏的一份手抄祭仪文稿显示,目前"三王"神诞中最重要的"三献礼"祭仪是由其祖父杨文彩教传。但据杨盛玉所知,杨文彩所教授的"三献礼"文本其实也是从其祖辈处传抄而来,最早的传抄者可能是杨文彩的曾祖父杨传智。南寨当地父老相传杨传智曾经中过五品武举,但并未外出做官,而是留在家中主持家族和地方事务。杨盛玉生于1944年,若以25年为一代计算,其祖父杨文彩大概为光绪二十六年(1900)前后出生,杨文彩的曾祖父杨传智则大概为道光五年(1825)前后出生,在道光二十五年(1845)所立《重修碑记》的缘首人员中就有"杨传智",其在碑刻中的身份是"择师"①。笔者通过田野调查得知,这些被称为"择师"的人,就是那些在乡村民众的各类拜神、祭祖、婚丧嫁娶等人生礼仪当中,懂得选吉时、看风水、主持仪式或指导当事人完成整个仪式过程的人。"择师"在当地俗称"师傅",过去这些能够被称为"师傅"的人,除了能够读书识字之外,更重要的是能够取得一定的科举功名(如庠生、生员等),或是曾经担任官吏(如职员或衙门师爷)或监生,因此才能够接触并熟悉官方制定的礼仪形式和礼仪文书。他们在外出读书或为官(吏)的过程中观看并学习这些礼仪,并且抄录相关的礼仪文书,将其带入自己家族甚至乡村的礼仪实践中,通过礼仪展演的言传身教和礼仪文书的传抄留传给后世。

因此可以推断,"三献礼"祭仪应该于清代道光年间才开始在"三王"神诞中施行,这与道光年间当地民众对三王宫进行的一系列增修与祭祀活动必然有着密切联系。目前,每甲都有老人保

---

① 碑刻所列"择师"为杨金仁、杨尚美、吴朝汉、杨仁朋、杨传智、覃万通,见道光二十五年(1845)《重修碑记》,三王宫内碑刻。

管着类似的祭仪文书,每年举行的祭祀仪式也几乎完全按照祭仪文书所描述的方式进行。除了"三献礼"的祭仪文书,杨盛玉还收藏着祖父杨文彩生前使用的多种祭仪文书,如《二月初五三王诞祝文》《众圣巡游祝文》《关圣诞祝文》《求雨表文》《求子疏》《神圣通用》《城隍封》等,这些祭仪文本被用于村寨内供奉的"三王"、天帝相公、关圣帝、城隍、观音娘娘等诸神明的神诞祭祀、巡游、求雨、求子等崇拜仪式和活动;还有一些与祠堂活动有关的礼仪文书,内容涉及祖先祭祀、清明献祭等家族活动的举行。由此可见,杨传智、杨文彩在当地有着浓厚的"礼生"色彩,他们抄写并在各种礼仪活动中使用这些祭仪文本,而这些祭仪文本所记载的仪轨不但与王朝祭祀仪式有着结构上的同构性,而且不少祭文直接或者间接来源于官方仪典。① 正是有如杨传智这些扮演"礼生"角色的乡村士绅及其后代在乡村中参与和实施各种礼仪活动,才使得官方推崇的礼仪形式能够通过礼仪文书的传抄和礼仪实践的开展,渗入中国广大的基层乡村社会中,并且流传至今。

第四节 "三王"诞游神：跨村寨的游神仪式与祭祀空间

随着"三献礼"祭祀礼仪在清末民初的逐步形成和完善,作为清末团练保甲制度下形成的六个甲——杨甲、吴甲、欧甲、上南甲、下南甲、贡甲——围绕着"三王"信仰形成了一个跨

---

① 感谢厦门大学历史系刘永华教授提醒笔者注意到杨传智、杨文彩的"礼生"身份,以及在"三王"祭祀仪式中所采用的"三献礼"祭仪,与闽西四保地方神祭祀仪式,以及《洪武礼制》中记载的仪式有着相当类似的结构,可参见刘永华《亦礼亦俗——晚清至民国闽西四保礼生的初步分析》,《历史人类学学刊》第 2 卷第 2 期,2004 年 10 月,第 53~83 页。

村寨的祭祀圈,并且形成了每年的"轮祭"习俗和每两年一次的"三王"诞游神活动。每年的"三王"神诞活动都由一甲主办、其他甲协办,以十二地支为顺序,与六个甲的名称相匹配,形成六甲轮祭的顺序,编成会期轮派口诀:"子午吴(甲),丑未杨(甲),寅申下南(甲),卯酉上南(甲),贡(甲)辰戌,欧(甲)巳亥。"并且以是否举办"三王"神诞的巡游活动为标志,分为大会期和小会期,这使得在以十二年为一轮的祭祀周期中,杨甲、上南甲和欧甲都被置于举办大会期的排年上,而吴甲、下南甲和贡甲则一直处于只能举办小会期的排年上(见表5-2)。据说这一会期轮派排年的确定,是过去各甲"宁老"在"三王"面前通过卜卦方式确定下来的,然而这种轮祭顺序的制定无疑与这套轮祭方式形成时,六个甲之间实力的强弱对比有着密切的关系。然而,这种差异性并没有使得地方村落人群彼此对立,而是通过游神当中的分工与协作,更紧密地联结成为一个以"三王"为主神的信仰共同体。因此,笔者将在本节中通过描述2015年"三王"诞游神活动的具体过程,来揭示岣地中不同村落人群围绕着"三王"信仰所形成的信仰圈和祭祀圈状况。

表5-2 "三王"神诞轮祭排年

吴甲	子	午	小会期
杨甲	丑	未	大会期
下南甲(头甲)	寅	申	小会期
上南甲(尾甲)	卯	酉	大会期
贡甲	辰	戌	小会期
欧甲	巳	亥	大会期

整个"三王"诞游神仪式分为"迎竹王—三王巡游—送竹王"三个主要环节,巡游仪式以主办甲为中心,将杨甲、吴甲、欧甲、上南甲、下南甲和贡甲所在的和里、欧阳、南寨、寨贡等四个自然

村寨联结在一起，形成一个以"三王"信仰为中心的仪式共同体。笔者将以 2015 年 3 月 23~25 日（农历二月初四至初六），由和里村杨甲举办的"三王"神诞活动为例，来展现整个"三王"神诞活动中的几个关键的仪式环节，通过这些仪式环节所串联起来的跨村寨的神圣空间，以及在这些神圣空间中营造的祭祀景观和人群组织。

一 "迎竹王"仪式

2015 年 3 月 23 日（农历二月初四），是"三王"神诞活动的前一天，按照惯例，要将竹王神牌在这一天从竹王宫"迎接"到三王宫中，在"三王"神诞中共同接受众人的祭拜和供奉，因此要举行一个"迎竹王"仪式。今年"三王"神诞是由和里村杨甲主办，中午 1 点前后，杨甲组织神诞活动的年轻人还在三王宫忙着装饰殿宇、置办祭品，老人们就已经聚集在和里鼓楼前整装待发，准备去竹王宫"迎竹王"。"迎竹王"队伍由四个中年人打头，一人敲锣、三人打鼓，紧接着是村里的老人们，每人手中拿着一根点燃的线香，从和里鼓楼出发，从村里走到和里河沿岸的公路，一路敲锣打鼓去"迎竹王"。

新修的水泥公路穿过村外的稻田，从和里村头一直通向和里河上游的燕茶、布糯两村，竹王宫坐落于和里河上游的双溪汇流之处。迎神队伍来到竹王宫，敲锣打鼓的中年人站在门外，让领头的老人拿着香烛纸钱等物品首先进入正殿内点燃蜡烛，其他老人和中年人再进入正殿烧香燃纸钱，然后大家一起面朝竹王神牌三鞠躬，将点燃的线香和纸钱插入香炉和火盆中。侧殿供奉着文昌帝君，众人也为其点燃香烛纸钱，以示恭敬。香还未烧完，就由和里小学的老校长将竹王神牌从供台上抱到供桌上，由一位老者用事先准备好的布将神牌擦拭干净，殿外响起鞭炮声，老校长捧着神牌走出神殿门口，锣鼓声立刻响起。走出竹王宫之后，仍然由一位老人手拿线香领头，后面跟着敲锣打鼓的四人，其他人手中拿着燃香，簇拥着抱着神牌的老校长，浩浩荡荡地将竹王迎向三王宫。

当"迎竹王"队伍走到和里村内的人安桥附近时，人们将供奉在和里村头人安桥上的关公像用事先放置好的木轿抬出，汇入"迎竹王"队伍。这时候整个"迎竹王"队伍就开始由关公像打头，紧跟着敲锣打鼓的乐手，一群人簇拥着竹王神牌，从和里村头的松门下走过，沿着村外的水泥路，浩浩荡荡地向三王宫行进。进入三王宫后，迎神队伍先将关公像置于"三王"神殿的左侧，再将竹王神牌供奉于"三王"神龛的左侧，最后众人燃烛焚香，鸣锣点炮，叩首祭拜。

二 "三王"巡游仪式

2015年由杨甲举办的"三王"神诞是大会期，因此是年的神诞活动除了"三献礼"仪式和戏曲表演之外，还要举行一个盛大的"三王"巡游仪式。3月24日（农历二月初五）早上8点，参加"三王"巡游仪式的相关人员先到和里村内的杨氏鼓楼里进行装扮和准备。10点前后，某某村芦笙队来到杨氏鼓楼前的鼓楼坪上围成圆圈，在芦笙头的指挥下开始吹奏芦笙，随着音乐摇摆，在杨氏鼓楼戏台上的锣鼓队也和着芦笙的节奏尽情敲打，一时间笙鼓齐鸣，鞭炮响起，整个村寨瞬间沸腾起来……村民们纷纷从家里出来，聚集到鼓楼坪上。扮演"八仙"的青年，十二名男童，一对金童玉女，"三献礼"仪式中的领班、主祭者、陪祭者、司祝帛者，以及代表各甲祝寿的老人们依次排列，盛装待发，游神组织者手拿一碗"圣水"，向游神者的身上泼洒一番……吉时一到，锣鼓队鸣锣奏乐，在唢呐和芦笙的伴奏下，盛装打扮的游神队伍从和里杨氏鼓楼出发，穿越和里村，走出用松枝搭建的寨门，向三王宫行进。在游神队伍的后面，还依次有各甲挑选出来的长者、青年男女、孩童组成的巡游队列，均盛装打扮，热闹非凡。

10点半巡游队伍进入三王宫，祭祀人员进行一番准备之后，举行祭祀众神的"三献礼"仪式。11点整在"三献礼"仪式正式开始之前，先由从台湾邀请而来的一位道长和两位道士向众神行焚香祭拜之礼，道长手持三炷香面向神位三鞠躬，然后行三跪九叩之礼，两位道士协助道长上香，且行三鞠躬礼。之后"三献礼"仪式才正式开始，这年仪式的顺序有所变化，将往年放在最后的"八仙"贺寿放在整个仪式的开头，其他仪式环节则不变，整个仪式过程分为八个部分：盥洗礼、束容礼、降行（神）礼、初献礼、亚献礼、三献礼、望辽礼（焚祝帛）、排班拜贺（参见前文的"三献礼"祭仪文书和表5－1）。

中午12点"三献礼"仪式结束之后，"三王"巡游仪式立刻开始（见图5－2）。主要的游神队伍由和里人安桥上供奉的关公神像打头阵，紧跟其后的是全羊、"五生五熟"、茶酒果品等祭祀品，然后才是分别坐在三个木轿子里的"三王"神像以及金猪、银猪等祭祀品，最后是六个甲各自挑选出来的参与游神的人员，以及从外村邀请过来表演"多耶"和芦笙的大歌队，皆盛装打扮。游神队伍从三王宫出来之后，先到和里寨的金萨殿前举行祭拜"三王"的仪式。金萨殿前的空地是过去和里寨用来供奉"三王"的公棚之所在，虽然公棚在"四清"运动中被拆毁，和里寨内目前已经没有供奉"三王"的庙宇或建筑，但是作为供奉"三王"的神圣祭祀空间一直被保留下来，而且在每次"三王"巡游仪式中这一空间仍然作为和里寨内祭祀"三王"的场所。祭祀时将关公神像和"三王"神像并排放在一起，前面放置一张供桌，上面放置香炉、红烛、九碗水酒，村中长者焚香行三鞠躬礼，并且上香、烧纸钱（见图5－3）。值得注意的是，旁边的金萨殿虽然大门紧锁，但是祭拜的长者中会有人将线香插到金萨殿门口的香炉中，而非供桌上的香炉里。由此可见，在位于和里寨的中心点的神圣祭祀空间

第五章 "三王"信仰、村寨组织与国家观念

里,"萨"和"三王"是共同得到村民的祭祀和供奉的,这或许隐喻"萨"和"三王"信仰在和里寨中有着一种先后继替的重要联系,虽然"三王"是六甲村民共同祭祀的主要神明,但是并没有取代"萨"在和里村民心目中的重要地位。由于这一次杨甲是主办甲,因此游神队伍特意从金萨殿前往和里杨氏鼓楼,在鼓楼前的空地上停留并燃放爆竹之后,才从和里寨前往欧阳寨。

图 5-2 "三王"神像被抬出三王宫巡游

欧阳寨紧邻和里寨,游神队伍从和里鼓楼出来之后,就从鼓楼旁的田间小路直接前往欧阳寨的祭祀地点。欧阳寨祭祀"三王"的地点是位于村寨中心位置的戏台,这里据说也是欧阳寨民过去供奉"三王"的公棚所在地,祭祀的供桌搭在戏台之上,关公像、"三王"神像和金猪、银猪等祭品则置于戏台前的空地上,面对戏台,游神队伍围站在四周,由欧阳寨中的长老们焚香燃烛,主持祭祀仪式,祭拜"三王"及诸神。

游神队伍从欧阳寨出来之后,沿着321国道前往南寨(见图5-4)。从村头的寨门进入村内,南寨内的祭祀地点则是上南甲和

下南甲共同建造的南寨鼓楼前,南寨鼓楼位于南寨村的中心位置,目前也是区分上南甲和下南甲之间的重要建筑。南寨鼓楼旁还有一个土地公祠,南寨祭祀"三王"的供桌就设在土地公祠前,关公

图5-3 在和里金萨殿前举行祭拜"三王"仪式

图5-4 村民抬着关公和"三王"神像在村寨间巡游

第五章 "三王"信仰、村寨组织与国家观念

和"三王"的神像则面对土地公祠,村民在祭祀关公和"三王"的同时,要拜祭土地公。南寨鼓楼旁的土地公祠也兼具"萨"堂的功能,村内的歌手外出举行唱歌或芦笙表演之前,都要先到这个土地公祠前进行祭祀和表演,外村的歌手或芦笙队过来"月也"时,也要先到这里祭拜和表演一番。

游神队伍最后穿过南寨,沿着村外的田间小路前往寨贡。由于寨贡没有寨门,就临时用松枝搭建了一个松门,让游神队伍从松门下穿过进入寨子中心的公棚中和堂。这是当地目前唯一留存下来的村寨公棚,里面设有专门供奉"三王"的神位,还有专门的祭台和盛放祭品的供桌,但是祭台上没有供奉神像,而是在墙上贴着的红纸上写着一个大大的"神"字,以表示神灵栖居之所。寨贡的长老们则在中和堂内面对神位焚香燃烛、献上祭品,外面的关公像和"三王"神像则背对中和堂,面向对面的戏台式鼓楼,众人依然围站在四周,等待祭祀仪式的完成(见图 5-5)。

图 5-5 在寨贡"中和堂"前举行祭拜"三王"仪式

下午 2 点 40 分，游神队伍最后从寨贡沿着 321 国道返回三王宫，将"三王"神像依次放回神台，披盖上红布，并且迅速将银猪的猪头割下，供奉于"三王"神像之前，再次燃香焚烛、燃放鞭炮，寓意游神仪式结束。参与游神仪式的"八仙"、金童玉女和十二名男童登上三王宫的戏台，向台下观众鞠躬，随后即由和里杨甲村民自己组织的戏班"庆祥班"开始进行表演，节目有桂剧《取长沙》选段，侗族琵琶《纪念三王》，侗戏《卜宽盗牛》《卜宽闹河》，舞蹈《草原上的月亮》，等等。此外，在供奉"三王"神像的内殿里，神诞活动的组织者迅速将祭祀用品金猪、银猪进行切割，分给交纳份子钱参与购买祭祀用品的村民，村民每交 15 元作一股，即分得一份猪肉，也可以交纳多份股金，领取多份猪肉。当地每家每户都会至少出一股份子钱，以参与祭祀活动，领取作为供品的猪肉。戏曲表演结束之后，村民们就纷纷拿着分到的猪肉，喜气洋洋地回家分享祭祀神明的福气。

三 "送竹王"仪式

2015 年 3 月 25 日（农历二月初六），"三王"巡游仪式结束之后的第二天，还要举行一个"送竹王"仪式，即将在"三王"神诞期间迎接到三王宫供奉的竹王神牌，再送回竹王宫，这样整个"三王"神诞活动才最终结束。

上午 10 点前后，"送竹王"队伍仍然先从和里杨氏鼓楼出发，敲锣打鼓前往三王宫。抵达三王宫之后，众人先到供奉"三王"和竹王的神殿内烧香祭拜，然后才将竹王神牌和关公神像从神殿中抬出，由一人打鼓、四人敲锣在前面领路，和里小学的老校长手捧竹王神牌走在中间，两人抬着关公神像紧跟其后，其他人手拿一根点燃的线香跟在后面走出三王宫。"送竹王"队伍先进入和里村，将关公神像送回和里人安桥上供奉，并焚香祭祀，然后继续敲锣打鼓送竹王回竹王宫。这时候，由一名穿黑衣戴礼帽的杨姓老人走在队伍的最前面，手里提着一个装祭祀用品的竹篮，一行人浩浩荡荡簇拥着竹王神牌穿行在乡间小路上，并沿途燃放爆竹。抵达竹王宫之后，和里小学老校长将竹王神牌放回供奉的神台，摆上酒、肉、饭等祭品，众人一起焚香鞠躬祭拜竹王，然后祭拜供奉在右殿中的文昌帝君。众人祭拜完毕之后，杨姓老人用布将竹王神牌擦拭干净，并整理好神台上的红布，最后燃放爆竹表示"送竹王"仪式结束。中午11点半前后，"送竹王"队伍返回和里村。

四　游神仪式与神圣祭祀空间关系探讨

"三王"巡游仪式将"三王"信仰祭祀圈内各村寨的神圣祭祀空间关联在一起，并且使得本村寨的"土神"——如"萨""土地公"等，也在"三王"神诞中一同得到祭祀，其背后信仰人群的诉求也在"三王"神诞的巡游仪式中得到表达。反过来，在"三王"巡游仪式中组织各村寨长老主持本村寨的"三王"祭拜仪式，使得对"三王"的祭祀不再局限于三王宫，而是在各村寨占据一定的神圣祭祀空间，这是"三王"信仰能够借由游神仪式进入村寨神灵信仰的谱系之中，与村寨原有的神灵信仰平起平坐，甚至凌驾于其上的一种方式与表现。

此外，在整个"三王"巡游仪式中，和里村供奉的关公始终作为整个游神队伍的领头者，而且在各村寨对"三王"的祭拜仪式中也被置于显著位置，与"三王"神像一起接受各村寨"宁老"的祭拜。关公神像被供奉在风雨桥上的神龛中，在重要道路旁也修建神殿供奉关公，以保佑往来行人平安和顺利，目前已经成为当地村寨习以为常的民俗。因此笔者推测，关公信仰的进入应当与当地桥梁与重要道路的修筑过程有着密切的关系。而桥梁和道路是连接外部世界的重要陆路交通设施，这些设施的大量修建应当与国家军队和外来移民由江河沿岸城镇向内陆山区村寨的挺进直接相关，随着陆路交通设施的建设和外来人员的涌入，关公信仰也被沿着陆路交通路线带入沿途的山区村寨。随着道路、桥梁日益成为山区村寨连接外部世界的重要通道，为保佑行人外出平安而供奉于桥梁上和道路附近的关公，也成为移民和本土人群共同置于村寨之外神圣空间中的重要神灵。"萨"堂（坛）被置于村寨中心位置——保佑村寨内六畜兴旺，土地公位于村寨通向外部的边界——保佑村民进出村寨平安，关公被供奉于连接村寨和外部世界的桥梁上或者重要道路旁——保佑行人往来平安，"三王"神像则被供奉在村寨"公棚"之中——作为一个村民公共聚会和议事的场所。"公棚"其实是王朝国家进入之后，代表着"公"的官方在地方的隐喻之所，因此作为王朝与地方在信仰联结中的"三王"要被供奉于村寨的公棚里。

因此，"三王"巡游仪式其实象征着代表王朝国家力量的"三王"与代表本土神灵力量的"萨"或"土地公"，在村寨神圣信仰空间中的对峙与妥协。"三王"信仰在整合和里、欧阳、南寨、寨贡等各村寨人群信仰的同时，并没有使原先业已存在的神灵信仰传统消失或被放弃，而且与关公一起成为一种外来神灵的代表，随着王朝国家或者经济观念的进入而得到当地村民的接受和信奉。

第六章 "侗戏"春秋：文化传承与民族文化建构

和里、南寨的地方人群通过对"三王"的祭祀供奉和神明形象的塑造，与代表王朝国家的地方官府进行沟通与互动，在这一过程中也吸收了明代官方推行的"三献礼"祭仪，并引入和发展出具有自身特色的"神功戏"表演。笔者在第五章对"三王"信仰中祭祀仪式的研究十分清楚地表明：从清代中期开始，大量的外来传统和礼仪观念就已经借由"三王"神诞活动中的祭祀礼仪和"神功戏"表演，逐步渗入以"三王"信仰为核心所组织的祭祀村寨里。

因此，本章希望将研究视角转移到与地方信仰仪式相关的戏曲表演活动上，透视戏曲中承载的外来文化观念如何渗透至都柳江下游地区本土人群聚居的峒地村寨，揭示戏曲文化如何借由戏班组织以及其他节庆活动中的戏曲表演，进一步扩展到山乡峒寨的日常生活之中，戏曲表演也逐渐由一种外来文化转变为当地人群交往的一种重要的礼仪和娱乐形式，并且与当地歌唱传统互动融合，也使得戏曲当中所承载的文化和礼仪观念，能够进入当地村寨民众的意识观念里。此外，新兴地方戏曲与本土歌唱传统在内容与形式上互动交融，并且逐步发展出所谓的"侗戏"表演，使得当地人群的戏曲文化既呈现出中国传统文化之渊源，也体现出地域"民族"文化之特色，成为当地民众在中华人民共和国成立之后彰显民族身份认同和建构"多元一体"民族文化的重要资源之一。

山水"峒氓":明清以来都柳江下游地区的家族、婚姻与仪式传统

第一节 本土歌唱传统的传承与创新

早在明清时期,当地本土人群就因其"善音乐""喜舞蹈"的特点,而屡见于地方志书的记载。如明代邝露《赤雅》有云:"狪亦獠类,不喜杀,善音乐,弹胡琴,吹六管,长歌闭目,顿首摇足,为混沌舞。"① 《大清一统志》中有"狪,在怀远县,与狑杂处,不喜杀,善音乐、弹胡琴、吹六管,长歌闭目,顿首摇足,为混沌舞"的类似记载。② 清代广西地方官员也注意到,在当地本土人群的日常生活中,长期以来都有着"以歌为媒""吹笙为乐"的习俗,如清康熙年间怀远知县廖蔚文有记云:"(旧志)怀俗旧例……苗、傜男女长成混杂歌唱,每年至八月秋社后,聚村中罗汉二十余人,共吹芦笙为乐,至次年春社方罢,父母不禁。"③ 民国年间编纂的《怀远县志》更是详细记载了地方上被称为"苗""傜""侗""僮"的"土著"人群将日常生活的歌唱、吹芦笙、跳舞等日常娱乐活动,逐渐发展成节庆活动中大型的"芦笙之会""歌会"等娱乐集会活动。④ 这些娱乐赛会活动蕴含了地方人群在娱乐、交际、婚姻、节庆等诸多方面长期以来实践的行为模式和文化习俗。

一 本土歌唱形式:耶、款、嘎琵琶

当地村寨最流行的本土歌唱形式被称为"耶"(yeeh)歌。"yeeh"原来是一种侗族民歌中的衬词,后来人们用这个衬词来称

---

① 见(明)邝露《赤雅》卷1,第16页,《景印文渊阁四库全书》第594册,台北:台湾商务印书馆,1986,第346页。
② (清)穆彰阿、潘锡恩等撰修《大清一统志》卷11,第121页。
③ 民国《三江县志》,第146页。
④ 详见民国《三江县志》,第153~155页,"芦笙之会""歌会"等词条。

第六章 "侗戏"春秋：文化传承与民族文化建构

呼这种每句歌词末尾有"yeeh"音衬词的歌唱形式。"耶"歌又称为"al yeeh"，歌唱时以"yeeh"作和声，因而得名，是融合诗歌、音乐、舞蹈于一体的文艺形式，广泛流传于湘黔桂三地的侗乡。① "耶"歌最重要的特点是演唱时的群体性，参与演唱的最少有两人，多则不限，通常人越多越热闹。由于参与的人比较多，因此要求"耶"歌的音乐、歌词和舞蹈都要通俗化和大众化。在音乐方面，"耶"的音域不宽，旋律相对比较简单，一般每段只有上下两句；歌词由一人领唱，众人只重复每句歌词末尾的三个音节，或只唱"耶哈耶""呀罗耶"等类似的衬词。配合"耶"歌演唱的舞蹈称为"多耶"（dos yeeh），广泛流传于湘黔桂交界的通道、城步、黎平、从江、榕江、三江、融水、龙胜等地区，是该地本土人群的一种传统集体歌舞形式，汉语称之为"踩歌堂"，通常由一人领唱，众人重复合唱每句歌词末尾的三个音节，如"呀罗耶"等衬词，配合"耶"歌演唱，众人手拉手或手搭肩围成一圈，边唱边踏步，身体随脚步的起落而摆动，此类活动与当地民众历史悠久的"祭萨"（hogc② sax）和"月也"活动有着密切关系。③ 表演者中除了歌曲的创作及领唱者需要知识丰富、口齿清楚、声音洪亮的人担任之外，和者众人皆可，而且可以随时加入和退出。"耶"歌是由领唱者即兴创作的，领唱者会根据当天表演的时间、地点、缘由和环境等，即兴创作歌词，带领众人合唱，众人也是当场配合领唱，即兴完成演唱活动。众人表演"耶"歌最常见的是在比较大型的祭祀或节庆场合，因为需要参与的人数较多，唯有比较大型的节庆活动才能聚集众多人，也才能体现"耶"歌宏大的群体场面和气势。

---

① 参见欧亨元编著《侗汉词典》，第2、311页。
② hogc，意为"服从，祝贺，祭祀"，见欧亨元编著《侗汉词典》，第90页。
③ 可参见《侗族文学史》，第36~37页。

山水"峒氓":明清以来都柳江下游地区的家族、婚姻与仪式传统

在大多数村寨组织的各种祭祀或庆典活动中,都能看到"耶"歌表演,尤其是在"三王"神诞活动中,除了传统的关公戏表演不可或缺之外,大型的群体"耶"歌演唱也必不可少。由于"三王"信仰日益受到县文化部门和外来游客的关注,因此近几年"三王"神诞活动都是专门邀请外村的耶歌队前来表演。"祭萨"的情况比较复杂,和里、南寨地区的四个自然村寨中,目前只有和里村还有专门的祭祀人员和正式的"祭萨"活动,而且在农历六月初六"祭萨"这天,最重要的仪式活动是燃烧香烛纸钱、用当地传统食物"油茶"作供品,并没有"耶"歌演唱。但是在每三年一次的"三王"神诞巡游活动中,当巡游队伍经过和里村金萨殿时,除了要燃香焚烛祭拜之外,还要在金萨殿前吹奏芦笙跳"多耶",以博取"萨"的欢心和保佑。而在村寨之间相互做客的"月也"活动中,客人进入寨子和离开寨子之时,主寨和客寨轮流演唱"耶"歌是必不可少的活动,而且是在平日村民娱乐的鼓楼或戏台前的空地前举行。

笔者在田野调查中频繁接触到的另一类本土歌唱形式是"款"(kuant①)。"款"这种类型的歌唱方式比较类似于我们日常接触到的"吟诵"形式,虽然表演时以"吟诵"为主,但其中是伴随着一定的音调起伏和节奏变化的。"款"通常是在祭祀场合由能说会道的祭师吟诵,只有一个人演唱,它对演唱者的要求相当高,而且可以脱离集体演唱的限制,容纳更为复杂而多变的内容,为长篇"款词"的创作创造了条件。因此,早期创作的不少古老的款词会追述天地开辟、万物起源、祖先迁移等创世神话和源流故事,还有一些款词则成为吹奏芦笙之前或者外出打猎之前的祭词。

款词的内容和发展与一种宋代开始就见诸汉文献古籍的"款"

---

① 欧亨元编著《侗汉词典》,第121页。

第六章 "侗戏"春秋：文化传承与民族文化建构

或"团款"组织密切相关，这种组织带有军事联盟性质，是以地缘为纽带的民间自卫和自治的社会组织形式。款有大小，几个或十几个自然村寨组成小款，若干个小款再联合成大款。宋代文献即记载"古无大豪长"，其社会组织方式是"千人团哗，百人合款，纷纷籍籍，不相兼统。盖族不一，其心多疑，徒以盟诅要约，终无法制相縻"。①而且这些民间自治组织"彼此歃血誓约，缓急相援，名门（盟）款"。②由于要立下众人共同遵守的规约，又称为"款约"，款约由款众共同商量决定，由办事公道、德高望重的款首当众"吟诵"公布，供众人共同遵守，因此其内容又称为"款词"。在笔者调查的广西三江就流传着历代款师口头传承下来，作为当地款组织规约的"六面阴规"、"六面阳规"和"六面威规"，这些公共规约会在三月和九月（也有的在二月和八月）以宣讲"款约"为主要内容的集会上，以及正月各种大型集会和"月也"活动中被村寨头老或歌师吟诵和宣讲，因此日常生活的歌唱活动就能使得公共规约妇孺皆知，深入人心。此外，由于歌者的"吟诵"活动也不限于追溯族群源流或制定"团款"规约，在一些庄严的祭祀、迎神、送神、丧葬、祝福或赞颂等场合中都会运用"讲款"的形式来表现，所以"款词"的内容也相当丰富，并且风格各异。③

还有一种说唱结合的演唱形式，被称为"嘎琵琶"（al bic bac）（al 在侗语中是各类歌的概称④），就是用琵琶（bic bac）伴奏的歌。当地的琵琶是以老杉木或桐木加工而成，外形近似汉族

---

① 《渠阳边防考》，光绪《湖南通志》，中国地方志集成，凤凰出版社，2010，第123页。
② （宋）朱辅：《溪蛮丛笑》，第8页，《景印文渊阁四库全书》第594册，台北：台湾商务印书馆，1986，第48页。
③ 关于款词的具体内容，可参考吴浩、梁杏云主编《侗族款词》。
④ 欧亨元编著《侗汉词典》，第2、311页。

的三弦,装有四根弦(也有三根弦),徵、羽、角定音,中间两弦距离稍近并同度。琵琶有大小两种:小琵琶音色铿锵悦耳、细腻深厚,多为年轻男子对姑娘弹唱抒情短歌而用;大琵琶音色低沉浑厚,多用以伴奏叙事歌,主要是歌手自弹自唱。用小琵琶伴奏演唱的歌曲也称为小歌,内容多为情歌,偏重于抒情,形式上可一男子弹琵琶伴着男女声合唱,也有的男女分别自弹自唱。用大琵琶伴奏演唱的歌,多是歌与故事相结合,当地称为"嘎锦"(al jenh①),歌手可以一人表演多个角色,边弹边唱,边唱边说,歌不足以表达时用话来解说,话不足以传情时以歌诉情。② 这种演唱方式经常在各种家庭或者朋友的小型聚会中出现,年轻男女相约聊天或聚会时,就常常互相伴奏对唱,互诉心意。

图 6-1　"三王"神诞中的"嘎琵琶"演奏

---

① "jenh"是"叙事,故事"之意,欧亨元编著《侗汉词典》,第2、103页。
② 吴善诚:《略谈侗族典型的曲艺形式——琵琶歌》,吴善诚、胡江耀主编《侗族文化简论》(内刊),第93~98页。

二 歌师的传承与创新：以和里歌师亚华为例

由于歌唱在当地人群的日常娱乐、恋爱婚配等方面扮演着相当重要的角色，一些嗓音优美、记忆力强，以及能即兴对歌、编歌的歌唱者逐渐成为当地人喜爱和尊敬的"歌师"（sangh al①）。歌师不仅唱歌、编歌，也将大量歌曲教授给年轻人，"歌师传歌"是地方歌唱传统中重要的传承方式。但是苗、侗等人群长期以来并没有发展出自己的文字传统，因此只能靠记诵的方式进行传授，并不利于长期传承和自由创作。直到汉字通过教育传入这些地区，那些上过私塾、通晓汉字的歌师，才通过"汉字记音"的方式，将长期以来只能以口传形式传承的歌谣，转化为唱本的形式保存和传播，而且在创作上有了极大突破。接受了汉文教育的歌师们，能够将汉文化传统中的诗词韵律、典籍故事运用于歌曲的创作中，使当地民众传唱的歌曲中融入了丰富的"汉"文化元素。如在当地侗人中流传的《歌师传》，侗语称《旋桑嘎》（xods sangh gal②），就记载了大约14位歌师及他们创作的19部作品，这些歌师大多生活于18~19世纪，其中有不少是读过私塾甚至取得低级功名的地方文士。③ 他们爱好歌唱且能够使用汉字书写，采用"汉字记音"的方法将传统歌曲进行记录，并且创作和编写新歌曲，使这些歌曲能够以手抄本的形式在民众中广为传播，并进行传唱和表演。

在笔者开展田野调查的和里、南寨两村，清代嘉庆至道光年间

---

① sangh 在侗语中是匠、师傅的意思，al 是歌之意，sangh al 意为歌师，参见《侗汉简明词典》，第62、158页。
② 在《侗族文学史》中将歌师的侗文拼写为 sangh gal，"歌师传"拼写为"xods sangh gal"，见《侗族文学史》，第188~189页。
③ 参见过伟《评侗族民歌〈歌师传〉》，《民族文学研究》1986年第3期，第65~66页。

就出现一位著名歌师杨植敏，当地人称"亚华"。民间流传亚华家境较好，一生念读诗书，曾赴柳州府参加举人考试，因为各种原因没有中举，俗称"不第秀才"。于是他回乡隐居山中，边种地、边编歌，他所编创的歌曲很多，尤其被世人广为传唱的有《劝世文》、《劝世歌》、耶歌、琵琶歌等。① 在三江县的榕江河、苗江河和邻近的融水县，以及贵州的从江、榕江一带，目前仍有不少歌者在传唱亚华编唱的歌曲。从目前流传下来的歌师传说故事中，我们也可以发现士大夫推崇的伦理观念借由歌唱传入这些帝国的"边陲"地区，这些读过私塾、懂得汉文的歌师，不仅开始模仿诗词强调歌曲创作中的押韵，还在歌曲的内容中引入大量的汉文典故与历史故事。尤其是亚华创作的《劝世文》一歌，应当模仿了当时流传甚广的《增广贤文》，歌曲内容要求人们要有君臣、父子、兄弟、夫妇、朋友的五伦观念，强调人们要论资排辈、区分尊卑贵贱，读孔子书、讲周公礼、孝敬父母、尊老爱幼、兄弟相合。② 歌曲用通俗易懂的当地语言、以乡民熟悉的歌唱方式，将儒、道倡导的伦理道德观念引入普通乡民的日常生活之中，尤其是进入那些不识字的老幼妇孺的观念之中，以中国传统之"礼"来规范村寨的日常生活秩序。

第二节　地方戏曲的融合与变迁

清代中后期，在黔桂交界的黎平、从江、榕江和三江一带，由于汉文教育的进一步引入与普及，在本土音乐与歌唱传统不断发生

---

① "歌谣……侗歌多唐薛仁贵宋狄青之史事，及河里杨植敏（俗称之为不第秀才）所作之劝世劝孝等歌、傜歌、盘古，此外之歌大都言情，亦有及于民间疾苦者"，见民国《三江县志》，第157页。
② 参考笔者在当地采集到的侗族琵琶歌《劝世文》，杨植敏（亚华）作词，林茂盛弹唱。

第六章 "侗戏"春秋：文化传承与民族文化建构

变化与创新的同时，外来的戏曲表演也开始了一种"本土化"的进程。随着以湘剧、桂戏、彩调、花鼓戏为主的戏剧的兴盛与传播，当地民众也开始结合自己的文化传统，通过改编汉剧和创作新的戏剧样式，逐步形成了采用当地语言演出、具有本土艺术特色的戏曲形式。

一 "桂戏"在山区村寨的发展与本土"侗戏"的兴起

随着明清以来山区水运交通的开发和经济贸易的兴起，外省客商以及移民也不断涌入黔桂交界的都柳江下游地区，促进了这一地区戏剧演出的繁荣。如和里、南寨这类处于交通要道且有着宗教节庆祭祀表演需求的村寨，在邀请外地桂戏班来村寨演出的同时，开始聘请桂戏师傅来村寨教戏，逐步组织并发展出自己的戏剧班子。但我们也必须注意到，由于桂戏主要是以湖南中部的祁阳方言，以及通行于桂林、柳州等地的西南"官话"来演唱，而当地村民通用的是我们今天称为"南部侗语"的方言，而且日常生活中耳濡目染的歌曲也基本上用方言演唱，随着戏剧表演者由专业的戏班演员变为非专业的当地村民，乡村民众也有着用当地方言表演戏剧的强烈需求，因此用方言改编汉剧，甚至在原有的汉剧情节中融入地方文化元素，使之在地化与本土化，势必成为地方戏剧发展的一种趋势。而在这一新兴戏剧样式的发展过程中，那些在地方上被称为"歌师"或"戏师"（sangh yik）的人都发挥着举足轻重的作用。①那些能够将"汉戏"改编为用地方方言道白、用地方歌曲演唱的"歌师"或"戏师"，既要具有相当的汉文阅读与书写能力，并且熟知地方文化传统，又要聪明好学、具有创作才华与创新精神，能

---

① "歌师"与"戏师"的角色并非截然分离的，二者在村寨中的身份常常是交叉重叠的，关于二者关系的讨论，可参见杨晓《南侗"歌师"述论——小黄侗寨的民族音乐学个案研究》，《中央音乐学院学报》2003年第1期，第89~98页。

山水"峒氓":明清以来都柳江下游地区的家族、婚姻与仪式传统

将外来戏曲文化与本土歌唱传统相融合,并在民众中积极教授和演出新类型的戏曲作品。

在黔桂交界侗人聚居的地区,出现了用侗语道白和演唱的戏剧样式,为了和汉戏——侗语称为"戏嘎"(yik gax)相区别——当地侗人称其为"戏更"(yik gaeml)。由于中华人民共和国成立之后"侗族"作为少数民族身份的确立,此种戏剧样式也在后来的很多研究中被称作"侗戏"。① 早期的"侗戏"创作,大部分源于本地戏师对外来戏剧的改编与移植,如在民间流传的《戏师传》中,就多处描写戏师通过看汉书、汉戏来改编成"侗戏":

> 黎平腊洞吴文彩,读过好多汉文书籍看过汉家戏……关门闭户三年整,编了侗戏《梅良玉》……黎平哨洞吴通剪,把那汉书《刘高》来移植……潘立村的吴文斌,也能编歌讲古又写诗,别人把《李旦凤娇》编成琵琶歌,他拿李旦凤娇来编戏,别人装饭上山去劳动,他却装饭上山偷把汉书译,译成侗戏整整唱得三夜晚。②

这里面提到的《梅良玉》取材于清代流行的说唱本《二度梅》,《刘高》和《李旦凤娇》则分别改编自汉族传书《刘高》和《薛刚反唐》。这些根据汉剧改编的"侗戏"也被称为传统剧,不但演员演出要穿着传统的古装戏服,里面的唱词也大量使用汉语借词,有些甚至整句整节地保留下来,讲究音韵和谐,但在故事情节安排上,会将男女主人公恋爱的桥段由在花园中眉来眼去或吟诗作赋,改为当地男女以歌为媒的习俗。除此之外,我们目前看到的很

---

① 参见《侗族文学史》,第 241~242 页。
② 关于《戏师传》内容,参见吴浩、过伟《侗族民间剧论〈戏师传〉》,《民族艺术》1990 年第 3 期,第 81~91 页。

多被称为传统"侗戏"剧目的《山伯与英台》《孟姜女》《陈世美》《孟丽君》等,无不来源于中国传统民间故事或其他戏曲剧种当中流传下来的经典剧目。

此外,外来桂戏班或戏剧艺人在广西中北部地区进行长期表演,以至于落户、招徒、传艺,也对当地戏剧表演和戏班成员的"本土化"发展起了极大的促进作用。地方学者的调查研究表明,桂戏以桂林为中心形成之后,于光绪末期至宣统年间通过桂剧科班先后传入柳州地区所属的鹿寨、象州、融安等县汉族聚居的圩镇,后于民国10年(1921)前后逐渐流传到融水、三江、来宾、忻城等县的山乡村寨。民国2年(1913),怀远县官方为了筹集军饷成立筹饷公司,公司以设赌局收捐为筹饷来源,请来桂林"压旦班",领班人林秀甫(艺名"压旦")于怀远演出。继而有"永庆班""娃娃班"等又至怀远各地演出。后来请林秀甫留在当时的怀远县城丹洲传艺,成立"丹洲桂剧班"。再后来桂戏又分两路进入怀远,一是融安艺人来丹洲,二是桂林艺人进入斗江教戏。民国年间,怀远县城丹洲、斗江、独洞、马胖、林溪、八江、古宜、良口等地有年代可考的桂戏班计有14个。① 外地戏班师傅的落户与传戏,带来了本地戏班的成立以及之后本地"戏师"的大量涌现。这些本地戏班和戏师在吸收外来戏曲传统的同时,逐步将本土的歌唱文化传统与民俗风情融入戏曲的演出与创作当中,为外来文化观念与本土文化传统的沟通与融合提供了相对开放的渠道和公共的场域。

二 歌唱传统与戏曲表演的互动交融

从清代中期开始,大量的外来传统与礼仪观念就已经借由

---

① 参见《中国戏曲志·广西卷》编辑部柳州地区戏曲志编写组编《广西地方戏曲史料汇编》第9辑(柳州地区专号),1986,第40~41页。

山水"峒氓":明清以来都柳江下游地区的家族、婚姻与仪式传统

"三王"神诞中的祭祀礼仪和"神功戏"表演,逐步渗入以"三王"信仰为核心所组织的村寨祭祀体系中。不但和里、南寨、欧阳、寨贡等村的普通民众,在神诞活动中以"甲"为单位,通过参与每年定期举行的祭祀礼仪、神像巡游和戏曲演出等活动,不断地观看和操演着这些承载着"礼"之观念的戏剧仪式,而且戏曲表演也借由戏班组织以及其他节庆活动中的戏曲表演活动,进一步扩展到村民的日常生活之中,逐渐由一种外来文化表演转变为当地人群交往的一种重要的娱乐形式,这也为当地歌唱传统与戏曲表演的互动与融合奠定了基础。

三王宫戏台始建于清道光二十四年(1844),正好是在将"三王"神殿与天帝相公神殿合建重修时所立,可见在此时的三王宫祭祀活动中应该已经引入"神功戏"进行酬神表演。据村中老者回忆,过去"三王"神诞都是邀请专业的桂戏班社来表演,也会请彩调艺人前来演出,但是到了杨盛玉的祖父杨文彩那一代,当地村民已经不再满足于仅仅在节庆期间邀请桂戏班来演出,而是专门从桂林邀请桂戏师傅来村里教村民们唱桂戏。由于桂戏剧本以"官话"来演唱,因此村里如杨文彩这样上过私塾、懂得讲"官话"的读书人,先向桂戏师傅学习桂戏的唱腔、曲调、身段、动作等,并背诵桂戏唱段,学习用锣、鼓、钹、二胡等乐器来伴奏,然后回到各自的村寨教授给其他村民。由于戏曲表演与神诞祭祀活动密切相关,各村寨也开始以甲为单位组织戏班,那些得到专业桂剧班师傅指导的年轻人成了村里的戏师,组织村中热爱唱歌演戏的青年男女组成戏班,忙时干农活,闲时就聚在一起唱歌演戏。各甲还为自己的戏班取名,如杨甲为庆祥班、吴甲为文明堂、欧甲为永乐班、上南甲为新舞社、下南甲为人和班、贡甲为新舞团,并且购置专业的戏服和道具。到了"三王"神诞"会期"时,各甲的戏班也和外面请来的专业桂戏班一起,在三王宫的戏台上演出。轮到

第六章 "侗戏"春秋：文化传承与民族文化建构

三年一次举办大会期时，戏台上的表演有时候能够持续三天三夜。①

图 6-2　和里、南寨村民在三王宫看"关公戏"

由此可见，从道光年间持续至民国时期，戏曲演出在和里、南寨"三王"神诞节庆活动中可谓兴盛一时。由整个祭祀仪式以及司祝者所念唱的"祝文"都是"官话"，而非当地村民日常使用的"南侗"方言，仪式中伴奏所用的乐器为戏曲演出中所使用的锣、鼓、钹等，而非当地民众惯用的芦笙、琵琶、牛腿琴等，还有仪式中穿着全套戏服的童男、童女，以及穿着全套戏服的"八仙"用桂戏唱腔拜贺的桥段等，笔者可以确定，"三王"神诞中整套祭祀礼仪的形成除了受到官方礼仪的影响之外，也与这一时期桂戏表演的传入有着密不可分的联系。作为具有"礼生"和"戏师"双重身份的杨文彩，一方面在崇拜礼仪上将官方推崇的"正统"祭祀仪轨借由自己的指导与传授引入地方的"三王"祭祀传统，另一方面通过学习、表演桂戏，组织戏班、教导村民

---

① 笔者对桂剧在当地的传播、表演和发展状况的了解，来自村中长者杨盛玉、吴大贤口述访谈，以及以收藏的剧本资料为佐证。

演戏的文化实践,将外来的戏曲传统引入并且推广到本土乡村社会。

然而,为何这一时期桂戏表演能够在此地兴盛,而且在当地的祭神仪式中采用的不是本土的文化元素,而是一种随着戏剧表演传入而带来的外来文化元素,或者说是具有官方色彩的文化元素?前文已经提到三王宫所在的和里村正好位于寻、溶两江沟通湘黔桂三地的水陆交通要道上,因此从明万历年间官府平复"猺乱"、开通河道征收江税之后,就陆续有闽、粤、赣等省的商贩路经此处在三地之间进行贸易往来。到了清代雍正年间疏通都柳江河道之后,从乾隆至光绪年间,更有大量商贩在这一区域的上下游地区经商往来。因此,"三王"神诞的祭礼和戏曲表演活动,必然会受到官府士绅和商人的关注。而我们从道光年间重修所立下的诸多碑刻中也可以发现,当时该地已经涌现出了一批具有低级功名的地方士绅,他们在重修"三王"庙宇以及其他地方事务中都扮演着重要角色。道光年间新建戏台和之后邀请桂戏班前来表演"神功戏",必然是在这些地方士绅的主导之下,但也是为了满足地方官府与外来客商参与和观看的需求,使彼此能够在戏剧中找到沟通与理解的契机。而对当地的普通民众来说,尤其是那些不识字的老幼妇孺,观看这些唱着"官话",演着远离乡村生活的帝王将相、才子佳人故事的戏剧,是陌生而又遥远的,但这些戏曲表演也为他们打开了观看外面世界的一扇窗,使他们能够接收和分享传统戏剧中所传达的不同文化渊源。

除了"三王"神诞中的仪式性戏剧,非仪式性戏剧也逐渐与当地传统歌舞一起同台演出,越来越多地出现在和里、南寨的其他节庆娱乐活动之中,更凭借家族宴请或村寨往来之机被带入周边的其他村寨。比如当地的传统节日"吃冬",要邀请亲戚朋友来家里宴饮,在"吃冬"的这一天,该姓氏家族邀请本村或外村的亲戚朋友前来饮酒聚会,宴席间除了客人前来时主家会唱"迎客歌"、

第六章 "侗戏"春秋：文化传承与民族文化建构

主客双方对唱"祝酒歌"之外，有些较有实力的家族也会邀请外地戏班或者本寨戏班前来演出桂戏或者彩调。当地村寨之间还有集体"月也"（weex yeek）① 的传统习俗，其间主、客寨之间要进行吹芦笙、对歌、"多耶"等活动，通常要进行三天、五天、七天不等。戏剧表演进入当地村寨之后，和里、南寨的戏班成员也开始将戏剧表演带去其他村寨进行演出，不但深受好评，还吸引了不少外寨村民前来看戏和学戏。

图 6-3 戏班成员在后台装扮

此外，随着戏曲演出的流行，许多戏曲中改编的传统民间故事以及历史人物也逐步为当地民众所熟知，当地的"歌师"也开始将这些故事与人物编入本土的琵琶歌或牛腿歌②当中进行演

---

① weex 在侗语中是动词"做、搞"的意思，yeek 是名词"客人"之意，参见《侗汉常用词典》，第 107 页。weex yeek 的汉文音译为"为也"，但大部分文章意译为"月也"，这是当地村寨与村寨之间村民集体交往的一种大型活动，一般在农闲时进行，即一个村寨邀请另一村寨村民前来"做客"，其间要进行吹芦笙、对歌、多耶等歌舞活动。
② 这类说唱歌曲是由当地自制的传统乐器"琵琶"或牛腿琴作为伴奏来演唱。

山水"峒氓":明清以来都柳江下游地区的家族、婚姻与仪式传统

唱,不但丰富了地方民歌演唱的内容,也将其中承载的伦理道德观念融入当地歌唱传统之中。如当地侗人传唱的琵琶歌《歌师传》中,就描述了不少歌师将民间故事改编成歌曲进行演唱的事例:

> 那高步乡的歌师杨信斌,他编出很多歌流传在侗村,其中《二度梅》就有六百多行歌,行行歌词都令人爱听……再唱一个有名的歌师名叫记个,他出生在八榜地方,晚年不服老,又编一部《孟姜女和万杞良》……林溪的吴银龙编出一部《陈世美》,共有三百四十多行。大田寨的吴行积和吴富浩,他二人合编一部《凤娇与李旦》。吴行积编成了前半部,吴富浩接手把它编完。《凤娇与李旦》这部长歌,共有一千九百多行……①

其中提到的记个编的《孟姜女和万杞良》源于传统民间传说孟姜女故事;吴银龙编的《陈世美》来源于传统戏曲《秦香莲》中的人物;杨信斌编的《二度梅》则直接取材于清代白话小说《二度梅》;吴行积与吴富浩合编的长歌《凤娇与李旦》,则与前文提到的吴文斌编的"侗戏"《李旦凤娇》有着密切的关系,二者均来源于汉族传书《薛刚反唐》。

笔者向和里当地60~70岁的老年妇女们询问看过的戏曲,她们大部分未读书识字,一生当中最远到过的地方也仅仅是三江县境内的老堡镇或古宜镇,却能说出《三国》《穆桂英挂帅》《杨家将》《封神榜》《陈世美》《梁祝》等戏。笔者问她们如何得知,她们告诉笔者过去村里在"三王"神诞、农历七月十四、农历八

---

① 《歌师传》(琵琶歌《旋桑嘎》),收入杨通山、过伟编《侗族民歌选》,上海文艺出版社,1980,第275~279页。

第六章 "侗戏"春秋：文化传承与民族文化建构

月十五、"吃冬"以及过年等节庆时都会唱"大戏"（即桂戏），村里的杨氏家族过去最喜欢唱《穆桂英挂帅》或者《杨家将》，杨氏老人还传说自己是杨大郎或杨六郎的后代。一位70多岁的杨氏老妇说自己年轻的时候喜欢看戏，但是"大戏"唱官话听不懂，还闹了不少笑话，后来村里戏班演出用"我们"的话唱，才知道是唱穆桂英、陈世美、梁山伯、祝英台的故事，过去听歌师唱歌也有唱他们的故事，只是以前看"大戏"时听不懂，后来"大戏"也用"我们"的话唱，才知道唱的原来是"一样"的故事。

而那些采用当地方言演出的"侗戏"，虽然演出内容大多改编或移植外来戏剧的故事情节，但在表演形式上受到地方歌唱传统的影响。如这类本土戏曲一般重唱词轻道白，主要是吸收了当地叙事说唱[①]的传统，道白往往由戏师临时编就，当场向演员传授，甚至有时由表演者即兴发挥，随口说出。而在表演方面，本土戏曲重唱不重演，表演者专注于歌唱，不注意动作、表情、身段等，每唱完一句，只是在台上绕横"八字"行走，交换位置而已，如此循环反复，并没有像传统戏曲讲究将"唱、念、做、打"融于一身。因此当地人不说"演戏"，而说"唱戏"，台下观众不是在"看戏"，而是在"听戏"，他们感兴趣的也不是表演者单调的表演，而是演唱的内容和优美的歌声。此外，在唱腔上，当地"侗戏"唱腔相对传统戏曲来说要简单得多，主要唱腔只有普通腔（亦称"平板"），生、旦、丑行都可以采用，一般用于叙述和抒情，此种曲调为上下句结构，演唱时不需要乐队伴奏，唱完一句，间奏一段过门，再唱下一句，还有用于表现悲哀情绪的"哭腔"和神仙专用的"仙腔"，以及用于每场戏结束和剧终所唱的"尾腔"四种，曲牌部分只有"大过门""长起

[①] 如"嘎经"采用琵琶歌的形式，单人自弹自唱，有时间插道白，一人多角，用面部表情来体现感情。

板""短起板"三种,伴奏乐器也仅仅是 1~2 把胡琴或二胡,开场和唱"尾腔"时配以锣、鼓、钹,有时也会采用当地的乐器如琵琶、笛子、牛腿琴等加入伴奏。①

图 6-4 和里戏班"庆祥班"表演侗戏

本土歌唱传统和戏曲表演的互动与交融,也体现在当地村寨鼓楼与戏台逐步结合的建造风格当中。这一地区的村寨长期以来有建造鼓楼作为公共集会场所的传统,鼓楼外面的空地通常称为"鼓楼坪"或"歌坪"。由于当地民众吹芦笙、唱"多耶"以及对歌等活动多习惯在空旷的平地上进行,因此作为公共集会场所外的"鼓楼坪"就成了当地民众闲暇或节庆时开展娱乐活动的场地。如民国时期的《三江县志》就有记载:

> 侗人亦系板木楼屋……村中皆建鼓楼,楼式如塔,有支以合围大柱,高达四、五丈者,中悬大鼓,四围设长凳,有事鸣

---

① 详见《广西地方戏曲史料汇编》第 9 辑(柳州地区专号),第 46~56 页。

第六章 "侗戏"春秋：文化传承与民族文化建构

鼓集众，以此楼为召集开会之场所，楼外有旷坪，工余及令节娱乐咸集于此。①

清末民初以来，广西中北部地区的市镇或村寨中的戏曲演出已经大大繁荣起来，如果邀请外面的戏班前来演出，戏班通常会在庙宇门口或市镇街边搭建临时戏台，后来由于戏曲演出的频繁和市镇经济的繁荣，很多庙宇或市镇逐步搭建起了固定的戏台，也称为庙台或街心万年台（戏亭）。②而村寨内本土戏班的成立，也要求村寨内有专门用于戏曲表演的场所，因此戏台开始成为当地村寨公共空间的重要组成部分。但由于村寨内的建筑格局并没有为戏台预留专门的空间，因此鼓楼前开展歌唱娱乐活动的空地"鼓楼坪"，顺理成章地成了村寨内戏曲表演的场所，戏曲和歌唱活动常常同场演出，有些村寨就将戏台搭建于"鼓楼坪"上，有些建有庙宇的村寨也会将戏台修建在庙堂里。1949年以前，整个三江县修建有固定戏台的村寨不多（据调查统计只有22个），没有固定戏台的村寨，就在鼓楼坪上搭建临时戏台。

20世纪50年代之后，随着三江县被确定为"侗族"自治县，当地政府大力推广"侗戏"表演，村寨中的"侗戏"班大量涌现，大部分的村寨于是开始纷纷建立固定的戏台。③而20世纪80年代以来，有些村寨在建造新的鼓楼时，将鼓楼内聚会议事用的空间直接改造为戏台，供村民娱乐表演之用。如南寨村寨贡甲内的戏台，

---

① 见民国《三江县志》，第140页。
② 如象州镇的甘王庙、罗秀圩、妙王圩、桐木圩等均在清末至民国年间建有多个供戏剧演出之用的庙台和街心万年台，参见《广西地方戏曲史料汇编》第9辑（柳州地区专号），第187~191页。
③ 关于三江县戏台的历史状况，参见《广西地方戏曲史料汇编》第9辑（柳州地区专号），第56~57页。

山水"峒氓":明清以来都柳江下游地区的家族、婚姻与仪式传统

民国时期是用竹木临时搭建的露天戏台,位置就在村寨聚会议事的"中和堂"① 之外的空地上(当地人也称为"晒坪",是村民日常吹芦笙、唱歌之处),20世纪50年代则改用砖瓦建造起固定的戏台,到了1981年,寨贡甲拆掉老戏台,在原地建起融合了戏台结构的新式鼓楼,目前此处仍然是村民歌唱和演戏的娱乐活动中心。此外,如和里村的杨甲和吴甲,村寨内的建筑格局也经历了与寨贡甲类似的"鼓楼坪"与戏台融合的过程,过去在"鼓楼坪"上搭建竹木的临时戏台,中华人民共和国成立后由于建起的砖瓦戏台陈旧坍塌,目前也都建起戏台式鼓楼作为日常的演出娱乐场所(见图6-5)。和里村的欧阳甲、南寨村的上南甲与下南甲,虽然在村寨的建筑格局中分别建造了鼓楼和戏台,但鼓楼所在地周围都是民居,已经无法在其周围进行表演,而戏台内外则留有供人演出和观看的空地,因此目前这几个村寨中所有的歌唱、戏曲等娱乐活动主要在戏台上进行。

图6-5 六月初六村民在和里杨氏鼓楼(戏台式)前晾晒戏服

---

① "中和堂"也被当地村民俗称为"公棚",里面供奉着"三王"神位,是寨贡村内村民聚众议事的场所。

第三节 作为民族文化载体和展演的戏曲表演

随着戏曲表演与本土歌唱传统的逐步融合，都柳江下游地区的乡村民众已经将戏曲表演当作日常生活中不可缺少的娱乐方式。如果说清代中期到民国时期，在地方神明信仰中引入祭祀仪式和"神功戏"表演，是将王朝推行的礼仪观念与伦理道德传统引入地方村寨社会，那么到了中华人民共和国成立之后，随着民族识别政策和民族区域政策的推行，在以发展"少数民族传统文化"为名的官方政策的推动下，以本土"民族"语言演出的戏剧得到了中央和地方各级政府的大力支持。因此，与桂戏、彩调、花鼓戏这些采用"官话"演出、具有外来戏剧色彩的表演不同、"侗戏"则被认为是采用当地方言演出、反映地方民众生活、具有"地方民族特色"的戏剧演出样式。这种戏剧形式不仅满足了地方民众观看和表演当地方言戏剧的需求，更是在中华人民共和国成立之后，成为民族自治地方发展和弘扬民族传统、体现地域民族文化特色的一种文化形式。上文笔者已经重点分析了承载外来文化传统的"桂戏"与本土文化符号的"侗戏"之间的密切关系，本节则仍以"侗戏"为例来说明在新的历史时期，地方戏曲传统如何成为地方民众在体现国家认同与地方民族文化之间关系的重要场域。

当代侗族文学史研究发现：清代嘉庆、道光年间在贵州黎平一带兴起了一种以本土方言演出的戏剧，这就是后来被官方命名为"侗戏"的雏形。到了1915年前后，三江高安、屯甫、相等村寨的戏师才到贵州永从（今从江县）一带学戏，后来贵州黎平吴朝荣、吴甫开荣到三江富禄教戏，从这之后三江有了"侗戏"班，然后三江的"侗戏"又逐步传入融水、融安等地的侗族村寨。① 然

---

① 《侗族文学史》，第22页。

而，20世纪40年代，三江县城的青年剧团仍以演桂戏为主，间或演些话剧，在各地村寨自行组织的业余剧团中，则出现了业余桂剧团、彩调团和侗戏团并存的局面。随着20世纪50年代民族识别工作的展开，湘黔桂交界地区过去被称为"侗"的人群确立了"侗族"的少数民族身份，三江县也被确立为侗族自治县，县内大量人口拥有了侗族身份，也因此享有自治县和国家政策下的多种少数民族权益。

国家在各县建立文化馆（站），而三江县文化馆成立后最重要的工作就是弘扬和发展侗族文化，其中最重要的一项任务就是在全县各村寨推广和普及"侗戏"。尤其是从1981年起，三江县文化馆文艺辅导小组抽调各乡文化站人员和文艺骨干组成一支半农半文的文艺辅导队，下乡巡回示范演出，就地辅导各地的业余文艺团体，传授文艺基础知识和表演基本功。他们到八江乡举办为期20天的侗戏学习班，为各村寨培养侗戏编导和骨干演员，并且前往多个村寨定期定点"辅导"村民表演侗戏。1979年，三江县还仅有侗戏团40个，而到了1981年，侗戏团就已经增长到了100个。[①]我们可以发现，随着国家确立少数民族身份、弘扬民族文化政策的实施，侗戏成为地方政府和文化机构发展和塑造"地方民族文化"方面的重要领域。

近年来，由于弘扬"民族文化"的国家政策，侗戏于2006年被列入国家非物质文化遗产名录，当地政府要求每个村寨组建文艺表演队进行侗戏、侗歌的排练与表演，还经常组织各种文艺演出和比赛，推动民族歌唱与戏剧的演出。南寨村著名的侗戏戏师杨文贤就曾担任县文化馆的文艺辅导，在20世纪80年代就前往三江县各村寨表演和教授侗戏。其子杨开远由于深受父亲影响，从小就开始学习和演出侗戏，也成为当地颇有名

---

① 参见《三江侗族自治县志》，第679页。

气的戏师。1989 年他到广西文艺辅导团培训学习,之后招收徒弟组建戏团,不仅在当地演出侗戏,还多次带队前往北京、天津、上海、大连等地进行少数民族文化表演。

2005 年,杨开远回到南寨村担任党支部书记和村民委员会主任,他号召村民们集资将旧戏台进行重修,组织村民们排演侗戏。作为村领导,杨开远也会将一些党和国家的政策编入侗戏中,通过表演传达给村民。他向笔者坦言,现在上演的侗戏已经与过去有了很大差别,像演出《二度梅》这类传统戏,对文化水平、戏曲基本功的要求是比较高的,年老的人文化低、身段不够好,而年轻人又长年外出打工,没有时间背剧本、排练,因此主要编一些时间短、以唱为主的现代戏上演。即便如此,目前能够参与侗戏演出的村民也越来越少,多数是 40 岁以上在家务农的中年人,而且缺乏固定的排练场地、服装、道具、乐器、音响、舞台设备等,侗戏戏师目前更是寥寥无几。三江侗戏在 2008 年进入广西壮族自治区评选的首批非物质文化遗产名录,杨开远也成了广西首位"侗戏"代表性传承人。

与侗戏的备受重视形成鲜明对比,随着桂戏、彩调、花鼓戏等传统戏剧样式在中华人民共和国成立之后迅速衰落,山乡村寨当中的桂戏、彩调表演传统也随着老戏师的衰老、去世而难以为继。在和里、南寨一带的乡村,只有一些 40～50 岁的中年人还可以在节庆时表演一场或半场桂戏作为"开台戏",年青一代仅能在老戏师的指导下装扮成戏剧人物,比画一些"八仙拜寿"的戏剧把式。然而比较有意思的是,由于三王宫由三江县文物保护单位到广西壮族自治区文物保护单位,甚至在 2013 年被列入"全国重点文物保护单位"的级级跃升,"三王"神诞活动也越来越隆重,其中的祭祀仪式和戏曲表演也日益受到各村寨戏班和县级领导的重视,因此中华人民共和国成立之后长期被忽视的桂戏表演,在近年来又得到一定程度的恢复和新生。如:和里杨甲

山水"峒氓":明清以来都柳江下游地区的家族、婚姻与仪式传统

戏班庆祥班为了主办 2015 年的"三王"神诞,由村内各家各户筹集 2 万多元从浙江购买了新的戏服、头面和道具,用于神诞活动期间的演出;寨贡戏班新舞团也于 2015 年八月十五,由村民捐款 2.8 万余元从广东购买了一批新戏服,并且召集村内爱好文艺的年轻人,在该村老戏师的教导和排练下,于 2016 年元旦在寨贡戏台进行了一场传统的戏曲表演。在新时期国家民族政策和文化政策的影响下,新、旧戏曲传统的延续和传承,也在村寨民众日常生活中不断发生着角色变化,并且成了地方民众在国家观念与地方民族认同之间互动的场域。

2013 年 3 月 5 日,三江县良口乡的"和里三王宫"正式被中华人民共和国国务院授予第七批"全国重点文物保护单位"称号。10 月 1 日举行 2013 年第十届柳州三江侗族"多耶"节 – 国保"和里三王宫"揭牌仪式,三江县人大、政协、民族局的领导,各乡镇负责人,以及当地民众在三王宫内举行了隆重的庆祝揭牌活动。为了此次揭牌仪式,村里也破例在农历二月初五之外举行祭拜仪式,而且敬献的祭品更加丰富,祭拜的各甲老人更多。此外,由于举办侗族"多耶"节,还邀请来自三江县各地的多支芦笙队前来表演,整个活动充满了浓郁的民族风情,其中表演芦笙踩堂的节目还史无前例地登上了三王宫戏台。"弘扬民族文化,保护民族文化遗产"成为三江县党政领导宣传此次活动的主题,而在发展地方文化旅游事业的形势下,三王宫也拉起了"探秘三江夜郎文化,追寻侗乡千年古迹"的横幅。"三王"被地方官员称为"夜郎国"的三位王子,而和里、南寨村民更被宣传为竹王夜郎的后裔。外地游客蜂拥而至,争相目睹这一神秘而悠久的"历史遗迹"。庄重的祭祀仪式、热闹的芦笙歌舞、戏台上的红脸关公和鲜艳夺目的民族服饰——这一切在新的历史形势下,又衍生为一出新的"戏剧"表演,再一次在以"民族文化遗产"为名的展演中大放异彩。

第六章 "侗戏"春秋：文化传承与民族文化建构

对于具有长期口述传统的乡村社会，戏剧作为一种民间宗教节庆活动当中重要的仪式与表演形式，是国家传统与观念在乡村中发挥影响的一种重要渠道。不少前辈学者已经注意到戏剧对观念传播的作用，一个值得注意的例子是在中国南北地区广泛流传的桃花女故事，在戏剧和风俗中都可以看见其影响，《桃花女戏周公》的故事中的法术，在民间成为婚礼仪式的组成部分，这是文字传播、宗教、戏剧和民间礼仪有密切关系的一个典型例证。① 田仲一成的研究也显示出戏剧在乡村宗族和宗教活动中占据着广泛而重要的位置，② 他还指出中国的祭祀礼仪与戏剧之间有着密切联系，强调要注意在村落群中举行的祭祀戏剧活动，宗族组织和墟市网络中商人群体的角色与作用，以及戏剧演出剧目与人群身份认同之间的关系。③ 华德英（Barbara Ward）则通过研究文化传播的他种媒介，探究多元种族社群的汉化路径，指出在教育和文字这类正统传播方式之外，还存在着如民间通俗剧场这类非正统的文化传播媒介，伶人虽然不是文人，但是有充分的文化水平将题词和剧本承载的内涵通过表演传达给观众，将儒、道、佛的礼节作为一种表演展示给普通民众，尤其是神诞节日里与祭祀放在一起的"做戏"（神功戏），它们对乡民有着相当大的吸引力和影响力。④ 此外，她还就探讨伶人的双重角色，揭示出传统中国戏剧与艺术、仪式之间的密切关系，这些仪式性戏剧包含着人生观、宇宙观，根植于深厚的传统文

---

① 参见吴玉成《粤南神话传说及其研究》，中山印务局，1932，第 162~182 页；科大卫、刘志伟《宗族与地方社会的国家认同——明清华南地区宗族发展的意识形态基础》，《历史研究》2000 年第 3 期，第 3~14 页。
② 〔日〕田仲一成：《中国的宗族与戏剧》，钱杭、任余白译，上海古籍出版社，1992。
③ 〔日〕田仲一成：《中国祭祀戏剧研究》，布和译，北京大学出版社，2008。
④ 华德英（Barbara Ward）：《读者与观众：中国传统文化传播的探索》，《从人类学看香港社会——华德英教授论文集》，冯承聪等编译，香港大学出版社，1984，第 133~156 页。

化中，是传统价值观的象征表现。①

由此可见，中国传统戏剧与都柳江流域"峒地"村寨民众的日常生活密切相关。一方面，传统戏剧将汉文字传统中承载的社会主流观念，通过以"唱、念、做、打"为主的一系列行为实践，传达给地方上的普通民众，不管其识字与否，都能通过戏剧表演传达的文化信息与广阔的外部世界相联系，接收和共享这套文化符码所传达的同一文化渊源；而另一方面，地方民众通过能动性的观看、学习、表演以及改编戏剧等文化实践活动，不仅将其融入自己日常生活的歌唱习俗，并且与地方信仰活动中的宗教仪式相联系，形塑了具有自身特色的地域/民族文化。

---

① 华德英（Barbara Ward）：《伶人的双重角色：论传统中国里戏剧、艺术与仪式的关系》，《从人类学看香港社会——华德英教授论文集》，第157~182页。

结　语

　　黔桂交界的都柳江下游是由重要支流溶江和寻江蜿蜒流淌、交错汇流的中低山地带，在地貌上山峦起伏、重叠相连，山间"峒地"长期居住着以稻作耕种为主的"峒氓"，而山林中也栖居着迁徙不定、以狩猎采集为生的"山僚"。宋代以来，都柳江下游地区面临着王朝国家力量的不断渗透，多次爆发的"开边"和"猺乱"事件以及一系列控制政策的推行，都使得聚居于都柳江下游流域山区中原有的社群结构和分类模式被打破，有着密切联系的早期本土人群之间产生了不同的族类划分，而沿着都柳江水道向上游迁移，以及顺着南岭山脉由西向东迁移的外来人群，都得以通过军事驻守、经商贸易、拓荒垦殖等形式逐步迁移进入都柳江沿岸的山区村寨。

　　北宋中期，王朝国家对西南边疆积极进行"开边"活动，西江上游流域的"王江古州蛮户纳土"，寻、溶两江流域从"化外蛮地"成为"羁縻州峒"之地，地方军事寨堡的设立以及州县建置的逐步完善，也使得两江流域内居住的关系密切的本土人群，从被官方视为无差别的"蛮户"，而进一步拥有了"民""猺""蛮"（或谓之"化外真蛮"）的身份区别。那些居住于河流沿岸山间谷地以种植稻作为生的"峒地"村寨居民，与那些从事狩猎采集、迁徙不定的"山地"人群，已经在居住区域、社会组织方式以及与王朝国家的关系等方面呈现出一定程度的差异，而王朝派驻广西的地方官员也依据这些差异，对这一地域内居住的人群做出了"官"（主户）、"民"（提陀）、"山僚"的族群划分。此

山水"峒氓":明清以来都柳江下游地区的家族、婚姻与仪式传统

外,在"王江古州蛮户纳土"事件前后,当地土人祭祀土神的庙宇得到北宋朝廷的两度赐封,供奉土神"三王"的"王口江神祠"所在的融江寨,正是当时王朝疆域正在积极扩张的区域。王朝国家的影响力通过军事寨堡设置和赐封策略逐步渗入都柳江下游"古州蛮"控制的地域,而当地土人长期祭祀地方神明的三王庙,也开始成为国家力量与地方势力互动的场域。两宋时期是都柳江下游区域社会结构转变的开始,这一时期正是所谓的"化外之地"与"文明"国家的首度交锋。由于只能依赖以汉文字为主的国家史籍和官员文人的纂述,我们看到的主要是对该地区的军事管制和州县设置,对地域人群以"他者"视角做出"纳土称臣"的户籍区分和族群分类,以及对本土人群神灵信仰习俗方面的描述和官方认可。

明代中期"怀远猺乱"爆发之后,王朝国家对都柳江下游地区进行重新控制,采取驻守军队、迁建县治、设置土舍"六刀猺老"、建三王庙、恢复河运贸易等一系列善后措施对地方秩序与文化进行重建。由于地方官府大力推行"联束民猺"政策,和里、南寨地方发生了本土"猺"人的逃离和外来"甲民"的迁移进入,这一过程交织着地方"猺老"家族势力的兴起,以及本土人群与外来迁移人群在家族组织、婚姻网络和神明信仰上的冲突与互动。在明代王朝国家对地方人群的分类体系中,和里、南寨地方民众仍然被置于"猺"与"民"的二元身份对立之下。怀远县名义上属于明王朝流官控制区域,但由于地方官府力量的羸弱,其内部是"土流分治",县官只能控制县城内外厢民以及"甲民"聚居之区域,而"猺"人聚居之"峒地"内的法纪纲常,甚至"猺"人性命的生杀予夺,都由诸"猺"推举的"六刀猺老"掌控,县官根本无权过问,以此来换取县治的安全,并达到间接"管束诸猺"之目的。因此,明代怀远地方官府对"民村"以及"猺""狪""獞"等村寨进行更为细致的划分和标明,其实是由于各村寨"头

人"的控制力量有限，无法跨越村寨形成较大区域的本土威权，因此地方官府只能分别笼络地方诸种人群的"头人"，使其成为王朝国家控制地方村寨的中介，形成一种"分而治之"的统治策略。此外，官方对地方村寨赋税田粮的征收标准采取地域上和人群上的区分对待，也会使得各个不同地方村寨居住族群之间的区分逐步从被动转变为主动。

明代在岭南各地接连爆发的"猺乱"事件，如泷水"猺乱"、大藤峡"猺乱"、八寨"猺乱"等，显示出除了朝廷的政策之外，土官之间的仇怨也是"猺乱"的一个重要因素。明朝初年，把非缴税的山民"猺"与承担赋役的"民"区分开来，是由户口登记造成的，明朝官员需要把土官治下与非土官治下的"土著"区分开来。[①] 明代朝廷实行"土流分治""以夷制夷"的策略，不但使得所谓的"土官"控制社会内部存在上层与下层之间的分化，在土官与流官各自控制的地域社会之间和内部也形成多种族类的区别与分化，因此这一时期的地域社会结构有着更为多元的发展方向。都柳江下游地区村寨人群多元的族类划分，折射出国家统治策略在岭南山区地带实施的结果。而作为朝廷"土官"的"猺老"家族，也显示其在地方社会中能够通过积极建构家族组织和神明信仰的能动性，而在后来清代"正统"传承的脉络中，改变其身份认同和族类划分的可能。

在明代中期进入国家的里甲系统而获得"民户"身份的人群，其生存和发展策略则与王朝国家的制度息息相关。无论是宋代的"三甲民"还是明代之后逐步形成的"六甲"社会，尽管确实如数任县官描述其具有"异省商贾"或"异地之人"的来源，但始终无法磨灭其中导致身份转化的文化因素。这些文化因素除了承担赋役、学习汉文、改革衣冠和婚丧习俗之外，更重要的还是在王朝更

---

① 科大卫:《明清社会和礼仪》，第 279~294 页。

山水"峒泯":明清以来都柳江下游地区的家族、婚姻与仪式传统

替之际,与国家主政权势之间的关系。

明清鼎革之际,南明永历政权盘踞湘黔桂交界地区,作为怀远"六甲"民户古宜大寨的曹氏家族,就凭借组织地方团练、维持地方秩序而兴起。曹氏家族的曹应元、曹应魁得到永历帝的赏识而封官授印,永历政权的倒台也未能影响怀远地方政权。曹应元之子曹维屏也借由武功获取清廷赐封,进入清王朝国家体制内,并巩固本家族人群在地方上的地位与势力,其后代更由于科举入仕而成为地方望族。儒家宗族理念对"六甲"民户的影响是巨大的,但与珠江三角洲地区强调"居住权"的宗族创立与历史追溯有所差异,[①] 都柳江流域"六甲"民户需要面对的,是能够对应本土苗、侗人群长期存在的"款"组织,建立起以"甲民"为基础的跨村寨人群的联合组织。而儒家的宗族理念和组织体系,就成为他们可以利用的资源,并且顺应了清代皇帝的圣谕。[②]

清代雍正至嘉庆年间,古宜大寨曹氏家族开始通过追溯祖先源流、编纂族谱等形式,与融县水东曹氏、曹荣甲严溪天香里曹氏和程村甲曹氏等家族建立联宗关系。这种跨地域的曹姓世家大族之间的联宗活动,一方面是明末清初以来怀远境内的曹荣甲、程村甲、古宜甲等地曹氏家族人群势力崛起,这些家族中的核心成员及其后人不但获得朝廷赐封以及科举功名,拥有地方威望,俨然成为村寨头领和世家大族的中坚力量,而且家族人口大量增加,吸引更多依附人群,因此在维持地方稳定和获取地方资源等方面具有强大实

[①] David Faure, "The Lineage as a Cultural Invention: the Case of the Pearl River Delta," *Modern China*, Vol. 15, No. 1 (1989): 4 – 36.
[②] 清朝官方颁布《圣谕广训》,并运用政治力量使之成为广为刊行的官样图书。《圣谕广训》一书的内文,基本上分为康熙《圣谕十六条》与雍正《广训》两个架构。《圣谕十六条》乃摘录自康熙九年(1670)所颁上谕,每条七字,结构工整,其开头二条即为"敦孝弟以重人伦,笃宗族以昭雍睦"。

力；另一方面也显示出随着科举入仕人数增加，儒家宗族观念渗入地方，世家大族利用宗族组织控制和笼络地方人群，并且实现跨地域人群的力量联合。各大曹氏家族在谱系上的这种联宗行为，不仅在当时为这些世家大族之间以宗族为名建构出一套谱系上的宗亲关系，更是为后来融县、怀远境内更多不同地域曹氏人群之间以宗族组织为媒介建立跨地域的拟血缘关系奠定了基础。曹氏大姓家族谱系在不同地域的曹氏人群中得以传抄和再书写的活动背后，其实反映的是清代中期以后，怀远"六甲"社会士绅家族中发生的一股宗族化潮流。

清代怀远当地读书入仕人群显著增加，儒家宗族观念逐步由世家大族渗入普通家庭，使得更多小家庭中的儒学士子希望通过宗族关系拓展人脉、凝聚宗族人群。随着联宗家庭或家族数目的不断增加，古宜大寨曹氏、程村曹氏等宗族成员也开始共同祭拜始祖、置办清明田和建造宗祠。然而，咸丰、同治年间爆发的一系列"苗乱"事件，对怀远"六甲"地方社会造成极大的扰乱与破坏，各姓氏家族人群纷纷联合起来，组织团练武装，加强地方防卫。这也为清代光绪至民国年间，"六甲"区域内的十二大姓家族建构共同的祖先来源——"十二大姓开浔江"祖先移居传说——埋下了伏笔，以祖先纽带为人群组织方式的曹、荣等姓氏宗族，通过建构和传播"十二大姓开浔江"的祖先移居传说聚拢不同姓氏人群，以此来建立跨越宗族的地域认同和联合防御组织，并且为"六甲人"族群意识在民国时期的兴起奠定了基础。

经历了明清鼎革时期地方团练武装力量兴起以及清初"改土归流"政策的冲击，和里"猺老"杨金亮家族后代也逐渐由明代控制地方局势的土官家族向清代倡办团练的士绅家族转变，而当地其他姓氏家族子弟则因无法接受儒家教育，大部分被排斥于国家官僚体系之外。清代中期之后，随着清王朝开辟贵州东南部"苗疆"官方势力在黔桂交界地区的增强，正统文化秩序逐步确立，都柳江

山水"峒氓":明清以来都柳江下游地区的家族、婚姻与仪式传统

航道的疏通也带来了西江上游水运经济的繁荣,外来商贩的大量流动使得经济网络向山地村寨延伸,促进了山区资源开发与利用的进一步深化。地处寻、溶两江交汇之处的峒地村寨民众,凭借有利的自然地理位置而逐步卷入西江流域水运网络的山区贸易体系之中。王朝官员、地方士绅和外地商贩将大量外来商品、经济观念、祭祀礼仪以及文化娱乐活动带入峒地村寨,使得地方人群在神明祭祀仪式、宗族关系和通婚关系等外在文化表征上,都呈现出与官方推崇的"大一统"文化在某种程度上的一致性。咸丰、同治年间黔桂交界地区"苗乱"的兴起,虽然使得和里杨氏、南寨杨氏以及寨贡谭(覃)氏、吴氏等大姓家族被卷入"叛乱"的旋涡,但其家族士绅也借由组织团练、抗击"匪乱"而获得朝廷赏赐的顶戴和军功。然而,在一系列匪患事件的冲击下,"甲民""狪""苗"的族别分类体系逐步趋于清晰与凝固,各族类人群通过创建宗族、加强通婚、组织团练(合款)等方式凝聚地方人群,形成族类的区分与族群边界的僵化。和里、南寨等峒地村寨民众仍然对主流的"大传统"文化不断进行吸收与模仿,也开始运用文字书写追根溯源,并且运用歌唱、戏曲表演等手段建构及传播自身的文化传统,在身份认同上与"甲民"和"苗"的人群逐步划清族群界限。

可以说明代中期"猺乱"平定之后至清代中期,都柳江下游地区呈现的诸多变化,是其区域社会结构性转变的重要体现。地方官员用"民""狪""猺""苗"等多种"族类标签"对各类村寨进行划分,并且地方官府在户籍认定、赋役承担和科举入仕等方面采取"分而治之"的统治策略,都使得原来外部的"族类标签"逐渐被地方民众"内化",使得各类别人群开始各自以"宗族"或者"款"为基础进行跨村寨的联合。怀远"六甲"社会以"祖先"源流为纽带建立起跨地域的社会网络和族群认同意识,而以和里、南寨为代表的峒地村寨则仍然以"三王"信仰和"款"组织来凝聚跨村寨人群。由于清朝皇帝对"宗族"理念的

认可和鼓励,"宗族"成为一个可以跨越族类的"结群"理念与组织方式,使得以"地缘"关系和姻亲网络为基础的都柳江下游社会呈现出一定程度"敬宗追祖"的"(拟)血缘"纽带,而这种转变可以从峒地村寨"房族"从传统"兜"组织中的演变发展得以充分体现。

20世纪初,受清末民国以来的国家观念和民族主义思潮的影响,怀远地方官员开始在地方志中重新结合中国传统的人群分类观念对地方人群进行所谓的"民族"划分,并将姓氏分类与民族分类进行某种程度的联系,使得地方人群的分类体系更进一步僵化。[①] 和里杨氏、欧阳寨杨氏等家族将自己的祖先来源与流传于六甲地区的"十二大姓开浔江"祖先源流传说联系在一起,而且和里、南寨的其他姓氏家族人群也纷纷通过修建祠堂、编纂宗谱的方式将祖先来源追溯为外来"汉人"移民,和里曹氏甚至通过"联宗"方式与"甲民"家族建立宗亲关系。虽然各大姓氏人群通过宗族建构起来的人群关系,使得这一时期的族群认同呈现出某种多元化的趋势,甚至各家族的通婚网络也开始呈现出一定的多元化趋向,但是当地以"兜"组织为基础的家族组织结构和地域内通婚网络并没有因为外来文化的冲击而发生根本性转变,而且从更深层次的文化实践层面而言,神明祭祀礼仪、兴建宗族组织、同姓不婚这些具有主流"大传统"文化色彩的文化表征,并没有真正从根本上改变"峒地"村寨人群以父子-兄弟和姻亲二元关系为核心结成的本土人群的组织形式,也并未能将本土传统文化根源的影响完全替代。

此外,历史原因形成的地域人群之间的联系和固有的分类体

[①] 关于民国期间编纂的地方志如何反映清末以后形成的国家意识和地方文化观念的探讨,可参见程美宝《地域文化与国家认同:晚清以来广东文化观的形成》,生活·读书·新知三联书店,2006,第261~298页。

山水"峒氓":明清以来都柳江下游地区的家族、婚姻与仪式传统

系也制约着当地人群族群身份的转变,和里、南寨等峒地村民仍然无法在地方族群分类的体系中进入"汉人"的分类范畴,而是与溶江流域沿河居住的其他峒地村寨人群一起被归类且认同为"侗人"群体,由此与主要居住于山地的"苗人"群体区分开来。这一区域历史性的人群分类体系,也影响到中华人民共和国成立之后,通过所谓的民族识别对当地人群进行的新一轮"民族"划分。各类人群开始被置于固定"民族"标签的身份之下,并且伴随着国家民族政策在"民族自治"地区的实施,被置于不同"民族"标签下的地方人群的势力与地位也发生着新的变化。和里、南寨新兴的"侗族"知识分子在地方上获得新的地位与话语权,重新用各种文字、歌唱和戏剧表演书写与建构其所代表的"少数民族文化"。

一 家族(房族)组织研究的整体性意义

无论是侗、苗人群还是六甲居民,家庭都是其社会中最基本、最重要的组成单位,然而当多个家庭进一步凝聚成为家族(房族)组织的时候,其社会意义却由于各自群体的文化传统和历史经历而变得各不相同。清代中期之后,都柳江流域社会出现了一股"宗族化"的潮流,但是其在侗人和六甲群体中各自的表现相似而内涵有别。

侗人的"房族"组织建基于其传统的"兜"组织,传统的命名方式和家中香火堂的祭拜形式都显示出父子关系是其根本,由祖辈往上追溯就涉及采用汉文字的"字辈"传统来帮助其记忆和清理辈分关系。① 然而,这种从文字上的"挪用"对实际人群在

---

① P. Ebrey and James L. Watson, eds., *Kinship Organization in Late Imperial China, 1000–1940* (Berkeley: University of California Press, 1986) 讨论了字辈的使用。伊佩霞指出这种风俗可能源自南北朝(221~589)时期。

结 语

关系和结构上的影响程度如何,是值得进一步探讨的。以目前的观察而言,侗人的"房族"组织无疑是对宗族理念的一种"借用",虽然不同姓氏人群所凝聚而成的"房族"组织的形态也有所差异,而传统"兜"组织的内核依然存在,虽然"父子""兄弟"的亲缘关系(kinship)无法回避,但是同居一地的"聚居"形态才是其持久存在之根本。所以,侗人目前形成的"房族"组织仍然无法像"宗族"组织一样,产生跨地域联系的"高阶宗族"(higher-order lineage)①。但是侗人有所谓的"款"组织模式,恰好能够弥补其跨地域群体凝聚"结群"的需要。而另一方面,六甲居民却充分利用了"宗族"理念能够跨地域联结的有利条件,从而在人群聚居地域相对分散的状况之下,建立跨地域的"联宗"关系,从而能够发展出与"款"相对应的跨地域"联盟"组织。然而这种"联宗"关系与"款"一样,并非一个"实体性"的组织结构,而是在"危机"时刻联众自保的一种"结群"机制而已。一旦"危机"过去,所谓的"联宗"关系就与"合款"一样,很快恢复到一种松散的人群"互助"关系,并没有强制的权利与义务关系。由此可见,无论是侗人还是六甲居民,都是以"宗族"为名,行"我群"目的之实。

那么这就值得我们思考,在明代中期之后,在中国不同地区——广东、福建、徽州——发展或盛行的名为"宗族"组织或者群体的背后,究竟是一些基于什么样的核心结构而形成的社会群体;为什么他们在这一时期能够接受一套宋明理学家诠释的"宗

---

① 本文采用弗里德曼对宗族的定义和分类,见 Maurice Freedman, *Chinese Lineage and Society: Fukien and Kwangtung* (The Athlone Press, 1966), pp. 20–21。

山水"峒氓":明清以来都柳江下游地区的家族、婚姻与仪式传统

族"理念和祭祀礼仪①,并将其贯彻到自己的组织体系之中,即使只是一种"名义"上的;这与当时官方推行的基层治理制度(如里甲、土司)和社会组织理念之间是否有着某种必然的联系;这种社会群体组织理念上的"趋同",对整个中国在晚期帝国时期所体现出来的基层社会组织结构上的一体与多元产生了怎样的影响。这些都为我们通过研究与思考区域社会史以达至理解整体性的中国历史打开了一扇探究之门。

二 婚姻网络对族群边界、国家"礼法"的意义

婚姻作为本书的另一个重要主题,与社会群体基本组织结构的建立有着直接关系。婚姻不仅是配偶个人之间的关系,也是群体之间的关系,它在配偶及彼此的亲戚之间建立一种社会联系。因此,与家族(房族)组织建立起人与人之间在亲族谱系上的纵向"宗亲"关系相对应,通婚活动联结着不同家族(房族)组织之间的横向"姻亲"关系。明清时期,都柳江流域地区峒地村寨人群通过通婚禁忌与规则的制定和变动,使得通婚关系结成的社会网络具有一定的伸缩性,从而形成国家与地方村寨之间、地方族群之间互动与博弈的能动关系,以及族群边界的多层次体现。

清代中期至民国时期,和里、南寨等峒地村寨实行"同姓(宗)不婚"(禁止平表婚),盛行"姑舅表婚"(鼓励交表婚)的

---

① 伊佩霞和华琛都论证了"宗族"理念在宋代的勃兴,而科大卫、刘志伟则论证了明代中叶之后,宗族意识形态和礼仪在珠江三角洲的推广与实践,见氏著《宗族与地方社会的国家认同——明清华南宗族发展的意识形态基础》,《历史研究》2000年第3期,第3~14页。而郑振满、宋怡明则承接和论述了傅衣凌提出的以福建为代表的"乡族"社会的组织形态特征和演变过程,见郑振满《明清福建家族组织与社会变迁》,人民大学出版社,2009;Michael Szonyi, *Practicing Kinship: Lineage and Descent in Late Imperial China* (Stanford: Stanford University Press, 2002)。

通婚习俗。一方面促进地方家（房）族成员实行外婚制（exogamy），扩大其社会网络，并与姻亲建立起同盟关系以形成超越家族（房族）单系继嗣范围的具有族群意义的人群共同体。另一方面则倾向于将通婚对象限制于交表亲属的范围之内，实行一定群体范围的内婚（endogamy），建立起与若干群体稳定的婚姻交换关系，使得通婚的族群边界局限于固定的几个家（房）族群体之内，难以向更多元的通婚人群延伸。与和里、南寨毗邻，居于山上的归斗、良柳村寨的"草苗"人群，则维持着与山下"峒地"村寨完全不同的通婚网络，他们与附近高山上若干个"草苗"村寨维持着稳定的通婚关系。而寻江河畔"六甲"社区人群的通婚对象也很明显的局限于所谓"开辟浔江的十二大姓"之间，而与苗、侗人群几乎完全隔绝开来。这种通婚网络与族群边界的重叠现象，是否有着某种特定的因果关联，其中经历着怎样的历史变动，成为后续研究有趣的议题。

"乱伦禁忌"是一个文化普同现象，它促进外婚制，扩大了社会网络并建立结盟关系，以形成超越家（房）族单系继嗣范围的具有族群意义的人群共同体。然而对"乱伦禁忌"的界定可以因不同文化的建构而有所不同，也与国家制度的介入有着密切关系。明清时期都柳江流域峒地村寨"通婚禁忌"的例子显示出国家律法、村寨内部人群结构和权利等因素对其造成的影响与变动。"峒地"村寨人群中的通婚禁忌，是在与明清王朝国家对当地婚姻进行"风俗改革"的过程中逐渐形成的。地方志文献中常常有着关于当地"土著"人群"同姓为婚"，盛行"姑舅表婚"和"不落夫家"等风俗习惯的记载。地方官府针对地方人群婚姻的"风俗改革"，就是根除这些地方"陋俗"，使其向符合国家规范的礼仪形式转变。

然而，汉文化中所谓的"姓"或"宗"对"峒地"村寨人群而言是一种外来文化概念，与当地社群内部对亲属关系的文化界定

山水"峒氓":明清以来都柳江下游地区的家族、婚姻与仪式传统

标准是有所差异的。"峒地"村寨基于自身亲属关系概念有着自己的通婚禁忌传统。"峒地"村寨传统"兜"社群的划分就包含着一整套对通婚对象与规则的限定,本"兜"内部男女之间最重要的关系界定就是"通婚禁忌",彼此不能通婚,有在婚丧嫁娶中互助互利的权利与义务,只能与其他"兜"的男女通婚,这样就形成了以通婚关系为基础的两种类型人群——非通婚人群与可通婚人群。峒地村寨人群"兜"的社群概念是以"地缘"关系为基础的,而汉文化中的"姓"或"宗"概念是以"血缘"关系为基础的。明清时期,都柳江下游"峒地"村寨人群被逐步纳入王朝国家的管理之下,被要求在名字前冠以汉姓,大量聚居于一地的族群采用相同的姓氏,许多明清时期迁入的外来小户也通过"改姓"而依附地方大姓人群。以儒家文化为基础的国家法律规定"同姓(宗)不婚",这使得遵守国家法律的村寨产生了"通婚困难"的现实状况。因此在清代乾隆至嘉庆年间,湘黔桂交界区域的峒地村寨民众通过起"款"的方式"破姓开亲",重新调整了村寨内、外的通婚对象和具体规则,改革过程中也涉及很多村寨内部人群在权利关系上的调整,显示出以"婚姻"关系为场域的国家与地方、地方村寨内部各家族群体之间的互动与博弈。①

地方村寨借婚姻规约使得通过婚姻"款"约定人群的通婚对象有着某种特定的限制或偏好,因此使得族群边界不能随着通婚网络的延伸无限扩大,而是局限在一定的范围之内,以此来调节与其他族群的结盟与对抗关系,其中更牵扯着多层次的权利与义务关系,也为族群认同与族群边界的强弱变化形成勾连。另外,王朝国家婚姻制度通过法律规定介入地方社会长期流行的习俗规

---

① 目前以"婚姻"为切入点探讨这些互动关系的视角已经引起相关研究者的注意,参见刘彦《国家与地方视野下的破姓开亲与婚俗改革——以清代清水江下游锦屏九寨苗白、彦洞讨论为中心》,《云南社会科学》2015年第1期,第98~104页。

约,希望以国家之"法礼"来替代地方之"习俗",然而这种介入与地方人群在地方村寨实际生活中的展开有密切关系,不同婚姻"礼""俗"交锋的背后,展现出地方各族类人群之间能动性博弈的各种面向,也促使研究者理解婚姻之于人类社会建构的多层次意义。

三 信仰对于跨地域族群互动的意义

信仰是人类社会永恒的构成元素与基本的文化实践,但是其表现形式也由于族群与个人实践的差异而各具特色。

在都柳江流域的村寨社会,具有完整庙宇形式的信仰建筑空间其实并不常见,更多的是附着在树木、石头、山水等自然万物之中的"神"或"灵",而"三王"的神圣信仰和恢宏的庙宇建筑却是一个例外之中的必然。正如本书花费大量章节论述的,"三王"信仰是一个从宋代以来就将地方村寨民众与王朝统治联结在一起的文化象征,这其中必然包含了最近三十多年来学者们在反复讨论的,关于王朝国家对地方信仰实施"标准化"和地方民众努力将自身信仰不断"正统化"的双重互动过程。① 但是,在宏大"国家化"进程的叙事模式之下,笔者依然希望通过对信仰民众本身所居处的地域环境、时令节庆、日常生活、人际关系和思想观念的理解,去触摸信仰主体本身对于神灵形象刻画、仪式实践与信仰空间的书写与建构,是如何在不同历史时期因为不同的历史原因及个人的主观能动性而不断得以重塑,从而成为跨地域族群的信仰主体而具有多元的神话传说。

---

① 对于"标准化"与"正统化"的讨论,2007年1月出版的英文《近代中国》(*Modern China*)第33卷第1期,以"中国的仪式、文化标准化与正统行为:华琛理念的再思考"为主题推出的专号文章;以及2008年10月出版的《历史人类学学刊》第6卷第1、2期合刊,推出的"国家建构与地方社会"专号文章有涉及。

山水"峒氓":明清以来都柳江下游地区的家族、婚姻与仪式传统

"三王"神灵形塑的过程正是地方信仰的主导者及其家族,具有"择师"、"歌师"和"戏师"等身份的仪式专家,参与祭拜与贡献的村寨信徒,在其所身处的时代形势之下,凭借其掌握的知识,拥有的地位、权力与财富,为了其自身与村寨所期待达成之种种目的,而不断追溯过去和阐释当下的努力。这些努力留存于口头传说、文字书写与仪式行为之中,让后人在其生活之当下能够了解、继承、诠释与再现,从而达到跨越时空的连接,成为可供追溯与可资利用的"历史"。这种"历史"重现既有秉承传统的一面,也有不断创新的一面,这体现出杜赞奇(Prasenjit Duara)所谓的"刻画标志"的内涵,即神话和形象随着时间而改变,各群体争相对神的作用及其主要形象做出自己的解释,新的形象并没有完全消除旧的解释,以至于重要的东西仍然延续下来,使得神灵具有多重面象,以容纳多重内涵。①

神灵信仰的多元性与宽容性,使得将更多不同村寨的跨地域信众彼此联结成一个能够超越于家族、婚姻群体之上的信仰网络,从而能够在人群的结合与联系之上跨越血缘与姻亲而形成一种跨地域的"组织之网"。然而,神灵信仰所涉及的庙宇修建、神灵祭祀与仪式操演,都需要大量人力、财物与文化资源的支撑,这使得这种"组织之网"与一定的商业及政治活动密切相关。三王宫与人和桥在明清时期的兴建和修缮,都显示出祭祀村寨处于水陆交汇之地理位置,以及明清时期王朝国家控制、西江流域商业网络向西南山区高地人群聚落渗透过程之下的深刻影响。明清时期区域性商业网络的形成,不仅使得过去相对封闭的山区村寨被整合进入更广阔的经济与贸易网络,更随着人口、商品的流动带来更多元的文化交流与观念革新。

其中不仅涉及作为主导者的当地家族头领和新兴"士绅",外来商人与地方官员也参与其中,将外来文化因素与本地文化传统融

---

① 见〔美〕杜赞奇《刻划标志:中国战神关帝的神话》,〔美〕韦思谛编《中国大众宗教》,第 93~114 页。

合于一体，创造性地发展出地方的"新传统"。地方家族"士绅"及其后人创造性的操演和诠释成为主导性力量，也使得很多王朝国家推行的主流文化元素最终变得"本土化"或者"在地化"，反而成为"峒地"村寨人群建构自身文化传统的有机组成部分，如被列入官方祀典的关公信仰以及民间广泛流行的土地崇拜等。而具有当地村寨立寨象征的"萨"堂（坛），虽然并没有得到朝廷官方的正式认可，却吸收了主流文化元素与仪式形式的神灵信仰，成为地方村寨人群能够与外来宗教传统相抗衡的一种信仰力量，并且能够凝聚更广泛的跨村寨地域信众，在整个都柳江中、下游峒地村寨中都有着广泛的影响力，甚至在政治对抗或经济竞争的层面上与外来力量相对峙而成就的"我群"认同，成为王朝国家体制之下"地方"认同与"民族"身份建构的重要文化与精神支柱。

此外，学术界对流传于湘黔桂地区的"三王"信仰和飞山信仰的关注，也展现了学者们借助研究神灵信仰来透视地方社会历史变迁与族群互动过程在方法论上的意义。

苏堂栋（Donald S. Sutton）和谢晓辉的研究均显示，"三王"信仰不仅存在于都柳江流域，在与之毗邻的湘西地区也得到广泛流传。而且18世纪以来，湘西的苗人、土人和汉人移民都曾视"三王"（也称"白帝天王"）为自己的保护神，并且以各自的视角发展出大量丰富的神话传说。苏堂栋将其在湘西地区搜集到的"三王"传说归纳为八种类型，以此剖析湘西地方社会的四大人群主体——地方官、汉人知识分子、苗人和土人。如何将神灵神话与自身的特征和历史联系起来，成为个人和族群参与地方秩序与国家关系建构以及身份认同诠释的场域。[①] 不过正如谢晓

[①] Donald S. Sutton, "Myth Making on an Ethnic Frontier: The Cult of the Heavenly Kings of West Hunan, 1715–1996," *Modern China*, Vol. 26, No. 4 (Oct., 2000): 448–500.

辉所言，对于这些神话传说的分析应当置于具体的时间、空间与历史情境脉络之中，并且要密切关注不同文本、传统与礼仪之间的复杂互动，才能理解不同版本的"三王"神话故事得以创造和流传下来之意义所在。①

而对流传于湘黔桂交界地区民间常见的另一个地方神明——飞山公信仰，张应强和罗兆均的研究则显示出，宋代以来的不同历史时期，不同叙述主体展现的飞山公信仰显示出不同的发展轨迹，飞山公杨再思由杨姓祖先及地方社会代言人逐步演变为地方神明，并超越其他民间神明而被以靖州为中心越来越广泛的地域内人们信奉和祭祀。这一神明信仰形象的变化与流播过程，既是区域社会开发进程中王朝主导力量与地方精英互动加以创制和改造的结果，也是具有侗、苗等族群身份的家族人群在特定地方历史情境下建立和延续飞山公神明信仰、叙述祖先故事建构身份认同的过程，折射出他们身处其间的湘黔桂交界区域社会的发展过程与历史现实。②

由此可见，"三王"与飞山公，作为至少从宋代以来就在湘黔桂交界地区广泛流传的信仰传统，由不同的信仰主体和人群实践其传承和创造的历史过程，而且在同一地域社会之内共同争取与竞争着来自王朝国家象征性的封敕，也协调着国家力量与地方势力之间的博弈与互动。二者都逐渐发展并且建构起跨地域的信仰网络联结，使得信众也能够突破一定的地域限制，将信仰活动融入更为广阔的领域之中，如商业会馆中也供奉"三王"、飞山公等神明，以

---

① 谢晓辉：《苗疆的开发与地方神祇的重塑——兼与苏堂棣讨论白帝天王传说变迁的历史情境》，《历史人类学学刊》第6卷第1、2期合刊，2008年10月，第111~146页。

② 张应强：《湘黔界邻地区飞山公信仰的形成与流播》，《思想战线》2010年第6期，第117~121页；罗兆均：《神明"标准化"、"正统化"下国家与地域社会之间的互动——基于湘黔桂界邻地区飞山公信仰研究》，《云南民族大学学报》（哲学社会科学版）2014年第6期，第67~72页。

结　语

此联结商人、寨民、山客、水客等不断流动的人群。而有关的神明形象、传说故事与信仰仪式等，也由于不同地域的历史进程、不同族类人群之间的互动而得到不同内容的诠释与行为实践。

综上所述，本书从人类社会最基本的家庭、婚姻等亲属关系和信仰传统出发，探讨明清以来都柳江下游区域社会当中的个人与群体如何通过实践这些基本而多元的"文化"形式，使得这一地区的家族组织、婚姻网络与信仰传统产生历史性变迁。虽然立足于具体的"峒地"村寨社会，然而研究者在此力图超越微观的村寨聚落，考察以"人"为主体的家庭、婚姻、信仰网络联结与更为广阔的社会政治、经济、文化变迁之间的关系。而明清王朝国家以后的近现代社会，也正是整个中国疆域内越来越多的区域从封闭走向开放，人口、物产、文化观念加速地自由流动与交流，促使构成"中国"整体的各个区域彼此沟通联结，并且建立起更为广阔的国家、民族与文化认同的历史阶段。因此，这个关于都柳江下游山区"峒地"村寨的历史民族志个案研究，正是希望能够帮助读者一方面感受到明清以来中国社会的开放性与整体性，另一方面能够理解普通的乡民百姓参与家乡的地方社会文化和历史创造的主体性与能动性所在。正是他们所具有的智慧与包容，使得我们身处的社会丰富多样、色彩斑斓，而他们才应该是"历史"书写中真正的主角！

附录

一 乾隆五十二年（1787）《商人立碑》
（原碑无题，题目由笔者添加）

　　從來上諭下遵，黎民之舉，辨奸察詐，客路之逼，故儆惡釋良，官司悉是父母，訟朝判父，旅客咸頌皋陶。茲蒙縣主奉行陸道□檄，奉督憲鈞命，以救遠賈，示令許各地方刻碑，以□永遠。我等均屬異省遠賈，曷可吝惜勒石之資，由是各鋪踴躍奉公，以成美舉。今將助工芳名開列於後

三利店	吳復興	揚萬順	吳萬聚	利助銀一百六十文
悅□□	鄧宜茂	廣合店	義盛店	
鄧□□	宜盛店	周源盛	高三盛	
永□□	元合店	吳德順	萬合店	
			同德店	已上助銀五百文
吳澤成	鄒文盛	梁全利		已上助銀八十
梁求義	吳怡利			已上助銀六十四文
岜				

　　乾隆丁未歲季春　　吉旦　　　　　　　　　立

＊ 为更好地体现原碑面貌，附录中所录碑文，原碑用繁体字书写的，本书采用繁体字照录。

二 乾隆五十九年（1794）《限禁碑记》

限禁碑記

立限□河里、南寨、歐陽、寨貢村衆議令當：

三王廟主，憲勒石永禁，□古神地，左右前后七坡，封堆十個，三王所管，並不許異姓一人侵佔，逼近葬墳。因本年二月初二日祭神，得見新□封堆一個，衆村連日查問不出，不知何人號堆。今眾商議，依古刻石立碑限禁，永遠不許進葬，各將地名山向開列于左：

一限虎頭坡三面峰午山子巳山亥二向封堆二個，□山□向封堆一個，□山酉向封堆一個；

一限新寨坡丑山未向封堆一個，□□限加□□□□向封堆一個；

一限高盤坡寅山申向封堆一個，限□廟□□山未向封堆一個；

一限歐陽寨於酉山卯向封堆一個，限龙王□酉山卯向封堆一個；

此坡神地，□來封限埋石號堆，不許一人侵佔犯律，至今照舊刻碑，欲免永遠我等後患也。

乾隆五十九年三月初三日吉　立　置

三 道光十六年（1836）《功德碑记》

功德碑記

恭維：三王殿宇，從古神圣座前，上溪朝護，下溪迴環，兩水合流坎龍一□。壯廟堂之雅秀，兆梓里之禎祥，乃潯溶黔楚之通衢，東至古宜□勝，西至黔省溶河，南至楓木高肇，北至通邑湖南，路通大道矣。□地世世感沾焚香点燭，人人敬酹神主，鄉村年年庇賴，四時无□，個個叩許靈簽，此係神功士農商賈之要路也。昔年父親曾□木橋，奈遇春夏溪水洶澈，波濤浩瀚湧漲，木橋浮流，往來行人□于阻隔，雖修之不勝修也。共嘆褊溪孰能褰裳而

351

涉，于乾隆六十年孟夏仲浣一日，設立造建石橋功德碑記流傳。原思萬古不□，奈因舊歲，不知異姓，詎料人心不一，將石碑置概丟下水，目覩不堪。迄今再造新碑，刻豎廟宇之左，示為久遠之計，則捐資之芳名與斯土、斯橋亙乘不朽矣。是謹序。

朋　　　　　　　廣
有
信士楊仁尚偕男萬超孫男永和　　曾孫宏寬
富　　　　　　　嵩
堂

大清道光十六年歲次丙申四月二十一日吉

四　道光二十四年（1844）《增修碑記》

增脩碑記

乾坤獻瑞，構陰陽之和，積元氣之英，發祥于施州，鐘靈于遯水，時有李氏在茲浣紗，流大竹節於足間，回縈環繞，聞聲呱呱，氏拾剖而視之，得一嬰兒，撫育成人，以竹為姓，長生三子，作述相承，有孝有德，才武並著，有翼有嚴。

漢武帝時，策立華勛，帝賜印綬，稱夜郎侯於懇元，元民心悅服，及其逝矣，土人立廟于施州，父子配食歌羅寨。

越至宋朝，崇寧皇帝立靈慧廟，以祀之父若子，其神之在天下也，如水之在地中，無所往而不在也，即如在天鵝嶺，父謂子曰："曠觀勝地，其中合流水口，三處可享祭祀。其一名曰祖廟翠峯合流水口，其二名曰河鯉南寨合流水口，其三名曰老堡潯溶合流水口。余居翠峯，林木峻聳，三子居下二處，七年享以大牢。"三子曰："唯唯。"其水亦猶訛傳也，而王之精誠，古人夢見以相告。蓋王之靈犀，式憑，有求則必應。

大明郝皇永曆之南竄也，去楚走粵，至軍聽潭而封之，勅父為竹王，勅子為三王，名愈高而德愈普，屏懷邊土，物阜人安。但世遠年湮，屢改廟宇，王之創造，舊積石漕之礫尚在，留於煖閣柱中，以歷年所傳於後人之共識。而天帝相公，厥聲赫赫，霖雨蒼生，在上洋洋，光昭德澤，殿居其右。兩廟排連，棟樑雖固，煤煙積塵，須當補葺。竊慮堂前淺狹，駿奔維艱，是以欲創兩廊，砌牆圍抱，戲樓在上，大門居中，壯其觀瞻。功程浩大，一木難支，乃敢置簿倡捐，特向善人君子，樂解囊篋，共勸厥成，集腋成裘，同為盛舉，業已落成。扬首事之竭力，謝諸君子之捐資，均泐于石，永著芳名。

緣首

河　鯉　楊士英　吳玉元　吳登雲　楊植嵩

南　寨　楊尚良　楊尚金　楊傳芳　楊尚青

歐　陽　楊仁和　曹千保　梁士鳳

吳湯文　吳通旺　吳志華　吳傳萬

府學生員楊華　撰　靖州簫成明　刊

丑年乙未月乙亥日丁丑時動土發墨

丙申月辛未日癸巳時笠柱上樑

大清道光弍拾四年發次甲辰仲夏立

五　道光二十四年（1844）《百世流芳》碑

百世流芳

《易》曰：萃亨渙亨，王假有廟。《詩》曰：奕奕寢廟，君子作之。此專言廟之常，而抑知位所由始也。夫廟者所以壯觀瞻也，位者所以安汝止也，不能安止，而徒存廟貌之觀瞻，之空勞徒費矣。今有信士楊華通妻吳氏，不禁有感於先聖安止之意，願施龍牌一對，敬酹三殿尊王，無借同人，獨捐己囊，庶幾畢天帝相公，意于《詩》、《易》至意也乎。是為序。

道光廿四年歲次甲辰十一月廿七立

六　道光二十五年（1845）《重修传记》

重修傳記

蓋開：三殿尊主，二廟神主，父老相傳，每逢癸卯年塑画聖像。至今花甲已過，責歸天帝相公，主祭大牢，首事箸募化脩飾歸，后之君子，照依癸卯年換彩聖身為規，庶幾無負先賢之志矣。是為記。

癸卯年癸亥月甲辰日庚午時請　　神下殿沐浴
甲辰年丁卯月丁未日乙巳時請　　神上殿開光

緣	信	楊植華	吳登雲	覃上文	楊松田	吳富千	楊華卉
	生	楊仁桂	曹日炳	楊仁萬	楊萬椿	楊萬盛	楊仁湖
首		楊尚禮	楊尚先	楊金玉	楊傳薦	楊□田	吳龍明
	擇	楊金仁	楊尚美	吳朝漢	楊仁朋	楊傳智	覃萬通
	師	楊仁堂	書				

道光二十五年□□次乙巳麥秋中浣立

七　光绪二十七年（1901）《竹王宫序》
（2011年补修缺失重立）

竹王宫序

盖闻乾坤造化，构阴阳之调和，盖神圣降临于百世，此显应之神实为生民之骈蠓也。夫古夜郎国之竹王乔梓四人，皆汉朝时所生。厥初有李氏浣纱水边者，忽然流一竹节足间，迴潆环绕，氏拾，剖而视之，得一婴儿。李氏也，怀抱归家，抚育成人，以竹为姓，长生三子，天资聪慧，才德文武兼全，汉朝武帝敕封夜郎侯。殁后，去楚适粤，父曰上住翠峰合流水口，可享祭祀，于是显灵为祖庙。神宗万历年间，自立祖庙以来，神恩浩荡，庇佑苍生，即英风之彰灵于故乡者，无愿莫赏其遐迩也。然而天白颢颢之奇，闻庙前一株古柏大树，因天寒地冻，突然而樵。故当春尝秋祀，至于原先之古庙，因年久世远，破漏圮塌，腐朽无存，莫不低徊感慨。爰集同人特商议举，发起鸿工，相继三年而成。果然古朴，俨然筑来，庙貌焕然一新，诚积无量之功德，从兹风调雨顺，国泰民安，积德名垂千古，行善有报。是举也，非独力以图成，是众擎而易举。幸故里比邻，仁人君子，不吝五铢捐助，云出厥工焉，庀厥材焉，其乃有济。因将芳名陈列于左，是以为序。

  择师 吴启华 覃岑远 杨晟现

  吴顺能撰书 靖州萧德谦刊

  详选日课

  丙申年戊戌戊午开基

  丁酉年甲辰庚子癸未上樑

  戊戌年庚申辛未戊子升殿

  光绪廿七年岁次辛丑花月廿八日置立

  二零一一年岁次庚寅季冬下浣吴天云补修缺失文重立 杨卫明刊书

八　和里杨氏家族太祖杨金亮墓碑

大清道光十七年丁酉清明吉旦立

承祀男华全　善孙金仁现　曾孙和万成　钱经响才道寨　千

明纪赠封义民官职太祖杨讳金亮之墓

玄孙　金保朝发栋陀敦钱来孙华（府庠生）千楼万通柏桂龙叶荣卉恩江岑苍华（庠生）昴孙植亨盛春扶敏萃茂美植元长昌生贞繁嵩隆

九 开基始祖曹荣龙李欧陽潘马蓝龚侯谢十二大姓发源纪念碑

開基始祖曹榮龍李歐陽潘馬藍龔侯謝十二大姓發源紀念碑

考十二大姓之發源自宋朝徽宗大觀元年，因金國四太子兀术之亂，全國騷然，閩省受災猶甚。是以各姓始祖率帶男女四千餘人，由福建汀州府上杭縣珠璣巷逃難，經廣東嘉應州到柳州，直至古宜。是時，土居均係苗、猺、狪、獞，迄我漢族始祖等到此，子孫日漸繁衍，而苗猺各族即逐漸退讓，始有此地。後因宜地面積有地窄人滿之患，始祖等於年之臘月三十日，在寨心築一壇，大家會飲商議，次日在此分手，各往一方，或上或下，或遠或近，各覓新地，以謀發展，不願去者，仍住大寨，是即十二大姓開潯江之始也。回憶始祖開創之初，斬荊榛、開荒土，不知費幾許功勞心力，始有今日之繁盛，吾輩安享其成，亦當念始祖艱難締造之功也。謹撰數言以紀不忘。

重修發起人　榮成基
榮冠芙
曹駿廷
民國二十二年三月初九日立

参考文献

一 文献资料

1. 史籍文献

（南朝）范晔撰《后汉书》（标点本），李贤等注，中华书局，1965。

（唐）柳宗元：《柳宗元集校注》，尹占华、韩文奇校注，中华书局，2013。

（宋）王象之：《舆地纪胜》（影印本），中华书局，2003。

（宋）王存：《元丰九域志》（点校本），中华书局，1984。

（宋）李焘：《续资治通鉴长编拾补》（影印本），上海古籍出版社，1985。

（宋）范成大：《桂海虞衡志辑佚校注》，胡启望、覃光广校注，四川民族出版社，1986。

（宋）周去非：《岭外代答校注》，杨武泉校注，中华书局，1999。

（宋）朱辅：《溪蛮丛笑》，《景印文渊阁四库全书》第594册，台北：台湾商务印书馆，1986。

（元）脱脱纂修《宋史》（点校本），中华书局，1985。

（明）张卤：《洪武礼制》，《皇明制书》（续修四库全书影印本），上海古籍出版社，1996。

（明）郭应聘：《郭襄靖公遗集》（续修四库全书本影印本），上海古籍出版社，2013。

（明）杨芳：《殿粤要纂》（北京图书馆古籍珍本丛刊），书目文献出版社，2007。

（明）王士性：《五岳游草　广志绎》，周振鹤点校，中华书局，2006。

（明）邝露：《赤雅》（景印文渊阁四库全书），台北：台湾商务印书馆，1986。

（明）瞿式耜：《瞿式耜集》（点校本），上海古籍出版社，1981。

（清）中国第一档案馆编《康熙朝汉文朱批奏折汇编》第7册，档案出版社，1985。

（清）徐松辑《宋会要辑稿》（影印本），中华书局，1957。

2. 方志文献

（清）穆彰阿、潘锡恩等撰修《大清一统志》，上海古籍出版社，2008。

（清）廖蔚文：康熙《怀远县志》（手抄本），三江侗族自治县档案馆藏。

（清）金鉷修，钱元昌、陆纶纂雍正《广西通志》（影印本），凤凰出版社，2010。

（清）王锦修，吴光升纂乾隆《柳州府志》（标点本），香港：京华出版社，2003。

（清）林大宏纂修嘉庆《怀远志书》（手抄本），三江侗族自治县档案馆藏。

（清）刘斯誉修，路顺德纂道光《融县志》（抄本），北京图书馆藏。

（清）李翰章纂修光绪《湖南通志》，中国地方志集成，凤凰出版社，2010。

民国《融县志》（影印本），台北：成文出版社有限公司，1975。

民国《三江县志》（影印本），台北：成文出版社有限公司，1975。

梁允代：《花石洞志》，民国《怀集县志》（影印本），台北：成文出版社有限公司，1975。

广西三江侗族自治县志编纂委员会编纂《三江侗族自治县志》，中央民族学院出版社，1992。

安太乡志编委会编《安太乡志》，1988。

乾隆《广州府志》卷55《艺文五》。

3. 谱牒文献

南寨《杨氏宗谱》（清光绪六年修）

南寨杨氏《俊俊堂宗谱》（清光绪年修）

南寨杨氏《善继堂宗支簿》（现代）

南寨《杨氏宗谱》（续编）

寨贡《梁氏宗谱》（清同治七年修）

寨贡《梁氏族谱》（续集）（1997年修）

《寨脉分支—寨贡谭氏宗支簿》（2002年续修）

吴秀裕纂修《寨贡吴氏家谱》（2015年修）

吴天良纂修《和里延陵堂吴氏宗谱》（现代）

杨光植纂修，和里杨氏《"懿德堂"宗支簿》（1986年修）

杨日荫撰修，欧阳杨氏《车角族识宗支簿》（1941年修）

古宜大寨《曹氏宗谱》（雍正八年修）

古宜大寨《曹氏宗谱》（雍正八年修，复印本）

《古宜大寨寨诺曹氏宗谱》（1995年修）

曹绍元纂修《西遊曹氏宗谱》（1991年修）

《曹槐公繁衍简况》（1998年修）

《程村曹氏宗谱》（道光二十六年修）

曹德昭纂修，《富文坪曹氏宗谱》（1989年修）

古宜大寨《荣氏宗谱》（2000年修）

《三江县斗江甘洞荣氏宗谱》（1993年修）

斗江《梁氏宗谱》（同治七年修，复印本）

斗江《梁氏族谱》（续集）（1997年修）

4. 其他文献

《大苗山商业概况及民族贸易公司四年来工作总结》，1955，融水苗族自治县档案馆资料，1卷2号。

广西壮族自治区编辑组编《广西苗族社会历史调查》，广西民族出版社，1987。

广西壮族自治区编辑组、《中国少数民族社会历史调查资料丛刊》修订编辑委员会编著《广西侗族社会历史调查》，民族出版社，2009。

《中国戏曲志·广西卷》编辑部柳州地区戏曲志编写组编《广西地方戏曲史料汇编》第9辑（柳州地区专号），1986。

杨通山、过伟编《侗族民歌选》，上海文艺出版社，1980。

二 中文论著

1. 著作

〔美〕埃里克·R. 沃尔夫（Eric R. Wolf）：《欧洲与没有历史的人》，贾士蘅译，民主与建设出版社，2018。

〔美〕白馥兰（Francesca Bray）：《技术与性别：晚期帝制中国的权力经纬》，江湄、邓京力译，江苏人民出版社，2010。

包亚明主编《现代性与空间的生产》，上海教育出版社，1990。

〔美〕包筠雅（Cynthia J. Brokaw）：《文化贸易——清代至民国时期四堡的书籍交易》，刘永华、饶佳荣等译，北京大学出版社，2015。

〔美〕保罗·康纳顿（Paul Connerton）：《社会如何记忆》，纳日碧力戈译，上海人民出版社，2000。

〔意〕贝内德托·克罗齐（Benedetto Croce）：《历史学的理论和历史》，田时纲译，中国人民大学出版社，2012。

陈春声：《市场机制与社会变迁——18世纪广东米价分析》，中山大学出版社，1992。

陈贤波：《土司政治与族群历史——明代以后都柳江上游地区研究》，生活·读书·新知三联书店，2011。

程美宝：《地域文化与国家认同：晚清以来广东文化观的形成》，生活·读书·新知三联书店，2006。

《侗族文学史》编写组编《侗族文学史》，贵州民族出版社，1988。

〔美〕段义孚（Yi-Fu Tuan）：《经验透视中的空间与地方》，潘桂成译，台北："国立编译馆"，1997。

〔法〕费尔南·布罗代尔（Fernand Braudel）：《菲利普二世时代的地中海和地中海世界》，唐家龙、曾培耿等译，商务印书馆，1996。

〔英〕莫里斯·弗里德曼（Maurice Freedman）：《中国东南的宗族组织》，刘晓春译，王铭铭校，上海人民出版社，2000。

顾城：《南明史》，中国青年出版社，1997。

顾颉刚、史念海：《中国疆域沿革史》，商务印书馆，1999。

〔美〕韩森（V. Hansen）：《变迁之神——南宋时期的民间信仰》，包伟民译，浙江人民出版社，1999。

华琛（James Watson）、华若璧（Rubie S. Watson）：《乡土香港：新界政治、性别及礼仪》，张婉丽、盛思维译，香港中文大学出版社，2011。

华德英（Barbara Ward）：《从人类学看香港社会——华德英教

授论文集》，冯承聪等编译，香港大学出版社，1984。

黄慈博：《珠玑巷民族南迁记》，广东省中山图书馆油印本，1957。

黄应贵：《空间、力与社会》，台北：中研院民族学研究所，1995。

蒋炳钊、吴绵吉、辛士成：《百越民族文化》，学林出版社，1988。

〔日〕井上徹：《中国的宗族与国家礼制》，钱杭译，上海书店出版社，2008。

科大卫（David Faure）：《明清社会和礼仪》，曾宪冠译，李子归、陈博翼校，北京师范大学出版社，2017。

〔日〕濑川昌久：《族谱：华南汉族的宗族·风水·移居》，钱杭译，上海书店出版社，1999。

劳格文、科大卫编《中国乡村与墟镇神圣空间的建构》，社会科学文献出版社，2014。

林惠祥：《中国民族史》，上海商务印书馆，1936。

刘锡蕃：《岭表纪蛮》，台北：南天书局，1987。

刘志伟：《在国家与社会之间——明清广东地区里甲赋役制度与乡村社会》，中国人民大学出版社，2010。

刘志伟、孙歌：《在历史中寻找中国——关于区域史研究认识论的对话》，东方出版中心，2016。

〔美〕罗纳托·罗萨尔多（Renato Rosaldo）：《伊隆戈人的猎头——一项社会与历史的研究（1883～1974）》，张经纬、黄向春、黄瑜译，北京大学出版社，2012。

吕思勉：《中国民族史》，世界书局，1934。

〔法〕莫里斯·哈布瓦赫（Maurice Halbwachs）：《论集体记忆》，毕然、郭金华译，上海人民出版社，2002。

欧亨元编著《侗汉词典》，民族出版社，2004。

潘永荣、石锦宏编著《侗汉常用词典》，贵州民族出版社，2008。

瞿同祖：《中国法律与中国社会》，中华书局，1995。

〔美〕斯蒂文·郝瑞（Steven Harrell）：《田野中的族群关系与民族认同》，巴莫阿依、曲木铁西译，广西人民出版社，2000。

谭其骧主编《中国历史地图集》，中国地图出版社，1996。

〔日〕田仲一成：《中国的宗族与戏剧》，钱杭、任余白译，上海古籍出版社，1992。

〔日〕田仲一成：《中国祭祀戏剧研究》，布和译，北京大学出版社，2008。

王承文：《唐代环南海开发与地域社会变迁研究》，中华书局，2018。

王明珂：《华夏边缘——历史记忆与族群认同》，社会科学文献出版社，2006。

王明珂：《羌在汉藏之间——川西羌族的历史人类学研究》，中华书局，2008。

王明珂：《英雄祖先与弟兄民族——根基历史的文本与情境》，中华书局，2009。

王桐龄：《中国民族史》，北平文化学社，1928。

吴玉成：《粤南神话传说及其研究》，广州中山印务局，1932。

〔美〕韦思谛编《中国大众宗教》，陈仲丹译，江苏人民出版社，2006。

温春来：《从"异域"到"旧疆"——宋至清贵州西北部地区的制度、开发与认同》，生活·读书·新知三联书店，2008。

吴浩主编《中国侗族村寨文化》，民族出版社，2004。

吴浩、梁杏云主编《侗族款词》，广西民族出版社，2009。

吴滔、于薇、谢湜主编《南岭历史地理研究》第1辑，广东人民出版社，2016。

山水"峒氓":明清以来都柳江下游地区的家族、婚姻与仪式传统

〔英〕西佛曼(Marilyn Silverman)、〔英〕格里福(P. H. Gulliver)主编《走进历史田野——历史人类学的爱尔兰史个案研究》,贾士蘅译,台北:麦田出版股份有限公司,1999。

〔美〕薛爱华(Edward Hetzel Schafer):《朱雀:唐代的南方意象》,程章灿、叶蕾蕾译,生活·读书·新知三联书店,2014。

〔瑞士〕雅各布·坦纳(Jakob Tanner):《历史人类学导论》,白锡堃译,北京大学出版社,2008。

尹绍亭:《人与森林——生态人类学视野中的刀耕火种》,云南教育出版社,2000。

赵世瑜:《小历史与大历史——区域社会史的理念、方法与实践》,生活·读书·新知三联书店,2006。

张益贵、徐硕如:《明代广西农民起义史稿》,广西人民出版社,1988。

张应强:《木材之流动:清代清水江下游地区的市场、权力与社会》,生活·读书·新知三联书店,2006。

郑振满:《明清福建家族组织与社会变迁》,人民大学出版社,2009。

郑振满、陈春声主编《民间信仰与社会空间》,福建人民出版社,2003。

钟文典主编《广西近代圩镇研究》,广西师范大学出版社,1998。

2. 论文

宾长初:《清代西江流域农村圩镇商业的量化研究——以广西戎圩为个案的考察》,《古今农业》2013年第2期,第85~96页。

曹端波:《侗族"萨岁"崇拜浅析》,《西南民族大学学报》(人文社科版)2008年10期,第169~173页。

常建华:《清代宗族"保甲乡约化"的开端——雍正朝族正制出现过程新考》,《河北学刊》2008年第6期,第65~71页。

陈春声：《走向历史现场》，《读书》2006年9期，第19~28页。

陈春声：《猺人、蜑人、山贼与土人：〈正德兴宁志〉所见之明代韩江中上游族群关系》，《中山大学学报》2013年第4期，第31~45页。

陈乐素：《珠玑巷史事》，《学术研究》1982年第6期，第71~77页。

邓敏文、吴浩：《侗款的历史变迁》，《民族论坛》1994年第2期，第60~66页。

邓敏文：《"萨"神试析》，《贵州民族研究》1990年第2期，第18~24页。

郭豫才：《洪洞移民传说之考实》，《禹贡》第7卷第10期，1937年。

过伟：《评侗族民歌〈歌师传〉》，《民族文学研究》1986年第3期，第65~66页。

胡晓东、杨鹍国：《"夜郎"讨论述评》，《贵州文史丛刊》1985年第4期，第37~46页。

黄国信、温春来、吴滔：《历史人类学与近代区域社会史研究》，《近代史研究》2006年第5期，第46~60页。

黄启臣：《明清时期两广的商业贸易》，《中国社会经济史研究》1989年第4期，第31~38页。

黄才贵：《侗族堂萨的宗教性质》，《贵州民族研究》1990年第2期，第25~32页。

黄向春：《历史记忆与文化表述——明清以来闽江下游地区的族群关系与仪式传统》，博士学位论文，厦门大学，2005。

黄瑜：《戏剧、宗教仪式与文化传统——以近代广西北部"三王"信仰为中心》，《民俗曲艺》2017年第1期，第25~78页。

何良俊：《清季民国时期长安市镇商人类型及其关系网络》，

《北方民族大学学报》(哲学社会科学版) 2012 年第 2 期，第 22 ~ 28 页。

蒋炳钊：《惠安地区长住娘家婚俗的历史考察》，《中国社会科学》1989 年第 3 期，第 193 ~ 203 页。

蒋炳钊：《关于"长住娘家"婚俗起源的讨论》，《广西民族研究》1994 年第 2 期，第 111 ~ 120 页。

〔日〕井上徹：《中国的系谱与传说——以珠玑巷传说为线索》，王標译，《社会·历史·文献——传统中国研究国际学术讨论会论文集》，2006，第 226 ~ 244 页。

科大卫、刘志伟：《宗族与地方社会的国家认同——明清华南地区宗族发展的意识形态基础》，《历史研究》2000 年第 3 期，第 3 ~ 14 页。

李默：《广东瑶族与百越族（俚僚）的关系》，《中南民族学院学报》1986 年增刊，第 115 ~ 125 页。

廖耀南：《古州考略》，《贵州民族研究》1980 年第 3 期，第 67 ~ 70 页。

林惠祥：《论长住娘家婚俗的起源及母系制到父系制的过渡》，《厦门大学学报》1952 年第 4 期，第 24 ~ 44 页。

凌纯声：《中国边政之土司制度》，分刊《边政公论》第 2 卷第 11、12 期合刊，1943 年；第 3 卷第 1、2 期，1944 年。

刘彦：《国家与地方视野下的破姓开亲与婚俗改革——以清代清水江下游锦屏九寨苗白、彦洞讨论为中心》，《云南社会科学》2015 年第 1 期，第 98 ~ 104 页。

刘永华：《关羽崇拜的塑成与民间文化传统》，《厦门大学学报》1995 年第 2 期，第 78 ~ 84 页。

刘永华：《亦礼亦俗——晚清至民国闽西四保礼生的初步分析》，《历史人类学学刊》第 2 卷第 2 期，2004 年 10 月，第 53 ~ 83 页。

刘志伟:《明清珠江三角洲地区里甲制中"户"的衍变》,《中山大学学报》1988年第3期,第64~73页。

刘志伟:《清代广东地区图甲制中的"总户"与"子户"》,《中国社会经济史研究》1991年第2期,第36~42页。

刘志伟:《传说、附会与历史真实:珠江三角洲族谱中宗族历史的叙事结构及意义》,上海图书馆编《中国谱牒研究》,上海古籍出版社,1999,第149~162页。

鲁西奇、董勤:《南方山区经济开发的历史进程与空间展布》,《中国历史地理论丛》2010年第4期,第40~45页。

罗香林:《宁化石壁村考》,《客家史料汇编》,香港:中国学社,1965,第377~387页。

罗玉芳:《明代南丹卫建制初探》,《河池学院学报》2010年第3期,第112~116页。

罗兆均:《神明"标准化"、"正统化"下国家与地域社会之间的互动——基于湘黔桂界邻地区飞山公信仰研究》,《云南民族大学学报》(哲学社会科学版)2014年第6期,第67~72页。

马长寿:《洪洞迁民的社会学研究》,《社会学刊》第3卷第4期,1933年。

麦思杰:《从两通〈重建粤东会馆题名碑记〉看清代戎墟的商业》,《华南研究资料中心通讯》2005年第38期,第1~19页。

莫虚光、陈维刚、陈衣:《桂北侗族的社会民俗》,三江县县志编纂委员会编《侗族文化简论》,1999。

莫宗秉:《融安县农村圩场调查》,《橘乡今昔》1988年第1期。

乔健:《惠东地区长住娘家的解释与再解释》,《惠东人研究》,福建教育出版社,1992。

沈松侨:《我以我血荐轩辕——黄帝神话与晚清的国族建构》,《台湾社会研究季刊》第28期,1998,第1~77页。

石佳能：《侗族"补拉"文化溯源》，《贵州民族研究》1991年第2期，第58~63页。

石林：《三省坡草苗的语言及其与侗语的关系》，《民族语文》2012年第4期，第57~61页。

唐晓涛：《试论"猺"、民、汉的演变——地方和家族历史中的族群标签》，《民族研究》2010年第2期，第57~109页。

唐晓涛：《18世纪西江中游的客商与乡村社会——以浔州府碑刻为中心》，郑振满主编《碑铭研究》，社会科学文献出版社，2014。

王勤美：《清代黔东南亮寨龙氏土司家族的发展与演变》，《贵州大学学报》2016年第2期，第114~120页。

王彦芸：《节日内涵流变与地方文化创造——都柳江下游富禄花炮节探析》，《贵州社会科学》2013年第3期，第164~168页。

王彦芸：《村落历史想象与族群意识建构——以都柳江下游葛亮寨孔明信仰为例》，《西南民族大学学报》（人文社科版）2015年第7期，第7~11页。

吴浩、过伟：《侗族民间剧论〈戏师传〉》，《民族艺术》1990年第3期，第81~91页。

吴佺新：《从江侗族地区刀耕火种存在之原因》，《农业考古》1986年第2期，第341~359页。

吴佺新：《从江县侗族刀耕火种经过》，《农业考古》1988年第2期，第388~389页。

吴万源：《通道侗族"莎岁"文化调查》，《民族论坛》1990年第2期，78~81页。

吴文志：《萨岁为女娲神考略》，《贵州民族研究》1990年第2期，第33~37页。

吴善诚：《略谈侗族典型的曲艺形式——琵琶歌》，吴善诚、胡江耀主编《侗族文化简论》（内刊），第93~98页。

吴世华：《侗"萨"时代初探——三江林溪萨神遗迹调查》，《贵州民族研究》1990年第2期，第41~42页。

席克定：《侗族"萨岁"试论》，《贵州民族研究》1993年第3期，第86~95页。

萧凤霞、刘志伟：《宗族、市场、盗寇与蛋民——明以后珠江三角洲的族群与社会》，《中国社会经济史研究》2004年第3期，第1~13页。

萧凤霞（Helen F. Siu）：《妇女何在？——抗婚和华南地域文化的再思考》，刘永华主编《中国社会文化史读本》，北京大学出版社，2011，第498~517页。

徐晓望：《明清闽浙赣边山区经济发展的新趋势》，傅衣凌、杨国桢主编《明清福建社会与乡村经济》，厦门大学出版社，1987，第198~199页。

杨晓：《南侗"歌师"述论——小黄侗寨的民族音乐学个案研究》，《中央音乐学院学报》2003年第1期，第89~98页。

杨进铨：《侗族"卜拉"文化试析》，《民族论坛》1992年第1期，第69~74页。

杨文朴：《和里"三王宫""人和桥"的历史考证》，政协三江侗族自治县委员会编《三江文史资料》第6辑，2002，第227~231页。

尹绍亭：《云南的刀耕火种——民族地理学的考察》，《思想战线》1990年第2期，第18~23页。

赵世瑜：《从移民传说到地域认同：明清国家的形成》，《华东师范大学学报》2015年第4期，第1~10页。

张佩国：《历史活在当下——"历史的民族志"实践及其方法论》，《东方论坛》2011年第5期，第1~7页。

张海超、刘永青：《论历史民族志的书写》，《云南社会科学》2007年第6期，第41~45页。

张小军:《史学的人类学化和人类学的历史化——兼论被史学"抢注"的历史人类学》,《历史人类学学刊》第1卷第1期,2003年4月,第1~28页。

张民:《萨岁考略》,《贵州民族研究》1982年第3期,第126~134页。

张民:《试探"萨岁"神坛源流》,《贵州民族研究》1991年第4期,第27~35页。

张民:《萨岁是侗族先民越人首领——巾帼英雄冼夫人》,《贵州民族研究》2003年第4期,第39~46页。

张应强:《湘黔界邻地区飞山公信仰的形成与流播》,《思想战线》2010年第6期,第117~121页。

郑振满:《明清福建的里甲户籍与家族组织》,《中国社会经济史研究》1989年第2期,第38~44页。

钟年:《对早婚和"不落夫家"的新认识》,《广西民族研究》1989年第4期,第141~145页。

朱慧珍:《草苗历史与风俗考析》,《广西民族学院学报》1998年第1期,第48~53页。

庄英章:《历史人类学与华南区域研究》,《历史人类学学刊》第3卷第1期,2005年4月第155~169页。

三 英文论著

Ahern, Emily, "Affines and the Rituals of Kinship," in Arthur P. Wolf, ed., *Religion and Ritual in a Chinese Society*, Stanford: Stanford University Press, 1974, p. 291.

Barth, Fredrik, ed., *Ethnic Groups and Boundaries*, London: George Allen & Unwin, Boston, 1969.

Crossley, Pamela, Siu, Helen, and Sutton, Donald, eds.,

Empire at the Margins: *Culture, Ethnicity, and Frontier in Early Modern China*, Berkeley: University of California Press, 2006.

Ebrey, Patricia Buckley, and Watson, James, eds., *Kinship Organization in Late Imperial China, 1000-1940*, Berkeley: University of California Press, 1986.

Faure, David, "The Lineage as a Cultural Invention: The Case of the Pearl River Delta," *Modern China*, Vol. 15, No. 1 (1989): 4 – 36.

Faure, David, "The Yao Wars in the Mid-Ming and their Impact on Yao Ethnicity," in Pamela Kyle Crossley, Helen F. Siu, Donald S. Sutton, eds., *Empire at the Margins*: *Culture, Ethnicity, and Frontier in Early Modern China*, Berkeley: University of California Press, 2006, pp. 171 – 189.

Freedman, Maurice, "Ritesand Duties, or Chinese Marriage," in G. William Skinner, ed., *The Study of Chinese Society*: *Essays by Maurice Freedman*, Stanford: Stanford University Press, 1978, p. 21.

Freedman, Maurice, "Ritual Aspects of Chinese Kinship and Marriage," in Maurice Freedman, ed., *Family and Kinship in Chinese Society*, Stanford: Stanford University Press, 1970, pp. 163 – 187.

Marcus, G. E., and Fischer, Michael, *Anthropology as Cultural Critique*: *An Experimental Moment in the Human Sciences*, Chicago: University of Chicago Press, 1986.

Leong, Sow-theng, *Migration and Ethnicity in Chinese History*: *Hakkas, Pengmin, and Their Neighbors*, Stanford, Calif.: Stanford University Press, 1997.

Rawski, Evelyn, "A Historian's Approach to Chinese Death Ritual," in Watson and Rawski, eds., *Death Ritual in Late Imperial and Modern China*, Berkeley: University of California Press, 1988, pp. 20 – 34.

Scott, James, *The Art of Not Being Governed: An Anarchist History of Upland Southeast Asia*, New Haven & London: Yale University Press, 2009.

So, Alvin, *The South China Silk District: Local Historical Transformation and the World System Theory*, New York: SUNY Press, 1985.

S. Sutton, Donald, "Myth Making on an Ethnic Frontier: The Cult of the Heavenly Kings of West Hunan, 1715 – 1996," *Modern China*, Vol. 26, No. 4 (Oct., 2000): 448 – 500.

Stockard, Janice, *Daughters of the Canton Delta, Marriage Patterns and Economic Strategies in South China, 1860-1980*, Stanford: Stanford University Press, 1989.

Sutton, Donald, ed., "Special Issue: Ritual, Cultural Standardization, and Orthopraxy in China: Reconsidering James L. Watson's Ideas," *Modern China*, Vol. 33, No. 1 (Jan., 2007), pp. 3 – 21.

Szonyi, Michael, "The Illusion of Standardizing the Gods: The Cult of the Five Emperors in Late Imperial China," *The Journal of Asian Studies*, Vol. 56, No. 1 (Feb., 1997), pp. 113 – 135.

Szonyi, Michael, *Practicing Kinship: Lineage and Descent in Late Imperial China*, Stanford: Stanford University Press, 2002.

Szonyi, Michael, *The Art of Being Governed: Everyday Politics in Late Imperial China*, Princeton: Princeton University Press, 2017.

Topley, Marjorie, "Marriage Resistance in Rural Kwangtung," in Margery Wolf and Roxanne Witke, eds., *Women in Chinese Society*, Stanford: Stanford University Press, 1975, pp. 67 – 88.

后 记

自 2013 年至今，每当我走入都柳江下游沿岸的"峒地"村寨，力图去寻找并理解与当地村民有关的"过去"和"现在"之间的关联时，除了接触到家族谱牒、石刻碑铭、诗词歌本这些承载着"历史记忆"的汉字文书之外，更多接触到的是经过不同时代、不同文化传统互相冲击浸润而形成的复合多元的日常生活习俗、仪式传统和空间形构。我希望去解读那些村民通过书写而希望表达的"历史记忆"，也希望去透视那些通过文化仪式或者日常礼俗所操演的"历史过程"，然而这一切对"历史"的理解途径，皆源于对"当下"村寨生活的观察、理解和体悟。哪怕是对单纯文字材料的获取，以及其所描述的过去人事的想象，如果脱离当下的那个"田野"，我恐怕无法触摸到单纯文字背后所隐藏的那个精巧复杂的地域社会，无法理解我所描写的那些"峒地"村寨，也仅仅是形成我们今天身处多元文化的复合过程之冰山一角……

这本都柳江流域"峒地"村寨的历史民族志，希望让读者明白：哪怕看似最为"闭塞"的地域社会及其文化，都不是所谓的"本质"、"静止"和"独特"的，而是在时间的流逝中增加了它的内涵与层次，形成了当下我们所身处地域社会的过往记忆与历史烙印。然而颇具矛盾意味的是，无心者奔忙着穿梭其间却常常浑然不觉，有意者费尽心思、尽情操弄又往往可能过度诠释……我试图观察、记录、描写、解读的那些村寨的"过去"与"现在"，又何尝不是一种拥有各种不同来源、经过层层选择和舍弃而得以留存下来的"表象杂糅体"？它在何时选择了什么，又舍弃了什么，我试着努力展现却又总觉得难以言尽……或许我的研究本身也是这个地域社会民众自我书写与诠释的一部分，我又是否能够预测这个所谓的历史民族志，终有一天也会返回当地村寨，成为地域社会历史书写或者文化建构过程的一部分——因此归根结底，作为研究者的我也不自觉地成了当地人自我书写与表述的"共谋者"。

能够顺利进入田野点开展调查和研究工作，主要感谢在田野中遇到的许多知名与不知名的朋友，是你们给我提供如亲人般的照顾与帮助，令我能够迅速适应陌生的地理环境，克服语言的障碍，进入你们的家中观察你们的日常生活，了解你们对过去的记忆与诠释。参加当地的各种节庆娱乐活动，感受山区村寨真实的生活形态，让我越来越喜爱并且享受具有淳朴山野气息的乡村生活。然而，除了征引文献和口述资料，将有关收藏者和报道人的名字列入引用之外，为了保护有关当事人的个人隐私，我在行文中对名字进行了一定的处理，在此无法向你们一一表示感谢，希望你们能够理解和原谅。在今后的生活里，我希望与你们继续成为朋友，而非仅仅是田野中的研究者与被研究者，或许我与你们之间的交往故事，未来能够以其他的方式书写出来，成为另外一种形式的"田野故事"。

本书的主要材料和观点是在我博士学位论文的基础之上修改而成的，在研究和写作过程当中，得到了许多师友的教导与帮助，催我奋进，令我感激不已。首先要感谢博士生导师刘志伟教授百忙之中的悉心指导，他总是在关键时刻令我明白学术之内的为学之道，以及学术之外的人生旨意。他的勤奋、刻苦、广博以及对未知领域的热情，令作为学生的我常常因为自己的无知、懒惰而心生愧疚，因此能够孜孜努力，不断弥补自己的缺点与不足。难以忘怀某年的清明节假期，我在海珠湖湿地公园踏青，游意正浓之际接到导师约谈论文的短信，匆匆赶回学校，发现老师独自一人静静躲在永芳堂

后 记

办公室里,埋首于书堆中专心治学,却仍然惦记着与我约谈田野调查和论文写作……而每当我在田野中发现新的碑刻或族谱等文献,拿去向刘老师"炫耀"时,也总是一次次被"泼冷水",时刻被告诫应该多多关注文献来源村寨的日常生活和习俗。刘老师以自己多年的研究心得与丰富阅历,让我深深明白产生文献背后的地域社会之丰富性与多层次性,研究者如何透过"平面"的文献去洞悉"立体"的社会——扎实的田野调查是进入他人生活世界与丰富自我人生体验的不二法宝!在博士毕业后的学习和工作之中,刘老师也总是能够在关键时刻伸出援手,倾听我尚不成熟的各种观点与想法,帮助我在新的研究设想和研究课题申请中找到有价值的前进方向。而刘老师睿智的头脑、深邃的思想和不断挑战"传统"观念的学术热情,更时时激励着我不断突破自己的狭隘、懈怠和自满,勇敢追求自己在未来学术和人生道路上的梦想。

然后要感谢博士后合作导师张应强教授。他待人宽容儒雅,对学生关怀备至又要求严格,他对学术研究的热情与坚持,对新兴研究领域的不断开拓进取,都使我获益匪浅。在过去的两年多时间里,无论是在马丁堂充满着知识与思考的课堂上,还是行走于清水江畔、都柳江边的苗乡侗寨中,作为中国西南研究在历史人类学领域中的开拓者与领路人,张老师总是身体力行,亲自带领学生深入村寨田边,将书本理论、地方文献与田野调查多方结合,重新思考"西南"研究对整个中国研究的意义所在。也使得我这本以都柳江流域山区"峒地"村寨研究为中心的小书能够打开视野,去进一步思考聚居于中国西南山地社会之中的山乡寨民,如何与更广阔的平地社会以及中原"腹地"联系起来,在明清以来的历史长河中,成为中国现代民族国家在疆域、社会、文化与认同上都不可忽视与分割的"统一体"。

此外,也要感谢多位老师在不同场合给予的教导与帮助。感谢程美宝、温春来、黄国信等诸位老师在本研究的开题和写作过程中提供的许多宝贵和细致的修改建议；感谢吴滔、于薇、谢湜、廖迪生、马建雄等诸位老师在历史人类学研究班上，对本研究初稿报告提出的尖锐却又富有启发和令人深思的问题与意见；感谢郑振满、刘永华、黄向春、张侃、饶伟新等诸位老师，在厦门大学民间历史文献研究中心举办的"民间历史文献论坛"中，多次对我论文相关章节的写作给予宝贵的指导与修改意见，使得本书能够精益求精。而这本小书终稿中可能依然存在许多缺点与不足，概因本人的学术能力所限，由本人承担全责。而诸位老师前辈提出的意见和建议，将给予我今后不断努力修改与深入研究的动力。

在漫漫求学与研究的路途上，我有幸能够结识师兄王传武、陈贵明、夏远鸣、林立、黄文保，师姐杨培娜、唐金英、黄素娟、付艳丽、胡亚丽、侯娟、毛帅，同学郭广辉、张凯、武堂伦、武勇，师弟黄友灏、刘晓聪、洪维晟、杨曾辉、付玉强、杨海源、胡宸、马文睿，师妹陈婷婷、张程娟、周坤等一群求知好学、志趣相投的同学，虽然大家研究方向各异，但仍能够常常聚在一起学习讨论、增进学业，畅谈理想、倾诉苦闷，相互鼓励、共同扶持，一同度过康乐园中苦乐相伴的日日夜夜……此外，还有过去两年来常常共同读书讨论、在清水江与都柳江流域一同奔赴田野的小伙伴何良俊、王彦芸、孙旭、刘彦、王健、谢景连、吴晓美、宋靖野、黄智雄（Winglun Joel Anthony）、王政、李金兰、和丽妮、陈立琼、安芮等，感谢你们将求知的热情、真挚的友情无私地与我分享，使得我们能够在今后学术和生活的道路上相互鼓励，不断前进！还有那些在学业、工作及生活中给予我许多帮助与支持的同学、同事和朋友，虽然在此无法一一向你们致谢，但仍心怀感谢之情。

最后要感谢父亲黄继耀、母亲阳翠对我一如既往的理解与支持，在过去十几年的求学生涯中，让我能够在相对安逸的环境中读书求学，而免于许多现实问题的纷扰，然而对于许多应尽而未尽的

后　记

孝道与责任，我自知今生无以为报，在此致以最深的敬意与感激之情！感谢我的丈夫杨英卓过去七年来对我学业和工作的支持，在我正一步步实践自己的学术与写作梦想之时，也希望身为工程师的你能够坚持实现你的艺术之梦！

2019 年 3 月于羊城东郊凤仪居

图书在版编目(CIP)数据

山水"峒氓":明清以来都柳江下游地区的家族、婚姻与仪式传统/黄瑜著.--北京:社会科学文献出版社,2020.4
(清水江研究丛书)
ISBN 978-7-5201-6111-4

Ⅰ.①山… Ⅱ.①黄… Ⅲ.①家族-婚姻-风俗习惯史-广西-明清时代 Ⅳ.①K892.22

中国版本图书馆 CIP 数据核字(2020)第 031232 号

清水江研究丛书
山水"峒氓":明清以来都柳江下游地区的家族、婚姻与仪式传统

著　　者 / 黄　瑜

出 版 人 / 谢寿光
责任编辑 / 宋荣欣
文稿编辑 / 徐　花

出　　版 / 社会科学文献出版社·历史学分社 (010) 59367256
　　　　　地址:北京市北三环中路甲29号院华龙大厦　邮编:100029
　　　　　网址:www.ssap.com.cn

发　　行 / 市场营销中心 (010) 59367081　59367083
印　　装 / 三河市龙林印务有限公司

规　　格 / 开　本:787mm×1092mm　1/16
　　　　　印　张:24.75　字　数:329千字
版　　次 / 2020年4月第1版　2020年4月第1次印刷
书　　号 / ISBN 978-7-5201-6111-4
定　　价 / 139.00元

本书如有印装质量问题,请与读者服务中心 (010-59367028) 联系

版权所有 翻印必究